Herbert Scheit

Wahrheit – Diskurs – Demokratie

Herbert Scheit

Wahrheit
Diskurs
Demokratie

Studien zur
‚Konsensustheorie der Wahrheit'

[illegible]
Mai 2001

Verlag Karl Alber Freiburg / München

Als Habilitationsschrift auf Empfehlung der Sozialwissenschaftlichen Fakultät der Ludwig-Maximilians-Universität München gedruckt mit Unterstützung der Deutschen Forschungsgemeinschaft.

CIP-Kurztitelaufnahme der Deutschen Bibliothek

Scheit, Herbert:
Wahrheit – Diskurs – Demokratie: Studien zur ‚Konsensustheorie d. Wahrheit' / Herbert Scheit. – Freiburg (Breisgau); München: Alber, 1987.
ISBN 3-495-47625-3

Herstellung: Offsetdruckerei J. Krause, Freiburg i. Br.
ISBN 3-495-47625-3

Inhalt

Vorwort

Eigentlich hätte diese Arbeit bereits ein paar Jahre früher erscheinen können, aber widrige Umstände erzwangen diesen Aufschub. Für eine Auseinandersetzung mit der 'Konsensustheorie der Wahrheit' ist dies gerade nicht von Vorteil. Der Zug ist offensichtlich schon abgefahren, da die Diskussion über diese Theorie abgeflaut ist, noch ehe sie so recht begonnen hatte, und zu allem Überfluß hat ihr prominentester Vertreter mittlerweile einige Positionen zumindest so klargestellt, daß manche in dieser Arbeit diskutierten Einwände bestenfalls nur noch von historischem Interesse zu sein scheinen. Daß die Arbeit trotzdem nicht im mindesten überholt ist, davon wird sich auch ein kritischer Leser überzeugen können, und wäre es allein aus dem Grund, daß es sich bei ihr um die bisher einzige systematische Auseinandersetzung mit dieser Wahrheitstheorie handelt, die darüber hinaus diese Konzeption bis in ihre Verästelungen in den Bereich einer politischen Theorie hinein kritisch aufzuarbeiten sucht.

Für die mannigfache materielle und ideelle

Hilfe während der Abfassung der Arbeit möchte ich mich besonders bei folgenden Personen und Institutionen bedanken: bei der Deutschen Forschungsgemeinschaft, daß sie mir ein Habilitationsstipendium und einen Druckkostenzuschuß gewährt hat; bei Herrn Professor Dr. Nikolaus Lobkowicz, daß er trotz sachlicher Vorbehalte den Fortgang der Arbeit mit großzügigem Wohlwollen verfolgt hat; bei seiner Sekretärin Frau Eva Czwientzek, daß sie auf ihre charmante Art für ein angenehmes Arbeitsklima am Lehrstuhl gesorgt hat, und nicht zuletzt bei meiner Frau, denn sie ist maßgeblich schuld daran, daß dieses Buch trotz aller Schwierigkeiten und Rückschläge überhaupt noch fertiggestellt worden ist. Ihr sei es daher gewidmet.

Siegertsbrunn, im September 1986

0. Einleitung

Über Buchtitel braucht sich ein Leser normalerweise keine besonderen Gedanken zu machen, da sie zumeist gar nicht beanspruchen, in prägnanter Weise den Inhalt des Buches anbieten zu wollen; sie sind eher als Blickfang für potentielle Leser (oder Käufer) gedacht. Im Falle des Titels 'Wahrheit - Diskurs - Demokratie' scheint es auf den ersten Blick auch nicht viel anders zu sein, aber dennoch sind ein paar Bemerkungen dazu nicht ganz fehl am Platz. Es bietet sich nämlich gerade nicht von selbst an, als die Brücke zwischen den Begriffen der Wahrheit und der Demokratie den eines diskursiven Konsenses zu verwenden.

'Demokratie' mit 'Konsens' in eine konstitutive Beziehung zu setzen, ist zu selbstverständlich als daß es einer langen Erklärung bedürfte. Wie jedes soziale System ist auch das politische System der Demokratie in einem vagen Sinn auf den Konsens der Mitglieder angewiesen, um überhaupt bestehen zu können (wenn auch dieser Konsens nicht gerade der in vermeintlichen Krisensituationen von den Politikern unisono beschworene 'Grundkonsens der Demokraten' sein muß). Demokratie ist aber auch in einem spezifisch politischen Sinn durch Konsens geprägt: Sie ist unter den Staats- und Regierungsformen die einzige, die den Namen eines 'government by consent' verdient. Konsens als Legitimationsprinzip demokratischer Herrschaft wäre somit die Domäne einer Theorie der Demokratie.

'Wahrheit' hingegen mit 'Demokratie' in eine möglicherweise konstitutive Beziehung bringen zu wollen, erscheint nicht so trivial, weil man nicht so recht weiß, was damit gemeint sein soll. Ist es die Überzeugung, daß die demokratische Regierungsform die 'wahre', d.h. die einzig legitime und somit richtige Form einer politischen Ordnung ist, oder soll damit behauptet werden, daß die Wahrheit in ihrem innersten Wesen 'demokratisch' sein müsse, um ein erstrebenswertes Gut sein zu können? Wer dann 'Konsensustheorie der Wahrheit'[1] hört, würde diesen Namen ohne langes Überlegen eher im zweiten Sinn verstehen. Aber damit machte sich diese Theorie zu einer Formulierung, die nicht so ganz beim Wort genommen werden sollte, weil sonst die Unterstellung einer 'demokratischen Wahrheit' in dieselbe Lade einfältiger Bezeichnungen gehörte wie die 'arische Physik', die 'sozialistische Mathematik' oder auch die 'bürgerliche Wissenschaft'. Die Funktion des Begriffes der Wahrheit ist es doch gerade, jede Art von Relativismus hinter sich zu lassen, indem gegen die 'Meinung', und sei es auch die der überwältigenden Mehrheit, das 'Wissen' ausgezeichnet wird, das nur dann Objektivität verbürgen kann, wenn es nicht von irgendwelchen Abstimmungen abhängig gemacht wird.

Mit dieser Ansicht, die sich zumeist noch auf den Wahrheitsbegriff des gesunden Menschenverstandes beruft, scheinen die Vorzeichen für eine 'Konsensustheorie der Wahrheit' nicht besonders günstig zu stehen. Entweder will sie eine Theorie der Wahrheit sein - dann kann sie aber kaum den Namen 'Konsensustheorie' führen, weil dadurch die Wahrheit eben nicht mehr objektiv wäre, sondern auf den Konsens irgendeiner Gruppe relativiert würde; oder sie ist tatsächlich eine Konsensustheorie - dann muß sie wohl den Begriff der Wahrheit in einem heterodoxen Sinne verstehen und kann deshalb kaum als ernstzunehmendes Unterfangen angesehen werden, zum Begriff der Wahrheit etwas Entscheidendes beitragen zu können.

Kenner der Situation sähen sich natürlich auch ohne derartige Überlegungen in der Lage, den ideologischen Hintergrund einer 'Konsensustheorie der Wahrheit' zu enthüllen: Es gehe gar nicht um das seriöse Bemühen, dem politischen System der Demokratie ein rationales Fundament zu verschaffen; es handle sich vielmehr um einen wissenschaftstheoretisch verbrämten neomarxistischen Angriff auf die Wertfreiheit der Wissenschaften. Einem jeden Vernünftigen sei doch auf den ersten Blick einsichtig, daß die hiermit angezielte

'Politisierung der Wissenschaft' (und damit auch der Wahrheit) sich überhaupt nicht theoretisch rechtfertigen lasse. Allem Anschein nach wird ein für den staatlich-politischen Bereich durchaus gültiges Verfahren unbesehen auf den Bereich der Erkenntnis übertragen, ohne daß man sich auch nur im geringsten die Frage stellt, ob eine solche 'Demokratisierung' der Wahrheit statthaft sei, wo doch schon gegen die Ausweitung des politischen Begriffs der Demokratie auf andere gesellschaftliche Systeme Bedenken angemeldet werden.

Aber ganz so absurd wäre dieses Vorgehen doch nicht. Der Wahrheitsbegriff der modernen Wissenschaften könnte in der Tat mit einer gewissen Berechtigung als "demokratisch" bezeichnet werden.[2] Wahrheit ist hier egalitär, was die Quellen der Erkenntnis betrifft, weil nicht mehr auf übernatürliche Offenbarungen, auf besondere Intuitionen, die nicht jeder hat, verwiesen wird, sondern auf die Sinneserfahrung, die für alle gleich ist. Wahrheit ist aber auch egalitär, was die Adressaten betrifft, da sie öffentlich und jedem, der will, zugänglich ist. Indem die modernen Wissenschaften die Objektivität des Wissens als Intersubjektivität verstehen, drängt es sich beinahe von selber auf, auch den für die Wissenschaften zentralen[3] Begriff der Wahrheit in einer intersubjektiven Weise zu verstehen: eben als den Konsens der 'scientific community'. Die angeblich illegitime Übertragung eines politischen Prinzips in die Wissenschaftstheorie erwiese sich dann in Wirklichkeit als eine sozusagen auf den Begriff gebrachte Reflexion der grundlegend veränderten Einstellung der Moderne zur Wirklichkeit. Die Forderung der demokratischen Legitimation einer Herrschaftsordnung wäre nur der politische Reflex einer Einstellung, die die Wirklichkeit nicht mehr als eine passiv hinzunehmende 'objektive' Gegebenheit betrachtet. Eine 'Konsensustheorie der Wahrheit' würde damit den Weg weisen, wie sich für die Demokratie ein theoretisches Fundament legen lasse, nicht in dem Sinn, daß sie ohne eine philosophische Verankerung in der Luft hinge und deshalb in eine 'Legitimationskrise' schlittern müsse, sondern eher in der Art, daß zwischen Wahrheit (oder Rationalität) und Demokratie eine Strukturanalogie aufgezeigt werden kann. Demokratie wäre dann die der neuzeitlichen Rationalität angemessene Form der Regierung, da nur sie die Vernünftigkeit des politischen Handelns und politischer Institutionen garantieren könne. Was nach den Regeln demokratischer Willensbildung und Entscheidungsfindung sich ergibt, wäre nicht nur das Rechte im Sinne des Rechtmäßigen, es wäre zugleich auch das Richtige im Sinne des Wahren.

Damit gewinnen Überlegungen zur Theorie der Wahrheit, die für eine politische Theorie ziemlich überflüssig oder gar unbrauchbar erscheinen müssen, einen anderen Stellenwert. Zunächst sind sie schon deshalb notwendig, um dem Verdacht nachgehen zu können, die 'Konsensustheorie' sei doch nur ein pseudophilosophischer Unterbau für handfeste politische Interessen. Aber auch ein systematischer Grund spricht dafür: Die behauptete Strukturverwandtschaft zwischen dem Wahrheitsbegriff der modernen Wissenschaften und der Demokratie wirft einen auf das eingangs angedeutete Dilemma zurück. Selbst wenn man eine derartige Analogie nachweisen könnte, käme man im besten Fall nur zu einem Kriterium der Wahrheit, zu einer vielleicht brauchbaren Methode der Verifikation, aber nie zu einer Erklärung dessen, was Wahrheit ist oder bedeutet; denn die im Konsens gemeinte Intersubjektivität der Wahrheit betrifft doch anscheinend nur die Bedingungen, wie man die Wahrheit von Aussagen oder die Verbindlichkeit von allgemeinen Normen feststellen könne. Ob man will oder nicht, ob man es für die Politische Theorie als besonders fruchtbar erachtet oder nicht - man ist einfach gezwungen, an eine Diskussion der 'Konsensustheorie der Wahrheit' mit dem Begriffsapparat bereits vorliegender philosophischer Wahrheitstheorien heranzugehen, wenn man sich mit dieser Wahrheitskonzeption systematisch auseinandersetzen will.[4]

1. Rekonstruktion der 'Konsensustheorie der Wahrheit'

1.0 Die Notwendigkeit einer Rekonstruktion

Bevor man sich überhaupt an die Aufgabe machen kann, die Brauchbarkeit oder gar Richtigkeit einer 'Konsensustheorie der Wahrheit' einer Prüfung zu unterziehen, muß erst einmal für die Diskussion eine tragfähige Basis geschaffen werden. Man muß sich Klarheit darüber verschaffen, was tatsächlich mit dieser Wahrheitskonzeption behauptet oder intendiert wird. Wenn man sich nämlich allein von der Wortbedeutung leiten läßt, scheint die Angelegenheit ziemlich einfach zu sein: Wenn 'Wahrheit' als 'Konsens' definiert wird, dann ist diese Auffassung den sog. pragmatischen Wahrheitstheorien zuzuschlagen, und diese sind samt und sonders "illicit surrogates" [5] für 'Wahrheit'. Der einzige Unterschied zu den bisherigen biologischen, psychologischen oder instrumentalistischen Funktionalisierungen [6] der Wahrheit wäre, daß dem Trend der Gegenwart folgend eine sozio-politische Relativierung vorgenommen wird. Sollte die 'Konsensustheorie' tatsächlich behaupten, 'Wahrheit' bedeute nichts anderes als 'Überzeugung der Mehrheit', dann müßte man ihr eine Art von Sprachregelung unterstellen, denn im Ernst könnte man eine solche Behauptung nicht wagen. Selbst die neuzeitliche Physik liefert genügend Beweise, daß über eindeutig falsche Theorien ein überwältigender und ziemlich lange dauernder Konsens unter den Wissenschaftlern geherrscht hat. Die Absurdität dieser Ansicht könne man aber noch viel einfacher zeigen. Bei einer derartigen 'Definition' der Bedeutung von 'Wahrheit' ließe sich immer die Frage stellen, ob denn dieser allgemeine Konsens - genauer: die Ansicht, worüber Konsens besteht - wahr sei, ohne daß man den Eindruck einer offensichtlichen Tautologie hat.[7] Kurzum, als pragmatische Wahrheitsauffassung könnte die 'Konsensustheorie' keine Theorie der Wahrheit sein, weil sie 'Wahrsein' mit 'Für-wahr-halten' verwechsle.

Solche Unklarheiten müssen zum Gutteil schon dem Ausdruck 'Konsensustheorie' angelastet werden, da man unweigerlich zu dieser Interpretation verführt wird: Wahrheit wird, aus welchen Gründen auch immer, durch den Konsens irgendeiner Gruppe ersetzt, so daß die Frage der Wahrheit einer Aussage oder Theorie dann zu einer Sache der Abstimmung würde. Die Mißverständisse ergeben sich freilich auch zum Teil aus den Ausführungen derer, die die 'Konsensustheorie' propagieren oder mit ihr sympathisieren: nicht allein deshalb, weil es schon schwierig genug ist, rein inhaltlich herauszufinden, was eigentlich behauptet wird, sondern auch deswegen, weil die Sprache dieser Vertreter alles andere als geeignet zu sein scheint, einigermaßen präzise Vorstellungen zu erhalten. Man kann daher nicht einfach hingehen und bloß das übernehmen, was dort gesagt wird; man muß sich vielmehr der Mühe unterziehen, den Inhalt ihrer Ausführungen verständlicher zu machen, ihn zu 'rekonstruieren'. Den begrifflichen Rahmen bilden dabei die in Wahrheitstheorien gängigen Fragen, die von der 'Konsensustheorie' leider kaum berücksichtigt werden: Handelt es sich um eine echte Wahrheitstheorie oder geht es nur um ein Wahrheitskriterium? Soll die 'klassische' Wahrheitskonzeption ersetzt oder nur ergänzt werden? Wird eine explikative, also 'deskriptive', oder nicht eher eine stipulative, also 'normative' Definition angeboten? usw. Arbeitstechnisch wird dabei etwas konstruktiv vorgegangen - deshalb der etwas hochtrabende Titel 'Rekonstruktion'! -, da zunächst noch gar nicht ausgemacht ist, was 'Konsensustheorie der Wahrheit' überhaupt bedeutet. Mit Hilfe eines formalen Schemas wird der Interpretationsspielraum abgesteckt, in dem sich die Bedeutungen von 'Konsensustheorie', also das, was man unter diesem Begriff verstehen könnte, bewegen, und zwar so, daß abstrakt der mögliche Zusammenhang, ja die Identität von 'Wahrheit und 'Konsens' diskutiert wird. Die Grundidee einer 'Konsensustheorie' ist doch offenbar folgendes: Für das Explicandum (oder Definiendum) 'Wahrheit' soll in einer wesentlichen Weise der 'Konsens' einer Gemeinschaft als Explicans (oder Definiens) dienen. Dieses Raster wird jedoch nicht in seiner abstrakten Blässe stehengelassen, sondern durch historisches Material angereichert. Eine Konkretisierung mit Hilfe von Repräsentanten soll zeigen, daß die verschiedenen Bedeutungsmöglichkeiten nicht reine Denkspiele um der Systematik willen sind; es wird daraus auch deutlich, daß eine konsenstheoretische Auffassung der Wahrheit nicht die Marotte einiger Zeitgenossen oder nur marxistischen Ursprungs ist, im Gegenteil: In den alltäglichen Auffassungen von 'Wahrheit'[8] finden sich neben korrespondenztheoretischen durchaus konsenstheoretische Elemente. Der Zweck des Schemas besteht darin, daß man die verschiedenen Aspekte klassifizieren kann, die mit dem Begriff einer 'Konsensustheorie der Wahrheit' assoziiert werden, und - das eigentliche Anliegen! - daß man sich auf einen Vorschlag einigen könnte, was man unter diesem Begriff vernünftigerweise verstehen sollte, wenn man den Intentionen der Autoren gerecht werden will. Als relativ systematische Zusammenfassung des dargebotenen Materials werden dann als die Basis der folgenden Diskussion die gemeinsamen Grundannahmen der 'Konsensustheorie der Wahrheit' herausgearbeitet. Um es noch einmal zu betonen: Es handelt sich dabei nicht um eine reine Beschreibung, sondern um eine Rekonstruktion, indem manches, was sonst nur angedeutet ist, explizit gemacht wird und manches des besseren Verständnisses wegen hinzugefügt wird.[9]

1.01 Programmskizze der Rekonstruktion

Das angedeutete Strukturschema der Rekonstruktion - die Frage nach der möglichen Identität von 'Wahrheit' und 'Konsens' - bietet sich praktisch von selbst an. Wahrheit wird normalerweise Sätzen, Aussagen oder Theorien, also auf jeden Fall sprachlichen Gebilden zugeordnet. Für eine Sprache ist jedoch eine Gemeinschaft von Sprechern konstitutiv, und deshalb dürfte auch der Begriff der Wahrheit nicht von dieser Sprach- oder Kommunikationsgemeinschaft abstrahieren. Denn eine Sprache verstehen, heißt doch nicht bloß, die Bedeutung von Wörtern und den Sinn von Sätzen zu verstehen, es heißt auch zu wissen, ob das, was gesagt wird, wahr ist. Da es die Sprache ist, die letztlich die Welt und die Wirklichkeit konstituiert, müßte auch die Wahrheit notwendigerweise auf diesen Konsens der Kommunikationsgemeinschaft bezogen sein. Andererseits versteht man unter 'Konsens' der Sprachgemeinschaft und 'Wahrheit' nicht dasselbe, denn sonst wäre eine 'Konsensustheorie der Wahrheit' die natürlichste Sache der Welt.

Allein aus diesen beiden Annahmen, also ohne inhaltlich genauer klären zu müssen, was 'Wahrheit', was 'Konsens' bedeutet, lassen sich grob drei Bedeutungsvarianten unterscheiden, was man unter 'Konsensustheorie der Wahrheit' verstehen könnte, je nachdem wie das Verhältnis von 'Wahrheit' und 'Konsens' artikuliert wird.

'Konsensustheorie der Wahrheit' könnte bedeuten:

1) 'Konsens anstatt Wahrheit', d.h. der Begriff 'Wahrheit' wird einfach durch den Begriff des Konsenses (aller, der Vernünftigen oder der Wissenschaftler) ersetzt, da die Frage, ob eine Aussage oder eine Theorie wahr sei, gar nicht beantwortet werden kann oder überhaupt nicht gestellt zu werden braucht.
2) 'Wahrheit durch Konsens', d.h. der Konsens der Kompetenten oder gar aller Menschen ist das Kriterium für die Wahrheit einer Aussage, und die Suche nach einem allgemeinen Konsens ist die beste Methode, wie man zu wahren Aussagen und Theorien gelangen könnte.
3) 'Wahrheit als Konsens', d.h. eine Analyse der Bedeutung des Begriffes 'Wahrheit' enthüllt, daß der Konsens einer Kommunikationsgemeinschaft darin mitgedacht werden muß, weshalb beide Begriffe wenigstens materialidentisch sein müssen.

Wie man sehen wird, lassen sich diese drei Auffassungen nicht sauber voneinander trennen, aber die jeweilige Hauptrichtung des Verständnisses läßt sich recht gut kennzeichnen.

1.1 Erste Bedeutungsvariante: 'Konsens anstatt Wahrheit'

Als die fundamentale These dieser Art von Theorie[10] der Wahrheit ließe sich folgendes ansetzen. Da sogar im günstigsten Fall der wissenschaftlichen Forschung, von den alltäglichen Erkenntnissen ganz zu schweigen, nicht mehr zu erreichen sei als eine Übereinstimmung von Meinungen, ist der eingespielte Konsens unter den kompetenten Wissenschaftlern oder den vernünftigen Leuten ein legitimer Ersatz für die Idee der Wahrheit. Strenggenommen müßte man zwar diesen Ausdruck ganz vermeiden, aber solange man sich darüber im klaren ist, daß es im Felde der faktischen Wahrheiten immer nur gut bestätigte Hypothesen geben kann - von einer Wahrheit, für die zu sterben sich lohnte (Kierkegaard), ganz zu schweigen -, ist die Rede von Wahrheit nicht weiter tragisch: 'Wahr' heißt eben (abgesehen von den logischen Wahrheiten, die sowieso nur Tautologien sind) eine Feststellung, die einen sehr gut bestätigten Grad von Wahrscheinlichkeit besitzt und deshalb allgemein akzeptiert wird, ohne daß sich durch diese Auszeichnung irgendetwas an ihrem Status als Hypothese (in klassischer Terminologie: als dóxa, 'Meinung') ändere. Fatal werde es erst, wenn man den Begriff 'Wahrheit' hochstilisiert und sich auf die Suche nach einer Qualität macht, die über die Kennzeichnung 'allgemein akzeptiert' hinausgehen soll. Nur solange man nicht zu der Einsicht gelangt ist, daß mit 'Wissen' nur der stets fallibel bleibende Konsens der 'scientific community' gemeint sein kann, verbindet man mit der Idee der Wahrheit den Anspruch unfehlbaren Wissens und unbezweifelbarer Evidenz. (Wenn man will, kann man in pedantischer Genauigkeit eine stärkere 'skeptische' Version von einer eher 'agnostischen' abgrenzen: Erstere würde eine grundsätzliche Unmöglichkeit behaupten, die Wahrheit je zu erkennen, während die andere nur die Unnötigkeit des Begriffes der Wahrheit annähme, da der Konsens der Wissenschaftler in allen relevanten praktischen Fragen, aber auch in den erkenntnistheoretischen Problemen denselben Zweck wie die Idee der Wahrheit erfülle, mit dem Vorteil freilich, daß man ehrlicher sei, toleranter, daß man sich nicht durch ein zu hoch gestecktes Ideal entmutigen lassen müsse u.ä.m.)

1.11 Charles S. Peirce

Man tut sich schwer, für diese eher theoretisch entworfene Variante einen Repräsentanten zu finden. Natürlich lassen sich genügend Anhänger einer Wahrheitsskepsis ausmachen, aber bei ihnen fehlt gerade die Forderung, der Konsens einer bestimmten Gemeinschaft solle die Idee der Wahrheit ersetzen. In etwa könnte man die Rolle des von Thomas Kuhn geprägten Begriffes 'Paradigma' für den Fortgang der 'normal science' so verstehen, daß es nicht die Wahrheit sei, die den Forschungsprozeß leite, sondern die Konsensbildung unter den Wissenschaftlern, weshalb der Wechsel der Paradigmata nicht unbedingt "näher und näher an die Wahrheit heranführt". Immerhin würde ein Vertreter, wenn auch nur zeitweise, ganz gut in dieses Schema passen: Charles S. Peirce in seiner pragmatischen Frühphase (und sehr von William James her interpretiert). Seine damalige[11] Auffassung von Wahrheit wird hier, obwohl er später noch ausführlich zu Wort kommen wird, vor allem deshalb gestreift, weil sie fast exemplarisch das zum Ausdruck bringt, was die Gegner der 'Konsensustheorie' normalerweise unterstellen.

Auf der Basis einer vom Psychologen Bain übernommenen 'belief-doubt'-Theorie entwickelt Peirce das Wesen des Erkennens und Forschens. "Das einzige Ziel des Forschens" sei, "eine Meinung festzulegen", also eine "Überzeugung" (belief) zu stabilisieren, mit deren Hilfe man konsistent handeln kann. Nicht die Suche nach Wahrheit ist das Ziel der Erkenntnis und der Wissenschaft, sondern allein die Beseitigung von "Zweifel", und diejenige Methode der Forschung ist die richtige, die dieses Ziel zuverlässig erreicht. Die Frage nach der Wahrheit dieser Überzeugung wird sich dann gar nicht mehr stellen, denn das, "was man überhaupt nicht bezweifelt, muß man als untrüglich, als absolute Wahrheit ansehen, und man sieht es auch so an": "Deine Probleme würden bedeutend vereinfacht, wenn du, anstatt zu sagen, daß du die 'Wahrheit' erkennen willst, einfach sagtest, daß du einen Zustand der Überzeugung erreichen willst, der unangreifbar für jeden Zweifel ist" (CP 5.416). Sobald diese feste Überzeugung erreicht ist - "a settled belief which we call the truth" (7.335) -, sind wir völlig "zufriedengestellt, gleichgültig, ob die Überzeugung wahr oder falsch ist" (5.375). Peirce versteigt sich sogar zu der provozierenden Formulierung: "Und wenn eine allgemeine Überzeugung, die vollkommen gefestigt und unumstößlich ist, auf irgendeine Weise hergestellt werden kann, sei es auch durch Scheiterhaufen und Folterbank, so ist es ausgesprochen absurd, von irgendeinem Irrtum hinsichtlich einer solchen Überzeugung zu sprechen" (8.16). Selbst die einschränkende Behauptung, man müsse wenigstens nach einer Überzeugung suchen, "die wir für wahr halten", ist für Peirce sinnlos, da man nach seiner Auffassung von 'belief' jede Überzeugung für wahr hält (5. 376ff.). Theoretisch gibt es mehrere Methoden, eine feste Überzeugung herzustellen,[12] aber in der Praxis ist allein die Methode der Wissenschaft geeignet, das gesteckte Ziel zu erreichen. Peirce 'beweist' dies nicht nur mit Hilfe der tatsächlichen Erfolge vor allem der Naturwissenschaften; er argumentiert anthropologisch: Die anderen Methoden scheitern letztlich, weil "der Trieb zur Gemeinschaft" (5.378), "eine weitsichtigere Art von sozialem Gefühl" (5.381) es anders will. Zu den "established truths" kann nur diejenige Methode der Forschung führen, die von vornherein auf die Übereinstimmung der Forschenden abzielt, die sich also nicht auf eine besondere Erkenntnisquelle festlegt, sondern solche Konklusionen sucht, "die jeder Verstand gelten läßt". Die Möglichkeit, daran zu zweifeln, wird auf diese Weise systematisch ausgeschaltet, weil "der soziale Trieb" gar keine Veranlassung hat, diese allgemein akzeptierten "letztlichen Konklusionen" in Frage zu stellen (5.384). Solche Sätze dann "Wahrheiten" zu nennen, meint im Grunde nichts anderes als: "propositions to which no competent man today demurs" (1.635).

1.2 Zweite Bedeutungsvariante: 'Wahrheit durch Konsens'

In groben Zügen ließe sich diese Variante so umschreiben: Einerseits wird unbeirrt daran festgehalten, daß das Ziel der Erkenntnis die Wahrheit sei, also eine Erkenntnis der Wirklichkeit, wie diese tatsächlich ist. Es mag zwar problematisch sein, ob dieses Ziel jemals definitiv erreicht werden kann, aber unbestritten ist, daß nicht die Konsensbildung unter den Wissenschaftlern das Ziel des Forschens ist, und unbestritten ist ferner, daß die Bedeutung von 'Wahrheit' etwas anderes als 'Konsens der Mehrheit oder auch aller Menschen' meint. Ob eine Erkenntnis wahr ist, hängt in keiner Weise davon ab, ob die Mehrheit zustimmt, ja nicht einmal davon, ob überhaupt einer es tut. Der Begriff 'Wahrheit' läßt sich also nicht durch den Begriff 'Konsens' erklären. Dennoch besteht ein ganz enger Zusammenhang zwischen beiden Begriffen: Die Methode, wie man am einfachsten zu wahren Aussagen gelangt, der Nachweis, daß eine Aussage wahr ist, hält sich am besten daran, ob die kompetenten Personen (oder im Idealfall: alle Menschen) zu einer zwanglosen Übereinstimmung gelangen. Allgemeiner Konsens über eine Aussage ist nicht nur ein Indiz dafür, daß diese Ansicht wahr sein könnte, er ist das einzig brauchbare Wahrheitskriterium, weil nur wahre Sätze diesen Test der Verallgemeinerung bestehen können. Einen anderen Weg zur Wahrheit als über die intersubjektive Verifikation gibt es nicht.

1.21 Das 'argumentum ex consensu omnium'

Als erstes Beispiel dieser Art von Konsensus-theorie' wird ein Beweisverfahren vorgestellt, das als 'argumentum ex consensu omnium (gentium)' bekannt ist.[13] Dieser (Kurz-)Schluß von der allgemeinen Verbreitung einer Ansicht auf deren Wahrheit kann auf eine ehrwürdige Tradition zurückblicken, wobei die Breite seiner Anwendung auffällt. Schon die römischen Kaiser stützten die Rechtmäßigkeit ihrer Autorität auf den allgemeinen Konsens in der Formel "per consensum universorum potitus rerum omnium". Das frühe Christentum sah den einmütigen Konsens in der Akklamation bei der Wahl eines Bischofs als das Wehen des Hl. Geistes an. In der eigentlichen Domäne dieses Beweisverfahrens schließlich, in den Gottesbeweisen der Theologia naturalis, wurde aus der universellen Verbreitung des Glaubens an Gott, einer sittlichen Überzeugung usw. der nicht unumstrittene Schluß gezogen, daß diese Überzeugungen zur Natur des Menschen gehören, woraus sich für die damalige Zeit zwingend die Wahrheit solcher Überzeugungen ergab. Es handelt sich allerdings nicht um eine zu einer Theorie ausgefeilten Überzeugung, sondern eher um eine verbreitete Selbstverständlichkeit, die ab und zu auch ausdrücklich artikuliert wird. Immerhin mußte dieses Argument als ernstzunehmendes Indiz, ja als Kriterium der Wahrheit herhalten.

Als die Väter des Arguments werden gern Aristoteles und Cicero angeführt. Nicht als ob es hier Aristoteles als seine Wahrheitskonzeption untergeschoben werden sollte, aber es findet sich öfter bei ihm. Im Unterschied zu Platons Abwertung der Meinung der polloí, die immer nur dóxa sein kann, hat der Konsens aller (oder doch der sophoí) für Aristoteles überzeugende Kraft. Seine Vorliebe für Sprichwörter, der Bezug auf die Meinungen der Alten haben eine so wesentliche Funktion in seiner "hermeneutischen" und "hypoleptischen" (J. Ritter) politischen Theorie, daß er sich gar zur Behauptung versteigt: "Was alle glauben, das, behaupten wir, ist richtig. Wer dieses Argument verwirft, wird nichts Glaubhafteres sagen können."[14] Nicht zuletzt deshalb wird die communis opinio ausdrücklich als die Basis des topischen Argumentierens genommen. Zwar sind die allgemein akzeptierten[15] Meinungen nicht wahr, aber sie sind die Norm des dialektischen Argumentierens, um die falschen von den wahren Sätzen zu scheiden und so zu den wahren Prinzipien zu gelangen, die die wissenschaftliche Schlußfolgerung, der Beweis, voraussetzt. Der Unterschied zwischen 'Topik' (Dialektik) und 'Analytik' ist nicht der zwischen epistéme und dóxa,[16] sondern der zwischen gemeinsamer Wahrheitserforschung im nicht-wissenschaftlichen Diskurs und lehrender Darstellung der Wahrheit im wissenschaftlichen Diskurs.[17]

Der Ausdruck 'consensus omnium' oder 'consensus gentium' und die eigentliche Begründung für den Wahrheitsgehalt des allgemeinen Konsenses finden sich dann bei Cicero, der stoisches Gedankengut verarbeitet: "Omnium consensus naturae vox est." Das Naturgesetz aber gilt als unumstößliche Wahrheit.[18] Aus dieser "Consensus-Metaphysik"[19] zieht Cicero auch die Konsequenzen für sein politisches Ideal, in dem platonische Vorstellungen einer harmonía und koinonía im "consensus omnium bonorum" wieder aufleben. Der consensus omnium wird nicht einfach mit der Wahrheit gleichgesetzt, er besitzt eindeutig instrumentellen Charakter. Wahr sind die allgemeinen Überzeugungen deshalb, weil sie 'natürlich' und 'angeboren' sind, nicht aber wegen des Konsenses, denn dieser eliminiert sich selbst: Er dient nur dazu herauszufinden, welche Überzeugungen das gemeinsame Gut aller sind, um dann von diesem gemeinsamen lógos auf die Wahrheit zu schließen.

1.22 Die Idee des Parlamentarismus

Als in ähnlicher Weise instrumentalistische 'Konsensustheorie der Wahrheit' könnte die "geistesgeschichtliche" Begründung der Idee des Parlamentarismus angesehen werden, die Carl Schmitt entwickelt hat und die von 'linker' Seite (Habermas, Agnoli) fast unbesehen übernommen wurde.[20]

Die parlamentarische Regierungsform wird als einzige Form einer Regierung angesehen, in der es ausdrücklich darum zu tun sei, Macht und Herrschaft auf die Vernunft zu gründen. Herrschaft wird dadurch "rational" - oder wie Burke sagt: aus einer "matter of will" zu einer "matter of reason" -, wenn gilt: veritas, non auctoritas facit legem. Dies wird gerade durch die zwei Grundprinzipien jedes "wahren" Parlamentarismus bewerkstelligt: durch "Diskussion" und "Öffentlichkeit" (Schmitt 1923, passim). In der Tat ist es keine etymologische Spielerei, den Parlamentarismus als "government by talking"[21] anzusehen; war doch die Forderung der Öffentlichkeit gegen die Arkan- und Kabinettspolitik der Fürsten gerichtet, die kritische Diskussion als Garant der Meinungsvielfalt und als Kontrollinstanz gedacht, weshalb es fast als Banalität wirkt, Diskussion und Öffentlichkeit als das Wesensmerkmal des Parlamentarismus hinzustellen. 'Öffentlichkeit' und 'Diskussion' sollen jedoch weit mehr leisten: Durch sie soll "nichts weniger als Wahrheit und Gerechtigkeit" bewirkt werden (Schmitt 1923, 61). Dieser Glauben an die öffentliche Diskussion als den Ort der Wahrheit wurzelt natürlich in der Aufklärung, die glaubte, Gewalt durch Vernunft ablösen zu können, indem durch ungehinderte Diskussion ein Prozeß eingeleitet würde, der automatisch die Wahrheit zu seinem Ergebnis hätte. Da die "öffentliche Meinung" der "Natur der Sache" entspreche, könne, "was unter solchen Bedingungen aus dem öffentlichen Räsonnement resultiert, Vernünftigkeit" beanspruchen: "Ihrer Idee nach verlangt eine aus der Kraft des besseren Arguments geborene öffentliche Meinung jene moralisch prätentiöse Rationalität, die das Rechte und Richtige in einem zu treffen sucht" (Habermas 1962, 66). Die öffentliche Meinung kann daher "für eine Repräsentation der allgemeinen Vernunft und Wahrheit, für die Stimme Gottes gelten" (R. Niebuhr). Nicht zuletzt Kant darf als Zeuge geladen werden: Die "Existenz der Vernunft", ihr "Anspruch" ist "jederzeit nichts als Einstimmung freier Bürger", "deren jeglicher seine Bedenken ja sogar sein Veto, ohne Zurückhalten muß äußern können" (KrV B 766). Der "Konsensus der Räsonierenden untereinander" ist der "Probierstein der Wahrheit", und diese Funktion einer "pragmatischen Wahrheitskontrolle" hat konstitutive Bedeutung: "Vernunft fordert, auf dem geschichtlichen Weg ihrer Verwirklichung, als Entsprechung zur intelligiblen Einheit des Bewußtseins überhaupt eine Geeintheit der empirischen Bewußtseine" (Habermas 1962, 130). Auch wenn man idealisierend behaupten darf, daß die "bürgerliche Öffentlichkeit", das "Publikum" als das "Subjekt des bürgerlichen Rechtsstaates" mit dem "Prinzip des allgemeinen Zugangs" steht und fällt,[22] setzt eine echte Diskussion eine gebildete Schicht voraus. "Solange das Parlament die nationale Bildung und Vernunft repräsentiert und sich in ihm die gesamte Intelligenz des Volkes vereinigt, kann eine echte Diskussion entstehen, d.h. in öffentlicher Rede und Gegenrede der echte Gesamtwillen des Volkes als eine 'volonté générale' zustandekommen" (Schmitt 1928, 315f.). In der parlamentarischen Diskussion geht es ja nicht einfach um ein "Reden", geschweige denn um ein "Verhandeln", was nur den reinen Ausgleich von Interessen meint; es geht um einen Austausch der Meinungen, "der von dem Zweck beherrscht ist, den Gegner mit rationalen Argumenten von einer Wahrheit und Richtigkeit zu überzeugen oder sich von der Wahrheit und Richtigkeit überzeugen zu lassen" (Schmitt 1923, 9): Die öffentliche Debatte hat einen rationalen Konsens, nicht einen bloßen "Kompromiß" zum Ziel. Die "Neutralisierung sozialer Macht", die "Rationalisierung politischer Herrschaft im Medium öffentlicher Diskussion" als die Aufgaben des Parlaments setzen "ein objektives, nach allgemeinen und verbindlichen Kriterien mögliches Zusammenstimmen konkurrierender Interessen", also einen "möglichen Konsensus" mit dem Moment der "Wahrheit" voraus (Habermas 1962, 254). Parlamentarische Demokratie sucht den "im öffentlichen Räsonnement ermittelten Konsensus", nicht aber den "nicht-öffentlich erstrittenen oder einfach durchgesetzten Kompromiß";[23] sie will aber nicht wie die direkte Demokratie eines Rousseau den "Konsensus der Herzen", sondern den Konsensus "der Argumente" (Habermas 1962, 11). Deshalb ist das Parlament "der Platz, wo man deliberiert, d.h. in einem diskursiven Vorgang durch die Erörterung von Argument und Gegenargument die relative Wahrheit gewinnt" (Schmitt 1923, 58).

Hinter dieser Überhöhung der parlamentarischen Diskussion zum Ort der Wahrheit sollte nicht allein die Vernunftgläubigkeit der Aufklärung gesehen werden, für die die Diskussion "das Humane, Friedfertige, Fortschrittliche, der Gegensatz zu jeder Diktatur und Gewalt" war (Schmitt 1928, 315). Es steckt dahinter ein gutes Stück Liberalismus,[24] und zwar der geistige Grundgedanken des Liberalismus, der in den verschiedensten Gestalten auftritt: der Gedanke eines Gleichgewichts der Kräfte, indem sich durch eine Ausbalancierung von selbst die richtige Mitte einstellt. Es werden die Prinzipien des Marktes auf den Begriff der Wahrheit übertragen. "Wahrheit" wird "zu einer bloßen Funktion eines ewigen Wettbewerbs der Meinung", so daß "die beste Gewähr, die Wahrheit zu finden, darin bestehe, auf das Funktionieren der freien Konkurrenz auf dem Meinungsmarkt zu vertrauen" (Schmitt 1923, 45). Darum werden auch Rede- und Pressefreiheit zu den unabdingbaren Erfordernissen eines liberalen Staatswesens erhoben, weil nur so die freie Konkurrenz garantiert werden kann.

1.23 Ludwig Feuerbach

Eine andere Art von Übereinstimmung als Kriterium der Wahrheit findet sich in der 'Materialisierung' der hegelschen Auffassung vom 'Geist' durch die Linkshegelianer. Deutlich faßbar wird diese Vergemeinschaftung, ja 'Sozialisierung' der Vernunft bei Bruno Bauer, Feuerbach und Marx. Wahre Erkenntnis orientiert sich für sie an der Idee der zukünftigen Gesellschaft freier und gleicher Menschen als dem "Garanten letzter Wahrheit und Wertgeltung".[25] Exemplarisch dafür sind einige Auslassungen in Feuerbachs "Wesen des Christentums". Seine hier geäußerte Ansicht folgt ganz konsequent daraus, daß "die Gattung" das Vollkommene, "das Göttliche" ist. Zunächst wird hieraus nur der harmlose Schluß gezogen, "daß das Du zur Vollkommenheit des Ich gehört, daß die Menschen erst zusammen den Menschen ausmachen, die Menschen nur zusammen das sind und so sind, was und wie der Mensch sein soll und sein kann". Aus der eher banalen Tatsache, daß die Menschen sich "kompensieren" (1841, 184), folgert er: Der andere ist mein alter ego, der mir gegenständliche Mensch, mein aufgeschlossenes Innere, also der objektive Maßstab für mich. "Das Bewußtsein des Moralgesetzes, des Rechtes, der Schicklichkeit, der Wahrheit selbst ist nur an das Bewußtsein des andern gebunden. Wahr ist, worin der andere mit mir übereinstimmt - Übereinstimmung ist das erste Kriterium der Wahrheit, aber nur deswegen, weil die Gattung das letzte Maß der Wahrheit ist." "Was ich nur denke nach dem Maße meiner Individualität, daran ist der andere nicht gebunden, das kann anders gedacht werden, das ist eine zufällige, nur subjektive Ansicht. Was ich aber denke im Maße der Gattung, das denke ich, wie es der Mensch überhaupt nur immer denken kann und folglich der einzelne denken muß, wenn er normal, gesetzmäßig und folglich wahr denken will. Wahr ist, was mit dem Wesen der Gattung übereinstimmt, falsch, was ihr widerspricht. Ein anderes Gesetz der Wahrheit gibt es nicht" (1841, 188).

1.3 Dritte Bedeutungsvariante: 'Wahrheit als Konsens'

Diese dritte Variante läßt sich in abstracto ziemlich leicht skizzieren. Im Unterschied zur ersten Gruppe ist man davon überzeugt, daß der Begriff 'Wahrheit' nicht fallengelassen werden darf, und zwar gerade wegen der Konnotationen der Rationalität und Objektivität (im Sinne der Nicht-Beliebigkeit). Allerdings muß man im Gegensatz zur zweiten Variante Wahrheit letztlich als den Konsens einer Forscher- oder Kommunikationsgemeinschaft definieren, will man diesem Begriff einen vernünftigen Sinn abgewinnen. Daher greifen die Unterscheidungen von Wahrheit und Verifikation, von Begriff und Kriterium der Wahrheit u.ä. nicht, ja sie müssen vernachlässigt werden, weil die dadurch angeblich erreichte Klarheit in Wirklichkeit das Wahrheitsproblem verbaut. Wahrheit ist nämlich ein geltungstheoretischer Begriff, weil er die Gültigkeit von Erkenntnissen betrifft. 'Geltung' ist aber etwas Intersubjektives, und deshalb wird eine allgemeine und damit objektive Geltung durch einen allgemeinen Konsens der Menschen konstituiert. Dies ergibt sich auch aus einer transzendentalen (oder konstruktivistischen) Sicht der Wirklichkeit. Was Realität ist, wird durch die gemeinsame Weltinterpretation der Menschen bestimmt. Insofern muß das Verhältnis von Sprache und Wirklichkeit andersherum gesehen werden: Die Wahrheit einer Aussage kann nicht von ihrer Angemessenheit an die Wirklichkeit her definiert werden, weil der Zugang zur wirklichen Welt immer nur durch das Medium der Sprache möglich ist, und Sprache ist von Haus aus etwas Gemeinschaftliches. Wahre Aussagen unterscheiden sich von bloßen Meinungen oder fiktiven Annahmen nicht dadurch, daß sie Tatsachen korrekt wiedergeben. Die Objektivität der Tatsachen besteht vielmehr allein darin, daß die entsprechenden Aussagen von jedermann problemlos akzeptiert werden, oder anders gesagt: daß sich darüber auf selbstverständliche Weise ein Konsens ergeben würde. Die Wahrheit kann daher nicht nur durch diesen allgemeinen Konsens nachgewiesen werden; Wahrheit ist nichts anderes als die allgemeine, zwanglose und dauerhafte Übereinstimmung aller vernünftigen Menschen. Ohne Bezug auf diesen 'vernünftigen' Konsens kann der Begriff 'Wahrheit' gar nicht definiert werden.

Je nachdem wie dieser rationale Konsens bestimmt wird, lassen sich verschiedene Modi dieser Bedeutungsvariante unterscheiden. Eine erste Art wäre, darunter einen tatsächlich vorhandenen faktischen Konsens zu verstehen, d.h. eine Erkenntnis oder eine Theorie wäre dann wahr, wenn tatsächlich eine unzweifelhafte Übereinstimmung unter den Wissenschaftlern oder allen Menschen besteht. Man erkennt unschwer, daß es sich dabei nur um eine verbale Differenz zur ersten Bedeutungsvariante handelt. Die andere Möglichkeit meint, dem normativen, ja kontrafaktischen Anspruch des Begriffes der Wahrheit Rechnung tragen zu müssen, und bestimmt Wahrheit deshalb mit der Vorstellung eines idealen Konsenses, d.h. wahr ist eine Aussage dann, wenn jeder vernünftige Mensch nach unvoreingenommener Prüfung zustimmen würde, ohne daß man jeweils die faktische Zustimmung aller einholen müßte. Es handelt sich also um die Übereinstimmung einer potentiell unbegrenzten Gemeinschaft aller vernünftigen Wesen. Da man natürlich niemals in der Lage ist, diese unbegrenzte Kommunikationsgemeinschaft mit irgendeiner faktisch existierenden Gruppe zu identifizieren, gilt ein Konsens dann als ideal, wenn er unter idealen Bedingungen erzielt werden kann: durch 'rationale Argumentation', in einer 'idealen Sprechsituation', durch einen 'Diskurs' oder eine 'Beratung'.

1.31 Charles S. Peirce

Wenn jemand das Vorrecht beanspruchen wollte, der Vater dieser Art von 'Konsensustheorie der Wahrheit' zu sein, dann müßte man es ohne Frage Peirce zuerkennen. Er versteht nicht nur durchgängig, wenn auch mit leichten Akzentverschiebungen, Wahrheit als die "endgültige Übereinstimmung", zu der die Gemeinschaft der Wissenschaftler kommt - wohlgemerkt: Er meint vor allem die Naturwissenschaften! Peirce liefert auch die theoretische Begründung für die Explikation des Wahrheitsbegriffes als "final consent", ohne freilich von einer 'Konsensustheorie der Wahrheit' zu sprechen oder gar diese Sicht der klassischen Wahrheitsauffassung entgegenzustellen. Er meint damit das normale Verständnis von Wahrheit erklären zu müssen, das in der Formel "veritas est adaequatio rei et intellectus"[26] seinen Ausdruck gefunden hat. Daher muß ausdrücklich betont werden, daß Peirce gerade keinen pragmatischen oder funktionalen Wahrheitsbegriff vertritt.[27] Wahrheit ist für ihn, fast extrem realistisch verstanden, etwas "which is independent of what you or I or any group or generation of men may opine upon the subject" (2.153).[28] Mag auch diese Position, die es vollkommen unverständlich erscheinen läßt, wie er eine Konsenstheorie vertreten haben soll, erst in seinen späteren Schriften der sog. pragmatizistischen Phase[29] so explizit betont werden, so besteht dennoch kein Zweifel, daß für Peirce Wahrheit immer etwas Objektives, ja Absolutes ist: "no matter if there be an overwhelming vote against it" (2.135). Trotzdem sieht er sich gezwungen, 'Wahrheit' mit Hilfe des Begriffes 'consent' zu erklären, denn die Anwendung seiner 'pragmatischen Maxime' als seiner <u>logischen</u> Methode, Begriffe zu klären, auf den Begriff 'Wahrheit'[30] führt unausweichlich auf den Begriff einer endgültigen Meinung, in der alle übereinstimmen. Es ist "die allumfassende Einmütigkeit (catholic consent), welche die Wahrheit konstituiert" (8. 13). "Wahrheit" als die "letztliche Übereinstimmung in definiten Konklusionen, die unabhängig von partikulären Standpunkten sind" (5.841), als "final opinion", als "settled belief" oder wie immer Peirce diesen Konsens beschreibt, schließt damit "wesentlich den Gedanken einer <u>Gemeinschaft</u> ein" (5.311) - wohlgemerkt, wenn man den <u>Begriff</u> der Wahrheit erklären will! "Wahre Erkenntnisse, oder solche, deren Objekte real sind", sind daher solche, die "kontinuierlich von der Gemeinschaft immer wieder bestätigt werden", so daß der Charakter von "Objektivität" dann in der Übereinstimmung besteht, "die die ganze Gemeinschaft schließlich erreichen würde" (5.331). Zugegeben, die besonders plakativen Formulierungen einer derartigen Konsensusauffassung stammen vom frühen Peirce, aber auch seine späteren Definitionen von Wahrheit verwenden diese endgültige Übereinstimmung der Forschergemeinschaft, so auch die berühmte aus dem Baldwin-Dictionary von 1901, die J. Dewey[31] als eine der besten Wahrheitsdefinitionen angesehen hat: "Truth is that concordance of an abstract statement with the ideal limit towards which endless investigation would tend to bring scientific belief, which concordance the abstract statement may possess by virtue of the confession of its inaccuracy and one-sidedness, and this confession is an essential ingredient of truth." (5.565) Der Unterschied zu den früheren Formulierungen liegt nur darin, daß die Übereinstimmung, die man damals als einen faktischen Konsens hätte auffassen können, den die Wissenschaften schon erreicht haben, jetzt deutlicher als hypothetischer "would-be"-Konsens definiert wird, sozusagen als der ideale künftige Konsens, den die Gemeinschaft der Wissenschaftler erreichen würde, wenn die Forschung endlos weiterbetrieben würde.

Eine derart paradoxe Wahrheitsauffassung - einerseits absolut, andererseits auf den Konsens der Wissenschaftler relativiert - verlangt von einem Logiker, der dazu noch ein systematischer Denker war, eine Aufklärung. Peirce liefert auch die Begründung dafür. Der erste Schritt auf dem Weg, Wahrheit als die "endgültige Übereinstimmung" der Wissenschaftler zu definieren, besteht darin, daß er sich gut pragmatistisch fragt, in welchen Situationen die Rede von Wahrheit vorkommt. Wie nach der pragmatischen Maxime der Bedeutungsgehalt eines Begriffes durch den Bezug auf Handlungsgewohnheiten ("habits") bestimmt werden muß, so läßt sich auch der Begriff 'Wahrheit' nur verstehen, wenn man ihn im Zusammenhang mit 'Forschung' sieht: "Mit dem Wahren ist das gemeint, auf das Forschen hinzielt" (5.555). Da nun das Wesen des Forschens - sozusagen die 'Logik der Forschung' - in nichts anderem liegt, als einen bestehenden "Zweifel" zu beseitigen, hat das Denken und Forschen dann sein Ziel erreicht, wenn die Unruhe des Fragens und Zweifelns in einer endgültigen Überzeugung (final opinion, settled belief) zur Ruhe gekommen ist. 'Wahrheit' läßt sich daher sinnvollerweise nur im Hinblick auf das Begriffspaar 'Zweifel' (= forschendes Fragen) und 'Überzeugung' (= Konsens der Forscher, der dann ein verläßliches Handeln ermöglicht) erklären. "Wenn du jedoch mit Wahrheit und Falschheit etwas anderes meinst, das auf keinerlei Weise mit Hilfe der Termini Zweifel und Überzeugung zu definieren ist, dann sprichst du von Entitäten, über deren Existenz du nichts wissen kannst und die Ockhams Rasiermesser sauber wegrasieren würde" (5.416). Peirce geht sogar noch einen Schritt weiter, indem er in gekonnt transzendentaler Manier[32] die Erwartung einer gemeinsamen Überzeugung als "unabdingbare Voraussetzung" jeder vernünftigen Diskussion ansieht, andernfalls jede Argumentation und jedes forschende Fragen sinnlos wäre: "I say, then, that a reasonable disputant disputes because he hopes, or at least goes upon the assumption that both parties will come to something; that is to say, that both parties will at length find themselves forced to a common belief which will be definitive and final. For otherwise, why dispute? To reach a final and compulsory belief is, therefore, what the reasonable disputant aims at. But what he aims at is the truth. Therefore, by the truth he means nothing more than a finally compulsory belief" (2.229). Gerade diese Erwartung eines endgültigen Konsenses ist es, die es erlaubt, die Tatsache des Nicht-bezweifelt-werdens von der Wahrheit zu unterscheiden.[33] Daß eine Ansicht faktisch nicht bezweifelt wird oder bisher nicht in Zweifel gezogen worden ist, macht sie noch nicht zur Wahrheit; auch nicht die Tatsache, daß sie gar nicht in Zweifel gezogen werden kann, weil sie unbewußt bleibt und deshalb einer möglichen Kritik entzogen ist. Allein die Meinung, die dem Prozeß des Forschens unterworfen wird und sich "in the long run" als die allgemeine Überzeugung der Forschergemeinschaft herausstellt, ist die Wahrheit. Wahrheit setzt daher nicht nur echte Fragen voraus, sondern auch die Überzeugung einer definitiven Entscheidbarkeit. Fragen, "hinsichtlich derer das Pendel der Meinung niemals aufhört hin und her zu schwingen", sind keine "<u>realen</u> Fragen, das bedeutet, sie sind Fragen, auf die es keine wahre Antwort gibt" (5.461). Das kann aber nur bedeuten: Der Begriff 'Wahrheit' setzt notwendigerweise eine <u>unendliche</u> (Forscher-)Gemeinschaft als <u>Sinnbedingung</u> voraus, denn nur wenn die Gewähr dafür besteht, daß die Forschung unbegrenzt weitergeht, ist die Hoffnung auf eine definitive Meinung berechtigt und somit sinnvoll. Als einzelner kann man sich dessen nie sicher sein.

Diese Paradoxie, daß die Wahrheit als das Ziel rationalen Verhaltens par excellence in der Wissenschaft nur durch ein irrationales Gefühl, die Hoffnung auf eine unendliche Gemeinschaft, gerettet werden kann, trieb schon den jungen Peirce zu seinem "logischen Sozialismus".[34] Zwar geht es dabei nicht um die Frage der Wahrheit, sondern um die Möglichkeit synthetischen Erkennens durch induktives Schließen, aber die Erklärung der Logik von Induktionsschlüssen bestätigt seine Wahrheitsauffassung. Die Rationalität des

Handelns verlangt nämlich "eine gedankliche Identifikation der eigenen Interessen mit denen einer unbegrenzten Gemeinschaft" (2.654), oder noch plastischer gesagt: Logisches Schlußfolgern setzt ein "soziales Gefühl" voraus (2.655). Diese 'Sozialisierung' induktiven Schließens liegt gar nicht so fern, wenn man in Rechnung stellt, daß synthetisches Erkennen hypothetisch-induktiv abläuft. Für den Einzelfall folgt aus den Gesetzen der Wahrscheinlichkeit nichts; die Gesetze gelten nur "in the long run", d.h. nur "wenn wir uns gläubig an jenen Schlußmodus halten, werden wir uns im Ganzen gesehen der Wahrheit nähern" (5. 354). Daß es aber dennoch vernünftig ist, sich auch im Einzelfall an die nur "in the long run" geltenden Gesetze der Wahrscheinlichkeit zu halten, deren Gültigkeit ein einzelner gar nicht verläßlich überprüfen kann, läßt sich nur so rechtfertigen, daß sich der einzelne einer unendlichen Gemeinschaft zugehörig weiß, weil nur sie die unendliche Annäherung an die Wahrheit sicherstellen kann. Diese pragmatische Begründung der Gesetze der Wahrscheinlichkeit - weil die Gesetze nur für große Zahlenreihen gelten, muß es etwas geben, das dieses "in the long run" gewährleisten kann, also eine unendliche Gemeinschaft - hat eine enorme ethische Konsequenz für die Logik: "Die Logik wurzelt im sozialen Prinzip" (2.654), und deshalb ist das einzige "große Prinzig der Logik" die "Selbstüberwindung" ("self-surrender") (5.402): "Um logisch zu sein, dürfen die Menschen nicht selbstsüchtig sein" (2.654). Hätte nämlich jemand ein persönliches Interesse, das alle anderen Interessen aufwiegt oder gar übertrifft, könnte er überhaupt nicht in seinen Schlüssen logisch sein, weil es für ihn nur ein 'Alles oder Nichts', aber nicht ein 'in the long run' gäbe.[35] Die Logik verlangt daher "unerbittlich, daß unsere Interessen nicht beschränkt werden. Sie dürfen nicht bei unserem eigenen Schicksal Halt machen, sondern müssen die ganze Gemeinschaft mit einbeziehen. Diese Gemeinschaft wiederum darf nicht begrenzt sein, sondern muß sich über alle Gattungen von Lebewesen erstrecken, mit denen wir in unmittelbare oder mittelbare Beziehung treten können" (2.654). Logisches Schlußfolgern und auch rationales Verhalten kann daher überhaupt individualistisch erklärt werden, da es nur durch die Identifikation mit einer unbegrenzten Gemeinschaft zu einem verstehbaren und damit sinnvollen Unternehmen wird.

Die philosophisch-systematische Begründung dafür, daß unter der Wahrheit die endgültige Übereinstimmung einer unbegrenzten Forschergemeinschaft verstanden werden muß, liefert jedoch Peirces Theorie der Realität, die er später als seine "soziale Theorie der Realität" bezeichnet, namely, that the real is the idea in which the community ultimately settles down" (6.609). Obwohl sich Peirce ausdrücklich als "extremen", ja "scholastischen" Realisten[36] bezeichnet, darf sein Realismus nicht mit dem Realismus des 'common sense' verwechselt werden: Es ist ein "semiotischer Phänomenalismus" (Murphey). Oberflächlich ergibt sich seine Auffassung von 'Realität' aus der Anwendung der pragmatischen Maxime auf diesen Begriff, aber die eigentliche Basis bildet Peirces Semiotik und Kategorienlehre, die er in einer Auseinandersetzung mit Kants Erkenntniskritik entwickelt hat. Er übernimmt von Kant vor allem den auf mögliche Erfahrung bezogenen Erkenntnisbegriff, 'sozialisiert' und 'historisiert' jedoch die transzendentale Apperzeption. Dadurch erledigt sich das ominöse Ding-an-sich in der Frage nach der wahren Erkenntnis von selbst. Es ist nicht nur rein begrifflich ein Unding,[37] man ist auch von einer Analyse der Erkenntnis her gar nicht genötigt, eine derartige "non-existent existence" (6.492) als die "eigentliche Wirklichkeit" zu postulieren, denn Erkenntnis ist nicht die "Abbildung" einer außerhalb des Bewußtseins an sich bestehenden, sozusagen fertigen Wirklichkeit, so daß die 'wahre' Erkenntnis diejenige wäre, die getreu das beste Abbild hervorbrächte (5.300ff.). Wenn schon die Sinneswahrnehmung, der man noch am ehesten einen Abbildcharakter zuschreiben würde, eine Abstraktion und eine Interpretation der Eindrücke auf dem Hintergrund der gemachten Erfahrungen ist, dann ist a fortiori Erkenntnis überhaupt gar keine Abbildung, sondern eine Interpretation von Zeichen. Eine Unterscheidung zwischen 'Wirklichkeit' oder 'Realität' auf der einen Seite, 'Vorstellung' oder 'Erscheinung' auf der anderen, der Subjektseite, kann gar nicht im Gegebenen selbst gefunden werden, weil dem Bewußtsein alles Gegebene gleichermaßen und gleichberechtigt zunächst einmal nur als Vorstellung, als "Zeichen" gegeben sein kann. Zwar verweist ein Zeichen auf ein Objekt, sonst wäre es kein Zeichen, aber da dieses Objekt selber nicht unmittelbar, sondern nur als Zeichen im Bewußtsein gegeben sein kann, ergibt sich als 'Erkenntnis' letztlich ein endloser Prozeß des Verweisens eines Zeichens auf ein anderes.[38] Die Unterscheidung zwischen 'Wirklichkeit' und bloßer 'Vorstellung' kann daher nur in diesem praktisch endlosen Interpretationsprozeß vorgenommen werden. "Realität" - im Mittelalter als technischer Begriff zur Abgrenzung gegen Traum oder Figment eingeführt (8.11; 5.430) - muß daher von der Möglichkeit bestimmt werden, sich eine konsistente, verläßliche und somit 'wahre' Meinung bilden zu können, d.h. "Realität" meint die "Übereinstimmung", "die die ganze Gemeinschaft schließlich erreichen würde" (5.331). Die Gegenstände oder Tatsachen, die die Wirklichkeit ausmachen, werden - logisch korrekt! - aus 'wahren' Sätzen gewonnen, aus Sätzen oder Erkenntnissen also, die "in einer genügend weit in der Zukunft liegenden Zeit kontinuierlich von der Gemeinschaft immer wieder bestätigt werden" (5.311). Genau diese Erklärung von 'real' ist aber identisch mit der gewöhnlichen Erklärung dieses Begriffes als: "gleichgültig, ob irgendeiner glaubt, daß es so beschaffen ist, oder nicht" (5.430), "unabhängig von meinen und deinen Einfällen". Dementsprechend ist die "letztliche Meinung", die Übereinstimmung, die die ganze Gemeinschaft schließlich erreichen würde, nichts anderes als die Wahrheit. War nun Peirce in seiner 'pragmatischen' Phase geneigt zu behaupten, die Suche nach einer Wahrheit, die "vollkommener", "absoluter" sei als die "allumfassende Einmütigkeit" ("catholic consent"), könne nur "eine Fiktion der Metaphysik" sein (8.13), würde er wohl in seiner späteren 'pragmatizistischen' Periode zugeben, daß zwar kein materialer Unterschied zwischen der klassischen Definition von Wahrheit und seiner Erklärung bestehe, wohl aber ein formaler (8.41).

Sicherlich fühlt man sich bei der peirceschen Erklärung von 'Realität' und 'Wahrheit' nicht ganz behaglich, da seine konsenstheoretische Bestimmung anscheinend total auf der Ablehnung der Intuition als einer unmittelbaren, "absolut ersten Erkenntnis eines Objektes" beruht (5.267), die zudem noch sehr bildlich vorgetragen wird.[39] Aber auch nachdem er seine Ansicht über unmittelbare Sinneseindrücke modifiziert hat,[40] folgt seine Art von 'Konsensustheorie der Wahrheit' konsequent aus seiner Semiotik. Jedes Zeichen - wie schon erwähnt vollzieht sich jedes Erkennen und Denken nur in und durch Zeichen - hat drei Dimensionen: das Zeichen selbst; den Bezug auf ein Objekt und den Bezug auf einen Interpretanten, da jedes Zeichen nicht ganz allgemein auf Gegenstände verweist, sondern diese in einer bestimmten Weise repräsentiert.[41] Gerade der Interpretant ist es aber, der zu einem Konsensusbegriff der Wahrheit führt. Nicht als ob Peirce mit "interpretant" eine Person oder eine Gemeinschaft im Auge hätte, die die Zeichen interpretieren;[42] der Interpretant ist vielmehr die Bedeutung des Zeichens, oder wie er auch sagt: das "Bedeutungsprodukt", der "Bedeutungsgehalt" (5.473). Was ein Zeichen bedeutet, kann ja nicht daraus bestimmt werden, daß es überhaupt auf einen Gegenstand verweist, denn alle Zeichen sind darin formal gleich, daß sie überhaupt eine Referenz besitzen. Die Bedeutung eines Zeichen ergibt sich erst durch die Interpretation, und zwar die Regeln, die festlegen, wie oder als was das jeweilige Zeichen verstanden werden muß. Ganz besonders die echten Zeichen, wie Begriffe, Sätze und Argumente (Schlüsse),[43] weisen diese dreistrahlige Struktur auf. Die Identität der Bedeutung und somit die Konstitution von Gegenständen oder Tatsachen kommt dadurch zustande, daß die jeweiligen Zeichen von der jeweiligen Sprach- und Lebensgemeinschaft in einheitlicher

Weise interpretiert werden. Die Handlungs- und Kommunikationsgemeinschaft garantiert somit nicht nur die Einheit der Interpretation der Wirklichkeit, sondern auch die Einheit der Wirklichkeit selbst. 'Real' oder 'wirklich' sind dann diejenigen Sachverhalte, die nicht wie private Vorstellungen oder Einbildungen nur 'für mich' sind; Realität ist das, was <u>für alle</u> gegeben ist und worüber sich bei genügender Information und ausreichender Zeit zur systematischen Erforschung ein Konsens bei allen erzielen ließe. Dieser Konsens ist dann die Wahrheit, die so etwas wie der ideale Grenzwert ist, auf den die faktischen Meinungen konvergieren (5.609).

Für die wichtigsten praktischen Fragen des Lebens ist die Einheit der Weltinterpretation größtenteils durch die Instinkte festgelegt, da infolge der evolutionsgeschichtlichen Anpassung der Menschen diese Zeichen sozusagen richtig interpretiert werden. In allen Bereichen aber, in denen diese biologisch-naturhafte Übereinstimmung der Instinkte nicht (mehr) gegeben ist, muß das konsistente Zeichenverständnis <u>bewußt</u> hergestellt, was besonders für die Naturwissenschaften gilt. Diese sind zwar nichts als die "Entwicklung unserer angeborenen tierischen Instinkte" (2.753), aber sie führen doch weit von dieser biologischen Basis weg. Peirces evolutionistische Sicht, die ein wesentlicher Zug in seinem Denken ist, betrachtet "reason" und "science" als "a mere succedaneum to be used where instinct is wanting" (6.500), was freilich (z.B. für das Wissen über Atome) zur Folge hat: "Je weiter physikalische Studien sich von den Phänomenen entfernen, die unmittelbar die Entwicklung des Verstandes beeinflußt haben, um so weniger können wir erwarten, daß wir die Gesetze, denen sie unterliegen, 'einfach' finden, d.h. aus wenigen Begriffen zusammengesetzt, die unserem Verstand natürlich sind" (6.10ff.). Deshalb ist Peirce der Ansicht, daß in den praktischen Lebensbedürfnissen der Mensch seinen Instinkten und Gefühlen vertrauen solle und nicht der Wissenschaft.

In all den Fällen also, in denen es keinen durch die biologische Anpassung eingespielten 'Konsens' der menschlichen Verhaltensgewohnheiten gibt, muß in der Handlungs- und Forschergemeinschaft ein Konsens methodisch herbeigeführt werden, um etwas als 'wirklich' ansehen zu können. Allerdings betrifft dieser Konsens nur den <u>Bedeutungsgehalt</u> eines Zeichens: nicht das faktische 'Daß' einer Erfahrung, sondern allein deren Interpretation, als was also diese Erfahrung angesehen werden soll. Peirce ist nicht ein Idealist[44] oder ein Konventionalist, der sich die Realität durch gewisse Hypothesen zurechtbiegt; aber die Realität und dementsprechend die Wahrheit müssen als echte "Drittheiten" deshalb durch den Konsens der Interpretation bestimmt werden, weil es um ihren Bedeutungsgehalt geht: darum, wie etwas verstanden, als was es gesehen werden muß, im Unterschied zur faktischen Existenz eines Gegenstandes, die als "Zweitheit" allein das factum brutum liefert, das als solches 'unverständlich' ist.[45]

Weil der Bedeutungsgehalt eines Begriffes oder einer Aussage der "Interpretant" ist, ist jeder wahre Satz ein allgemeiner konditionaler Satz hinsichtlich der Zukunft. Diese scheinbar paradoxe Ansicht erklärt sich jedoch recht einfach. Die Bedeutung eines Zeichens kann eben erst dann fest und eindeutig sein, wenn die erreichte Übereinstimmung der Interpretation allumfassend und verläßlich ist. Und dies ist nur der Fall, wenn man hypothetisch das Ende einer unbegrenzten Forschung antizipiert. Deshalb müssen sogar Sätze über vergangene Tatsachen als konditionale Aussagen im Hinblick auf die Zukunft angesehen werden.[46] Während Peirce in seiner Frühphase eher geneigt war zu behaupten, daß die endgültige Übereinstimmung, die Wahrheit also, in vielen Fällen bereits erreicht sei (8.43), wird von ihm später immer mehr der konditionale Charakter seiner Sicht von Realität und Wahrheit betont, indem er ausgiebig irreale Konditionalsätze verwendet. Wahrheit ist nicht irgendeine faktische Übereinstimmung, so wie sich Sinn und Bedeutung nicht auf Faktisches reduzieren lassen.[47] Wahrheit bekommt, auch wenn sie immer noch als die "letztliche" Überzeugung beschrieben wird, einen stark kontrafaktischen <u>normativen</u> Zug, der sie sehr stark an Kants 'regulative Ideen' angleicht. Zur <u>Bedeutung</u> von Wahrheit gehört nicht, daß die "limiting opinion", auf die die Forschung konvergieren soll, tatsächlich erreicht wird; es genügt vielmehr die "zuversichtliche Hoffnung",[48] eine Hoffnung, die weit mehr ist als eine bloße "Möglichkeit", da sie so etwas wie eine Vorherbestimmung ist: "The predestination of the attainment of truth by science is an eventual predestination, - predestination aliquando denique. Sooner or later it will attain the truth, nothing more", ohne daß man in der Lage wäre anzugeben, wann die Wahrheit erreicht wird (7.78). Peirce wendet sich vehement dagegen, für die wissenschaftliche Erkenntnis einen Infallibilismus zu postulieren. Theoretische Infallibilität ist "a mere jingle of words with a jangle of contradictory meanings" (1.661), "proper to the state of intellectual infancy", "most deeply contrary to the method, the results, and the whole spirit of science" (6.603), "irresistibly comical" (1.9) und gehört bestenfalls "to the pope and the ecumenical councils" (2.75). Und doch impliziert dieser Fallibilismus von partikularen Wahrheiten einen Infallibilismus für die Richtung der wissenschaftlichen Forschung als ganzer: "We cannot be quite sure that the community ever will settle down to an unalterable conclusion upon any given question. Even if they do so for the most part, we have no reason to think the unanimity will be quite complete, nor can we rationally presume any overwhelming consensus of opinion will be reached upon every question. All that we are entitles to assume is in the form of hope that such conclusion may substantially reached concerning the particular questions with which our inquiries are busied" (6.610). "Aber praktisch wissen wir, daß Fragen im allgemeinen im Laufe der Zeit gelöst werden, wenn es einmal dazu gekommen ist, daß sie wissenschaftlich untersucht werden, und das ist praktisch und pragmatisch ausreichend" (5.494). Insofern ist diese Hoffnung, die mit dem Begriff 'Wahrheit' notwendig verknüpft sei, mehr als eine bloße Vorstellung für die Zukunft. Nicht zuletzt die Erfolge der Naturwissenschaften, die Peirce unter der Hand als Beweis dafür verwendet, daß diese Hoffnung berechtigt ist, zeigt, "daß die Objektivität der Wahrheit in Wirklichkeit in der Tatsache besteht, daß am Ende jeder, der aufrichtig nach ihr forscht, sie auch finden wird - und daß er, wenn er nicht aufrichtig ist, durch die unwiderstehliche Wirkung des Forschens im Lichte der Erfahrung zu dieser Aufrichtigkeit gebracht werden wird." Mag man diesen fast grenzenlosen Optimismus hinsichtlich der wissenschaftlichen Forschung noch aus der damaligen Zeit heraus verstehen, etwas überraschend ist es doch, daß auch für praktische Fragen ähnliches gelten soll: Man ist berechtigt, "mit dem höchsten Grad an empirischem Vertrauen zu sagen, daß Fragen, die entweder praktisch sind oder es denkbarerweise werden können, endgültige Lösungen zulassen, vorausgesetzt, daß die Existenz der menschlichen Rasse unbegrenzt verlängert würde und die partikulare Frage ausreichendes Interesse erweckt. Was Fragen betrifft, die keinerlei denkbare praktischen Bezüge haben, wie etwa die Frage, ob Kraft eine Entität ist oder nicht, so haben sie keine Bedeutung und man kann sie ohne jeden Irrtum beantworten, wie man gerade Lust hat" (8.43).

Wie sich aus dieser Skizze ersehen läßt, folgt für Peirce eine 'Konsensustheorie der Wahrheit' zwingend aus der Tatsache, daß seine operationalistische Realitätsauffassung infolge der 'would-be'-Formulierungen als 'Subjekt' der Wissenschaft eine potentiell unendliche Forschergemeinschaft verlangt. Immerhin darf nicht verschwiegen werden, daß man bei ihm auch Ansichten finden kann, die sich einer konsistenten konsenstheoretischen Interpretation sperren. Das Fatale daran ist, daß gerade sie für die Plausibilität seiner Argumente eine wichtige Stütze abgeben: Die "endgültige Übereinstimmung" der Gemeinschaft, die die Wahrheit ist, stellt sich mit "schicksalhafter" Notwendigkeit ein, wenn man nur die wissenschaftliche Methode konsequent verfolgt;[49] der tatsächliche Erfolg der Naturwissenschaften zur damaligen Zeit übernimmt einen Gutteil der Beweiskraft, zusammen mit der sehr problematischen Überzeugung, das geistige Leben im Universum werde niemals endgültig aufhören; oder aber der Konsens der unendlich forschenden Wissenschaftlergemeinde wird zu einer regulativen Idee depotenziert, so daß korrespondenztheoretische Elemente überwiegen: Wahrheit ist dann letztlich doch "concordance", wenn auch nicht zwischen Aussage und Wirklichkeit, sondern "concordance of an abstract statement with the ideal limit towards which endless investigation would tend to bring scientific belief" (5.565), so daß man sich fragen muß, inwiefern eine solch nebulose Formulierung gegenüber der klassischen Korrespondenzformel das Prädikat 'Klarheit' beanspruchen darf. Der zunächst so scheinbar konkrete Konsens der Gemeinschaft forschender Wissenschaftler verblaßt zu einem Ideal in der fernen Zukunft, das sich für den tatsächlichen Forschungsprozeß zu der methodologischen Regel trivialisieren läßt: "Never permanently bar the road of any true inquiry" (8.243), zum Slogan, der dann in Amerika für einige 'skeptische' Demokratietheoretiker Bedeutung erlangte: "Do not block the way of inquiry" (1.135). Die Frage nach der <u>Bedeutung von Wahrheit</u> löst sich damit in die Frage der <u>wissenschaftlichen Methode</u> auf.[50]

Dennoch darf nicht vergessen werden: Es handelt sich bei dieser "concordance" nicht um die zwischen einer gegebenen und vollkommen sprachunabhängigen Wirklichkeit und sprachlichen Aussagen, sondern um die Übereinstimmung von Aussagen allein, denn der Maßstab, an dem die in Frage stehenden Aussagen gemessen werden, die endgültige Meinung, die sich als Übereinstimmung der Forscher herausstellen wird, ist nicht etwas, das gewissermaßen fertig dem Prozeß der Forschung vorausliegt und nur 'entdeckt' zu werden braucht; dieser Maßstab ist etwas, das sich erst im Forschungsprozeß selbst herausbildet, indem "die intellektualisierende Kraft" des Geistes, wie es Peirce formuliert, immer weiter die menschlichen Verhaltensgewohnheiten formt und durchdringt. Abgesehen davon könnte der Vorwurf, er verwende an entscheidenden Stellen nicht-konsenstheoretische Annahmen als Stütze seiner Argumente, Peirce ziemlich kalt lassen, da er ja nicht eine Beseitigung der Korrespondenztheorie der Wahrheit fordert, sondern allein deren besseres Verständnis auf einer pragmatisch-operationalistischen Basis anbieten will.

1.32 Der deutsche Konstruktivismus

Als eine Fortführung des peirceschen Pragmatizismus oder Operationalismus könnte man die konstruktivistische Auffassung der exakten Wissenschaften verstehen, die in Deutschland vor allem durch Paul Lorenzen und seine Schüler propagiert wird.[51] Dabei liefert nicht die eine oder andere scheinbar provozierende Formulierung[52] den vordergründigen Anlaß, aus den Konstruktivisten Konsensustheoretiker zu machen, was den Begriff der Wahrheit betrifft. Es ist auch nicht allein die Tatsache, daß die 'Erlanger Schule' von anderen Autoren einer 'Konsensustheorie der Wahrheit' zugerechnet wird. Der sachliche Grund hierfür liegt gerade in den Prinzipien des Konstruktivismus selbst. Seine Konzeption von Wissenschaft betrachtet den Gegenstand wissenschaftlicher Erkenntnis nicht als eine 'Wirklichkeit an sich', die nur noch 'entdeckt' zu werden bräuchte, um dann in deskriptiven Sätzen und Theorien ihr Korrelat auf der Erkenntnisebene zu finden. Dementsprechend verdankt die Wahrheit ihren ausgezeichneten Charakter nicht der Evidenz einer quasi-platonisch verstandenen Wirklichkeit, sondern der Möglichkeit, Begründungen und Beweisgänge für bestimmte Aussagen <u>oprativ</u> einsichtig zu machen.

So wundert es nicht, daß eine Tendenz besteht, 'Wahrheit' mit 'Begründbarkeit' gleichzusetzen: "wahre Sätze" sind "begründete Sätze" (Kamlah/Lorenzen <u>1967</u>, 128).[53] Dies hat sofort zur Folge, daß der Begriff 'Wahrheit' entgegen der Ansicht der analytischen Philosophie auch auf Probleme der Moralphilosophie angewandt werden darf, denn wo "Begründung möglich ist, da sind dann auch

Irrtum und Wahrheit und Urteile in behauptender Absicht möglich" (Kambartel 1974, 60). Natürlich ist nicht jede Art von Begründung mit Wahrheit gleichzusetzen. Eine Begründung, die den Namen 'Wahrheit' verdienen soll, muß letztlich in der eingespielten Lebenspraxis verankert sein und muß die Zustimmung aller Vernünftigen finden können. Die Forderung des Begründen-könnens ist doch nichts anderes als das "Interesse an Vernunft",[54] und dieses Interesse an Vernunft muß von der "Absicht eines transsubjektiv herzustellenden Konsenses" geleitet sein (Kambartel 1974, 21). "Objektivität" kann daher sinnvollerweise nur als synoymer Ausdruck für "Intersubjektivität" interpretiert werden (Kamlah 1962, 127). Das "Interesse an Vernunft" ist somit das Interesse an "unvoreingenommener Verständigung" (Janich 1974, 116), und so klingt es nicht mehr befremdlich zu behaupten: 'Wahrheit' könne im Grunde nichts anderes meinen als daß es gelingt, "einen Konsens zwischen den Gesprächspartnern herzustellen" (Schneider 1975, 103). Jede Begründung, sei es wissenschaftlicher, sei es praktischer Normen hat diese Idee nicht nur als Ausgangspunkt, sondern auch als Zielprojektion: Die "Beratungspraxis" wird von der Unterstellung einer unvoreingenommenen Verständigung her geführt, so daß alle Schritte der Argumentation und Begründung, auch und gerade die ersten, "so aufgebaut werden, daß sie auf vernünftig gewinnbare

Einverständnisse vorgreifen. Die einzige 'Basis', von der dazu Gebrauch gemacht werden muß, ist die Absicht, in unvoreingenommener gemeinsamer Bemühung solche Einverständnisse zu erzielen" (Janich 1974, 39, ähnlich Kambartel 1974, 66).

Hier drängt sich allerdings sofort der Verdacht auf, es werde mit falschen Karten gespielt; denn augenscheinlich kann es sich gar nicht um eine Erklärung des Begriffes 'Wahrheit' handeln, sondern um so etwas wie eine sprachliche Neufestsetzung: 'Wahrheit' wird einfach in 'Begründbarkeit' umgetauft, und zwar hauptsächlich aus dem einen Grund, daß die 'Erlanger Schule' ihr eigentliches Anliegen wenigstens auf rein verbalem Wege rechtfertigen kann, daß auch für die praktische Vernunft der Begriff 'Wahrheit' eine fundamentale Rolle spiele (Lorenzen 1969, 74) und sich deshalb auch moralisch-praktische Normen rational rechtfertigen ließen. Auch wenn man das "Beratungsmodell" bis zu seinen Ursprüngen, der dialogischen Begründung der Logik,[55] zurückverfolgt, um klarer zu sehen, hat man sich scheinbar vergeblich dieser Mühe unterzogen, da sich die Strategie überhaupt nicht ändert: 'Wahrheit' wird einfach zu "Beweisbarkeit", zu "Verteidigbarkeit gegen jeden Opponenten" gemacht (Kamlah/Lorenzen 1967, 222), d.h. in der Junktoren- und Quantorenlogik gilt als "logische Wahrheit" das Verfahren, eine nichtelementare Behauptung in einem "Dialog" gegen jeden möglichen Angriff verteidigen zu können.

Daß es sich dabei um eine <u>Sprachnormierung</u> für die Verwendung des Ausdruckes 'wahr' handle, würde von der 'Erlanger Schule' gar nicht abgestritten, da es in der Tat ihr Ziel ist, eine normierte "Orthosprache" für den wissenschaftlichen Gebrauch aufzustellen. Man kann dies mit Zitaten leicht nachweisen: "Wir werden vielmehr eine These erst dann <u>wahr</u> nennen, wenn sie gegen jede mögliche Opposition verteidigt werden kann" d.h. "es läßt sich eine <u>Gewinnstrategie</u> für den Proponenten angeben . . . - diese beweist die <u>Wahrheit</u> der These. . . . Daß wir die Verteidigbarkeit (gegen jeden Opponenten) die 'Wahrheit' der These nennen, ergibt sich natürlich nicht zwingend aus der Bestimmung der Wahrheit von Elementaraussagen. Es liegt vielmehr eine Ausdehnung des Wahrheitsbegriffes von den Elementaraussagen auf logisch zusammengesetzte Aussagen vor. Da an dem Wort 'Wahrheit' nichts liegt, kommt es für den Leser nur darauf an einzusehen, daß es sinnvoll ist, an dem interessiert zu sein, was hier 'Wahrheit' genannt wird" (Kamlah/Lorenzen <u>1967</u>, 212f.). Die (logische) Wahrheit zusammengesetzter Aussagen wird demnach so rekonstruiert, daß der Sinn logischer Zeichen darin gesehen wird, Aussagen oder Behauptungen als potentielle "Züge" eines "Dialogs" zu interpretieren. "Gewonnen" hat man einen solchen Dialog - was nichts anderes heißt als: Die Aussage ist wahr -, wenn der "Proponent", also derjenige, der die Behauptung aufgestellt hat, solche Argumente oder einfache Behauptungen verwenden kann, die der "Opponent", also derjenige, der die Ausgangsbehauptung angegriffen hat, selbst angeführt hat, oder dasselbe anders formuliert: wenn zwischen beiden auf diese Weise eine Übereinstimmung erreicht wird. Für die Wahrheit zusammengesetzter Aussagen reicht dies voll und ganz. Man ist nicht gezwungen, auf den Inhalt der verwendeten 'Primformeln' einzugehen.

Kritiker der 'dialogischen Logikbegründung' würden mit sehr viel gutem Willen vielleicht zugeben, daß dies in der Tat eine Art von Wahrheitstheorie sei, wenn auch nur der logischen Wahrheit nicht-elementarer Aussagen, denn bei einer bestimmten Wahl der Regeln derartiger 'Dialoge' haben solche Aussagen eine Gewinnstrategie, die normalerweise 'logische Wahrheiten' genannt werden. Möglicherweise wären sie auch bereit einzuräumen, daß der Begriff 'Wahrheit' sich nur im Zusammenhang menschlicher Rede, im Dialog als dem Wechsel von Rede und Gegenrede verstehen lasse,[56] so daß nicht nur die historische Reminiszenz, die Logik sei bei den Griechen aus der Übung des Beweisens und Widerlegens im Dialog zweier Partner entstanden, stimmen mag, sondern auch der Sinn von 'begründen' oder 'beweisen' auf diese pragmatisch-operationale Weise deutlicher gemacht werden kann. Aber der Haken an der ganzen Geschichte ist offenbar die (für Logiker nicht ganz so)[57] eigenwillige Übersetzung von 'Wahrheit' in 'Beweisbarkeit' und zum anderen die Beschränkung auf die 'logische Wahrheit' zusammengesetzter Aussagen. Denn bei der Verteidigung elementarer Behauptungen könne man sich nicht so leicht aus der Affäre ziehen, da die mit solchen Behauptungen eingegangene Verpflichtung, sie gegen mögliche Angriffe verteidigen zu können (Janich 1974, 68f.), auf den Inhalt dieser Aussagen eingehen muß.

Aber gerade dort läßt sich der Grund angeben, warum die Konstruktivisten doch zu einer Konsensustheorie der Wahrheit und nicht allein zu einer Konsensustheorie der Beweisbarkeit zu rechnen sind, und zwar aus einem ganz simplen Grund: Das "Problem der Wahrheit" ist die Klärung des "Wahrheitsbegriffes", und die besteht einfach darin zu zeigen, "wie wir die Wörter 'wahr' und 'falsch' als normierte Termini der wissenschaftlichen Sprache gebrauchen" (Kamlah/Lorenzen 1967, 122f.). 'Wahrheit' in seiner elementarsten Bedeutung genommen ist keine eigenständige Entität, die für sich allein oder abgetrennt von den Handlungszusammenhängen, in denen die Bezeichnungen 'wahr' und 'falsch' verwendet werden, geklärt werden könnte, weshalb der Wahrheitsbegriff auf die Verwendung des "Prädikators" 'wahr' zurückverweist. Die "Bedeutung von Wahrheit" besteht zunächst einmal darin, daß man in der Lage ist, den Prädikator 'wahr' richtig, d.h. den Regeln der Sprache gerecht zu verwenden. Richtig ist eine Verwendung des Wortes 'wahr' nur, wenn sie den intersubjektiv verbindlichen Regeln einer Sprachgemeinschaft entspricht. 'Wahr' ist aber ein "Beurteilungsprädikator". Man stellt mit seiner ausdrücklichen Verwendung fest, daß andere Prädikatoren korrekt gebraucht werden. Bei der Beurteilung von Aussagen als 'wahr' oder 'falsch' muß man daher auf das Urteil anderer rekurrieren, die mit uns dieselbe Sprache sprechen. Man ist also auf den Konsens der sprachkompetenten und sachkundigen Leute einer Sprachgemeinschaft angewiesen.[58] Die Verwendung von 'wahr' läßt sich nur mit dem gleichzeitigen richtigen Gebrauch anderer Prädikatoren und damit in einer Sprach- und Lebensgemeinschaft lernen. In gewisser Weise ist die Verwendung des Prädikators 'wahr' parasitär, weil "die richtige Verwendung von 'wahr' und 'falsch' stets <u>abhängt</u> von der richtigen Verwendung exemplarisch erlernter anderer Prädikatoren". Der Beurteilungsprädikator 'wahr' bildet deshalb "einen einzigartigen Sonderfall", da er sich nicht wie andere Prädikatoren "exemplarisch", d.h. mit Hilfe von Beispielen und Gegenbeispielen, durch Vormachen u.ä. "einführen" läßt. Die <u>Bedeutung</u> von 'wahr' kann man nur so erklären (und auch lernen), daß "das Verfahren der Verifizierung von Aussagen" vorexerziert wird, und dieses Verfahren ist das "Verfahren der interpersonalen Verifizierung" (Kamlah/Lorenzen 1967, 144). Durch diese Methode stellt man "Übereinstimmung zwischen dem Sprecher und seinem Gesprächspartner" her, "eine Übereinstimmung, die in der sokratischen Dialogik 'Homologie' genannt wurde" (Kamlah/Lorenzen 1967, 121).

Die Bedeutung von Wahrheit ist für die 'Erlanger Schule' offenbar mit "Homologie" zu erklären, als die Übereinstimmung derer, die in kompetenter Weise Prädikationen beurteilen können: "Der Aussage 'x ist P' kommt der Prädikator 'wahr' genau dann zu, wenn dem durch den Eigennamen 'x' genannten Gegenstand der Prädikator 'P' zukommt", und "der Prädikator 'P' kommt dem durch den Eigennamen 'x' benannten Gegenstand genau dann zu, wenn auch jeder andere sprachkundige, sachkundige und vernünftige Beurteiler diesem Gegenstande nach geeigneter Nachprüfung den Prädikator 'P' oder einen synonymen Prädikator zusprechen würde" (Kamlah/Lorenzen 1967, 144). Die Wahrheit einer Aussage läßt sich nicht an der Behauptung selbst oder ihrer Übereinstimmung mit der Wirklichkeit ablesen, sondern nur am Einverständnis der Vernünftigen, d.h. derer, die "sachkundig, gutwillig und normalsinnig" sind (Kamlah/Lorenzen 1967, 119). Die Objektivität der Wahrheit kann für die Konstruktivisten nicht dadurch erreicht werden, daß von den Subjekten und ihrem Handeln abstrahiert wird, denn der Begriff 'Wahrheit' läßt sich ja nur von den Subjekten her, nur von einer Gemeinschaft redender und handelnder Menschen her verständlich machen. Darum kann die Wahrheit auch gar nicht durch den Terminus 'Wirklichkeit' oder 'Tatsache' definiert werden, indem man die Wahrheit einer Aussage so charakterisiere, "daß man behauptet, sie beschreibe einen Sachverhalt korrekt". "Sachverhalte" sind nämlich abstrakte "Gegenstände", ähnlich der "Zahl" oder dem "Begriff" (Kamlah/Lorenzen 1967, 132), die von Aussagen "durch Abstraktion bezüglich Inhaltsgleichheit gewonnen" werden (Janich 1974, 82), weshalb nicht die bestehenden Sachverhalte, sondern die gemachten Aussagen das Primäre in den Handlungssituationen sind. Sachverhalte und Tatsachen können gar nicht unabhängig von den Aussagen, durch die sie dargestellt werden, gegeben sein. Der Weg geht daher nicht, wie in der traditionellen Wahrheitsdefinition, von der Wirklichkeit zur Wahrheit, sondern umgekehrt: "Von dem Terminus 'Aussage' her gewinnen wir durch Berücksichtigung der Abstraktion den Terminus 'Sachverhalt', sodann definieren wir den Terminus 'wirklicher Sachverhalt' mit Hilfe der Termini 'Aussage' und 'wahr'" (Kamlah/Lorenzen 1967, 138). Oder zugespitzt gesagt: "Nicht die Wirklichkeit entscheidet über die Wahrheit" - denn "die Wirklichkeit als maßgebende Instanz kann nicht selbst 'entscheiden', da sie nicht redet, sondern schweigt" (Kamlah/Lorenzen 1967, 138) - sondern "die Wahrheit entscheidet darüber, was wirklich ist - um die Konsequenz obiger Vorschläge pointiert zu ziehen" (Janich 1974, 83). Die Konstruktivisten definieren demnach "den Terminus 'wirklich' mit Hilfe des Terminus 'wahr', nicht etwa umgekehrt" (Kamlah/Lorenzen 1967, 138). Weil aber 'Wahrheit' im Grunde 'interpersonale Verifikation' meint - in dem Sinn, daß jeder Sprach- und Sachkundige bei geeigneter Nachprüfung "zustimmen würde", weshalb ein Satz auch dann wahr sein kann, "wenn sich überhaupt niemand (oder noch niemand) findet, der ihm faktisch zustimmt" (Kamlah/Lorenzen 1967, 124) -, ist der Begriff der Wahrheit erst dann vollständig erklärt, wenn man weiß, was Verifikation heißt: "Erst derjenige, der zu beurteilen vermag, ob eine Aussage wahr ist oder nicht, ist in der Lage, die Prädikatoren 'wahr' und 'falsch' so sicher zu verwenden, wie er an Hand von Beispielen und Gegenbeispielen andere Prädikatoren zu verwenden gelernt hat" (Kamlah/Lorenzen 1967, 117).

Für die Konstruktivisten ist es offenbar dasselbe, die Bedeutung von Wahrheit oder das Verfahren der Verifizierbarkeit von Aussagen zu erklären. Anscheinend gibt es für sie gar nicht mehr das, was normalerweise eine semantische Bedeutungsexplikation genannt wird. Begriffe müssen auf die ursprüngliche Handlungssituation zurückbezogen werden, da sie und dementsprechend ihre Bedeutung von bestimmten "Handlungsschemata" abstrahiert werden. Semantische Bedeutungserläuterungen können nur erfolgreich sein, wenn sie die primäre pragmatische Situation rekonstruieren, und dies geschieht so, daß man die Bedingungen einer korrekten Verwendung der Wörter und Begriffe in den ursprünglichen Rede- und Handlungskontexten analysiert.[59]

1.33 Karl-Otto Apel

Bei den bisher vorgeführten Konzeptionen ist es inhaltlich gerechtfertigt, sie unter dem Etikett 'Konsensustheorie der Wahrheit' auftreten zu lassen, sie selbst nennen sich indes nicht so. Anders liegt die Sache bei Apel, der diesen Terminus ausdrücklich verwendet, oft in der scheinbar pleonastischen Form von "Wahrheits-Konsensbildung". In seinen Augen ist der "Konsens-Begriff" der Wahrheit der "wissenschaftstheoretisch vollständige und entscheidende Wahrheitsbegriff", "der die beiden älteren Wahrheitsbegriffe - den Korrespondenzbegriff der klassischen Ontologie und den Evidenzbegriff der neuzeitlichen Erkenntnis-Theorie und Bewußtseins-Phänomenologie - in ihrer rekonstruierbaren Teilwahrheit zu integrieren vermag" (Apel 1974, 317). Man darf trotz dieser Bemerkung von Apel keine durchartikulierte Wahrheitstheorie erwarten, aber aus seinem ehrgeizigen Projekt einer "Transformation" der neuzeitlichen Transzendentalphilosophie, die nicht nur für die Wissenschaften, speziell die Sozialwissenschaften, sondern auch für Philosophie und Ethik ein tragfähiges Fundament legen soll, fällt einiges für den Begriff der Wahrheit ab.

'Wahrheit' muß nach Apel "transzendental-pragmatisch" definiert werden, also mit Hilfe der Reflexion auf die unabdingbaren und damit nicht hintergehbaren Bedingungen der Möglichkeit der sprachvermittelten Erkenntnis. Dies darf nicht so mißverstanden werden, als ob er mit dem "integralen" Konsensusbegriff der Wahrheit - suggeriert durch die Bezeichnung 'pragmatisch' - eine psychologische oder soziologische Komplettierung des Begriffes der Wahrheit durch Verifikationskriterien oder Verifikationsmethoden im Sinn habe (1974, 317), im Gegenteil: Die "unbegrenzte", "ideale Kommunikationsgemeinschaft",[60] die sich in der transzendentalen Reflexion als unvermeidliche und insofern immer schon gemachte Voraussetzung jeder Kommunikation herausstellt, ist ein wesentlicher Bestandteil schon des Begriffes der Wahrheit und darf deshalb für ein richtiges Verständnis dieses Begriffes nicht ausgeschaltet werden, wie dies andere Wahrheitstheorien fälschlicherweise tun. Apel betont zwar, ausdrücklich, daß Wahrheitsfragen nicht die Möglichkeit von Erkenntnis, sondern nur deren Gültigkeit betreffen, d.h. "Wahrheit" und "Sinn" (oder "Bedeutung") müssen auseinandergehalten werden. Bei der Wahrheit geht es nicht um die Welt- und Gegenstandskonstitution, also nicht um Erkenntnistheorie; bei der Wahrheit geht es um die Richtigkeit von Aussagen. "Sinnverständnis" ist etwas anderes als "Wahrheits-Geltung",[61] aber es wäre falsch, diese Unterscheidung der "Sinnfragen" von den "Wahrheitsfragen" absolut zu setzen, da "Zeichen-Verständlichkeit, Aussagen-Wahrheit und Erfahrungs-Evidenz" notwendigerweise als "Momente funktionierender Sprachspiele a priori verwoben" seien (1976a, 135). Ganz deutlich läßt sich dies am umgangssprachlichen Begriff der "Verständigung" ablesen, der immer mehr meint als nur das Verstehen eines Wortes oder Satzes. "Die pragmatische Dimension der Zeicheninterpretation" in der erwähnten Kommunikationsgemeinschaft, die sich über eine gemeinsame Sprache und damit eine gemeinsame Welt einigen muß, dieses "konsensuelle Element" in der Verständigung (1979, 77) darf daher auch als Bedingung der Möglichkeit und der Gültigkeit wissenschaftlicher Erkenntnis nicht aus den Augen verloren werden. Dies erzwingt nicht nur eine andere Sicht der von der analytischen Philosophie vorgenommenen Stufung der Sprache in Objekt- und Metasprachen,[62] auch für den Begriff der Wahrheit ergibt sich die Konsequenz, daß diese Sprach- und Handlungsgemeinschaft mitgedacht werden muß. Der Korrespondenzbegriff der Wahrheit, auch und gerade in seiner 'semantischen Rekonstruktion' durch Tarski, vergißt, daß Sätze keine abstrakten Zeichensysteme sind, gewissermaßen uninterpretierte Kalküle. Da es sich bei ihnen um bedeutungsvolle Zeichen handeln muß, erfordern Sätze immer eine Interpretation, und schon die bloße Beschreibung von Tatsachen "setzt immer schon Erkenntnis qua Sinnverständigung auf der Ebene der Subjekt-Subjekt-Relation voraus" (1973b, 234). Die Lösung der Semantik, verschiedene Sprachstufen zu unterscheiden, kann nur deshalb funktionieren, weil eine schon verstandene Sprache, die Umgangssprache als letzte Metasprache, und damit die Einheit der Weltinterpretation als gemeinsamer Sinn zwar vorausgesetzt, aber nicht reflektiert wird. Dieser Konsens der Interpretations- und Kommunikationsgemeinschaft muß im Korrespondenzbegriff mitgedacht werden, weil es sonst weder 'Sätze' noch 'Tatsachen' geben kann. Aber auch der bewußtseinsphilosophische 'Evidenzbegriff der Wahrheit' kann bestenfalls als defizienter Modus von Wahrheit gelten, da eine "jemeinige Evidenz" erst in einem "öffentlichen Sprachspiel" Geltung beanspruchen kann, erst so den Status einer Erkenntnis gewinnen kann. "Selbst wenn wir anerkennen, daß gewisse Vorstellungs-Synthesen für jedes Bewußtsein als Bedingungen der Möglichkeit experimenteller Erfahrung a priori evident sind, so müssen diese dennoch - darüber hinaus - als 'Paradigmata' von Sprachspielen zu 'Grundsätzen' erhoben werden, um als (synthetische) Sätze a priori (besser Aussagen a priori) intersubjektiv gelten zu können" (1974, 301f.).[63] Da die Objektivität einer Erkenntnis nur "identisch mit intersubjektiver Geltung" sein kann und dies nichts anderes meint als gemeinsame Anerkennung (1973b, 359), bedarf nicht nur die Semantik im allgemeinen, sondern speziell eine Theorie der Wahrheit einer Einbettung in die transzendentale Wissenschaftstheorie, die gerade "auf die subjektiv-intersubjektiven Bedingungen der Möglichkeit der intersubjektiven Gültigkeit sprachvermittelter Erkenntnis reflektiert" (1976a, 23). Die Rechtfertigung einer Erkenntnis als gültig, das Problem der Wahrheit einer Erkenntnis also, kann nur im Sinne des Konsensbegriffes angegangen werden, "im Sinne einer regulativen Idee einer in the long run zu erreichenden letzten Überzeugung einer unbegrenzten Experimentier- und Interpretations-Gemeinschaft" (1974, 316f.). Apels Transzendentalpragmatik will keineswegs eine rekonstruktive Semantik, wie sie z.B. von Carnap oder Tarski betrieben wird, ersetzen; sie will nur deren unausgesprochene Basis freilegen, ohne die eine solche Semantik gar nicht möglich wäre.

Apels ziemlich prätentiös vorgebrachtes Plädoyer für einen Konsensbegriff der Wahrheit könnte man etwas ironisch folgendermaßen trivialisieren: Der Begriff der Wahrheit sei deshalb auf den Konsens einer Gemeinschaft angewiesen, weil für Apel jede Erkenntnis sprachlich vermittelt ist, und die Sprache ist eben ein soziales Phänomen.

Vordergründig scheint er wirklich nicht viel mehr zu sagen, aber die Hauptlast der Argumentation ruht nicht auf dem Faktum, daß eine gemeinsame Sprache und damit eine gemeinsame Weltinterpretation vorausgesetzt werden muß, sondern darin, daß das Faktum Sprache so etwas wie ein <u>normatives Faktum</u> ist. In jeder Kommunikation und erst recht in jeder Argumentation müssen bestimmte Regeln akzeptiert werden, über die immer schon wenigstens implizit ein Einverständnis bestehen muß, soll Verständigung überhaupt möglich sein. Solche transzendentalpragmatischen Voraussetzungen, die für jeden Prozeß der Verständigung angenommen werden müssen, sind nicht Präsuppositionen im Sinne der empirischen Kontextbedingungen. Es sind aber auch nicht reine Konventionen, so daß man sich an sie halten könnte oder auch nicht (<u>1976a</u>, 116f.). Es handelt sich vielmehr "um eine Norm, die durch die <u>konstitutiven Regeln</u> der von uns nicht begründeten und nicht aufhebbaren 'Meta-Institution' der Kommunikation gesetzt ist". Man kann diese Normen zwar in Einzelfällen verletzen; man kann auch subjektiv der Ansicht sein, ohne diese Normen auszukommen und sich doch miteinander verständigen zu können, aber in Wahrheit würde ihre Leugnung die Möglichkeit von Kommunikation und Miteinandersprechen überhaupt aufheben.

Die Auffassung der Wahrheit als 'Korrespondenz' von Sätzen und Tatsachen, als quasi-private 'Evidenz' von Bewußtseinserlebnissen, die beide ohne die Annahme solcher Normen und damit der Idee einer Argumentationsgemeinschaft auszukommen glauben, vergißt, daß 'Sätze' reine Abstraktionsprodukte sind. Die Aussagen der Wissenschaften können deshalb als beinahe mechanisches Operieren mit Zeichen, als Kalküle angesehen werden, weil man ihre sprachliche Einbindung in Sprach- und Experimentiergemeinschaften vergißt. Man versteht sie nicht mehr als "Sprachspiele",[64] als ein "regelgeleitetes Handeln", in dem Denken, Sprechen und leibhaftige Praxis miteinander "verwoben" sind. Sinn- und Wahrheitsfragen lassen sich deshalb nicht auf der rein syntaktisch-semantischen Ebene klären, weil "die Bedeutung der Sätze" als "eine Funktion der zugehörigen Sprechakte" angesehen werden muß (1976a, 67f.). "Sätze" kommen in "Argumenten" vor, und Argumente sind nicht Logikkalküle, "sondern immer zugleich Sinn- und Geltungs-Ansprüche, die nur im interpersonalen Dialog expliziert und entschieden werden können" (1973b, 401). "Wahrheit" darf daher nicht als "Prädikat von Sätzen eines semantischen Systems" angesehen werden; "Wahrheit" ist ein Prädikat "von - in Sprechakten von argumentierenden Subjekten behaupteten - Aussagen" (1973b, 409).

Apel übernimmt also Erkenntnisse der Sprechakttheorie, um an der "Doppelstruktur" von Sprechakten - man spricht immer mit anderen über etwas - zu illustrieren, warum Wahrheit notwendigerweise eine unbegrenzte Kommunikationsgemeinschaft impliziert. Die erwähnte Doppelstruktur spiegelt die "Unterscheidung zwischen den sprachlichen Bedingungen der <u>interpretativen Gegenstandskonstitution</u> und der <u>geltungsreflexiven Verständigung</u> über Sinn und Wahrheit" wider. Der "propositionale Gehalt" eines Sprechaktes hat als das Abstraktionsergebnis der Akte der "Referenz" und der "Prädikation" noch gar nichts mit dessen Wahrheit zu tun, da er der "präreflexiven, gegenstandskonstitutiven Synthesis von <u>etwas als etwas</u>" zuzurechnen ist; er betrifft die Frage der Möglichkeit von Erkenntnis - die Ebene des Sinnes -, nicht aber die Frage der "intersubjektiven <u>Gültigkeit</u>, die erst die Ebene der Wahrheit ist. Dieses Moment der Geltung artikuliert die "illokutionäre Rolle" des Sprechakts, da sie den pragmatischen Sinn einer Äußerung festlegt: ob es sich um den Ausdruck einer privaten Empfindung handelt, ob es eine Behauptung mit dem Anspruch auf Wahrheit ist usw. Erst die illokutionäre Rolle legt fest, in welcher Weise der Geltungsanspruch einer sprachlichen Äußerung aufgefaßt werden soll (<u>1976a</u>, 32f.). Apel unterstellt nun, daß auch Tatsachenaussagen so etwas wie eine performative Ergänzung voraussetzen, im Sinne von: "Ich behaupte hiermit gegen jeden möglichen Opponenten, daß ..." oder: "Ich fordere hiermit jeden zur Prüfung der folgenden Aussage auf" (<u>1973b</u>, 401). Wer etwas als Tatsache behauptet, wer also behauptet, etwas sei wahr, übernimmt damit "gewissermaßen die Funktion des transzendentalen Ich der Erkenntnis durch die Antizipation einer universalen Intersubjektivität seines Geltungsanspruchs" (1976a, 33). Er unterstellt nämlich, daß der in der Behauptung erhobene Anspruch auf Wahrheit im Zusammenhang einer argumentativen Kommunikation geltend gemacht werden kann, und dies bedeutet genaugenommen, daß es in einem theoretischen Diskurs zu einer "Konsensbildung in einer prinzipiell unbegrenzten Argumentationsgemeinschaft" käme (1976a, 33). Schon allein die Tatsache, daß man etwas als wahr behauptet, impliziert, daß man sich auf eine Argumentation einlassen will, und insofern man sich auf eine Argumentation eingelassen hat, hat man sich bereits auf eine universale Gemeinschaft eingestellt: "Wer argumentiert, der anerkennt implizit alle möglichen Ansprüche aller Mitglieder der Kommunikationsgemeinschaft, die durch vernünftige Argumente gerechtfertigt werden können . . ., und er verpflichtet sich zugleich, alle eigenen Ansprüche an andere durch Argumente zu rechtfertigen." Diese Gemeinschaft muß "unbegrenzt" sein, da "alle der sprachlichen Kommunikation fähigen Wesen in all ihren Handlungen und Äußerungen virtuelle Diskussionspartner sind und die unbegrenzte Rechtfertigung des Denkens auf keinen Diskussionspartner und auch keinen seiner virtuellen Diskussionsbeiträge verzichten kann" (1973b, 400) und auch nicht verzichten darf, da es um die Wahrheit zu tun ist.

Aussagen sind also keine Zusammenstellung von Wörtern und auch keine mathematischen Zeichenkalküle. Sie unterscheiden sich im Grunde in nichts von anderen Sprechakten wie z.B. einem Versprechen, die gewisse Ansprüche oder Verpflichtungen enthalten. Der in Aussagen notwendigerweise erhobene Anspruch auf deren Wahrheit verlangt, daß "das Ich sich zugleich mit der transzendentalen Kommunikationsgemeinschaft identifiziert, die allein die Sinn-Geltung seiner Selbst- und Welterkenntnis bestätigen kann" (1973b, 222). Der Begriff der Wahrheit, der immer die Gültigkeit einer Erkenntnis und somit deren intersubjektive Anerkennung meint, ist daher ohne diesen Bezug auf eine unbegrenzte und infolgedessen ideale Kommunikationsgemeinschaft nicht verständlich, denn Wahrheitsansprüche sind universal und können deshalb nur durch einen universalen Konsens bestätigt werden.

Im Konsensusbegriff der Wahrheit glaubt Apel die Konzeption gefunden zu haben, die eine Anwendung des Wahrheitsbegriffes auch in den Sozialwissenschaften und ganz besonders für eine Begründung ethischer Normen erlaubt, denn auch dort wird "argumentiert". Wenn man aber überhaupt zu einer Argumentation bereit ist, hat man, wie schon erwähnt, bestimmte Verpflichtungen übernommen. Schlagworthaft gesagt: Erst der Konsensusbegriff der Wahrheit ermöglicht die vielgesuchte Einheit von Theorie und Praxis. Wenn Wahrheit schon vom Begriff her auf mögliche Argumentation verweist und diese durch bestimmte Regeln der gegenseitigen Verpflichtung konstituiert wird, kann man bereits aus dem Begriff der Wahrheit eine Art von "Minimalethik" ableiten: zunächst in dem ziemlich unverfänglichen Sinn, daß man sich den Regeln der Argumentation zu unterwerfen hat, dann aber auch in dem schon strengeren Sinn eines "ethischen Grundprinzips", "daß alle Bedürfnisse von Menschen - als virtuelle Ansprüche - zum Anliegen der Kommunikationsgemeinschaft zu machen sind, die sich auf dem Wege der Argumentation mit den Bedürfnissen aller übrigen in Einklang bringen lassen" (1973b, 425). Denn nach den für jede Argumentation geltenden Regeln müssen die Diskussionspartner als "Personen" anerkannt werden (1973b, 400). Aber diese "Ethik der Logik", die sich aus der Voraussetzung einer idealen Kommunikationsgemeinschaft für den Begriff der Wahrheit ergibt, hat noch weitergehende Konsequenzen, die man beinahe als die Überwindung der Trennung von 'Sein' und 'Sollen' ansehen könnte. Die Idee einer unbegrenzten Gemeinschaft ergab sich als notwendige Bedingung dafür, daß überhaupt Wahrheitsansprüche erhoben werden können, denn nur die ideale Kommunikationsgemeinschaft wäre prinzipiell imstande, Argumente adäquat zu verstehen und ihre Gültigkeit definitiv zu beurteilen. Da aber eine Verständigung zwischen den Gesprächspartnern nicht eine reine Möglichkeit bleibt, sondern des öfteren zumindest partiell tatsächlich erreicht wird, kann diese transzendentalpragmatische Voraussetzung nicht nur ein vorgestelltes oder bloß antizipiertes Ideal sein. Die unbegrenzte ideale Kommunikationsgemeinschaft wird "in der realen, nämlich als reale Möglichkeit der realen Gesellschaft vorausgesetzt", obgleich jeder weiß, "daß (in den meisten Fällen) die reale Gemeinschaft einschließlich seiner selbst weit davon entfernt ist, der idealen Kommunikationsgemeinschaft zu gleichen" (1973b, 429). Da jedoch die Möglichkeit von Wahrheit davon abhängt, inwieweit diese ideale Gemeinschaft in der geschichtlich gegebenen "realen Kommunikationsgemeinschaft" verwirklicht wird - die Wahrheit bliebe sonst nur ein utopisch-fernes Ideal -, erfordert die Suche nach der Wahrheit und damit auch das scheinbar wertfreie Forschen der Wissenschaften das soziale Engagement, diese ideale Gemeinschaft in der Praxis zu verwirklichen. Die Analyse der Idee der Wahrheit als Konsens einer universalen Gemeinschaft terminiert daher in der Aufforderung, "die sozialen Verhältnisse zu schaffen, welche die universale Verständigung möglich machen könnten" (1973b, 163). Die Wahrheitstheorie drängt, indem als Fundament des Begriffes des Wahrheit eine Kommunikation und Verständigung herausgearbeitet wird, die keinen ausschließen darf, gewissermaßen zu einer politischen Verwirklichung: "Es ist klar, daß die Aufgabe der Realisierung der Kommunikationsgemeinschaft auch die Aufhebung der Klassengesellschaft, kommunikationstheoretisch formuliert: die Beseitigung aller sozial bedingten Asymmetrie des interpersonalen Dialogs, impliziert" (1973b, 432). Eine "erste Vorstellung" davon, wie diese Realisierung aussehen könnte, ist "die Konzeption der Konsensbildung in der Gemeinschaft der Wissenschaftler" (1973a, 12f.). Apel sieht es zwar als bedenklich und äußerst vieldeutig an, vom politischen Mandat der Wissenschaft zu sprechen, aber er hält doch daran fest, daß der Begriff der Wahrheit so theoretisch auch nicht ist, um nicht gewisse praktisch-politische Konsequenzen zu fordern, d.h. der scheinbar wertfrei-neutrale Begriff der Wahrheit ist gerade nicht neutral gegenüber jeder Form der gesellschaftlichen Ordnung.

Apel ist sich wohl bewußt, daß er aus den transzendentalpragmatischen Voraussetzungen sinnvollen Sprechens und Handelns zunächst nur das ethische Grundprinzip gewonnen hat, die Bedürfnisse aller potentiellen Kommunikationspartner anzuerkennen, nicht aber bereits inhaltliche sittliche Normen und schon gar nicht irgendwelche politischen Programme. Zudem ist auf der philosophisch-abstrakten Ebene die ideale Kommunikationsgemeinschaft wohl ein notwendiges Erfordernis, um zu verstehen, was 'Sinn' und 'Wahrheit' bedeuten; was jedoch die Realisierung dieser Idee betrifft, kann es sich nur um ein "Prinzip Hoffnung" handeln (1973b, 405), das nur die Richtung weist, in der sich politisches Handeln zu bewegen habe. Allerdings reicht dies aus zu zeigen, daß ein politisches Engagement nicht eine rein irrationale Entscheidung ist. Es ist eigentlich nur die "willensmäßige Bekräftigung jener Option für eine 'unbegrenzte' Gemeinschaft", "die jeder, der sinnvoll argumentiert, implizit schon vorgenommen hat". Das politische Engagement muß sich "gegen alle äußeren wie gegen alle inneren Begrenzungen der freien Meinungsbildung", "also gegen Meinungszensur ebenso wie gegen Manipulation, Demagogie, sowie gegen bewußte und unbewußte Ideologisierung der Verständigungsprozesse" wenden und für "die Durchsetzung gleicher Bildungschancen für alle Mitglieder der Gesellschaft" eintreten, da die zwanglose Konsensbildung der "Maßstab" ist, "an dem die institutionellen Entfremdungen, die von begrenzten Klasseninteressen determinierten Formen und Inhalte eines 'falschen' Bewußtseins als Hindernisse einer Realisierung der idealen Kommunikationsgemeinschaft in der geschichtlich gewordenen Gesellschaft erkennbar werden" (1973b, 150f.). Dasselbe etwas weniger nebulos und ohne Anleihen bei Marx gesagt: Die "Staatsform der Demokratie" wäre die dem Konsensbegriff angemessene Gestalt des politischen Lebens, da sie "als der Versuch angesehen werden" kann, die fundamentalen "Spielregeln" dieser idealen Kommunikationsgemeinschaft "auch im Medium der Politik zu realisieren"(1973b 154). Ja, dieses "Grundprinzip einer Ethik der Kommunikation" ist für die Legitimität einer Demokratie unabdingbar, denn nur es bietet die Gewähr dafür, daß "die für jede Demokratie fundamentalen Konventionen (Staatsverträge, Verfassungen, Gesetze usw.)" auch "moralische Verbindlichkeit" und damit Legitimität im vollen Sinn besitzen (1973b, 376).

1.34 Jürgen Habermas

Wohl am ehesten wird man die 'Konsensustheorie der Wahrheit' mit dem Namen von Jürgen Habermas assoziieren, und das mit gutem Recht. Er tritt nicht nur verbal für eine solche Wahrheitsauffassung ein, für ihn ist (im Unterschied zu Apel) der Konsensusbegriff der Wahrheit der einzig adäquate, während alle anderen Wahrheitsauffassungen nur "irreführende Modelle" von Wahrheit seien, die dem "Wesen der Wahrheit" nicht gerecht werden können (Habermas 1973c, 230ff.). Habermas ist es auch, der als einziger Vertreter eine relativ ausführliche Darstellung dieser Konzeption anbietet, die noch am ehesten der Bezeichnung 'Wahrheitstheorie' gerecht werden könnte.

Es ist indes kein theoretisches Interesse, das ihn zur Beschäftigung mit dem Begriff der Wahrheit treibt. Die 'Konsensustheorie der Wahrheit' soll vielmehr seine Konzeption der 'Kritischen Theorie' der Gesellschaft (meta-)theoretisch absichern: Sieht er sie doch "im Zusammenhang mit der normativen Grundlegung einer Theorie der Gesellschaft und mit Begründungsproblemen der Ethik überhaupt" (1973c, 262 Anm. 15). Seine kritische Theorie der Gesellschaft verstand Habermas als "Tiefenhermeneutik", die den Begriff der "verzerrten Kommunikation" als ihren (negativen) Bezugspunkt hat. Gesellschaftliche Entfremdungserscheinungen, ja sogar die Struktur von Klassengesellschaften läßt sich letztlich als das Ergebnis "systematisch" verzerrter Kommunikationsprozesse interpretieren, weshalb auch Klassengegensätze durch "Selbstreflexion" und Aufklärung, durch das Aufdecken und die Beseitigung der verzerrenden Kommunikationsmechanismen aufgehoben werden können. Da der Begriff der verzerrten Kommunikation logisch den einer nicht-verzerrten 'normalen' Kommunikation voraussetzt, hat eine kritische Sozialwissenschaft zwangsläufig eine "Theorie der umgangssprachlichen Kommunikation" zu ihrem fundamentalen Desiderat, denn die Vorstellung eines nicht entfremdeten Lebens, die Idee "unversehrter Intersubjektivität"(1981c, 151), ohne die sinnvollerweise gar nicht von einer verzerrten Kommunikation gesprochen werden könnte, läßt sich "nicht anders als im Rückgang auf die Struktur unbeschränkter und herrschaftsfreier Kommunikation entfalten" (1969a, 98). Der menschlichen Sprache als solcher wohnt nämlich "Verständigung" als ihr "Telos" inne (1984a, 461) - "mit ihrer Struktur ist Mündigkeit für uns gesetzt. Mit dem ersten Satz ist die Intention eines allgemeinen und ungezwungenen Konsensus unmißverständlich ausgesprochen" (1965, 163)[65] -, und deshalb müßten die "Grundnormen vernünftiger Rede" die Struktur einer solchen "idealen" und "zwangsfreien" Form gesellschaftlichen Zusammenlebens widerspiegeln.

Eine wesentlich Annahme dieser Theorie der umgangssprachlichen Kommunikation ist, daß bei jedem Reden "die Ebene der Intersubjektivität, auf der die Subjekte miteinander sprechen, und die Ebene der Gegenstände, über die sich die Subjekte verständigen, gleichursprünglich ist" (1971a, 186), oder etwas mißverständlich gesagt: Eine "Verständigung über Gegenstände" als der Bereich der Tatsachenaussagen, in dem der Begriff der Wahrheit gewöhnlich angesiedelt wird, kann nur "unter der Bedingung gleichzeitiger Metakommunikation, nämlich einer Verständigung auf der Ebene der Intersubjektivität über den bestimmten pragmatischen Sinn einer Kommunikation, zustandekommen" (1971a, 106).[66] Auf diese Weise wird die monopolistische Auszeichnung der sog. Darstellungsfunktion der Sprache durch die formale

Semantik korrigiert (1976a, 211).[67] Außerdem wird dadurch der Versuch nachdrücklich abgewehrt, die Sprache "monologisch" aufzufassen, gewissermaßen als das Spiel eines einsamen Subjekts mit Zeichenreihen. Der "Originalmodus" der Sprachverwendung ist ja die "Verständigung" (1984a, 596), und deshalb kann eine Analyse der sprachlichen Kommunikation nur pragmatisch, d.h. auf der Basis von "Sprechakten" erfolgen, weil Sprechhandlungen und nicht Wörter oder Sätze die kleinsten Einheiten der Sprache sind. Sprache ist ursprünglich Sprechen, also "Rede" und "Verständigung" mit anderen und nicht ein Äußern von Lauten oder abstrakten Satzfolgen. In jedem Sprechen werden bestimmte "Ansprüche" erhoben, weshalb der pragmatische "Verwendungssinn des kommunizierten Inhalts", die "illokutionäre Rolle" eine Sprechakts, die sich gerade in dessen "performativem" Bestandteil ausdrückt (1976a, 214ff., 225ff.), nicht aus einer Analyse der Bedeutung einer jeden sprachlichen Äußerung ausgeklammert werden darf. Die "Identität von Bedeutungen" muß "aus dem Verhältnis der Intersubjektivität einander anerkennender Subjekte" begriffen werden (1971a,178). Die Sprache kann nur dann ihren Zweck der Verständigung erreichen, wenn das "Sprachspiel" funktioniert, und dies ist dann der Fall, wenn von den Kommunikationspartnern "reziprok" bestimmte "Geltungsansprüche erhoben und anerkannt" werden, die Habermas als "Verständlichkeit",

"Wahrheit", "Richtigkeit" und "Wahrhaftigkeit" bezeichnet (1973c, 220).

Wahrheit ist daher nicht ein semantisches Prädikat, das abstrakten Sätzen zukommt. "Der Sinn von Wahrheit", was Wahrheit bedeutet, läßt sich nur "mit Bezugnahme auf die Pragmatik einer bestimmten Klasse von Sprechakten klären" (1973c, 212), weil es die illokutionäre Rolle ist, die eine Unterscheidung der genannten vier Geltungsansprüche erlaubt. Der Anspruch auf Wahrheit wird ausdrücklich oder auch implizit in Sprechakten erhoben, die etwas über die Wirklicheit aussagen wollen, oder in "konstativen Sprechakten", wie Habermas die Aussagen nennt. Wenn nun Wahrheit als ein Geltungsanspruch angesehen wird, der vor allem den Aussagen zugeordnet wird, kann sich nur eine Konsensustheorie der Wahrheit ergeben: "Geltungsansprüche" zielen, ähnlich wie Rechtsansprüche (1973c, 212f.), auf "intersubjektive Anerkennung" (1976a, 178). Aussagen besitzen natürlich einen "propositionalen Gehalt", ja sie treten im Unterschied zu den anderen Sprechakten sogar in der Form von "Propositionen" auf, die den Bezug der Sprecher auf die "äußere Realität" artikulieren,[68] weshalb eine Aussage "dann und nur dann" wahr sein kann, "wenn sie einen wirklichen Sachverhalt oder eine Tatsache wiedergibt" (1973c, 212) oder "soweit sie etwas in der Welt darstellt" (1976a, 207f.). Aber - und dies ist wesentlich! - nicht der propositionale

Gehalt als solcher ist das Entscheidende, das eine sprachliche Äußerung zu einer Aussage macht, denn den propositionalen Gehalt könnten sie ohne weiteres mit anderen Sprechakten wie Imperativen oder Fragen gemeinsam haben, ohne daß man bereit wäre, Befehle oder Fragen als möglicherweise wahr anzusehen. Entscheidend ist vielmehr, mit welchem Anspruch dieser Gehalt geäußert wird. Kurzum, für die Frage der Wahrheit ist die illokutive Rolle wesentlich, weil sie den Typus des Sprechaktes festlegt. Beim Anspruch einer Aussage, wahr zu sein, geht es nicht darum, daß überhaupt etwas über die Welt geäußert wird, sondern darum, daß ein Sachverhalt, also der propositionale Gehalt der Äußerung, als wirklich bestehend, als Tatsache behauptet wird. Der Geltungsanspruch der Wahrheit offenbart sich also in der "assertorischen Kraft" einer Aussage, in dem Umstand, daß der Sachverhalt "jeweils in eine Sprechhandlung vom Typ der Behauptung eingebettet, d.h. mit einem illokutiven Akt des Behauptens verknüpft ist" (1976a, 218). Das Prädikat 'wahr' läßt sich nur dann für eine sprachliche Äußerung verwenden, wenn diese mit assertorischer Kraft geäußert wird, und deshalb läßt sich nur verstehen, was Wahrheit bedeutet, wenn man den Anspruch untersucht, "den irgendein kompetenter Sprecher für die Aussage, indem er sie behauptet, erhebt" (1976a, 268 Anm. 67).

Obwohl manche Beschreibungen des illokutiven

Modus konstativer Sprechakte durch Habermas eher nichtssagend, ja zirkulär klingen, läßt sich der Geltungsanspruch 'Wahrheit' schärfer fassen: "Wahr nennen wir Aussagen, die wir begründen können" (1973c, 219). Wenn man also eine Aussage als wahr behauptet, übernimmt man eine "Begründungsverpflichtung" (1976a, 252). Man erklärt sich implizit bereit, falls nachgefragt oder die Aussage bezweifelt wird, nachzuweisen, daß die Behauptung gerechtfertigt ist, und zwar gegenüber jedermann, "überall und jederzeit"(1973c, 239). Wahrheit ist demnach ein "universaler Geltungsanspruch". Etwas als wahr behaupten, heißt zu postulieren, daß eine definitive Übereinstimmung aller erreicht werden kann, und nur wenn man sich dessen sicher ist, ist man berechtigt, eine Aussage als wahr zu behaupten: "Wahrheit meint das Versprechen, einen vernünftigen Konsens zu erzielen" (1973c, 219), und das heißt: "Die Bedingungen für die Wahrheit von Aussagen ist die potentielle Zustimmung aller anderen" (1971a, 124).

Derart plakative Konsensformulierungen lassen natürlich sofort den Verdacht aufkeimen, Habermas sei einer offenkundigen Verwechslung der Ausdrükke 'Begriff der Wahrheit', 'Kriterium' oder 'Bedingung' der Wahrheit oder gar 'Verifikation' einer Aussage aufgesessen. Er selbst ist freilich nicht dieser Ansicht, da er sich dagegen wehrt, seine 'Konsensustheorie' mit bestimmten "Strategien zur Gewinnung wahrer Aussagen" zu identifizieren (1973c, 239). Man kann zwar nicht bestreiten, daß für ihn der rationale Konsens ein ausgezeichnetes, wenn nicht das einzige Wahrheitskriterium ist,[70] aber ihm geht es um mehr als nur um ein Kriterium der Wahrheit: Er versucht ohne jede Frage eine Explikation des Begriffes der Wahrheit, denn "die Herbeiführung eines Konsenses unter den Bedingungen des Diskurses" sei der "Sinn" von "Wahrheit" (1973c, 239). Mag nun die Formulierung 'Sinn' geschickt gewählt sein, um ein breites Spektrum der Interpretation abzudekken - handelt es sich um die Bedeutung des Terminus 'Wahrheit' oder um die "Funktion", die dieser Ausdruck in der Sprache erfüllt (1971a, 226), oder handelt es sich darum zu verstehen, was man tut, wenn man das Wort 'wahr' verwendet und was der Fragen mehr sind -, aber man wird Habermas sicherlich nicht falsch interpretieren, wenn man der Meinung ist, ihm gehe es um die Klärung der Bedeutung von Wahrheit, um den Begriff der Wahrheit, oder in klassischer Terminologie: um das Wesen der Wahrheit. Nach seiner Ansicht kann man nur dann verstehen, was mit Wahrheit gemeint ist, wenn man unterstellt, daß über eine Aussage eine allgemeine Übereinstimmung erzielt werden kann. Ein allgemeines "Einverständnis" - die eigentliche Bedeutung von "Verständigung" (1976a, 176f.)! - ist das zentrale Merkmal, um die Bedeutung des Begriffes der

Wahrheit zu verstehen, ja unter der spezifischen Bedingung, daß es sich dabei um einen "rationalen" Konsens handelt, sind die Bedeutungen von 'Wahrheit' und 'Konsens' identisch.

Die 'Konsensustheorie der Wahrheit' von Habermas stellt also nicht die These auf, irgendein tatsächlich bestehender Konsens, wenn er nur allgemein sei, müsse als Wahrheit angesehen werden. "Der Sinn von Wahrheit ist nicht der Umstand, daß überhaupt ein Konsensus erreicht wird, sondern: daß jederzeit und überall, wenn wir nur in einen Diskurs eintreten, ein Konsens unter Bedingungen erzielt werden kann, die diesen als begründeten Konsensus ausweisen" (<u>1973c</u>, 239). Habermas ist sich bewußt, daß eine Erklärung von 'Wahrheit' ein "Moment des Kontrafaktischen" enthalten muß (<u>1973c</u>, 238), daß sich gewisse "Idealisierungen" vom Begriff der Wahrheit "offensichtlich nicht ablösen" lassen (<u>1971a</u>, 223), Idealisierungen, die es erforderlich machen, auf einen "rationalen" oder "begründeten" Konsens als Erklärung zurückzugreifen.[71] Daher darf seine Wahrheitstheorie auf keinen Fall zu den pragmatischen oder funktionalistischen Theorien gerechnet werden, die alle auf eine <u>tatsächliche</u> Lebensfunktion verweisen. Die Rationalität des Konsenses zeigt sich daran, wie die Berechtigung des Wahrheitsanspruches, der mit jeder Behauptung erhoben wird, nachgewiesen werden kann, denn die Art, wie die jeweiligen Geltungsansprüche der Verständlichkeit, der Wahrheit, der Richtigkeit und der Wahrhaftigkeit "eingelöst" werden, erlaubt deren Klassifizierung. Der Sinn der Wahrheit als eines "universalen" Geltungsanspruches besteht in der Möglichkeit, "in Diskursen über die Berechtigung des problematisierten Geltungsanspruches eine positive Entscheidung herbeizuführen" (1973c, 240), d.h. auf argumentative Weise, mit Hilfe von "Gründen" über die in Frage stehende Meinung einen Konsens zu erzielen. Rational ist ein Konsens daher "nur in Form eines argumentativ erzielten Konsensus" (1973c, 240), und das eigentliche Ziel einer 'Konsensustheorie der Wahrheit' ist erst dann erreicht, wenn es ihr gelingt anzugeben, was "diskursive", "argumentative" Einlösbarkeit von universalen Geltungsansprüchen bedeutet (1973c, 219).[72] Eine Definition der Bedeutung von Wahrheit wäre demnach: Wahrheit ist ein diskursiv einlösbarer, erfahrungsfundierter[73] Geltungsanspruch (1973c, 219, 230). Und deshalb ließe sich von der 'Konsensustheorie der Wahrheit' etwas überspitzt behaupten, daß für sie der Sinn von Wahrheit in der Methode der diskursiven Verifizierbarkeit bestehe, denn es gilt: "Wahrheit schreiben wir den Sätzen zu, von denen wir kontrafaktisch annehmen, daß ihnen jedes zurechnungsfähige Subjekt zustimmen müßte, wenn es seine Meinungen nur lange genug in uneingeschränkter und zwangloser Kommunikation prüfen könnte" (1971a, 223).

Die Definition von Wahrheit als 'diskursiv erzielbarer Konsens' macht deutlich, daß Wahrheit nicht in einem performativen Sinn verstanden werden darf. Die Lokalisierung der Wahrheit in den Sprechakten der Behauptung könnte nahelegen, Habermas erkläre vielleicht den Sinn von Wahrheit als den Akt der Behauptung (oder der Zustimmung zu einer Behauptung). Aber er betont ausdrücklich, "Behauptungen" seien selbst nicht wahr: Sie sind "berechtigt oder unberechtigt" (1973c, 212). Der Anspruch, wahr zu sein, ist zwar mit der Behauptung selbst gegeben (als der illokutive Modus, der eine sprachliche Äußerung zu einer Behauptung macht), aber thematisch wird dieser Anspruch und damit auch der Begriff der Wahrheit erst dann, wenn es "um die Berechtigung des mit Behauptungen implizit erhobenen Geltungsanspruches" geht (1973c, 233). Wahrheitsfragen sind Fragen, die die "Geltung" (oder "Gültigkeit") von Aussagen betreffen, und solche Fragen können typischerweise erst dann auftreten, wenn die in den handlungsbezogenen Erfahrungszusammenhängen "naiv" und unbefragt als selbstverständlich und gültig unterstellten Geltungsansprüche erschüttert (oder wie Habermas gern sagt: "problematisiert") worden sind. Wahrheit hat gewissermaßen einen distanzierenden Charakter, und so erfordern Diskurse eine "Virtualisierung der Handlungszwänge" und eine "Virtualisierung von Geltungsansprüchen" (1971a, 117; 1973c, 214), weil ihr alleiniger Zweck in der Begründung problematisierter Geltungsansprüche besteht, dem Nachweis also, daß die gemachten Aussagen tatsächlich wahr sind. Damit schließt sich der Kreis von 'Wahrheit', 'Konsens' und 'Diskurs'. Da der Sinn und Zweck eines Diskurses nur darin liegt, über einen angezweifelten und nicht einfachhin akzeptierten Wahrheitsanspruch einer Behauptung Einigkeit wiederherzustellen, steht er "unter dem Anspruch kooperativer Wahrheitssuche, d.h. der prinzipiell uneingeschränkten und zwanglosen Kommunikation, die allein dem Zweck der Verständigung dient" (1971a, 200f.). Alle anderen Motive "außer dem einer kooperataiven Verständigungsbereitschaft" und der Suche nach Konsens sind in Diskursen "außer Kraft gesetzt" (1971a, 117). Mit der Distanzierung des Diskurses von den unmittelbaren Handlungssituationen will Habermas nicht nur deutlich machen, daß 'Wahrheit' nicht mit der Sprechhandlung der Behauptung identisch sein kann; er kann damit auch die Ansicht der 'semantischen Wahrheitstheorie' erklären, daß vom logischen Standpunkt aus die Behauptung "'p' ist wahr" der Behauptung "p" inhaltlich nichts hinzufügt, daß also 'wahr' ein Prädikat der Metasprache sein muß. In den Zusammenhängen des kommunikativen Handelns kann die Frage nach der Wahrheit gar nicht auftauchen; "die Explikation des mit Behauptungen erhobenen Geltungsanspruches" ist dort "redundant", weil der Wahrheitsanspruch einfach erhoben, seine Berechtigung einfach unterstellt und gar nicht in Frage gestellt wird. Der Wahrheitsanspruch bleibt sozusagen unthematisch im Hintergrund. Die Frage, ob die Aussagen auch tatsächlich wahr sind, taucht erst dann auf, wenn sie angezweifelt werden, wenn also der Wahrheitsanspruch selbst zum Thema gemacht wird. Es ändert sich gewissermaßen die Blickrichtung, weshalb Wahrheit eine "reflexive Beziehung" ist, "die statthat, wenn ein Berechtigungsverhältnis explizit bestätigt wird. Der Geltungsanspruch, der in naiv vollzogenen Behauptungen implizit enthalten ist, wird in den metasprachlichen Feststellungen (sc. "'p' ist wahr oder falsch") explizit ausgesprochen und entweder bestätigt oder verneint" (1973c, 214).

Wahrheit als diskursiv einlösbarer Geltungsanspruch zeichnet sich durch seine Distanz zur unmittelbaren Handlungssituation aus, dadurch, "daß wir gegenüber Gegenständen der Erfahrung (Dingen, Ereignissen, Personen, Äußerungen) einen Existenzvorbehalt anmelden und Tatsachen wie Normen unter dem Gesichtspunkt möglicher Existenz bzw. Legitimität betrachten, d.h. hypothetisch behandeln können" (1973c, 214). Der Konsensusbegriff der Wahrheit zerstört damit gar nicht den theoretischen Charakter des Begriffes der Wahrheit, im Gegenteil: Er ist in der Lage, ihn gebührend zum Ausdruck zu bringen, denn nur unter der Bedingung der Handlungs- und Situationsdistanzierung kann man unterstellen, daß eine unbeschränkte und zwanglose Kommunikation möglich ist, daß "alle vernünftigen Subjekte, die je gelebt haben oder leben werden", "als virtuelle Zeitgenossen Zugang zur Kommunikation" haben (1971a, 215). Wahrheit ist daher für Habermas nicht dasselbe wie Objektivität. Wahrheitsansprüche lassen sich nicht durch "Erfahrungen" einlösen, da "Wahrheit kategorial der Welt der Gedanken (im Sinne Freges) und nicht der Wahrnehmungen angehört" (1973c, 232). Die Korrespondenztheorie der Wahrheit übersieht dies, wenn sie Wahrheit als eine Relation zwischen Sätzen und Tatsachen definiert. Habermas übernimmt Strawsons Kritik an der gegenständlichen Interpretation von Tatsachen durch die Korrespondenztheorie. "Tatsachen" sind "nur zum Schein gegenständliche Korrelate von Aussagen", denn "Sachverhalte" und "Tatsachen" (als Sachverhalte, die wirklich bestehen) kommen allein im Kommunikationsbereich des Diskurses vor. "Sachverhalte" meinen den "propositionalen Gehalt von Behauptungen" und "Tatsachen" die "Wahrheit von Propositionen" (1973c, 215f.). Der Sinn der Begriffe 'Tatsache' und 'Sachverhalt' kann deshalb "nicht ohne Bezugnahme auf Diskurse geklärt werden", weil eben die Thematisierung des Wahrheitsanspruches einen Existenzvorbehalt gegenüber Gegenständen macht und deren Umwandlung in "Propositionen" voraussetzt: "eine Proposition muß in Frage gestellt werden können; sie impliziert sogar die Forderung zu kontrollieren, ob der behauptete Sachverhalt der Fall ist oder nicht" (1971a, 197). "Wahrheit" ist daher keine "Korrespondenz", keine "umkehrbar eindeutige Zuordnung von Elementen der Aussage und Elementen des Gegenstandsbereichs", weil "Tatsachen" keinen anderen Sinn haben können "als den, den wir mit Aussagen über Tatsachen verbinden" (1973c, 235). Man kann nicht nur "den Begriff 'Realität' nicht unabhängig vom Terminus 'wahre Aussage' einführen" (1971a, 124), auch das angebliche Korrespondenzverhältnis zwischen Aussagen und Realität könnte selbst "wiederum nur durch Aussagen bestimmt werden" (1973c, 216). Darum ergibt sich unausweichlich: Über Wahrheit kann nur in Argumentationen entschieden werden. Wahrheit entbehrt einer "unmittelbaren Erfahrungsgrundlage", und so beruht die Berechtigung des Wahrheitsanspruches "einzig auf Gründen, die ich gegebenenfalls ins Feld führen kann, um Einwände zu entkräften", sie verdankt sich "allein der Erfahrung des eigentümlich zwanglosen Zwangs des besseren Argumentes" (1973c, 223, 226). Während die Objektivität der Erkenntnis den erkenntnistheoretischen Bereich der Gegenstandskonstitution betrifft, geht es bei der Wahrheit um die Gültigkeit von Aussagen, und dies ist der Grund, warum die Frage nach der Wahrheit und ihren Bedingungen nur auf der Basis einer Analyse der Sprache angegangen werden kann.

Aber auch das Problem des Maßstabes, des Kriteriums der Wahrheit muß dort gelöst werden, da die Tatsachen als 'objektives' Kriterium ausscheiden. Inhaltliche Evidenzen anführen zu wollen, wann ein Konsens ein "wahrer Konsens" sein soll, muß illusorisch bleiben. Infolge der "tiefenhermeneutischen Einsicht", "daß ein scheinbar 'vernünftig' eingespielter Konsens sehr wohl auch das Ergebnis von Pseudokommunikation sein kann", schlimmer noch: jeder Konsens "grundsätzlich unter dem Verdacht stehen kann, pseudokommunikativ erzeugt zu sein" (1976a, 295f.), kann der Konsens als solcher gar nicht das letzte Kriterium sein. Habermas gibt dem Vorwurf recht, daß "die Bedingungen, unter denen ein Konsensus als ein wirklicher oder vernünftiger, jedenfalls wahrheitsverbürgender Konsensus gelten kann, ... nicht wiederum von einem Konsensus abhängig gemacht werden" dürfen (1973c, 240), weil man sonst in einem Zirkel landete.[74] Den Weg aus diesem Dilemma weist die Rede selbst. Man kann zwar in jedem "empirischen Fall" nicht eindeutig feststellen, ob es sich um einen wahren Konsens handle, aber der "vernünftige Charakter der Rede" wäre dahin, wenn dies prinzipiell und in jedem Fall so sein müßte. Da wir uns aber in vielen Angelegenheiten nicht nur verbal verstehen, sondern sogar zu einem "Einverständnis" gelangen, kann diese prinzipielle Unmöglichkeit gar nicht bestehen. Die Tatsache, "daß wir uns faktisch jederzeit (!) zutrauen und auch zutrauen müssen, einen vernünftigen von einem trügerischen Konsensus zu unterscheiden" (1973c, 258), ist Grund genug zu der Annahme, daß es in der Sprache möglich ist, "eine Verständigung, und das heißt einen wirklichen Konsensus herbeizuführen" (1971a, 121). Am materialen Gehalt der Aussage kann dies nicht liegen, weil man dabei wieder in das erwähnte Dilemma zurückfiele - entweder der Rekurs auf einen faktischen, d.h. aber anzweifelbaren Konsens oder die unbegründbare, d.h. aber unvernünftige und dogmatische Auszeichnung einer privilegierten Evidenz. Deshalb muß die Tatsache der Verständigung mit Hilfe der Sprache durch die formalen Eigenschaften des vernünftigen Redens erklärt werden, und die Möglichkeit eines Einverständnisses kann auch nur so erklärt werden. Nach Habermas ist es das Charakteristikum neuzeitlicher Begründung und "Legitimation", daß infolge des prinzipiellen Verdachts, einem "Pseusokonsens" - einer Ideologie - aufgesessen zu sein, überhaupt keine "inhaltlichen" Kriterien mehr als allgemeinverbindlich angesetzt werden können. In der Moderne können nur noch "die formalen Bedingungen der Rechtfertigung selber legitimierende Kraft" erhalten.[75] Deshalb können Diskurse nur dann ihren Zweck erreichen, nämlich auf dem Wege einer Argumentation mit Gründen "eine Verständigung, und das heißt einen wirklichen Konsensus herbeizuführen", wenn man für sie die Bedingungen einer "idealen Kommunikation" annimmt. "Der eigentümlich zwanglose Zwang des besseren Argumentes" (1971a, 137) kann sich nur in dem Falle durchsetzen, daß durch "die formalen Eigenschaften des Diskurses" schon jede Verzerrung der Kommunikationssituation ausgeschaltet wird, was nichts anderes heißt als: "daß wir in jedem Diskurs genötigt sind, eine ideale Sprechsituation zu unterstellen" (1971a, 122). Die Bedingungen der Wahrheit einer Aussage sind damit identisch mit den Bedingungen einer "idealen Kommunikation", die "nur dann keine Zwänge" erzeugt, "wenn für alle Diskursteilnehmer eine symmetrische Verteilung der Chancen, Sprechakte zu wählen und auszuführen, gegeben ist" (1973c, 255). Die Bedingungen der idealen Sprechsituation sind damit das eigentliche Grundprinzip der 'Konsensustheorie der Wahrheit' von Habermas. Diese "Unterstellung" einer idealen Sprechsituation ist aber auch das Grundprinzip vernünftiger, d.h. auf einen rationalen Konsens, auf Verständigung abzielender Rede. Sie allein ist auch "die Gewähr dafür, daß wir mit einem faktisch erzielten Konsensus den Anspruch eines vernünftigen Konsensus verbinden dürfen" (1973c, 258). Obwohl diese Annahme allzuoft "kontrafaktischer" Natur ist, bietet sie allein die Garantie dafür, daß die Erwartungen, die man mit dem Begriff der Wahrheit verknpft - "die Erwartung eines Konsensus, der sich unter Bedingungen einer idealen

Sprechsituation immer wieder ergeben müßte"(1971a, 223) - nicht sinnlos sind, ja sie ist "das 'letzte' tragende und keineswegs erst herzustellende kontrafaktische Einverständnis, das die potentiellen Sprecher/Hörer vorgängig verbinden muß und über das eine Verständigung nicht erforderlich sein darf, wenn anders Argumenten überhaupt konsenserzielende Kraft soll zukommen können" (1973c, 258).

Die Bestimmungen einer idealen Sprechsituation bieten also die Gewähr für einen 'wahren', d.h. argumentativ erzielten Konsens. Sie sind demnach so etwas wie die Wahrheitsbedingung von Aussagen, aber auch deren Wahrheitsgarantie. Da sie allein dazu verhelfen, diesen vernünftigen Konsens von einem "bloß erzwungenen oder täuschenden Konsens" zu unterscheiden, sind sie auch das Wahrheitskriterium.

Die Bedingungen der idealen Sprechsituation sind aber zugleich die "Grundnormen der vernünftigen Rede", und deshalb wird sich eine 'Konsensustheorie der Wahrheit' "nicht nur auf die Wahrheit von Aussagen" beschränken, sondern sie wird sich "auch auf die Richtigkeit von Geboten oder Bewertungen erstrecken müssen" (1973c, 220), denn für "praktische Fragen" wie die Bewertung von Handlungen und Zielen, die Begründung von Normen gilt, daß sie "nur dialogisch entschieden werden" können und "darum dem Kontext der Umgangssprache verhaftet" sein müssen: "Vernünftig motivierte Entscheidungen bilden sich nur auf der Grundlage eines Konsensus, der durch überzeugende Rede, und das heißt in Abhängigkeit von den zugleich kognitiv und expressiv angemessenen Mitteln der umgangssprachlichen Darstellung herbeigeführt wird" (1970a, 124). Der Konsensusbegriff der Wahrheit läßt sich daher auch auf derartige Fragen einer Normen- und Ethikbegründung anwenden, da auch praktische Fragen "wahrheitsfähig" sind (1973a, 140). Eine Untersuchung der "Richtigkeit" von Normen im Sinne ihrer "legitimen Gültigkeit" und "Anerkennungswürdigkeit" (1983, 137) kann deshalb der 'Konsensustheorie der Wahrheit' subsumiert werden. Auch beim Geltungsanspruch von Normen findet sich die Annahme einer "Begründbarkeit": "Richtigkeitsansprüche" fungieren wie Wahrheitsansprüche "in täglicher Rede und Interaktion als Ansprüche, die im Hinblick auf die Möglichkeit, daß sie erforderlichenfalls diskursiv eingelöst werden können, angenommen werden" (1973c, 222). Auch in einem "praktischen Diskurs", in dem die Richtigkeit von Handlungsnormen aufgewiesen werden soll, rekurriert man "allein auf die Grundnormen der vernünftigen Rede, die wir, sofern wir überhaupt Diskurse führen, immer schon supponieren müssen". Wir unterstellen in Diskussionen über die Gültigkeit von Normen "unvermeidlich eine ideale Sprechsituation, die kraft ihrer formalen Eigenschaften einen Konsensus ohnehin nur über verallgemeinerungsfähige Interessen zuläßt" (1973a, 152). Die Richtigkeit kann daher wie schon die Wahrheit als ein "universaler", "diskursiv einlösbarer Geltungsanspruch" definiert werden, so daß sich "richtige Normen ähnlich begründen lassen müssen wie wahre Aussagen" (1973c, 226).

Die sozusagen normativ-faktischen Bedingungen der idealen Sprechsituation - 'faktisch' sind sie, insofern sie in jeder Rede wirksam sein müssen, da es sonst beim Miteinanderreden zu gar keiner Verständigung käme; 'normativ' sind sie, insofern sie in der tatsächlichen Rede immer nur angenähert verwirklicht vorkommen - sind jedoch noch in einem anderen Sinn 'praktisch': "Die Idee der Wahrheit, die sich am wahren Konsens bemißt, impliziert die des wahren Lebens" (1970a, 155). Denn "mit dem Begriff einer Wahrheit, die sich an der idealisierten, in unbegrenzter und herrschaftsfreier Kommunikation erzielten Übereinstimmung bemißt", muß man "zugleich die Struktur eines Zusammenlebens in zwangloser Kommunikation vorwegnehmen" (1970a, 154). Da die Wahrheit der "eigentümliche Zwang zu zwangloser universaler Anerkennung" ist, "antizipieren" wir dieses zwanglose Zusammenleben "seiner Form nach, jedesmal dann, wenn wir Wahres sagen wollen. Die Idee der Wahrheit, die im ersten gesprochenen Satz schon impliziert war, läßt sich nämlich allein am Vorbild der idealisierten, in herrschaftsfreier Kommunikation erzielten

Übereinstimmung bilden. Insofern ist die Wahrheit von Aussagen an die Intention eines wahren Lebens gebunden" (1971a, 195). Mit dem Faktum der Sprache, die als Bedingung dafür, daß sie Verständigung zustandebringen kann, "die formale Vorwegnahme des idealisierten Gesprächs als einer in Zukunft zu realisierenden Lebensform" und "das letzte tragende kontrafaktische Einverständnis, das uns vorgängig verbindet", voraussetzen muß (1973b, 297f), ist also die _Möglichkeit_ eines allgemeinen Konsenses vorausgesetzt. Da die Sprache aber in vielen Fällen _tatsächlich_ als "Verständigung" funktioniert, kann die ideale Sprechsituation nicht ein bloß vorgestelltes oder gar fiktives "Ideal" sein; sie muß "wirklich" sein, so wie die Verständigung durch Reden etwas Wirkliches ist.

Die Strukturbestimmungen der idealen Sprechsituation kann man unter einem anderen Gesichtspunkt als "sprachtheoretische Bestimmungen" dessen ansehen, "was wir herkömmlich unter den Ideen der Wahrheit, der Freiheit und der Gerechtigkeit fassen" (1971a, 139). Wenn dem so ist, muß das in ihnen antizipierte Ideal in höchstem Maße politisch sein, so wie jede "Aufklärung, die ein radikales Verstehen bewirkt", "stets politisch" ist (1973b, 301). Zwar läßt es sich nicht "a priori" oder "anthropologisch" entscheiden, ob sich dieser "Vorschein einer Lebensform", der mit dem Anspruch, die Wahrheit sagen zu wollen, mitgesetzt ist, auch als die Lebensform einer ganzen Gesellschaft institutionell verwirklichen läßt (1973b, 380; 1973c, 265), aber immerhin ist diese "kommunikative" Lebensform eine "praktische Hypothese", von der "die kritische Theorie der Gesellschaft ihren Ausgang nimmt" (1971a, 141), um daran politisches Handeln und politische Institutionen zu messen und die Grundprinzipien des Diskurses als die "Organisationsprinzipien" der politischen Willensbildung und Entscheidungsfindung durchsetzen zu helfen (1973b, 382). Erst dann hätte man eine Demokratie im eigentlich klassischen Sinn, wenn die politische Willensbildung "sich an das Prinzip allgemeiner und herrschaftsfreier Diskussion" bände (1968b, 13) und "die Geltung jeder politisch folgenreichen Norm von einem in herrschaftsfreier Kommunikation erzielten Konsensus abhängig gemacht" würde(1968a, 344).

1.4 Systematischer Aufriß der 'Konsensustheorie der Wahrheit'

1.41 'Konsensustheorie der Wahrheit' im strengen Sinn

Von der Zielsetzung her könnte die durch den formalen Gesichtspunkt einer möglichen Identität von 'Wahrheit' und 'Konsens' strukturierte Auflistung verschiedener Bedeutungsvarianten ziemlich überflüssig erscheinen. Es stimmt zwar, daß man rein theoretisch unter dem Ausdruck 'Konsensustheorie der Wahrheit' unterschiedliches verstehen könnte, aber in der Praxis ist es doch relativ klar, wer gemeint ist, wenn man von der 'Konsensustheorie der Wahrheit' spricht: Es handelt sich um die dritte Gruppe, die von mir verkürzt mit der Formel 'Wahrheit als Konsens' gekennzeichnet worden ist. Warum dem so ist, läßt sich nicht nur aus der Tatsache erklären, daß vor allem Apel und Habermas ihre Auffassung von Wahrheit selber als 'Konsensustheorie' bezeichnen; der sachliche Grund dafür, daß dieser Name in der Tat nur für diese Gruppe reserviert werden sollte, liegt darin, daß es allein ihr um eine Theorie der Wahrheit zu tun ist (mag man auch mit gutem Recht monieren, daß sie kaum den Titel 'Theorie' für ihre Darstellung reklamieren dürfte).

Die erste Variante - 'Konsens anstatt Wahrheit' - ist eher eine "no-truth-theory",[76] weil sie das Problem der Wahrheit einfach eliminiert und damit eine skeptische Position vertritt, sofern sie unterstellt, es sei unmöglich, die Wahrheit je zu erkennen. Im Falle der Unnötigkeit des Begriffes 'Wahrheit' wäre sie eher der 'Redundanztheorie der Wahrheit' zu vergleichen,[77] insofern auch für diese das Problem der Wahrheit nichts als ein "linguistic muddle" (Ramsey) ist.

Die zweite Ansicht - 'Wahrheit durch Konsens' - artikuliert gar nicht den Begriff der Wahrheit, sondern befaßt sich eher mit der Verifikation, mit dem Kriterium der Wahrheit oder einer Wahrheitsgarantie. Obwohl diese Unterscheidungen von ihr nicht gemacht werden, akzeptiert sie offensichtlich den gebräuchlichen Begriff der Wahrheit als 'Übereinstimmung einer Aussage mit der Wirklichkeit', als 'Korrespondenz' oder 'Adäquation' von 'Erkenntnis' und 'Wirklichkeit'. Sie wäre also genaugenommen vielleicht eine Theorie, wie man die Wahrheit am besten festellen könnte.

Nur die dritte Variante will tatsächlich mit Hilfe des Begriffes 'Konsens' erklären, was in der Philosophie gewöhnlich unter dem Begriff der Wahrheit verstanden wird, gleichgültig, ob diese allgemeine Übereinstimmung dazu noch als Kriterium der Wahrheit oder als Methode der Verifikation angenommen werden kann. Wenn daher die Aufgabe in Angriff genommen werden soll, aus dem vorgelegten Rohmaterial die 'Konsensustheorie der Wahrheit' herauszupräparieren - zu 'rekonstruieren' -, kann nur diese dritte Gruppe als Basis dienen. Aber damit werden die Ausführungen über die beiden anderen Varianten nicht überflüssig, weil sie so etwas wie einen negativen Interpretationsrahmen bieten: sei es, was die 'Konsensustheorie der Wahrheit' eigentlich nicht behaupten will, sei es, was die Kritiker meinen, der

'Konsensustheorie' unterstellen zu müssen. Es wird nämlich von seiten der Kritik den Vertretern der dritten Bedeutungsvariante großzügig zugestanden, guten Glaubens eine Theorie der Wahrheit aufstellen zu wollen, wenn man aber das Ergebnis ansehe, könne nur das herauskommen, was die beiden anderen Varianten sind, d.h. den Begriff 'Wahrheit' mit dem Begriff des Konsenses erklären zu wollen, ziehe notgedrungen eine Wahrheitsskepsis nach sich oder zumindest eine Relativierung dieses Begriffes, was im Prinzip dasselbe sei, da es damit um den objektiven, sozusagen absoluten Charakter der Wahrheit geschehen sei; oder aber man kann damit nur eine Verifikationsmethode und einen Wahrheitstest skizzieren.

Für die folgende Systematisierung der 'Konsensustheorie der Wahrheit' werden daher nur die Bausteine verwendet, die die Vertreter der dritten Variante bereitstellen. Allerdings wäre es sehr verwegen zu behaupten, es handle sich bei ihnen um ein homogenes Feld. Natürlich gibt es durchaus Querverbindungen zwischen ihnen, die wohl letztlich über Peirce auf Kant als gemeinsamen Ursprung verweisen dürften. Aber die Unterschiede zwischen ihnen lassen sich nicht wegdiskutieren, schon allein, was das Anspruchsniveau der jeweiligen Auffassung betrifft: ob es eigentlich um eine Erklärung und ein besseres Verständnis der klassischen Korrespondenzauffassung der Wahrheit gehe (so sicherlich Peirce und mit gewissen Einschränkungen [78] auch die Konstruktivisten) oder ob eine Komplettierung der klassischen Korrespondenzauffassung angestrebt werde, weil diese einseitig sei (so Apel) oder gar eine Ablösung der Korrespondenztheorie und aller anderen Wahrheitstheorien, so daß die 'Konsensustheorie' als einzige übrigbleibe, die der Idee der Wahrheit angemessen sei (so wohl Habermas). Der Unterschied drückt sich auch in den Methoden aus, wie der 'rationale Konsens' erreicht werden könne, der im Begriff der Wahrheit gedacht werden müsse. Es werden nämlich verschiedene Modelle von Wissenschaft favorisiert: die konstruktivistisch-logisch vorgehende 'Erlanger Schule' und der klassisch-logisch orientierte Peirce mit ihrer Vorliebe für die exakte Methodik der Mathematik und auch der Naturwissenschaften und auf der anderen Seite die 'transzendental-logisch' und 'universal-pragmatisch' arbeitenden Apel und Habermas, denen es nicht so sehr auf die Präzision der Begrifflichkeit und die methodisch sauber zu entwickelnden Einzelschritte, sondern auf den programmatischen Gesamtentwurf ankommt. Schließlich macht es noch einen Unterschied, in welchem Stadium der Ausformulierung sich die 'Konsensustheorie' befindet: ob es eher beiläufige Bemerkungen in anderen Zusammenhängen sind oder eine ausdrücklich ins Zentrum der Aufmerksamkeit gerückte ausführliche Behandlung, die man fast systematisch nennen könnte.

Trotz dieser nicht unerheblichen Differenzen lassen sich genügend Gemeinsamkeiten herausstellen, die die grundlegenden Überzeugungen aller Autoren betreffen. Daher scheint es ohne allzu große Verbiegungen und gewaltsame Harmonisierungen erlaubt zu sein, diese Übereinstimmungen hinsichtlich des Begriffes der Wahrheit als die Grundannahmen der 'Konsensustheorie der Wahrheit' zusammenzufassen. Man muß sich dabei jedoch immer bewußt sein, daß die Akzente, wie bei jeder Abstraktion, bei den einzelnen verschieden gesetzt werden, so daß die 'Besonderungen' dieses Abstrakt-'Allgemeinen' jeweils etwas anders aussehen.

1.42 Die Grundannahmen der 'Konsensustheorie der Wahrheit'

1) Die 'Konsensustheorie der Wahrheit' will eine Wahrheitstheorie im eigentlichen Sinn sein.
   Ihr primäres Anliegen ist es, den Begriff der Wahrheit, die Bedeutung von Wahrheit, was Wahrheit ist oder was man unter Wahrheit versteht, mit Hilfe des Begriffes des rationalen Konsenses zu erklären. Dies schließt freilich nicht aus, daß dieser Konsens auch das Kriterium der Wahrheit oder die Wahrheitsgarantie sein könnte.

2) Nach Ansicht der 'Konsensustheorie' findet sich die ursprüngliche und auch philosophisch relevante Bedeutung von Wahrheit in der Aussagenwahrheit.

Selbst wenn die 'Konsensustheorie' von 'praktischer Wahrheit' spricht, darf man sie nicht als eine Variante der sog. pragmatischen Wahrheitskonzeption ansehen. Ihr geht es um den theoretischen Aspekt des Wahrheitsbegriffes, d.h. sie will die Wahrheit nicht 'funktionalisieren' oder gar 'demokratisieren'.

3) Die Bedeutung von Wahrheit läßt sich nur so ursprünglich erklären, daß man die sprachlich geregelte Verwendung der Formel '... ist wahr' erklärt.

Die 'Konsensustheorie' strebt damit keine formal korrekte Definition des Begriffes 'Wahrheit' an, die es erlauben würde, diesen Begriff in allen relevanten Kontexten zu ersetzen und ihn so zu eliminieren. Sie sucht auch kein Schema, dessen Anwendung nur solche Aussagen lieferte, die wahr sind.

4) Die 'Konsensustheorie' ist eine sprachpragmatische Bedeutungserklärung, also eine sprachanalytische Konzeption im weitesten Sinn.

Die Verwendung der Formel '... ist wahr' läßt sich nur pragmatisch, d.h im Zusammenhang von Sprechhandlungen erklären. Als theoretische Basis dient die Sprechakttheorie, die jedoch transzendental interpretiert wird:

Das gewissermaßen nicht hintergehbare Fundament ist die umgangssprachliche Rede, da die Wirklichkeit als der Bezugspunkt wahrer Aussagen nur im Medium der Sprache gegeben sein kann. Allerdings darf die Sprache nicht als abstraktes Zeichensystem gesehen werden. Jede Wahrheitstheorie, die diesen quasitranszendentalen Charakter der umgangssprachlichen Kommunikation übersieht, ist abzulehnen: die 'Korrespondenz-' oder 'Adäquationstheorie der Wahrheit', die die Wahrheit als eine Relation von (sprachunabhängigen) Tatsachen und (diese Tatsachen wiedergebenden) Sätzen ansieht; die 'semantische Wahrheitstheorie', die Wahrheit als metasprachliches Prädikat abstrakter Sätze bestimmt; die 'Kohärenztheorie der Wahrheit' empirischer wie auch idealistischer Provenienz, die Wahrheit als formale Eigenschaft von Aussagensystemen nimmt, sowie alle Wahrheitstheorien, die auf nichtsprachliche Evidenzen rekurrieren (die 'Evidenz-' und 'Manifestationstheorie der Wahrheit').

5) Die Bedeutung von Wahrheit wird dadurch erklärt, daß man erklärt, was ein <u>assertorischer Sprechakt</u> (Aussage, Behauptung, 'statement') ist.
Diese Zuordnung der Wahrheit zur Klasse der konstativen oder assertorischen Sprechakte ergibt sich daraus, daß die Formel '... ist

wahr' primär in solchen Redezusammenhängen verwendet wird.

6) Das unterscheidende Merkmal, das die Klasse der assertorischen Sprechakte von anderen Sprechakttypen abgrenzen läßt, ist nicht der propositionale Gehalt als solcher, also der Wirklichkeitsbezug von Aussagen, sondern die <u>illokutive Rolle</u>, d.h. der Modus der Verwendung dieser sprachlichen Äußerung als Behauptung.

   Die Analyse der Bedeutung von Wahrheit als semantische Analyse muß daher die pragmatische Komponente der Sprachverwendung miteinbeziehen, nicht in dem Sinn, daß der zufällige empirische Redekontext berücksichtigt werden muß; es sind die 'universalpragmatischen' Bedingungen gemeint, die für jede Rede mit Behauptungscharakter gelten.

7) Die für assertorische Sprechakte charakteristische illokutive Rolle ist der <u>Anspruch, wahr zu sein</u>, und zwar handelt es sich um den Anspruch einer <u>universalen Geltung</u>, die sich in der Annahme einer 'Begründbarkeit' (oder 'Verteidigbarkeit') dieses Anspruchs gegenüber jedermann zeigt.

8) Wahrheit ist daher gleichbedeutend mit dem Begriff eines <u>argumentativ rechtfertigbaren Geltungsanspruchs</u>.

   Etwas als wahr zu behaupten setzt die Befolgung bestimmter sprechaktimmanenter Regeln voraus, vor allem die Verpflichtung (oder Erwartung), im Zweifelsfall mit Gründen die Aussage rechtfertigen zu können, und zwar gegen alle möglichen Einwände, die sinnvollerweise gegen sie vorgebracht werden könnten.

9) Der Anspruch der Begründbarkeit gegenüber jedermann hat die selbstverständliche Erwartung zu seiner Bedingung, daß eine zwanglose, nur mit sachlichen Gründen herbeigeführte Übereinstimmung der Argumentierenden erreicht werden kann.
Ohne diese Überzeugung, allein durch einsichtige Begründung eine Übereinstimmung erreichen zu können, wäre es sinnlos, überhaupt eine Argumentation anzufangen. Insofern ist die Bedingung der Möglichkeit des in Behauptungen erhobenen Anspruches, wahr zu sein, die Annahme, daß letztlich jeder Vernünftige zustimmen würde. Die Erwartung eines allgemeinen Konsenses gehört daher unumgänglich zu einem Verständnis der Bedeutung von Wahrheit.

10) Wahrheit wird jedoch als solche erst dann zum Thema, wenn der in Behauptungen unterstellte Konsens nicht unbesehen akzeptiert wird, was nichts anderes meint als: wenn der in Behauptungen implizit erhobene Wahrheitsanspruch in Frage gestellt wird und seine Berechtigung nachgewiesen werden muß.
Wahrheit meint damit nicht den Sprechakt der

Behauptung oder der Zustimmung, sondern ist als Anspruch universaler Begründbarkeit an assertorischen Sprechakten feststellbar und implizit mitgesetzt. Da Wahrheitsfragen die Gültigkeit einer Erkenntnis betreffen, rücken sie erst in den Blickpunkt, wenn die implizit unterstellte Geltung der Aussage angezweifelt wird.

11) Die Besonderheit des Geltungsanspruches der Wahrheit läßt sich allein durch die Methode seiner Verifizierbarkeit bestimmten: Es ist die Einlösbarkeit durch den 'Diskurs', d.h. durch zwanglose, uneingeschränkte und unvoreingenommene Diskussion.

Zum vollen Verständnis von Wahrheit gehört daher nicht nur die Fähigkeit, Behauptungen aufzustellen; man muß auch in der Lage sein anzugeben, wie sich im Prinzip nachweisen läßt, daß der Wahrheitsanspruch von Behauptungen zurecht besteht. Insofern läßt sich die Methode der Verifizierbarkeit von einer Erklärung der Bedeutung von Wahrheit nicht trennen.

Ein Anspruch auf universale Gültigkeit läßt sich nur durch einsichtige Gründe, nicht aber durch Überredung oder Gewalt nachweisen.

12) Der im Begriff der Wahrheit mitzudenkende Konsens ist deshalb der 'rationale', d.h. argumentativ erzielte Konsens einer Gemeinschaft, die potentiell unbegrenzt und allein

vom Interesse an Verständigung geleitet sein muß.
Nicht jede Übereinstimmung, sondern nur eine im uneingeschränkten Diskurs erzielte kann dem Anspruch auf Allgemeingültigkeit Genüge tun, da hier nicht irgendwelche partikulären Interessen im Spiel sind, sondern allein das Interesse an Vernunft, das von vornherein alle möglichen Diskussionsspartner als gleichberechtigt anerkennt.

13) Wahrheit ist also der Konsens, der unter den Bedingungen einer 'idealen Sprechsituation' zustandekommt.
Diese Bedingungen sind diejenigen Normen, die eine vernünftige, d.h. auf Verständigung und nicht auf Überredung, Täuschung oder Gewalt abzielende Rede auszeichnen. Es handelt sich dabei um die symmetrische Verteilung der Chancen, sich an der Argumentation zu beteiligen.

14) Der Begriff der Wahrheit enthält daher als sein Wesensmerkmal die Idee einer herrschaftsfreien Kommunikation.
Die Sprache meint als solche Verständigung, und deshalb gehört die Annahme einer idealen, nicht von Zwang bestimmten Sprechsituation zu den Funktionsbedingungen der Sprache überhaupt. Da man sich in der tatsächlich stattfindenden Kommunikation wirklich verständigen kann, muß die Unterstellung eines letztlich

erreichbaren Konsenses und damit die nach den Prinzipien der Freiheit und Gleichheit bestimmte Kommunikationsstruktur mehr als eine reine Denkmöglichkeit oder eine bloße Fiktion sein.

15) Der unter den Bedingungen der idealen Sprechsituation erzielbare Konsens kann für jeden faktischen Konsens als kritischer Maßstab dienen, denn jede auf andere Weise erzielte Übereinstimmung kann nicht schlechthin allgemein und von Dauer sein.
Der rationale Konsens ist damit nicht nur eine wesentliche Bestimmung im Begriff der Wahrheit, er ist auch das einzige Wahrheitskriterium.

16) Die 'Konsensustheorie der Wahrheit' vertritt die prinzipielle Kritisierbarkeit jeder als wahr ausgegebenen Erkenntnis, solange deren Gültigkeit nicht in einer diskursiven Argumentation nachgewiesen ist.
Weil allein die Strukturbedingungen der idealen Sprechsituation die Wahrheit einer Aussage garantieren können, ist die Herstellung dieser Kommunikationsstruktur die einzige Methode, wie man verläßlich zu wahren Aussagen kommt.

17) Der Konsensusbegriff der Wahrheit läßt sich, weil er nicht die Existenz von Tatsachen voraussetzen muß, auch für praktische Fragen verwenden: Auch Werte und Normen besitzen

einen immanenten Wahrheitsbezug.
Es ist erlaubt, auch bei der Bewertung von Zielen, bei der Begründung von Normen usw. von Wahrheit zu sprechen, da auch in diesem Bereich in echter Weise argumentiert wird, d.h. mit der Absicht, durch das Anführen von einsichtigen Gründen einen vernünftigen Konsens zu erreichen, nicht aber durch die Androhung von Gewalt, durch eine irrationale Entscheidung oder durch Manipulation. Demnach sind auch in moralisch-praktischen Argumentationen die Bedingungen erfüllt, die für den Begriff der Wahrheit als wesentlich herausgestellt worden sind. Zwischen 'theoretischen Diskursen' und 'praktischen Diskursen' besteht daher eine Strukturgleichheit, wenn auch deren Inhalte verschieden sind: Im einen Fall geht es um den Konsens über bestehende Tatsachen, im anderen Fall um die Übereinstimmung über richtige Normen.

18) Nur solche Handlungsvorschriften können als <u>allgemeine Normen</u> Geltung beanspruchen, die in einem praktischen Diskurs die <u>zwanglose Zustimmung aller Betroffenen</u> finden würden.
Die Richtigkeit, d.h. die in legitimer Weise anerkennbare allgemeine Verbindlichkeit einer allgemeinen Verpflichtung besteht darin, daß die Norm mit einsichtigen Gründen gerechtfertigt werden kann, sie also konsensfähig ist.

19) Der rationale Konsens aller ist daher das einzige Kriterium für die (legitime) Gültigkeit einer Norm.

Nur solche Handlungsimperative können in legitimer Weise Geltung beanspruchen, die 'verallgemeinerungsfähige' Interessen und Bedürfnisse zum Ausdruck bringen.

20) Die 'Konsensustheorie der Wahrheit' leistet die Vermittlung von Theorie und Praxis, da schon in der Idee der Wahrheit als solcher das moralische Grundprinzip einer kommunikativen Form des Zusammenlebens eingeschlossen ist.

Der in Aussagen erhobene Anspruch, wahr zu sein, enthält daher die ethische Minimalforderung, jeden potentiellen Gesprächspartner als gleichberechtigtes Mitglied einer idealen Kommunikations- und Lebensgemeinschaft zu behandeln.

21) Politisch betrachtet sind die Grundbedingungen des Diskurses mit der Idee der Demokratie identisch.

Ein politisches System darf daher nur dann in legitimer Weise Demokratie genannt werden, wenn der unter diskursiven Bedingungen erzielte Konsens aller Betroffenen das Legitimationskriterium politischen Handelns und politischer Institutionen ist.

2. Kritische Diskussion der 'Konsensustheorie der Wahrheit': Die 'Konsensustheorie' als Wahrheitstheorie im strengen Sinn

2.0 Bemerkungen zur Methode der Diskussion

Wie man bald erkennen wird, bewegt sich der erste Teil der Diskussion der 'Konsensustheorie der Wahrheit' auf einer ziemlich abstrakten Ebene. Dies muß natürlich Verdacht erregen, da anscheinend die 'Konsensustheorie' mit einer falschen Elle gemessen werden soll, um schon in die Startbedingungen ihre Ablehnung einzuprogrammieren. Dennoch ist diese theoretisch abstrakte Behandlung gerechtfertigt, weil sie an ihrem eigenen Anspruch gemessen wird, eine oder die einzig adäquate Theorie der Wahrheit zu sein. Darum muß sie auch dem rein theoretischen Aspekt dieses Begriffes gerecht werden und darf logisch-wissenschaftstheoretischen Erwägungen nicht aus dem Weg gehen, nicht zuletzt deshalb, weil sie selbst 'Wahrheit' ausdrücklich als 'Aussagenwahrheit' verstanden wissen will. Allerdings darf eine theoretische Diskussion der 'Konsensustheorie' nie vergessen, daß deren zentrales Anliegen praktischer Natur ist: zunächst schon einmal in dem Sinn, daß der Konsensusbegriff der Wahrheit bereits unter rein theoretischen Gesichtspunkten in der Idee der Wahrheit normative Voraussetzungen und Implikationen aufdecken will, so daß man ohne große Bedenken auch für Begründungsversuche der Ethik und sich als normativ verstehende Sozialwissenschaften das Prädikat der Rationalität und Wissenschaftlichkeit beanspruchen darf. Vom logischen Standpunkt aus muß ein solches Unterfangen hoffnungslos erscheinen, zumal es noch durch eine stellenweise unscharfe Begrifflichkeit und laxe Argumentation verschlimmert wird. Dennoch darf man eine formale Erörterung der Thesen der 'Konsensustheorie' nicht schon im Keim ersticken in der vielleicht berechtigten Annahme, diese überflüssige Aufgabe könne man sich getrost ersparen, weil der in Angriff genommene theoretische Unterbau (speziell bei Habermas) doch nur ein "convoluted pseudo-theorizing" sei, das als einziges Ziel haben könne, "to give his (otherwise quite sensible) socio-political views a prestigious scientific underpinning".[79] Mindestens ebenso verkehrt wäre indes eine Argumentation in der anderen Richtung: Weil die 'Konsensustheorie' ein praktisches Interesse verfolge und weil ihre humane und 'emanzipatorische' Grundintention richtig sei, brauche man es mit der Logik nicht so genau zu nehmen und könnte über ihre theoretischen Schwierigkeiten guten Gewissens hinweggehen.

Es mag ja durchaus zutreffen, daß die 'Konsensustheorie' einen Wahrheitsbegriff anzielt, der eine 'kritische Theorie' der Gesellschaft wissenschaftstheoretisch absichern soll; dennoch setzt jede Kritik an ihr methodisch zu oberflächlich an, die meint, sie übertrage einfach das politische Prinzip der Demokratie, das mit 'Entscheidung der Mehrheit' gleichgesetzt wird, auf die Idee der Wahrheit, im Sinne von: So wie eine Herrschaft ihren Zwangscharakter verlieren und angeblich 'vernünftig' werden solle, wenn die Beherrschten zwar nicht selbst tatsächlich die Herrschaft ausüben, aber doch ihre Zustimmung dazu erteilen, so werde eine Meinung dadurch vernünftig und somit wahr, wenn man ihr allgemeine Anerkennung zolle.[80] Ob die 'Konsensustheorie' eine 'Sozialisierung' (oder gar 'Demokratisierung') der Wahrheit will, ob sie die bloß theoretische Verbrämung handfester politischer (oder zumindest wissenschaftspolitischer) Interessen ist, daß müßte ihr aus ihren <u>theoretischen Prämissen</u> nachgewiesen werden. Ihre eigene Strategie läuft nämlich in der anderen Richtung. Sie will gar nicht für bestimmte politische Absichten einen theoretischen Unterbau basteln, der ihnen den Anschein wissenschaftlicher Seriosität verleihen könnte. Es soll vielmehr die Gegenargumentation unterlaufen werden, die offenbar an der von allen 'praktischen' Beimischungen freizuhaltenden theoretischen Reinheit des Begriffes der Wahrheit festhält, indem gezeigt wird, daß die

Wissenschaften selbst ein normatives Fundament besitzen, daß sogar die theoretischen Wissenschaften in ihrer ureigensten Absicht - ihrer Ausrichtung auf die Erkenntnis der Wahrheit - auf Konsensbildungen im Rahmen der Wissenschaftlergemeinschaften angewiesen sind. Die Objektivität der Wissenschaften wird zwar durch das Befolgen einer verläßlichen Methode garantiert, aber die Objektivität verbürgenden Methoden (wie übrigens schon der Gegenstand wissenschaftlicher Forschung) kristallisieren sich erst im Interaktions- und Kommunikationsprozeß der forschenden Subjekte, im 'Diskurs' der Wissenschaftler untereinander heraus. Wenn nun schon die 'objektiven' Wissenschaften, wie z.B. die Physik, ohne dieses subjektive Moment der 'scientific community' nicht auskommen können, geschweige denn dürfen, dann brauchen die angeblich hoffnungslos 'subjektiven' Sozialwissenschaften nicht verschämt auf den Begriff der Wahrheit verzichten. Diese Überlegung ist auch der Hauptgrund dafür, daß die 'Konsensustheorie' auf keinen Fall abstrakten Erörterungen ihres theoretischen Status aus dem Weg gehen darf. Weil sie nachweisen will, dß der Begriff der Wahrheit letztlich nur aus den Regeln und Normen sprachlichen Interagierens zufriedenstellend geklärt werden kann, muß sie gegen die Stärke ihrer Gegner ihre Überlegenheit beweisen - selbst wenn ihr Anliegen gar nicht solche logischen Erörterungen sind.

Eine weitere Vorbemerkung betrifft die Methode der Diskussion. Ihr Weg ist zwar in großen Zügen bereits durch die obigen 'Grundannahmen' vorgezeichnet, aber es wird sich bald als nicht gerade hilfreich erweisen, daß es sich um einen Systematisierungsversuch unterschiedlicher Auffassungen handelt. Wie es bei jeder idealtypischen Abstraktion der Fall ist, trifft die Kritik die einzelnen Vertreter in verschiedener Weise. Und es muß dabei noch so getan werden, als gäbe es keine immanente oder durch Kritik von außen angeregte Entwicklung der 'Konsensustheorie', was bei noch lebenden Autoren ein zweifelhaftes Vorgehen bleiben muß. Deshalb wäre es um der Klarheit willen nötig, jeweils anzugeben, wer nun gerade gemeint ist. Wo dies nicht ausdrücklich geschieht, kann man als Faustregel nehmen, daß die stärkste Version angezielt ist, also die Auffassung, die sich am deutlichsten an den Begriff des Konsenses anlehnt. Wenn daher vor allem die Ansicht von Habermas im Visier der Kritik steht, ist dies kein reiner Zufall oder allein der Tatsache zuzuschreiben, daß er die 'Konsensustheorie' gewissermaßen populär gemacht hat.[81]

Ein Problem, in das eine Diskussion philosophischer Theorien fast notwendig gerät, ist zu offensichtlich, als daß es in diesen Vorbemerkungen übergangen werden könnte. Es fehlen, gerade bei so zentralen, aber auch so umstrittenen Begriffen wie dem der Wahrheit allgemein akzeptierte oder einigermaßen verläßliche Kriterien, mit denen über die Richtigkeit der jeweiligen Konzeption entschieden werden könnte, obschon sich fast alle Wahrheitstheorien angeblich auf das 'normale' Verständnis dieses Begriffes berufen und nur dieses explizieren und präzisieren wollen - ein äußerst prekäres Vorgehen, da es <u>den</u> Wahrheitsbegriff des Alltagsverstandes, wie schon erwähnt, nicht gibt, so daß jede Berufung auf das Wahrheitsverständnis des common sense irgendwie rechthat. Bei philosophischen Analysen läßt sich fast immer das 'Paradox der Analyse' (Ryle) feststellen. Die 'Erklärungen' sind dann korrekt, wenn sie sich im Idealfall in eine Tautologie umformen lassen, d.h. es besteht ein Junktim zwischen Korrektheit und Trivialität, "denn wenn die fraglichen Ausdrücke mit Verstand gebraucht werden, müssen diejenigen, die sie gebrauchen, ja bereits ihre Bedeutung kennen und bedürfen also nicht der Hilfe und Belehrung durch Philosophen, um zu verstehen, was sie sagen. Und wenn ihre Zuhörer verstehen, was ihnen gesagt wird, dann sind auch sie nicht in Verlegenheit und einer philosophischen 'Analyse' oder 'Klärung' der Bedeutung des Gesagten bedürftig".[82] Ein objektiv-richtiger, weil neutraler Standpunkt muß schon wegen der hermeneutischen 'Vorurteilsstruktur' des Verstehens von vornherein ausscheiden, außer man versteigt sich zu der überheblichen Annahme, die eigene Auffassung sei die einzig adäquate. Für die Erörterung des Begriffes der Wahrheit kommt noch erschwerend hinzu, daß man sich nicht einmal auf einen einigermaßen verläßlichen Konsens unter den Experten stützen könnte, der dann einer bestimmten Argumentation wenigstens einen gut bestätigten Grad an Plausibilität gutschreiben könnte. Das heißt nun nicht, daß man alles mögliche behaupten könne, da es ja doch keinen Test für die Richtigkeit einer Behauptung gebe - sozusagen der Feyerabendsche Freibrief des "anything goes" für derartige Diskussionen. Es heißt aber auch nicht, daß man in jedem Fall gezwungen wäre, zunächst einmal seine eigenen 'Vorurteile' bloßzulegen, um sich einer möglichen Objektivität des Urteils anzunähern, in unserem Falle: welcher Partei im Streit der Meinungen um die Wahrheit man selbst angehöre, denn irgendeinen Maßstab muß doch jede Art von Kritik voraussetzen. Daß dieser Forderung, zunächst einmal die eigenen Karten auf den Tisch zu legen, von mir nicht nachgekommen wird, hat seinen Grund einfach darin, daß ich mir nicht sicher bin, ob sich aus den kritischen Ausführungen zur 'Konsensustheorie der Wahrheit' selbst eine konsistente alternative Vorstellung von Wahrheit eruieren lasse.[33] Der andere Grund ist: Eine Darstellung der eigenen Ansicht von Wahrheit kann methodisch dadurch umgangen werden, daß für die Auseinandersetzung eine Art von indirektem Zugriff gewählt wird. Die Thesen der 'Konsensustheorie' werden an ihrem eigenen Anspruch gemessen, die Fehler oder Ungereimtheiten zu vermeiden, in die die anderen Wahrheitstheorien nach ihrer Ansicht geraten. Es wird also die Kritik der 'Konsensustheorie der Wahrheit' an ihren Konkurrenten auf ihre Stichhaltigkeit hin untersucht, weil der Mangel der anderen Auffassungen ein besonders gewichtiges Argument für eine Konsensusauffassung ist. Andererseits wird die Kritik, die von verschiedenen Seiten gegen die 'Konsensustheorie' erhoben wird (oder erhoben werden könnte), auf ihre Berechtigung und Stringenz hin überprüft. Der Nachteil dieser Vorgehensweise liegt auf der Hand: nicht, daß die Konturen der jeweiligen Feindbilder ziemlich an Schärfe verlieren, sondern daß die Übersichtlichkeit der Argumentation darunter leidet. Demjenigen, der mit der Diskussion nicht besonders vertraut ist, wird manches nicht so ohne weiteres einleuchten, obwohl die meisten Argumente gegen die 'Konsensustheorie' sich fast von selbst anbieten und gar nicht den Anspruch auf Originalität erheben müssen. Für denjenigen, der sich mit Wahrheitstheorien mehr beschäftigt hat, erscheint dagegen vieles als überflüssiger Ballast und unnötiges Wiederkäuen allzu bekannter Argumente, was sich aber kaum vermeiden läßt, wenn man einigermaßen systematisch die kritische Diskussion der 'Konsensustheorie' angehen will.

Die letzte Vorbemerkung befaßt sich schließlich mit der Art der Kritik selbst. Es handelt sich nicht um eine destruktive, sondern eher um eine wohlwollende Kritik. Das meint zunächst einmal, daß ausdrücklich Wert darauf gelegt wird, das Anliegen der 'Konsensustheorie' plausibel zu machen. Sie erhält sozusagen einen Sympathiezuschlag, indem nicht von vornherein der Stab über sie gebrochen wird, weil sie in einem so bombastischen Gewand daherstolziere, weil sie zu den "obscurifications' zähle, nicht aber zu den "clarifications" (Bar-Hillel) usw. Die kritische Diskussion befleißigt sich also des Quineschen "principle of charity":[84] nicht nur in dem Sinne, daß der 'Konsensustheorie' unterstellt wird, etwas Verständliches, ja etwas Vernünftiges sagen zu wollen, sondern auch in dem Sinne, daß ihre Ausführungen so verstanden werden sollen, wie sie offensichtlich gemeint sind und ihr nicht sofort andere unlautere Motive untergeschoben werden. Es wird also versucht, soweit als möglich mit der Gedankenführung der 'Konsensustheorie' mitzugehen, ja manche ihrer Anliegen durch vielleicht plausiblere Argumente zu stützen. Rein formale Unebenheiten, zweideutige oder irreführende Formulierungen werden mit einer gewissen Großzügigkeit behandelt, solange sich mit guten Gründen die Ansicht vertreten läßt, daß sich diese Fehler leicht vermeiden ließen, ohne die inhaltlichen Aussagen gewaltsam uminterpretieren zu müssen, weil sie in dieser Form nicht wesentlich zur 'Konsensustheorie' dazugehören. Ihr wird demnach in Sachen 'Wahrheitstheorien' eine analoge Antwort zugestanden, die Wittgenstein Kritikern gegeben haben soll, als sie sich beklagten, daß das, was er tue, doch nicht Philosophie sei: "Maybe not, but what I am doing is the legitimate heir to that which has previously been called 'philosophy'."[85]

2.1 Die Aufgabe einer Wahrheitstheorie im strengen Sinn

Der grundsätzliche Streitpunkt ist ohne Frage der Anspruch der 'Konsensustheorie', eine echte - oder gar: die - Wahrheitstheorie zu sein. Direkt wird dies zwar nicht behauptet, aber die Tatsache dieses Anspruchs kann kaum bestritten werden. Verschieden stark ist jedoch der Grad der Exklusivität ausgeprägt: ob die 'Konsensustheorie' als einzig adäquate Wahrheitsauffassung anzusehen sei (Habermas), ob als der integrale Wahrheitsbegriff, in den die anderen defizienten Modi aufgehoben werden müßten (Apel) oder doch nur als die vernünftige Interpretation der Korrespondenztheorie (Peirce und mit den erwähnten Einschränkungen der Dreiwertigkeit des Wahrheitsbegriffes die Konstruktivisten).

Was nun den Kritikern der 'Konsensustheorie' das Geschäft allzusehr erleichtert, ist die Tatsache, daß man auffallenderweise die Unterscheidungen vermißt, die normalerweise in den Überlegungen zu einer Wahrheitstheorie auftauchen: ob es um den Begriff, das Wesen der Wahrheit gehe oder um das Kriterium der Wahrheit oder gar nur die Feststellung von Wahrheit, um Verifizierbarkeit also. Solche begrifflichen Vorklärungen dürfte man ohne Zweifel und mit einigem Recht fordern, schon allein deshalb, weil die 'Konsensustheorie' ganz besonders den Eindruck einer heterodoxen, sprich: pragmatischen Wahrheitsauffassung erweckt. Man wird solche methodischen Unterscheidungen allerdings vergeblich suchen, da die 'Konsensustheorie' noch kaum dem Stadium programmatischer Thesen entwachsen ist und deshalb vermutlich ihre Kraft nicht in allgemeinen Vorgeplänkeln verpulvern will, um dann für ihr sachliches Anliegen keine Munition mehr zu besitzen. Derartige Distinktionen, was eine Wahrheitstheorie zu ihrem Gegenstand habe, gelten nämlich ganz allgemein für alle Theorien der Wahrheit, weshalb die vage Formulierung, den "Sinn" von Wahrheit klären zu wollen, durchaus genügt, die 'Konsensustheorie' im Konzert der übrigen Wahrheitstheorien mitwirken zu lassen. Der Rohzustand, in dem sie sich befindet, ist auch mit ein Grund, warum nicht an der Verwendung des Terminus 'Theorie' herumgemäkelt werden soll.[86] Gegenüber der laxen Verwendung dieses Ausdrucks darf man ruhig nachsichtig sein, weil die 'Konsensustheorie' in ihrem Theoriestatus keinesfalls schlechter dasteht als die meisten <u>philosophischen</u> Wahrheitstheorien, während gerade der formal korrekten Wahrheitstheorie Tarskis des öfteren die philosophische Relevanz für das Problem der Wahrheit abgesprochen wird. Die Aufforderung, auf den Begriff 'Theorie' im Zusammenhang mit der Erklärung der Bedeutung von Wahrheit ganz zu verzichten,[87] erscheint zwar verständlich, aber kaum durchsetzbar, da dieser Name sich eingebürgert hat und auf eine lange Tradition zurückblicken kann.[88]

Auch ein anderer Einwand läßt sich gewissermaßen mit der linken Hand abtun, der Einwand nämlich, auf der schmalen Basis der 'Aussagenwahrheit' lasse sich keine philosophisch zureichende, "umfassende" Wahrheitstheorie aufbauen.[89] Der speziell gegen Habermas gerichtete Vorwurf, daß sein Beitrag "weder eine Explikation noch eine Reflexion der Grenzen seiner Fragestellung enthält", ist sicherlich berechtigt, wenn er besagen soll, daß man besser - und dies meint hier: überhaupt! - begründen müßte, warum man gerade den Aspekt der Aussagenwahrheit als den wesentlichen ansieht, daß man sich vergewissern müßte, ob der Begriff 'Wahrheit' nur unscharf ("vague") ist, so daß die verschiedenen Bedeutungsvarianten der Verwendung des Wortes 'wahr' letztlich doch ein gemeinsames Begriffsfeld bilden und eine einheitliche Wahrheitstheorie gestatten würden, oder ob es sich um einen merhdeutigen ("ambigue") Begriff[90] handelt, der von vornherein eine umfassende Theorie illusorisch erscheinen läßt, weshalb die Frage, welcher Begriff der Wahrheit der richtige sei, nicht besonders sinnvoll erschiene.[91] Der Vorwurf ist auch berechtigt, wenn er vor einer Simplifizierung des Wahrheitsproblems warnen will, indem man die Vielschichtigkeit von 'logischer', 'analytischer', 'faktischer' usw. Wahrheit einfach einebnet. Dennoch darf man ihn kurz abtun: Die 'Konsensustheorie' behauptet gar nicht, Wahrheit müsse immer als Aussagenwahrheit verstanden werden; sie geht auch recht großzügig mit dem Begriff 'wahr' um - etwa wenn von der "Idee des wahren Lebens", von "wahrem Konsens", von "wahrer Sozialisation" oder von "existenztragender Wahrheit" (Kamlah) gesprochen wird -, und doch ist ihre Beschränkung auf die Aussagenwahrheit vollkommen legitim. Es spricht nicht nur eine ehrwürdige philosophische Tradition dafür, die schon mit Platon und Aristoteles anhebt (ein Argument freilich, das gerade in einer philosophischen Diskussion nicht zählen dürfte), es spricht auch die Tatsache dafür, daß die Zuordnung von Wahrheit zu Aussagen trotz der schon erwähnten empirischen Untersuchungen von Naess den zentralen und wohl auch ursprünglichen Aspekt der umgangssprachlichen Verwendung trifft,[92] weshalb die Semantiker wie Tarski völlig im Recht sind, daß diese Bedeutung "in theoretischer Hinsicht" die wichtigste sei.[93] Kurzum, die Bedenken gegen den verengten Begriff der Aussagenwahrheit sind vielleicht geeignet, überzogene Ansprüche einer globalen Wahrheitstheorie auf das rechte Maß zu stutzen, sie sind aber unbrauchbar, um die 'Konsensustheorie' aus dem Chor der philosophischen Wahrheitstheorien zu verbannen, solange sie ein Merkmal klären will, das man aus dem Verständnis von Wahrheit nicht eliminieren kann.

Der Anspruch der 'Konsensustheorie', eine echte Wahrheitstheorie zu sein, wird jedoch vom Vorwurf ins Herz getroffen, sie sei nur eine der "many illicit surrogates for truth",[94] bei der die Frage, was wir eigentlich meinen, wenn wir sagen, eine Aussage sei wahr oder wie die Wahrheit von Aussagen überhaupt möglich sei, "unerörtert" bleibe, weshalb man sie besser als "Verifikationstheorie" oder als "Wahrheitsfindungskonzeption"[95] bezeichne. Dieser Standardeinwand analytisch orientierter Logiker gegen alle Wahrheitstheorien, die nicht 'semantisch' vorgehen,[96] drängt sich natürlich bei einigen Formulierungen (insbesondere von Habermas und der 'Erlanger Schule') auf. Die Verwechslung, oder besser gesagt: die Ersetzung von 'wahr' durch 'verifizierbar', 'rational akzeptierbar' u.ä. - so würden diese Logiker einwenden -, erschien solange als ein entschuldbarer Lapsus, als es nicht gelungen war, eine befriedigende Definition des Begriffes 'wahr' zu liefern; seit Tarskis bahnbrechenden Arbeiten[97] dürfe ein solcher Fehler nicht mehr unterlaufen. Daher braucht es gar nicht zu verwundern, wenn die meisten analytisch geschulten Logiker keinen ernsthaften Grund sehen, sich mit einer so offensichtlich falsch konzipierten Wahrheitstheorie auseinanderzusetzen, denn 'Wahrheit' ist ein 'semantischer' Begriff, weshalb es vollkommen vernünftig ist, eine Aussage 'wahr' oder 'falsch' zu nennen, auch wenn es keinen geben sollte, der dieser Aussage zustimmt oder sie bestätigen kann. Noch bedenklicher für die 'Konsensustheorie' ist die Behauptung, daß der 'semantische' Wahrheitsbegriff gegenüber erkenntnistheoretischen oder metaphysischen Positionen neutral sei und dazu noch mit dem normalen Sprachgebrauch in Einklang stehe, da dieser doch die Korrespondenzauffassung favorisiere. Selbst das letzte Argument wird den Rivalen der 'semantischen Wahrheitskonzeption' aus der Hand geschlagen: Die üblichen Einwände gegen die Korrespondenztheorie seien hinfällig, da in der semantischen Formel auf die ominösen Begriffe 'Übereinstimmung', 'Wirklichkeit', 'Sachverhalt' usw. verzichtet werde.[98] Die 'Konsensustheorie', die in gewisser Weise Strawsons Slogan übernimmt - "Die Korrespondenztheorie muß nicht gereinigt, sondern aufgehoben werden"[99] -, muß sich etwas einfallen lassen, um ihren Anspruch, eine Theorie der Wahrheit zu sein, einlösen zu können.

Sie könnte sich die Verteidigung sehr leicht machen, indem sie einfach diese gängigen Unterscheidungen nicht akzeptiert, denn es ist gar nicht so ohne weiteres selbstverständlich, daß eine Theorie der Wahrheit nicht auch der "criterial route" (Rescher) folgen könnte.[100] Man könnte ja verschiedene Interessen am Begriff der Wahrheit haben: ein theoretisches, wie eben die semantische Auffassung, oder ein praktisches, wie die 'Konsensustheorie'. Aber dieser durchaus mögliche Ausweg wäre für die 'Konsensustheorie' nicht besonders elegant, weil sie die umgangssprachliche Auffassung von Wahrheit erklären will, und diese unterscheidet doch zwischen dem, was wir mit dem Begriff 'Wahrheit' meinen, und dem, wie man die Wahrheit einer Aussage feststellen kann. Außerdem hat sich ein Konsens unter den Experten eingespielt, daß es einer Wahrheitstheorie primär um den <u>Begriff</u> der Wahrheit zu gehen habe. Falls man überhaupt in der Frage der Wahrheit ein echtes Problem sieht und nicht bloß ein "linguistic muddle",[101] kann als die Aufgabe einer Wahrheitstheorie im eigentlichen Sinn gelten zu klären, was Wahrheit <u>ist</u>, oder weniger ontologisch formuliert: was unter 'Wahrheit' zu verstehen sei, d.h. einer Wahrheitstheorie geht es darum, den 'Begriff', die 'Bedeutung' oder den 'Sinn' von 'Wahrheit' zu erklären, nicht aber zu versuchen, ein Kriterium für die Überprüfung und Feststellung der Wahrheit aufzustellen oder eine Methode der Verifikation oder noch vager: eine Theorie des 'rational consent' zu skizzieren. Selbst wenn derartige Ersatztheorien in ihren praktischen Auswirkungen dasselbe Ergebnis hätten, daß sich nämlich mit ihrer Hilfe die wahren Sätze als eigene Klasse von den falschen unterscheiden ließen, reichte es doch nicht zu einer Wahrheitstheorie im strengen Sinn, da diese eine 'Definition' im weitesten Sinn, eine Explikation des Begriffes 'Wahrheit' liefern soll. Die Verfechter einer 'Konsensustheorie der Wahrheit' handelten jedoch übereilt, wenn sie sich auf solche, meist gar nicht gut gemeinten Ratschläge hin auf den theoretisch minderwertigeren Status einer Theorie der rationalen Zustimmung abschieben ließen und ihren Anspruch dahingehend modifizierten, bloß so etwas wie 'epistemische Wahrheit' erklären zu wollen, d.h. die Bedingungen anzugeben, unter welchen eine Aussage vernünftigerweise akzeptiert werden kann. Es soll nicht abgestritten werden, daß wichtige Formulierungen von ihr besser als Theorie der Verifikation angesehen würden, aber dennoch scheint es möglich zu sein, die 'Konsensustheorie' tatsächlich als eine Erklärung der Bedeutung von Wahrheit gelten lassen zu können. Wenn daher angenommen wird, die 'Konsensustheorie' behaupte eine Identität von 'Wahrheit' und 'rationalem Konsens' (oder 'diskursiv einlösbarem Geltungsanspruch'), so muß man dies nicht sofort als neuen lexikographischen Vorschlag zum Gebrauch des Ausdrucks 'Wahrheit' abtun oder ihr gar das Prädikat 'sophistisch' anhängen , weil sie mit der Verwechslung von "Fürwahrhalten" und "Wahrsein", mit der Behauptung, wahr sei das, was wir unter bestimmten Bedingungen für wahr halten, "auf dem Boden des Protagoras" stehe.[102]

2.11 Semantische und pragmatische Bedeutungserklärung

Für einen Wissenschaftstheoretiker im Gefolge von Carnap ist es ohne Frage hoffnungslos, die Bedeutung eines Begriffes pragmatisch, d.h. mit Bezug auf dessen Verwendungssituation, erklären zu wollen. Eine Begriffserklärung besteht in einer 'rationalen Explikation'. Darin wird ein vager, 'vorsystematischer' Begriff, sei es der Umgangssprache oder der wissenschaftlichen Fachsprachen, - das Explicandum - in einen exakten, 'systematischen' Terminus einer formalen Sprache - das Explicans der 'Konstruktsprache' - übergeführt, wobei eine befriedigende Definition sachlich zutreffend und formal korrekt sein muß. Die Minimalforderung an eine wissenschaftliche Definition ist demnach die Eliminierbarkeit des Definiendum (Explicandum) in allen relevanten Kontexten durch das Definiens (Explicans), und das Merkmal einer korrekten Bedeutungsexplikation ist ihr metasprachlicher Charakter, also die Unterscheidung verschiedener Sprachstufen: die vagen Begriffe des ordinary discourse und die exakten Termini der formalen Konstruktsprache, die ziemlich frei den Zwecken der Explikation angepaßt werden.[103] Soll nun ein semantisches Prädikat wie 'Wahrheit' in seiner Bedeutung erklärt werden, so geht dies nur, wenn es durch Definitionen, die ausschließlich nicht-semantische Ausdrücke enthalten, in die Metasprache eingeführt wird, weil sich sonst Antinomien ergeben könnten. Einer Erklärung der Bedeutung in diesem spezifischen Sinn geht es nicht darum, daß der Ausdruck 'Wahrheit' überhaupt etwas bedeutet; sie setzt vielmehr voraus, daß die Bände füllende Frage nach "the meaning of 'meaning'" im Sinne von 'significance' bereits zufriedenstellend gelöst ist, und beschäftigt sich nur mit der Synonymität, mit der Gleichheit von Bedeutungen. Daß beiden Arten einer Theorie der Bedeutung ihr gutes Recht haben, soll nicht im mindesten in Zweifel gezogen werden. Aber es läßt sich doch fragen, ob sie das treffen, was man intuitiv damit meint, wenn man die Bedeutung eines Wortes oder den Sinn eines Satzes 'erklären' soll. Die im folgenden eingeschlagene Strategie will die eben knapp umrissene Begriffserklärung gar nicht desavouieren; sie will auch nicht psychologistisch vorgehen, indem die Bedeutung mit den Vorstellungen oder Intentionen des Sprechers identifiziert wird, da sie ausdrücklich auf der Ebene des semantischen Verstehens bleibt. Aber sie will von der einfachen Einsicht ausgehen, daß 'Erklären' immer etwas damit zu tun hat, daß überhaupt ein Verstehen oder zumindest ein besseres Verständnis erreicht werden soll. Man könnte sogar entgegen der altehrwürdigen Kontroverse zwischen 'Erklären' und 'Verstehen' [104] bei einer Bedeutungserklärung fast von einer analytischen Verbindung zwischen diesen beiden Begriffen sprechen. Anstatt nach der Bedeutung eines Wortes zu fragen, sollte man lieber fragen, was jemand weiß, wenn er versteht, was ein Wort oder ein Ausdruck bedeutet, d.h. "a theory of meaning is a theory of understanding". [105] Man sucht dabei nicht nach abstrakten Entitäten, die den sinnlich wahrnehmbaren Laut- und Wortgebilden wie ein Schatten zugeordnet werden sollen; man untersucht die Sprache danach, wie sie 'funktioniert'. Eine Erklärung der Bedeutung von Wahrheit soll 'verständlich' machen, was man unter diesem Begriff versteht. Das Wesentliche bei einer solchen Erklärung ist nicht die Eliminierbarkeit des einen Ausdrucks durch einen anderen; das Wesentliche ist, daß der eher unverständliche Ausdruck durch verständliche ersetzt wird, so daß ein besseres Verstehen vermittelt wird. Es werden eigentlich Antworten auf Fragen wie "Was ist das?" gesucht, und solche Fragen lassen sich am besten durch eine Re-interpretation, ja durch eine "redescription"[106] beantworten.

Versucht man nun diese Andeutungen auf die 'Konsensustheorie' anzuwenden, so könnte sie durchaus als der Versuch genommen werden, eine Erklärung der Bedeutung von Wahrheit bieten zu können. Die Rede von der Bedeutung eines sprachlichen Ausdrucks wird weniger mißverständlich, wenn man statt dessen danach fragt, wie man diesen Ausdruck versteht, und dies geschieht so, daß man fragt, wie dieser Ausdruck in der Regel erklärt oder verwendet wird.[107] Wenn die "Bedeutung eines Worts" aber soviel ist wie "die Rolle, die es im Kalkül der Sprache spielt", dann läßt sich die Bedeutung eines Wortes so erklären, daß man seine Verwendung gemäß den Regeln dieser Sprache beschreibt. Diese "Verwendungsregel" (Tugendhat) erschöpft sich allerdings nicht in rein grammatischen Regeln und logischen Relationen, da sich die Bedeutung erst aus dem Platz in der Kette des ganzen Sprachspiels ergibt, das nicht allein aus den Wortfolgen und dem linguistischen Kontext besteht. Unabdingbar gehören dazu die Zusammenhänge, in denen bestimmte Wörter bevorzugt verwendet werden, die Funktion, die sie erfüllen, die Zwecke, die mit ihrer Verwendung angezielt werden usw. Abstrakt, also losgelöst von dieser Einbettung in die dazugehörigen Verhaltensweisen nach der Bedeutung eines so wichtigen Wortes, wie es Wahrheit nun einmal ist, zu fragen, ergibt vermutlich keinen rechten Sinn.

Eine Wahrheitstheorie, die näher am normalen Verständnis dessen bleiben will, was mit einer Erklärung der Frage geleistet werden soll, was mit Wahrheit gemeint ist, was unter Wahrheit verstanden wird, täte also gar nicht so schlecht daran, den oben angedeuteten Weg einzuschlagen und zunächst einmal festzustellen, in welchen Zusammenhängen oder 'Sprachspielen' dieses Wort zumeist oder ursprünglich vorkommt, festzustellen, ob damit bestimmte Zwecke verfolgt werden, wenn man dieses wort verwendet, oder ob in allen Fällen ähnliche Intentionen ausgedrückt werden. Das heißt nun nicht, daß unter der Hand dem Begriff 'Bedeutung' einfach die anderen Konnotationen, die dieser Terminus sonst noch hat, untergeschoben werden sollen, nein, es geht immer noch um die <u>sprachliche</u> Bedeutung, die in fast allen Fällen mehr ist als ein Sinngebilde rein auf der semantischen Ebene. Gerade bei einem so kontroversen Begriff wie dem der Wahrheit ist es illusorisch, eine exakte und zugleich prägnante Abgrenzung dadurch erreichen zu können, daß man dafür einen synonymen Ausdruck anführt. Die punktuelle Zuordnung von Synonymen nach Art der Definitionen wie: "Wahrheit ist ..." vergißt, daß die Plausibilität, die größere Klarheit des Explanans sich davon herleitet, daß die dahinterstehenden (meistens gar nicht explizierten, weil selbstverständlichen) theoretischen Annahmen des Erklärungsmodells - das 'conceptual framework' -

für Leute mit bestimmten Erfahrungen und bestimmten Denkweisen einleuchtender und damit 'natürlicher' sind. Nicht diese Definitionen liefern die Klarheit, sondern das sie tragende Hintergrundwissen, und diese "Übereinstimmung der Lebensform" ist es, die die "Identität der Bedeutungen" garantiert.[108] Deshalb sind isolierte Definitionen für philosophische Begriffe relativ unbrauchbar, weil eine systematische Analyse im Sinne einer "Kartographie des Begriffes" (Ryle) erforderlich ist.

Falls man bereit ist, ein solches Vorhaben tatsächlich als Bedeutungsanalyse zu akzeptieren, erscheint es nicht mehr so abwegig, daß das 'Problem' der Wahrheit darin liegen solle, wie der Ausdruck " ... ist wahr" richtig, d.h. den Regeln seiner Verwendung entsprechend, verwendet wird. Dann darf man das Vorhaben der 'Konsensustheorie' aber nicht mehr so deuten, als ob sie eine 'intensionale' Definition von 'Wahrheit' anbieten wolle, sozusagen anstelle der Korrespondenzformel "veritas est adaequatio rei et intellectus" eine Konsensformel, die es erlaubte, den Begriff der Wahrheit in allen relevanten Kontexten durch diesen synonymen und angeblich weniger problematischen Ausdruck des Konsenses zu ersetzen - was für den Begriff 'Konsens' mit gutem Recht bezweifelt werden dürfte, da er intuitiv auch nicht klarer als der Begriff 'Wahrheit' zu sein scheint, im Gegenteil. Manche Ausführungen von Habermas könnten ganz diesen Eindruck erwecken, als ob es ihm wirklich um eine Definition von Wahrheit in diesem Sinn zu tun sei; aber abgesehen davon, daß solche Definitionen schon wegen ihrer vagen Formulierung gar nicht eine Definition im einigermaßen strengen Sinn sein können, unterschlüge man, wie zweifelhaft ein Vorgehen dieser Art für den Begriff der Wahrheit sein müßte. Man findet bestenfalls eine Formel, die eine "Platitüde und Tautologie" ist oder aber "willkürlich und paradox" [109] und logisch voll von Widersprüchen wie die einfache Korrespondenzformel. [110]

Eine Theorie der Wahrheit sollte sich nicht von vornherein Scheuklappen verpassen lassen, daß sie nur auf dem Wege einer formalen Definition erfolgreich sein könne. Für einen Logiker wie Tarski ist dies freilich so selbstverständlich, daß er gar nicht die Frage anschneidet, ob dies überhaupt ein adäquater Weg ist. Die 'Konsensustheorie' könnte ihren Anspruch, eine Wahrheitstheorie im strengen Sinn zu sein, dadurch untermauern, daß sie den Paradigmenwechsel in Sachen Bedeutungserklärung von einer rein semantischen Analyse zu einer pragmatischen deutlicher macht: Die Bedeutung von Wahrheit zu erklären, kann doch nicht heißen, sich auf die Suche nach einem Synonym zu machen, so als ob den Wörtern jeweils bestimmte 'Bedeutungen' wie ihr Schatten folgten. Die Bedeutung von Wahrheit wird dann verstanden, wenn das ganze Sprachspiel erklärt wird (oder auch die Sprachspiele), in dem die Verwendung des Wortes 'wahr' ein möglicher 'Zug' ist, oder weniger blumig ausgedrückt: indem man zu beschreiben versucht, wie jener Teil der Sprache funktioniert, in dem dieses Wort primär und hauptsächlich verwendet wird. Dies wird am besten dadurch erreicht, daß die Regeln beschrieben werden, die die Verwendung dieses Ausdrucks festlegen.

2.2 Der Erklärungswert der 'semantischen Wahrheitstheorie' Tarskis

Der Paradigmenwechsel zu einer erläuternden Begriffsexplikation könnte ziemlich leicht plausibel gemacht werden, indem man nachweist, warum die 'semantische Rekonstruktion' der klassischen Wahrheitsauffassung[111] durch Tarski als Lösung des Wahrheitsproblems nicht akzeptiert werden kann. Die 'Konsensustheorie' und Tarskis Rekonstruktion haben anscheinend dasselbe Anliegen: Wahrheit im Sinne der Aussagenwahrheit zu erklären, oder im Hinblick auf Tarski genauer gesagt: Da es einer Wahrheitstheorie um die "Definition der Wahrheit" geht, kann dies für ihn nichts anderes heißen als: "eine sachlich zutreffende und formal korrekte Definition des Terminus 'wahre Aussage' zu konstruieren".[112] Der beträchtliche Unterschied im Ergebnis beider kann nicht so gemeint sein, daß anstelle von Tarskis "Wahrheitskonvention"[112] ein anderes, 'besseres' Schema treten sollte, etwa der Art: 'p' ist eine wahre Aussage dann und nur dann, wenn alle Sprecher über sie einen rationalen Konsens erzielen oder 'p' zustimmen könnten. Die 'Konsensustheorie' könnte Tarskis Schema ohne weiteres akzeptieren und dennoch den Anspruch dieser Rekonstruktion zurückweisen, das 'Problem der Wahrheit' in befriedigender Weise gelöst zu haben. Nicht, weil diese Definition nur für formale Sprachen gelte,[114] und schon gar nicht deshalb - eine ziemlich oberflächliche Kritik! - weil Tarskis Theorie eine "ontologische Wahrheitstheorie" sei (Habermas <u>1971a</u>, 123). Der mit dieser Bezeichnung gemeinte Haupteinwand gegen die gängige Korrespondenzauffassung von Wahrheit, daß sie auf "Tatsachen" als die "gegenständlichen Korrelate von Aussagen" angewiesen und deshalb selbstwidersprüchlich sei, da es ein vergeblicher Versuch bleiben müsse, "aus dem sprachlogischen Bereich auszubrechen" (Habermas <u>1973c</u>, 216), bildet wohl das stärkste Motiv für eine andere Wahrheitsauffassung, aber es zieht überhaupt nicht gegen die semantische Rekonstruktion. Da in ihr Wahrheit als ein <u>Prädikat von Sätzen</u> genommen wird, nicht aber als eine <u>Relation</u> zwischen einem sprachlichen Ausdruck und dessen gegenständlichem Korrelat, kann sie allen logischen Fallen entgehen, die von den Begriffen 'Tatsache', 'Entsprechung' usw. aufgestellt werden. Sie zieht nicht im mindesten ein 'ontological commitment' an 'sprachfreie' Tatsachen nach sich.[115] Die semantische Wahrheitstheorie vermeidet gerade die Fehler einfacher Korrespondenztheorien; sie ist formal korrekt und erreicht genau die Zwecke, die sie will: eine nicht-widersprüchliche Verwendung des für die Wissenschaften so wichtigen Terminus 'wahre Aussage', indem eine strukturelle Analyse angeboten wird, der jede wahre Aussage entsprechen muß; den Ausschluß semantischer Antinomien, wie z.B. des Lügnerparadoxes u.a.m. Und doch bleibt Tarskis geniale Lösung für viele unbefriedigend. Der Grund liegt offensichtlich darin, daß sein Standpunkt einseitig ist, einseitig auf die Interessen der formalen Logik zugeschnitten.

Da sich die 'Konsensustheorie' für die logischen Raffinessen Tarskis überhaupt nicht interessiert, ja nicht einmal Anstalten macht, sich mit seinem formalen Apparat auseinanderzusetzen, müßten ihre verbalen Einwände ein sachliches Fundament suchen, um nicht als reines Mißverständnis (aus Unkenntnis oder gar aus Böswilligkeit) abgetan werden zu können. Hierfür böte sich das Unbehagen an, das oft gegen Tarskis Lösung vorgebracht wird: Diese formale Definition von Wahrheit, und sei sie noch so elegant und logisch korrekt, sei insofern keine Lösung des Problems der Wahrheit, weil sie uns nicht sage, was mit Wahrheit gemeint sei; sie sei philosophisch unzureichend, ja irrelevant, weil uns damit zu <u>keinem besseren Verständnis von Wahrheit</u> verholfen werde. Der Grundtenor einer Ablehnung aus philosophischen Gründen tritt in den verschiedensten Variationen auf und findet sich auch bei durchaus analytisch geschulten Logikern.[116] Er ist sicherlich nicht besonders präzis vorgebracht - außer daß man ein anderes Interesse am Problem der Wahrheit artikuliert, das offenbar der Fragestellung des formallogisch ungebildeten Laien eher angemessen sein solle -, aber diese Kritik böte sich für die 'Konsensustheorie' deshalb an, weil sie ganz auf der Linie dessen liegt, was sie selbst unter der Analyse der Bedeutung von Wahrheit versteht: die Rekonstruktion von 'Sprachspielen' auch und gerade in ihren semantischen Strukturen als 'regelgeleitetes Handeln'. Wenn es die Aufgabe der Philosophie sein soll, "die geheimen Urteile der gemeinen Vernunft" aufzuklären (Kant), dann genügt es nicht nachgewiesen zu haben, die Behauptung, daß ein Satz wahr sei, sei mit der bloßen Behauptung dieses Satzes logisch äquivalent. Diese scheinbar triviale Feststellung, die mit der 'Redundanztheorie der Wahrheit' fast identisch ist, muß natürlich auch von den Kritikern der semantischen Rekonstruktion akzeptiert werden. Diese Kritiker dürfen sie auch nicht deshalb als irrelevant hinstellen, weil sie vielleicht, wie Popper vermutet, von einer Wahrheitstheorie gar nicht eine Definition des Begriffes der Wahrheit erwarten, sondern ein allgemeines Kriterium, wie sich die Wahrheit eines Satzes feststellen lasse. Der Grund für das Unbehagen an Tarski liegt in einem gewissen zirkelhaften Vorgehen. Das ganze funktioniert doch nur deshalb, weil immer eine Metasprache für die Definition von 'wahr' vorausgesetzt wird, die bereits selbst verstanden wird, also nicht aus uninterpretierten Zeichen, sondern aus bedeutungsvollen Wörtern und sinnvollen Sätzen besteht. Der Sinn eines Satzes wird aber gerade in der formalen Semantik mit den Wahrheitsbedingungen dieses Satzes gleichgesetzt, so daß um das intuitive Verständnis von Wahrheit gar nicht herumgekommen wird. Man baut sich, logisch korrekt, eine Hierarchie von Metasprachen auf und schiebt wegen des notwendigen Zusammenhanges von 'Sinn' und 'Wahrheit' den Schwarzen Peter immer weiter, bis er schließlich bei der Umgangssprache als der letzten Metasprache in dieser Hierarchie hängen bleibt, und genau dort, wo es dann wesentlich wäre, läßt sich der Begriff 'wahr' nicht korrekt definieren. So entläßt der Logiker das immer wieder auf eine andere Metasprache verschobene Problem der Wahrheit aus seiner Kompetenz.[117]

Wahrheitstheorien, die wie die 'Konsensustheorie' die semantische Rekonstruktion für unzureichend halten, sollten gar nicht den Versuch starten, dieser am logischen Zeug zu flicken, denn da erreichen sie nichts. Sie brauchen sich aber nicht damit schrecken zu lassen, daß eine Ablehnung des semantischen Wahrheitsbegriffs in der Tat die Folgen haben müsse, die Tarski zu sehen meint: behaupten zu müssen, der Satz "Schnee ist weiß" sei nur wahr, wenn Schnee nicht weiß sei.[118] Sie müssen vielmehr zeigen können, daß das Interesse des Logikers am Wahrheitsbegriff zwar legitim, aber doch eingeschränkt sei, und, was noch wichtiger ist: Sie müssen nachweisen, daß die selbstverständliche Voraussetzung der formalen Semantik für formale Sprachen keinerlei Probleme enthält, wohl aber dann, wenn es um ein Verstehen dessen geht, was 'wahr' oder 'Wahrheit' bedeutet - ein Verstehen wohlgemerkt in dem oben skizzierten Sinn! Die erwähnte Äquivalenzbehauptung - "'p' ist wahr" sei mit der Behauptung "p" logisch äquivalent - setzt nämlich als selbstverständlich voraus, daß 'p' - also eine Proposition, ein Satz oder wie immer die Bezeichnungen lauten - bereits verstanden sein muß, weil man sonst ja keine Äquivalenz behaupten könnte. Für andere Definitionen, die den einen Ausdruck mit Hilfe eines bereits verständlichen synonymen anderen Ausdrucks erklären wollen, entsteht natürlich überhaupt kein Zirkel, wohl aber für den Begriff 'wahr'. Deutlich wird dies, wenn man sich fragt, was es heißt, einen Satz zu verstehen (wie z.B. die obige Äquivalenzformel). Es heißt, auch und gerade für die formale Semantik, wissen, was der Fall ist, wenn der Satz wahr ist, denn man versteht den Sinn eines Satzes nur, wenn man dessen Wahrheitsbedingungen kennt.[119] Die Unterscheidung zwischen Objekt- und Metasprache, die 'wahr' zu einem Prädikat der Metasprache macht, erlaubt dem Logiker eine elegante Lösung, die auch formal korrekt ist, weil die Objektsprache gar nicht den Terminus 'wahr' enthält und somit in der Objektsprache auch gar nicht die Wahrheit einer Aussage behauptet werden kann. Aber man muß die verwendete Metasprache, in der der Ausdruck 'wahr' vorkommt, bereits verstanden haben, weil man sonst gar keine sinnvollen Aussagen machen könnte. Dies heißt aber: Man muß die Wahrheitsbedingungen der Metasprache, also die Bedeutung von 'wahr' für die Metasprache schon kennen, wobei die Wahrheitsbedingungen der Metasprache nicht dieselben sein können wie die der Objektsprache, sondern auf das Prädikat einer Meta-Metasprache verweisen usw., bis man endlich zur Umgangssprache als der letzten Metasprache gelangt, die jede (Meta-)Sprache letztlich zu ihrer Erklärung oder Verstehbarkeit voraussetzen muß. Aber dieses letzte Fundament der Umgangssprache ist für den Logiker ziemlich wacklig: nicht nur, weil sie inkonsistent sein soll, sondern auch, weil der Wahrheitsbegriff natürlicher Sprachen wie der Umgangssprache nicht exakt definiert werden kann.[120] Dabei wird aber der Begriff 'wahr' intuitiv verstanden - sonst wäre es ja sinnlos, ihn präziser fassen zu wollen - und außerdem hat er die ganze Frage überhaupt erst ausgelöst. Schließlich verwendet man den Begriff 'wahr' in den meisten Fällen durchaus korrekt. Die Grenzfälle der semantischen Antinomien oder des Lügnerparadoxes sind doch die Ausnahmen und sind, falls man sie nicht überhaupt nur für die formalen Spielereien der Logiker hält, im alltäglichen Diskurs durch bestimmte Vorkehrungen leicht vermeidbar: indem man nachfragt, indem man sich die Sache noch einmal erklären läßt usw.

Dem oben geäußerten Zirkelverdacht gegen die "Äquivalenzthese" (Dummett) kann man auch nicht in der Weise entkommen, die Tarski vorschlägt: daß die Wahrheitstafeln, die für die Überprüfung der Wahrheit von Äquivalenzbehauptungen benutzt werden, "are to be regarded merely as a formal instrument for checking the provability of certain sentences; and the symbols 'T' and 'F' which occur in them and which are usually considered abbreviations of 'true' and 'false' should not be interpreted in any intuitive way."[121] Das Äquivalenzzeichen bedeutet nämlich, daß man "S ist wahr" nur dann mit "A" gleichsetzen darf, wenn 'S' der kanonische 'Name' von A ist, so daß die Kenntnis der Wahrheitstafeln des Junktors 'dann und nur dann' uns erlaubt zu behaupten, "S ist wahr", wenn A der Fall ist. "Aber ich kann diese Information erst gebrauchen, wenn ich weiß, daß es der Fall ist, daß A wahr ist; und gerade dies war es, was ich herauszufinden hoffte", d.h. "the appeal to the truthtable requires us already to know the conditions under which A is true."[122]

Durch die 'Äquivalenzthese', die letztlich den Kern der semantischen Rekonstruktion des Wahrheitsbegriffes ausmacht, wird jedoch indirekt angedeutet, wo das <u>philosophische Problem der Wahrheit</u> zu suchen ist. Da diese Konzeption sich nicht als 'no-truth-theory' versteht - der Terminus 'wahr' hat ja eine präzise Bedeutung und läßt sich metasprachlich korrekt verwenden -, muß die Frage nach dem Verständnis von Wahrheit durch eine <u>Analyse der Aussage selbst</u> angegangen werden. Indem nämlich behauptet wird, "'p' ist wahr" sei <u>logisch</u> äquivalent mit der Aussage p selbst, wird nahegelegt, daß der Begriff 'wahr' etwas mit der Aussage zu tun hat, aber so, daß dem <u>Inhalt der Aussage</u> durch die Behauptung oder Feststellung seiner Wahrheit <u>nichts hinzugefügt</u> wird, der Wahrheitswert der Aussage p durch die Hinzufügung von "ist wahr" also nicht verändert wird. Mit Wittgenstein gesprochen: Wenn das spezifische Merkmal, das eine Aussage wahr macht, in der Aussage selbst nicht 'gesagt' wird, da es material nichts zur Aussage hinzufügt, kann es sich an der gemachten Aussage nur <u>'zeigen'</u>. Eine Aussage als 'wahr' auszeichnen, muß deshalb bedeuten: über eine bloß <u>logische</u> Analyse des Inhalts der Aussage - der 'Proposition', des 'Sachverhalts' - hinauszugehen und nicht-propositionale Bestimmungen in der Aussage mitzuberücksichtigen, Bestimmungen freilich, die nur solche Merkmale umfassen dürfen, die für die Klasse der Aussagen oder Behauptungen charakteristisch und konstitutiv sind, da sich nur diese, nicht aber andere sprachliche Äußerungen wie Befehle, Wünsche oder Ausrufe in sinnvoller Weise als wahr qualifizieren lassen. Man ist also gezwungen, die verschiedenen Sprechhandlungen zu untersuchen und das spezifische Kennzeichen für 'Aussagen' oder 'Behauptungen' herauszustellen, und man ist gezwungen, diese Analyse schon beim alltäglichen Reden beginnen zu lassen und nicht den Terminus 'wahr' allein für die Sprache der Wissenschaften zu reservieren.

2.3 Wahrheit und assertorische Rede

Wenn sich als grundlegender Mangel der semantischen Wahrheitskonzeption (und damit jeder expliziten Definition von Wahrheit) eine Art von petitio principii festhalten läßt, wird deutlicher, warum die Bedeutung von Wahrheit mit Bezugnahme auf die Pragmatik einer bestimmten Klasse von Sprechakten geklärt werden muß, um das intuitive Verständnis von Wahrheit zu explizieren. Es wird auch einsichtig, warum eine Wahrheitstheorie, die sprachpragmatisch vorgeht, auf die 'Sprechakttheorie' zurückgreift. Die Sprache wird dort nicht als ein System von Sätzen angesehen, sondern primär als Sprechen und damit als eine Form regelgeleiteten Verhaltens. Wenn aber die Regeln des Sprechens unter dem Aspekt des Gebrauchs sprachlicher Mittel zur Verständigung betrachtet werden, kann es nicht um semantische Regeln im formalen Sinn gehen, denn diese legen nur den sprachlichen Sinn und die referentielle Bedeutung eines 'Namens' oder 'Satzes' fest. Für ein Verstehen von Sprechakten spielt nämlich die kommunikative Verwendungsweise der sprachlichen Äußerung eine zentrale Rolle, und diese ist nicht ausschließlich von der linguistischen Kompetenz der Sprecher und Hörer abhängig, also nicht allein von dem, was gesagt wird, sondern auch von dem, was mit dem Gesagten gemeint wird. Was ich meine, wenn ich etwas äußere, ist eben keine Funktion des rein auf der linguistischen Ebene Geäußerten, und diesen Unterschied will die Unterscheidung von propositionalem Gehalt und illokutiver Rolle eines Sprechaktes terminologisch fassen.[123] Natürlich darf nicht verschwiegen werden, daß es genauso ein einseitiger Standpunkt ist, die Sprache als regelgeleitetes Handeln zu betrachten, mag er auch der Funktionsweise der Sprache als Kommunikation angemessener sein. Man muß auch zugeben, daß die Sprechakttheorie alles andere als eine einheitliche oder unumstrittene Theorie ist, nicht zuletzt, was die jeweilige Klassifikation von Sprechakttypen betrifft,[124] aber man braucht von ihr im Prinzip nur die Unterscheidung von 'propositionalem Gehalt' und 'illokutiver Rolle' zu übernehmen, die nicht kontrovers ist, um das Vorgehen der 'Konsensustheorie' plausibel zu machen. Wenn dasjenige, was uns erlaubt, von der Wahrheit einer Aussage zu sprechen, nicht im logischen Gehalt der Aussage als solchem liegen kann, also im Gesagten, da dieser Gehalt (auch nach der Ansicht der 'Konsensustheorie') in der Aussage "'p' ist wahr" und der Aussage "p" derselbe ist; wenn ferner dieser Gehalt[125] nicht schon als solcher möglicherweise wahr ist, sondern nur dann, wenn er in einer Aussage oder einer Behauptung verwendet wird - als 'Satzradikal' eines Befehls z.B. verwendet, läßt sich die Frage, ob er wahr sei, gar nicht sinnvoll stellen -, wenn diese Annahmen stimmen, dann kann man allein verstehen, was mit der Wahrheit einer Aussage gemeint ist, wenn man die illokutive Rolle von Aussagen, Behauptungen, konstativen oder assertorischen Sprechakten versteht, die Tatsache also, daß mit dieser Äußerung etwas behauptet oder ausgesagt werden soll. Der Zusatz "... ist wahr" macht gerade das explizit, was sich <u>in der Aussage</u> als sprachlichem <u>Akt</u> zeigt, aber dem nicht behaupteten propositionalen Gehalt "daß p" gerade abgeht: eben das Moment der Behauptung, oder wenn man so will: die Art der <u>Stellungnahme</u> zum Gesagten. Mit der Ansicht, das Behauptungsmoment (wenn wir die illokutive Rolle einmal so nennen) sei für die Erklärung der Bedeutung von Wahrheit unabdingbar,[126] wird auf etwas verwiesen, das in der Philosophie eigentlich selbstverständlich ist, und zwar so selbstverständlich, daß es meistens gar nicht mehr ausdrücklich formuliert wird, nämlich: Jede Aussage, jedes Urteil, sei es wahr oder falsch, enthält, wenn es ernstgemeint ist, den Anspruch, wahr zu sein. In jeder Aussage "p" steckt, wenn sie tatsächlich behauptet wird, schon implizit "'p' ist wahr" - wohlgemerkt: Dies 'zeigt' sich nur, es wird nicht 'gesagt'! -, und deshalb läßt sich überhaupt erst fragen, ob die gemachte Aussage wahr sei oder nicht.[127] Darum kann es nicht nur eine verbale Frage sein,[128] ob nun 'Sätze' oder 'Aussagen', ob 'Propositionen' oder 'statements' oder was immer wahr sein können. Wenn Wahrheit zunächst oder gar primär als der Anspruch von Behauptungen begegnet, wahr zu sein, eignen sich als 'truth-bearer',[129] als Aufhängepunkt einer Erklärung dessen, was unter Wahrheit verstanden wird, nur Aussagen im Sinn von behaupteten Sätzen ('statements'), nicht aber bloße Sätze und Propositionen, weil diesen gerade das Behauptungsmoment fehlt. 'Wahr' können Sätze nur sein, wenn und indem sie dazu verwendet werden, Aussagen zu machen, Behauptungen aufzustellen. Erst in der Aussage wird zum ausgesagten Sachverhalt Stellung bezogen: daß er besteht oder nicht besteht. Der

Bezug des Satzes zur Wirklichkeit - das, was normalerweise in der formalen Semantik die 'Wahrheit' eines Satzes im Unterschied zum 'Sinn' ausmachen soll, wobei sich dieser rein auf der linguistischen Ebene klären läßt, ohne daß man fragen müßte, ob der im Satz ausgedrückte Sachverhalt tatsächlich besteht -, der Bezug zur Wirklichkeit also wird genau dadurch hergestellt, daß der Satz mit behauptender Kraft ausgesagt, kurz: als Aussage verwendet wird. Die illokutive Rolle von Sprechakten ist nicht irgendetwas, das in einer kausalen oder logischen Relation zu den geäußerten Worten stünde; sie ist keine Funktion des propositionalen Gehaltes; sie ist auch nicht ein "Teil"[130] des Sprechaktes. Sie ist vielmehr eine Qualität des Sprechaktes als ganzen, sozusagen die bestimmende 'Form', die die geäußerten Worte (als die 'Materie') durch die redepragmatischen Umstände und die Art der Verwendung zu einer Aussage macht.[131]

Weil die illokutive Rolle von Aussagen gerade in ihrem Wahrheitsanspruch besteht, muß die 'Konsensustheorie der Wahrheit' pragmatisch aufgebaut werden. Was mit einer sprachlichen Äußerung gemeint ist, läßt sich weder durch die grammatische Kennzeichnung von Sätzen als 'deklarativ' usw., noch durch die 'tiefenstrukturelle' Darstellung der 'Oberflächengrammatik' solcher Sätze bestimmen, sondern nur durch die jeweilige Verwendungssituation, durch die Regeln und Konventionen der jeweiligen Sprachgemeinschaft, durch die festgelegt worden ist, in welchem Sinn eine Äußerung verstanden und wie auf sie reagiert werden soll. Dies hat jedoch nicht zur Folge, daß aus dem 'semantischen' Begriff der Wahrheit ein empirischer Begriff gemacht würde, der durch sprachpsychologische oder sprachsoziologische Untersuchungen über das tatsächliche Sprachverhalten der Mitglieder der Sprachgemeinschaft, nicht aber durch semantische Überlegungen geklärt werden müsse. Eine Wahrheitstheorie auf der Basis der Sprechakttheorie katapultiert sich gerade nicht aus der 'Semantik' in die (empirische) 'Pragmatik', weil die Kenntnis dieser Konventionen, die die illokutive Rolle festlegen, das Wissen, was mit der sprachlichen Äußerung gemeint wird, wesentlich für das Verständnis und damit auch den Sinn der Äußerung ist.

Der Begriff 'Wahrheit' läßt sich nur äußerst schlecht, um nicht zu sagen: überhaupt nicht in abstracto erklären. Man erklärt ihn, indem man erklärt, was es heißt. eine 'wahre Aussage' zu machen, und dies geht nur, wenn man die Bedingungen für die Verwendung von Sätzen als 'Aussagen' erklärt. Problematisch an diesem Vorgehen der 'Konsensustheorie' ist nicht eine Art von empirischer Verunreinigung der Semantik, da die Klärung der Bedeutung von Wahrheit an dem quasipsychologischen Begriff des Wahrheits-Anspruches aufgehängt werden soll. Problematisch ist eher die Tatsache, daß die Aussagen gar keine so einheitliche Klasse von Sprechakten sind, wie die Ausführungen der Sprechakttheoretiker es nahezulegen scheinen. Nicht allein die Bezeichnung dieser Klasse ist jeweils verschieden, da Habermas von konstativen, Searle von repräsentativen, Wunderlich von deklarativen Sprechakten, Tugendhat dagegen von der assertorischen Satzform redet. Es wird auch nicht einmal der Versuch unternommen, positiv zu bestimmen, was denn nun die notwendigen oder gar die hinreichenden Bedingungen sind, die es eindeutig gestatten, von einer Klasse oder von einem Typus zu sprechen. Allerdings erscheint dieser Mangel nicht so gravierend, daß man ihm nicht auf die Sprünge helfen könnte. Man müßte nur, wie es z.B. Tugendhat macht, den Wahrheitsanspruch, der in jeder Behauptung mitgesetzt ist und auf diese Weise eine sprachliche Äußerung zu einer Aussage oder Behauptung machen soll, als das unterscheidende Merkmal <u>echter</u> Behauptungen ansetzen, weshalb dann der Begriff der Aussage von 'ernstgemeinter Aussage' her zu definieren wäre und nicht umgekehrt. Dies wäre durchaus ein legitimer Weg, denn schließlich geht es hier nicht um eine hieb- und stichfeste Klassifikation von Sprechakten. Grenzfälle, die derartige Typologien immer zu einem prekären Unterfangen machen, darf man ohne weiteres übergehen, ohne daß dadurch das ganze Unternehmen Schiffbruch erleiden müßte. Das Neue, der Paradigmenwechsel der 'Konsensutheorie' bei einer Bedeutungserklärung muß auf jeden Fall darin gesehen werden, daß der in ernstgemeinten Aussagen steckende Wahrheitsanspruch zum Ausgangspunkt genommen wird, um zu erklären, was unter 'wahr' und damit auch dem Begriff der Wahrheit verstanden wird.

2.4 Der Wahrheitsanspruch von Behauptungen

Die bisherigen Erörterungen waren im Grunde nicht mehr als methodische Vorgeplänkel. Sie sollten den Anspruch der 'Konsensustheorie' plausibel machen, eine Wahrheitstheorie im strengen Sinn zu sein. Als vorläufiges Resümee könnte man festhalten: Es ist durchaus möglich, die Bedeutung von Wahrheit auf dem Wege einer Analyse der konstativen Sprechakte oder der assertorischen Satzform zu erklären, allerdings unter der Bedingung, daß man seine formalen Ansprüche an eine Begriffsexplikation herunterschraubt und die gemachten, ohne weiteres als vernünftig erscheinenden Einschränkungen akzeptiert:

a) Eine Wahrheitstheorie im strengen Sinn muß nicht unbedingt eine Definition im exakten Sinn anbieten. Es reicht schon, wenn die relevanten Kontexte rekonstruiert werden, in denen der Ausdruck 'wahr' sinnvoll verwendet wird.
b) Die Bedeutung des Begriffes 'Wahrheit' läßt

sich am einfachsten (und vielleicht auch am besten) so erklären, daß man erklärt, was unter diesem Wort - genauer: unter der Formel "... ist wahr" - verstanden wird, und dies geschieht dadurch, daß man erklärt, was es heißt, eine 'wahre Aussage' zu machen.

Der 'Konsensustheorie' könnte man in dieser ersten Runde ohne weiteres einen Punktvorteil zuguteschreiben, und es ist wirklich nur ein Schönheitsfehler, daß man andere Autoren bemühen müßte, um die Argumentation für diesen methodischen Weg einsichtiger und vielleicht auch präziser zu machen.

Aber mit diesem Zwischenergebnis scheint noch nicht allzuviel gewonnen zu sein. Eine Wahrheitstheorie auf der Analyse der assertorischen Satzform aufzubauen - abesehen davon, daß noch überhaupt nicht klar geworden ist, was damit gemeint sein kann -, hat noch lange nicht zur Folge, daß man zu einer Konsensusauffassung von Wahrheit gezwungen ist. Weder die (von Apel und Habermas bemühten) Sprechakttheoretiker noch die zitierten Kritiker Tarskis (insbesondere Tugendhat) favorisieren einen derartigen Konsensusbegriff der Wahrheit. Der nächste Schritt der Diskussion ist daher zu prüfen, ob der Übergang vom methodisch zulässigen Ausgangspunkt zur inhaltlichen Bestimmung der Wahrheit als 'konsensverbürgender Geltungsanspruch' korrekt ist.

Die Bedenken gegen diesen Schritt lauten verkürzt in etwa so. Man mag die illokutive Rolle von Aussagen als Wahrheitsanspruch bestimmen, aber für den Begriff der Wahrheit folgt daraus noch gar nichts. Der Wahrheitsanspruch bringe doch nur die <u>subjektive</u> Überzeugung zum Ausdruck, die gemachte Aussage sei wahr, aber er sage überhaupt nichts darüber aus, was es für die Aussage bedeutet, wahr zu sein, oder wie der Begriff der Wahrheit inhaltlich zu verstehen sei.[132] Entweder hat die 'Konsensustheorie' übersehen, daß sie sich in einem Zirkel bewegt - 'Wahrheit' soll dadurch erklärt werden, daß man erklärt, was es bedeutet, eine Behauptung zu machen, weil nur diese Sprechakte mit dem Anspruch auf Wahrheit verbunden sind; die illokutive Kraft aber, die eine sprachliche Äußerung zu einer Behauptung machen soll, wird dann als der Anspruch einer Behauptung, wahr zu sein, bestimmt - oder sie versucht, aus dieser Sackgasse durch einen Kurzschluß auszubrechen: Aus der auch unter Semantikern relativ unkontroversen Erkenntnis, daß nur Aussagen oder Behauptungen einen Wahrheitsanspruch implizieren, wird geschlossen, die Wahrheit selbst sei ein Anspruch. Der Wahrheitsanspruch einer Behauptung scheint aber etwas ganz anderes zu sein als die Wahrheitsfähigkeit einer Aussage, zumal jener diese voraussetzt; das Interessante aber sei doch gerade die Wahrheitsfähigkeit.[133]

Der Vorwurf des Kurzschlusses drängt sich natürlich auf, wenn man die 'Konsensustheorie' so interpretiert, als suche sie eine Definition von Wahrheit, oder etwas anders gesagt: als suche sie eine Entität, der man das Prädikat 'wahr' zusprechen kann, wofür dann der Geltungsanspruch anstelle der Proposition herhalten müsse. Dann bleibt fast nur der Verdacht, die 'Konsensustheorie' vertrete eine 'performative' Auffassung von Wahrheit, in etwa vergleichbar der Konzeption von Strawson, der "'p' ist wahr" so erklärt, daß mit der Verwendung des Wortes 'wahr' die Bestätigung einer Aussage oder die Zustimmung zu einer gemachten Aussage ausgedrückt werde.[134] Dies wäre in der Tat ein 'Sprechakt-Fehlschluß', weil man, anders als bei den wirklich performativen Verben wie 'versprechen', noch nichts gesagt hat, was ein Beitrag zur Lösung des philosophischen Wahrheitsproblems wäre, wenn man etwas darüber sagt, welche Arten von illokutiven Akten man unter anderem vollziehen kann, wenn man das Wort 'wahr' gebraucht.[135] Darum muß ausdrücklich betont werden, daß die angeblich von der 'Konsensustheorie' gesuchte Entität, die wahr sein soll, nicht der Sprechakt der Behauptung ist. 'Konsensus'-Theorie der Wahrheit heißt ja nicht, daß die Bedeutung von Wahrheit oder die korrekte Verwendung des Wortes 'wahr' darin bestehe, daß ein Sprechakt vollzogen wird, der das Faktum der Zustimmung signalisieren solle,[136] denn sonst wäre es kaum möglich, 'wahr' in sinnvoller Weise außerhalb dieser Sprechhandlungen zu verwenden. Im Grunde sucht die 'Konsensustheorie' gar keine solche Entität. Es mag ja sein, daß sie nicht sonderlich präzis ist, wenn sie von 'Behauptbarkeit' spricht und damit die assertorische Kraft von Aussagen bestimmen will. Aber soviel wird deutlich: Das Verständnis dessen, was Wahrheit bedeutet, das Wissen, was unter 'wahr' verstanden wird, gehört zu den notwendigen Bedingungen, die gegeben sein müssen, damit man überhaupt etwas behaupten kann. Das Verständnis von Wahrheit ist so etwas wie eine transzendentale Bedingung für den Begriff der Aussage, oder besser gesagt: Was es bedeutet, eine Aussage zu machen, weiß ich, wenn ich weiß, was es heißt, einen Anspruch auf Wahrheit zu erheben. Das meint nun nicht, daß die Bedingungen für die Berechtigung einer Aussage mit den Bedingungen für die Wahrheit dieser Aussage identisch seien, denn eine Behauptung ist schon dann berechtigt und somit korrekt ausgeführt, wenn nur der Anspruch auf die Wahrheit des Ausgesagten erhoben wird, d.h. die Aussage muß nicht unbedingt wahr sein, damit ein konstativer Sprechakt gelingt, sie muß nur für wahr gehalten werden. Für die 'Konsensustheorie' ist dies eine Sinnbedingung dafür, daß etwas überhaupt ernsthaft behauptet werden kann. Und deshalb ist eine Aussage ohne einen Wahrheitsanspruch keine sinnvolle oder vernünftige Handlung.

Selbst wenn schon der Anspruch allein genügt, um tatsächlich eine Behauptung aufzustellen, trügt der Eindruck, daß jeder Beliebige alles mögliche behaupten könne, wie es ihm gerade in den Sinn kommt. Obschon dies nicht so ohne weiteres auf der Hand liegt, stehen auch die konstativen Sprechakte unter festgelegten Regeln für künftiges Verhalten.[137] Man ruft bestimmte Erwartungen hervor und unterwirft sich deshalb bestimmten Verpflichtungen. Wenn man etwas behauptet - ernsthaft, was nichts anderes meint als: wenn man etwas als wahr behauptet -, ist man zu bestimmten Konsequenzen verpflichtet. Man übernimmt gewissermaßen die Garantie dafür, daß die Behauptung stimmt.[138] Ein anderer könnte uns zur Rechenschaft ziehen, wenn er sich darauf verlassen hat. Falls aber jemand die Behauptung in Zweifel zieht, muß man bereit und auch in der Lage sein, den Wahrheitsanspruch der Behauptung als berechtigt nachzuweisen, indem man Instanzen und Gründe anführt, die für die Richtigkeit der Aussage sprechen. Die Verwendung des Ausdruckes 'wahr' verlangt demnach so etwas wie ein "Engagement"[139] und unterscheidet sich in dieser Beziehung nicht wesentlich von den offensichtlich normativen Begriffen 'gut', 'gültig' usw., so daß die Rede von der Wahrheit als einem Geltungsanspruch wohl einen guten Sinn hat.

2.41 Wahrheit, Gewißheit, Verifizierbarkeit

Die 'Konsensustheorie der Wahrheit' ist also nicht dazu verdammt, die illokutive Kraft von Behauptungen nur tautologisch als Wahrheitsanspruch beschreiben zu können. Sie kann genauer angeben, was den Charakter der Behauptbarkeit ausmacht, und zwar deshalb, weil sie die pragmatische Dimension der impliziten Ansprüche und wechselseitigen Erwartungen beim Sprechen als einem regelgeleiteten Handeln mit in die semantische Analyse einbezieht. Was sonst aus dem Bewußtsein zu sinken droht, weil es als zu selbstverständlich gilt, als daß man darauf ausdrücklich hinweisen müßte, wird hier wieder ausdrücklich gemacht. Die Verwendung des Ausdrucks 'wahr' will signalisieren, daß man der Überzeugung ist, der mit einer Behauptung zunächst nur erhobene Wahrheitsanspruch könne tatsächlich als berechtigt nachgewiesen werden. Wahrheit meint daher nicht bloß Behauptbarkeit, weil dies zu wenig wäre. Wahrheit ist "warranted assertibility", wie Habermas mit Dewey sagt,[140] weil man sich zutraut, die Behauptung effektiv begründen zu können. In dieser Eigenschaft ist 'wahr' ein Kontrastwort zu 'es scheint' oder 'ich vermute', das freilich der Aussage inhaltlich nichts hinzufügt, ihr aber eine ganz andere Qualität verleiht. Dies betont übrigens auch Frege, wenn er sagt: "So scheint denn dem Gedanken dadurch nichts hinzugefügt zu werden, daß ich ihm die Eigenschaft der Wahrheit beilege. Und doch! ist es nicht ein großer Erfolg, wenn nach langem Schwanken und mühsamen Untersuchungen der Forscher schließlich sagen kann 'was ich vermutet habe, ist wahr'?"[141]

Wenn man den Begriff der Wahrheit aus der notwendigerweise verengten Sicht des Logikers herausholt und ihn wieder dort ansiedelt, wo er ursprünglich seinen Platz hat - in der assertorischen Rede -, bemerkt man bald, daß die so griffig erscheinenden Distinktionen von Wahrheit und Gewißheit, von Wahrheit und Verifizierbarkeit für ein besseres Verständnis von Wahrheit - dies sollte doch eine Begriffserklärung leisten - leerlaufen, wenn diese Begriffe streng voneinander getrennt werden. Nicht als ob jetzt einer Begriffsverwirrung das Wort geredet würde, denn solche Unterscheidungen zwingen dazu, sich zunächst einmal klar zu werden, wonach denn gefragt wird, was bei der Frage "Was ist Wahrheit?" gar nicht so eindeutig ist.[142] Bei einer "Namenerklärung" (Kant), was in moderner Terminologie wohl mit 'semantisch' umschrieben würde, müßte in der Tat nichts darüber gesagt werden, ob überhaupt oder wie die Wahrheit einer Aussage festgestellt werden kann. Eine für die Zwecke der formalen Logik exakte Definition des Begriffes der Wahrheit muß natürlich auf die säuberliche Trennung der verschiedenen Aspekte achten, da jede

Definition genau den an sie gestellten Ansprüchen Genüge leisten muß. Aber man darf sich dann nicht wundern, wenn der übriggebliebene Rest ziemlich dünn erscheint, so daß sich fast jeder verwundert fragen muß, wo denn nun das Problem der Wahrheit stecke. Von einer Wahrheitstheorie sollte doch mehr verlangt werden. Sie muß die im alltäglichen Verständnis mitschwingenden Konnotationen berücksichtigen, weil gerade sie es sind, die zum Verstehen dessen, was mit Wahrheit gemeint wird, beitragen, wenn auch nur im ausgrenzenden 'negativen' Sinn. Es ist nämlich nicht nur eine dialektische Spielerei, einen Begriff von dem her zu bestimmen, was er <u>nicht</u> ist, obwohl er sich darauf untrennbar bezieht. Darum ist eine Strategie vorschnell, die oben genannten Konnotationen, die nur zu oft im Ausdruck 'Wahrheit' mitschwingen, sofort aus dem Verständnis dieses Begriffes auszuschalten (wie es z.B. die 'Kritischen Rationalisten' wegen der Objektivität des Begriffes der Wahrheit tun zu müssen glauben), da doch die Berücksichtigung der illokutiven Rolle von Aussagen einen untrennbaren Zusammenhang von 'Wahrheit' und 'Beseitigung von Zweifel' nahelegt, um eine Formulierung von Peirce zu verwenden. Oder wie Strawson sagt: "Mithin führt die Frage 'Was ist das Wesen der Wahrheit?' ganz natürlich zu der Frage 'Was sind die besten Mittel für die Prüfung der Wahrheit?' und diese wiederum leitet über zu der Frage 'Was sind die

Bedingungen der Gewißheit?' Historische oder richterliche Wahrheitssuche ist auf ein Zeugnis aus, das jedem Zweifel ein Ende setzt. Das philosophische Unterfangen einer <u>allgemeinen</u> Bestimmung der Wahrheit tendiert dazu, in den Versuch einer Bestimmung dessen überzugehen, was dem Zweifel <u>im allgemeinen</u> ein Ende setzt, und zwar tatsächlich und endgültig. Wo man das Unbezweifelbare findet, findet man das Wahre." [143] Die pragmatische Komplettierung der semantischen Wahrheitstheorie wird doch gerade von der Leere einer exakten Definition provoziert. Wenn man meint, den Begriff 'Wahrheit' ohne Einbeziehung der Verfahren bestimmen zu können, die es erlauben, etwas über die Wahrheit der in Frage stehenden Aussagen ausmachen zu können, wird die Anwendbarkeit dieses Begriffes bereits zweifelhaft. Es gibt nämlich gar nicht die Wahrheit sozusagen 'an sich' als eine Entität auf der einen Seite und gewisse Mittel und Methoden auf der anderen Seite, mit deren Hilfe diese 'Wahrheit an sich' entdeckt werden könnte. Wenn der illokutive Modus einer Aussage als 'Begründbarkeit' ausgelegt werden muß, ergibt sich daraus die für einen Semantiker paradox erscheinende Konsequenz, daß die <u>Verifizierbarkeit</u> - nicht die faktische Verifikation - der Behauptung selber als eine <u>Bedingung der Wahrheit</u> angesehen werden muß. Weil jede Behauptung zugleich ihre eigene Wahrheit mitbehauptet, garantiert man implizit dafür, daß die Wahrheitsbedingungen erfüllt sind, und das kann nur heißen: Es wird unterstellt, daß sich prinzipiell feststellen lassen muß, ob die Behauptung wahr ist, oder zumindest, wie im Zweifelsfall über diese Frage zu entscheiden wäre.[144]

2.42 Die Objektivität des Wahrheitsanspruchs

Wenden wir uns wieder der Frage zu, ob es nicht doch ein Fehlschluß sei, die Wahrheit als Geltungsanspruch bestimmen zu wollen, nur weil der illokutive Modus von Aussagen als Wahrheitsanspruch interpretiert wird. Diese 'Definition' ist auf den ersten Blick bestenfalls die Ersetzung eines obscurum per obscurius. Ob sie überhaupt als Lösung des Wahrheitsproblems bezeichnet werden kann, darf mit Recht angezweifelt werden, da der Begriff des Geltungsanspruches die Sache nicht verständlicher macht, im Gegenteil: Zu den alten Fragen kommen nur noch weitere hinzu. Diese nicht besonders präzise Redeweise, die ein subjektunabhängiges Merkmal wie 'wahr' mit subjektiven Ansprüchen oder gar 'Gefühlen'[145] zu verwechseln scheint, läßt sich wohl am ehesten (wenn überhaupt!) retten, wenn man den erwähnten Verpflichtungscharakter von Behauptungen herausstreicht. Ein Anspruch ist Wahrheit insofern, als es sich bei ihr um keinen neutralen Begriff handelt, den man verwenden könnte, ohne bestimmte Verpflichtungen für das darauf folgende Verhalten einzugehen. Infolge der mit ihm verbundenen Erwartungen von seiten der Hörer entpuppt sich der Wahrheitsanspruch nicht als rein private Intention dessen, der etwas behauptet, als ein bloß mentaler Zustand, der gewissermaßen als bloß subjektive Zugabe zur objektiv feststellbaren Äußerung auch fehlen könnte, ohne daß sich dadurch am Charakter einer behauptenden Aussage etwas ändern würde. Da dieser angeblich gefühlsmäßige Anspruch für Behauptungen essentiell ist, muß er intersubjektiv aufgefaßt werden. Wenn man den Anspruch auf die Wahrheit seiner Aussage erhebt, unterwirft man sich implizit den Konventionen einer Sprach- und Lebensgemeinschaft: zunächst den Konventionen der Sprache, indem man die Regeln der Grammatik beachten muß, um sich überhaupt verständlich machen zu können, dann aber auch gewissen redepragmatischen Konventionen in dem Sinn, daß zu den verschiedenen Sprechakten bestimmte Handlungssequenzen gehören, die für sie typisch sind und deshalb von den anderen regulär erwartbar sind, etwa das Folgeschema von Frage und Antwort, von Glückwunsch und Sich-bedanken usw. 'Objektiv' sind solche Konventionen und Regularitäten, da sie erwartbar und nicht in das Belieben des einzelnen gestellt sind. Würde man sie einfach ignorieren, hätte dies wenn nicht den Zusammenbruch, so doch eine

Störung der Kommunikation zur Folge. Da die redepragmatischen Regeln der illokutiven Rolle "hörergerichtet" sind,[146] setzen sie eine wechselseitige Anerkennung voraus, im Jargon gesprochen: einen Konsens darüber, in welchem kommunikativen Sinn die sprachliche Äußerung verstanden werden soll. Der propositionale Gehalt einer Äußerung, der Sachverhalt "daß p", ist doch nichts anderes als ein Abstraktionsprodukt, das für alle möglichen Stellungnahmen offen ist: ob er hergestellt oder herbeigeführt werden soll (imperativische Äußerungen), ob sein Bestehen behauptet wird (konstative Äußerungen) usw. Erst der illokutive Modus setzt die Art der Stellungnahme fest und ist deshalb für den Sinn einer Äußerung grundlegend, weil man nur so weiß, was damit gemeint ist. Der in Behauptungen implizit immer schon vorgenommene Bezug auf diese Kommunikationsregeln - auf die 'kommunikative Kompetenz' im Unschied zur 'linguistischen' - erlaubt es, sinnvoll nach der Wahrheit einer Aussage erst dann zu fragen, wenn durch die jeweiligen Gebrauchsregeln bereits bestimmt ist, ob die Äußerung überhaupt mit dem Anspruch auf Wahrheit, d.h. als Aussage auftritt. Die explizite Verwendung des Wortes 'wahr' macht daher deutlich, daß man die Regeln des Sprachspiels der assertorischen Rede akzeptiert und sich somit auf den Konsens der Sprach- und Handlungsmeinschaft bezieht, denn diese gegenseitigen Verhaltenserwartungen lassen sich in ihrer besonderen Form weder logisch noch kausal aus der allgemeinen Tatsache ableiten, daß eine Kommunikation die Koordination der Partner erfordert. Man muß sich vielmehr in der jeweiligen Sprachgemeinschaft darauf geeinigt haben, was aber nicht heißt, daß diese spezielle Konsensbildung über die kommunikativen Konventionen als eine bewußt herbeigeführte Übereinstimmung zu verstehen sei.

Wenn man wie die 'Konsensustheorie' den Begriff der Wahrheit sprachpragmatisch erklären will - und dies mit einem gewissen Recht, da in der Tat dieser Begriff zunächst und damit auch ursprünglich als Wahrheitsanspruch von Aussagen ins Blickfeld tritt -, liegt es nahe, auch die Wahrheit als einen Geltungsanspruch zu verstehen. Die Einbettung dieses Ausdrucks in Sprechhandlungen verbietet es, darunter eine neutrale Eigenschaft lautlicher oder schriftlicher Gebilde zu sehen, wie es die 'semantische' Wahrheitstheorie suggeriert, wenn sie von der Wahrheit als einem 'Prädikat' von 'Sätzen' spricht, die 'korrespondenztheoretische', wenn sie Wahrheit als eine 'Relation' von 'Satz' und 'Tatsache' bezeichnet und die 'kohärenztheoretische', die die Wahrheit eines Satzes in seinem 'Zusammenhang' mit einem 'System' von Sätzen erblickt. Was mit 'Wahrheit' gemeint ist, kann man daher nicht in abstracto verstehen, sondern nur, wenn man gelernt hat, Aussagen zu machen, wenn man also in der Lage ist, das 'Sprachspiel' zu beherrschen, in dem der Begriff 'Wahrheit' zumeist vorkommt. Und deshalb muß ein volles Verständnis der Bedeutung von Wahrheit in irgendeiner Weise auf den Konsens einer Sprachgemeinschaft Bezug nehmen.

2.5 Wahrheit als Begründbarkeit

Daß der Begriff der Wahrheit zu seinem Verständnis unabdingbar den Bezug auf die Übereinkunft sprechender und handelnder Subjekte erfordert, wird in einem verschärften Sinn deutlich, wenn man sich die Verpflichtungen näher ansieht, die sich aus der Natur des assertorischen Sprechaktes ergeben. Man muß im Zweifelsfall bereit und auch fähig sein, Gründe für die Berechtigung dieser Behauptung anzuführen. 'Begründung' [147] ist aber, was nur zu leicht vergessen wird, ein relativer Begriff, denn begründet (oder begründbar) ist eine Aussage nur im Hinblick auf ein bereits akzeptiertes 'conceptual framework'. Es muß Begründungsregeln und Kriterien geben, an denen sich bemessen läßt, ob etwas als begründet gelten kann oder nicht, ja es muß schon Übereinstimmung herrschen, ob eine Aussage überhaupt begründungsbedürftig ist. Da die Existenz von Kriterien in jedem Fall auf eine intersubjektive Anerkennung verweist, ist man bei jeder Art von Begründung auf Gedeih und Verderben auf ein Einverständnis mit einer Kommunikationsgemeinschaft angewiesen, denn so wie nicht jeder alles Beliebige ohne irgendwelche Konsequenzen behaupten darf, kann nicht jeder angeführte Grund als ein Nachweis der Wahrheit einer Aussage angenommen werden. Man darf nur solche Begründungsverfahren verwenden, die im allgemeinen bei den kompetenten Leuten Zustimmung finden, aber die Frage der Kompetenz läßt sich jeweils nur relativ zu den Zwecken und redepragmatischen Umständen beantworten. Behauptungen am Biertisch sind anders zu rechtfertigen als die Behauptung einer rechtlichen Schuld; wissenschaftliche Aussagen verlangen ohne Frage ein anderes Verfahren, um als wahr gelten zu dürfen, als die Behauptung "Ich liebe dich.". Es gibt also nicht ein an sich richtiges Begründungsverfahren (z.B. den deduktiven Beweis), das sich durch seine Evidenz oder durch seine sozusagen natürliche Angemessenheit von selbst aufdrängte. Man muß über die Zweckmäßigkeit und Fruchtbarkeit der Begründungsstrategien diskutieren und muß sich im Kreise der Mitbetroffenen oder Sachverständigen abstimmen, kurzum: Man muß immer auf tatsächlich bestehende Einverständnisse und damit auf eine <u>soziale Praxis</u> rekurrieren. Ohne Bezug auf diese pragmatischen Bedingungen läßt sich nicht bestimmen, ob eine Begründung gelingen kann, ob sie zureichend ist oder ihren Zweck verfehlt.[148] Für einen Wissenschaftler der 'normal science' mag es ohne weiteres legitim sein, diese pragmatischen Hintergrundsbedingungen als Selbstverständlichkeiten zu vernachlässigen und seine Art der Begründung wegen ihres nachweislichen Erfolges als die einzig richtige und damit rationale anzusehen; aber wenn man sich auf metatheoretische Erörterungen über die Wahrheit eingelassen hat, die dazu noch der umgangssprachlichen Verwendung dieses Begriffes gerecht werden sollen, dann darf man nicht einfach unterschlagen, daß sich die wissenschaftlichen Prüfungsbedingungen, die Maßstäbe, die über die Gültigkeit von Aussagen entscheiden können, erst durch die Übereinkunft der 'scientific community', durch den Konsens der argumentierenden und experimentierenden Forschergemeinschaft herausbilden. Deshalb setzt auch ein sozusagen 'monologisches' Hantieren mit diesen Methoden implizit die Identifikation mit dieser Gemeinschaft voraus.

Müßte aber die Relativierung des Begriffes der Begründung auf faktische Einverständnisse innerhalb konkreter Sprach- und Forschergemeinschaften nicht auch eine Relativierung des Begriffes der Wahrheit nach sich ziehen? Wenn die 'Konsensustheorie' Wahrheit mit 'Begründbarkeit' erklären will, scheint sie doch dieser für den Begriff 'Wahrheit' fatalen Konsequenz nicht entrinnen zu können. Sie müßte letztlich doch als eine pragmatische Wahrheitstheorie angesehen werden oder zumindest als eine Theorie, die entgegen ihrer Absicht 'Wahr-sein' mit 'Für-wahr-halten' verwechselt. Denn wenn es vielerlei Begründungen gibt, dann gibt es offenbar vielerlei Wahrheiten, und wenn es viele Wahrheiten gibt, dann gibt es keine Wahrheit.[149]

Der Verdacht, die 'Konsensustheorie' sei sich dieser Tatsache gar nicht bewußt, da sie immer von der Wahrheit redet, obwohl sie doch von ihrem Ansatz her von den Wahrheiten reden müßte, kann zunächst einmal dadurch ausgeräumt werden, daß die 'Konsensustheorie' nicht jede Begründbarkeit mit der Wahrheit gleichsetzt. Sie fordert für den Geltungsanspruch der Wahrheit eine Begründung durch 'rationale Argumentation', die sich durch die Merkmale der Unvoreingenommenheit, der Zwanglosigkeit und der Täuschungsfreiheit definieren läßt.[150] Da später noch ausführlich auf den 'Diskurs' und dessen Auszeichnung als rational eingegangen wird, kann ich mich an dieser Stelle auf eine einzige Bemerkung zu der besagten Relativierung des Begriffes der Wahrheit infolge der Abhängigkeit einer Begründung von der Rede- und Handlungssituation beschränken. Es erscheint ziemlich paradox, daß die 'Konsensustheorie' den ersten wichtigen Schritt in diese Richtung tut, sich aber dann weigert weiterzugehen.[151] Die Gründe für diese Halbherzigkeit lassen sich nur vermuten. Eine wichtige Rolle spielt dabei sicherlich die Tatsache, daß die Aufgabe der Philosophie, speziell der Erkenntnistheorie, darin gesehen wird, eine sozusagen neutrale Matrix zu finden, die alle tatsächlichen und möglichen 'Sprachspiele' und 'conceptual frameworks' überwölbt und so eine die anderen Sprachspiele reflektierende Einstellung erlaubt - ablesbar am Konzept der Universalpragmatik, des transzendentalen Sprachspiels.

Wahrheit mit Bezug auf die Pragmatik der konstativen Sprechakte zu bestimmen, hat zur Folge, daß es gar nicht mehr so eindeutig ist, warum jede sinnvolle Aussage entweder wahr oder falsch sein muß. In vielen Fällen ist man gar nicht in der Lage, solche Fragen auf das binäre Schema 'ja' oder 'nein' festzunageln, und nur unter ganz besonderen Umständen darf man ein für allemal eine so eindeutige Antwort erwarten, die jede weitere Möglichkeit ausschließt. Ohne Zweifel kann man bei der Aussage "Frankreich ist sechseckig" die Frage "wahr oder falsch?" stellen, aber damit wird die ganze Angelegenheit über die Maßen simplifiziert. "Natürlich sieht man bis zu einem gewissen Punkt, was gemeint ist, sie ist also wahr für einen bestimmten Zweck oder in gewissen Zusammenhängen, ausreichend für den Mann auf der Straße, aber nicht für den Geographen", weshalb Austin, obwohl für ihn 'Wahrheit' weiterhin 'Korrespondenz mit den Fakten' bedeutet, folgende plausibel erscheinende Konsequenz zieht: "Unter dem Titel 'Wahrheit' verbirgt sich keine einfache Qualität und auch keine Relation, überhaupt nicht eine Sache, sondern vielmehr eine ganze Dimension der Kritik. Wir können uns eine Vorstellung von dieser Kritik machen, vielleicht keine sehr klare Vorstellung. Klar ist nur, daß es eine ganze Menge von Dingen in dieser einen Dimension zu betrachten und zu wägen gibt - die Tatsachen sicherlich, aber auch die Situation des Sprechenden, die Absicht, die er beim Reden verfolgt, seine Zuhörer, Fragen der Genauigkeit usw."[152] Die 'Konsensustheorie' sperrt sich seltsamerweise gegen solche Einsichten, obwohl sie sich von ihrem methodischen Ausgangspunkt her fast aufdrängen, und hält unbeirrt - mit der schon erwähnten Ausnahme der Konstruktivisten - an der Zweiwertigkeit des Wahrheitswertes fest. Sie scheint unterschwellig sogar der Überzeugung zu sein, daß sich Wahrheitsfragen 'in the long run' immer eindeutig entscheiden lassen müssen. Allerdings kann diese Tatsache, daß die prominenten Vertreter Apel und Habermas an der traditionellen philosophischen Ansicht festhalten, 'Wahrheit' müsse zweiwertig und auch ein univoker Begriff sein, nicht so ohne weiteres 'realistischen', sprich: antikonsenstheoretischen, Prämissen zugeschrieben werden, auf die die 'Konsensustheorie' angeblich immer zurückgreifen müsse, um ihre Argumentation schlüssig erscheinen zu lassen. Sie könnte möglicherweise in der Lage sein nachzuweisen, daß gerade der erkenntnistheoretische Realist mit seiner Forderung nach (sprachunabhängigen) Tatsachen einer reinen Einbildung nachhängt. Immerhin sollte hier zumindest darauf hingewiesen werden, daß die 'Konsensustheorie' offenbar nicht konsequent genug an ihrem methodischen Standpunkt festhält, oder anders gesagt: Ihre Wahrheitsvorstellung muß sich partiell noch aus anderen Quellen speisen als nur aus der Analyse von Sprechakten.

2.51 Konsens als notwendige Sinnbedingung jeder Begründung

Daß der Begriff der Wahrheit für sein Verständnis als 'warranted assertibility' in mehrfacher Weise den Konsens einer Sprachgemeinschaft voraussetzt, wurde mit methodologischen Gründen aufgezeigt. Kritiker würden freilich sofort einwenden, daß dieser Konsens nur indirekt etwas mit der Wahrheit zu tun habe, weil es sich dabei nur um die Intersubjektivität der Kriterien und Verfahren der Überprüfung handelt. Aber diese Kritik zielte zu kurz. Mit dem, wie es scheint, zentralen Argument der 'Konsensustheorie' läßt sich nämlich zeigen, daß ohne den Bezug auf die mögliche Verifikation und somit die Methoden, mit denen die wahren von den falschen Aussagen unterschieden werden können, gar nicht verstanden werden kann, was 'wahre Aussage' bedeutet. Daß die Verwendung des Ausdruckes 'wahr' einen impliziten Appell an einen hypothetischen Konsens meint,[153] daß also 'Wahrheit' mit der Idee eines rationalen Konsenses identisch sei, läßt sich auf einem Weg beweisen, den schon Peirce erwähnt. Genaugenommen handelt es sich um einen Umweg: den Umweg der transzendentalen Reflexion auf das Konzept der 'Begründung durch Argumentation'. Die für die assertorische Rede konstitutiven Regeln verlangen für den Zweifelsfall eine Begründung, daß der mit der Behauptung mitgesetzte Wahrheitsanspruch zurecht besteht. Wenn man sich nun die Frage stellt, was alles vorausgesetzt werden muß, damit man diesem Begriff einen vernünftigen Sinn abgewinnen kann, erkennt man, daß nicht nur auf die eben erwähnten Einverständnisse über Kriterien und Verfahren zurückgegriffen werden muß. Sprechakte kommen praktisch nie isoliert vor, sondern immer in einer für sie typischen Abfolge. so läßt sich eine Behauptung als der "Eröffnungszug" des Sprachspiels der assertorischen Rede auffassen,[154] auf den dann bestimmte erwartbare Reaktionen als weitere Züge folgen: sei es daß die Behauptung bestritten wird und man den implizit erhobenen Anspruch, die Behauptung sei wahr, ausdrücklich nachzuweisen hat, sei es daß eine Gegenbehauptung aufgestellt wird usw. Das Interessante bei einer echten Behauptung ist nun, daß schon mit diesem Eröffnungszug der Ausgang des Sprachspiels 'konstativer Sprechakt' antizipiert wird: eben daß der Wahrheitsanspruch aufrechterhalten werden kann, denn sonst würde man kaum etwas ernsthaft als wahr zu behaupten wagen. Man muß also bei einer Aussage nicht nur auf einen möglichen Widerspruch gefaßt sein; man unterstellt auch, daß sich ein möglicher Dissens durch das Anführen von überzeugenden Gründen, durch Argument und Diskussion aus dem Weg räumen läßt. Andernfalls wäre es ziemlich sinnlos, sich überhaupt auf das Unternehmen einer Begründung einzulassen. Wenn die Überzeugung, eine Aussage auch effektiv begründen zu können, die sich in der Verwendung von 'wahr' verbirgt, überhaupt einen Sinn haben soll, muß man zugleich annehmen, die Gesprächspartner würden am Ende der Ausgangsbehauptung zustimmen. Man muß, wenn man zu wissen glaubt, eine Aussage sei wahr (andernfalls darf man nach den Regeln für assertorische Sprechakte diese Aussage gar nicht ernsthaft machen), eine mögliche gemeinsame Überzeugung als Ergebnis antizipieren, da man sich zutraut, auch jeden anderen, der 'vernünftig' und 'gutwillig' ist, davon zu überzeugen. 'Überzeugen' heißt aber nichts anderes als: jemanden mit einsichtigen Gründen dazu veranlassen, der aufgestellten Behauptung zuzustimmen. 'Begründung' bedeutet doch im Grunde genau dies, daß die mit der Anfangsbehauptung nur als möglich unterstellte 'letztliche Übereinstimmung' schrittweise aufgebaut wird, so daß die anfangs nur hypothetisch vorweggenommene Einmütigkeit im Prozeß der Begründung eingeholt wird.

Wer deshalb überhaupt etwas als wahr behauptet, behauptet implizit auch, die anderen überzeugen zu können, und jeder, der für etwas mit Gründen argumentiert und andere überzeugen will, muß mit dieser Unterstellung einer vorweggenommenen gemeinsamen Überzeugung arbeiten.

Diese in gewisser Weise modifizierte Widerlegung des Relativismus, die eine ehrwürdige Tradition hat und auf die vor allem Apel immer wieder verweist, funktioniert jedoch nur, wenn man die rein linguistisch-semantische Ebene des Ausgesagten verläßt und sprachpragmatisch vorgeht. In diesem Fall erweist sich ein solcher 'antizipierter' Konsens für das Verständnis des Begründens als wesentliche Voraussetzung, weil nur so der Versuch, begründen oder überzeugen zu wollen, zu einem sinnvollen Unterfangen wird. So scheint in der Tat nichts dagegen zu sprechen, "Wahrheit" als "das Versprechen, einen vernünftigen Konsens zu erzielen" zu umschreiben (Habermas 1973c, 219), da wirklich ein Sinnzusammenhang zwischen dem Wahrheitsanspruch einer Behauptung und der hypothetisch unterstellten potentiellen Zustimmung aller vernünftigen Gesprächspartner besteht. Man kann daher auch ohne weiteres die Begründung des Wahrheitsanspruches als einen Prozeß zur Erzielung eines Konsenses beschreiben, denn man versteht, was mit 'wahr' gemeint ist, wenn man annimmt, daß letztlich eine Übereinstimmung so erreicht wird, daß die Diskussionspartner allein mit Gründen dazu gebracht werden, der als wahr behaupteten Aussage zuzustimmen. Für ein volles Verständnis von Wahrheit ist diese Reflexion auf die Sinnbedingungen der Begriffe 'Begründung' oder 'Argumentation' unabdingbar, weil die Idee der Wahrheit zunächst nur als der in Behauptungen erhobene Anspruch, wahr zu sein, auftritt, der möglicherweise zu Unrecht geschieht und deshalb eine Begründung verlangt. Den Sprachgebrauch von 'wahr' scheint in der Tat "eine Vorannahme über den Zusammenhang zwischen der Wahrheit einer Aussage und der potentiellen Zustimmung aller sprachlich Kompetenten, zwischen Wahrheit und Konsens" zu leiten (wie es ein Kritiker[155] der 'Konsensustheorie' zugeben muß), aber in einer tiefergehenden Weise als es die Kritiker meinen. Der "berechtigte Kern" der 'Konsensustheorie der Wahrheit' liegt nicht nur darin, daß die Wahrheit einer Aussage eine notwendige Bedingung dafür ist, auch andere davon überzeugen zu können, daß sich die Sache so verhält, wie wir behaupten, denn diese gängige Interpretation des Zusammenhangs von 'Wahrheit' und 'Konsens' verschiebt das Problem nur. Sie setzt voraus, daß man schon weiß, was Wahrheit bedeutet und wie man sich prinzipiell von der Wahrheit einer Aussage überzeugen kann, d.h. es wird in ihr wieder auf die zunächst plausibel erscheinende, für ein ursprüngliches Verständnis der Bedeutung von Wahrheit aber problematische Unterscheidung zwischen Begriff und Kriterium der Wahrheit verwiesen. Wenn man schon weiß, was Wahrheit bedeutet, kann man natürlich das Ziel vom Prozeß abkoppeln, der zu diesem Ziel führt, nicht aber, wenn man erst zu diesem Verständnis hinführen will.

Als Fazit ließe sich festhalten: Jede ernstgemeinte Argumentation, der es um den Nachweis der Wahrheit und nicht bloß um eine eristische Spielerei zu tun ist, setzt nicht nur eine prinzipielle Konsensbereitschaft der Beteiligten voraus, den Willen zur Verständigung also, sondern auch die Überzeugung, allein durch das Anführenn einsichtiger Gründe letztlich auch tatsächlich eine Übereinstimmung mit den Diskussionspartnern erzielen zu können.

2.52 'Konsensustheorie der Wahrheit' oder 'Konsensustheorie der Bedeutung'?

Ohne den geringsten Zweifel stimmt praktisch alles, was die 'Konsensustheorie' an Sinnzusammenhängen von 'Wahrheit' und 'Konsens' meint herausstreichen zu müssen. Allerdings scheint dies, wenn wirklich nicht mehr gemeint sein sollte, ein etwas dürftiges Ergebnis zu sein, ja man ist geneigt zu sagen: Wenn 'Wahrheit' in dieser Weise durch 'Konsens' erklärt werden soll, ist eine 'Konsensustheorie der Wahrheit' nicht kontrovers, um nicht zu sagen: banal. Sicherlich vergißt der eine oder andere formal geschulte Wissenschaftstheoretiker oder Logiker, ausdrücklich darauf hinzuweisen, daß der Ausdruck 'wahr' wechselseitig bestimmte Erwartungen hervorruft, daß 'Bedeutung' auch und gerade im Sinne von 'Wahrheitsbedingungen eines Satzes' auf jeden Fall die illokutive Rolle einer sprachlichen Äußerung in Rechnung stellen müßte usw. Aber derartige Erkenntnisse werden schon deshalb nicht in Abrede gestellt, weil sie entweder nach der gängigen Auffassung gar nicht in eine formale Semantik gehören [156] oder aber weil sie so selbstverständlich sind, daß die geforderte Fundierung der Semantik in einer philosophischen, d.h. universalen oder transzendentalen Pragmatik zwar für das Verständnis dessen, wie die Sprache überhaupt funktioniert, ganz interessant sein mag, aber am Thema 'Wahrheit' letztlich vorbeizielt. Denn entweder betreffen diese Hinweise auf den Konsens einer Sprachgemeinschaft die Bedeutungstheorie, und hier ist es eindeutig, daß die Bedeutung eines Wortes intersubjektiv konstituiert wird, daß die 'Bedeutungspostulate', die ein Konglomerat von Zeichen zu Sinngebilden wie Wörter und Sätze machen, konventionell sind und deshalb den Konsens einer Sprachgemeinschaft voraussetzen. Oder aber diese Einsichten haben etwas mit der Methodologie zu tun, und auch hier ist unstrittig, daß man sich auf die Methoden und Kriterien einigen muß, daß eine Erkenntnis intersubjektive Anerkennung im Kreise der Fachkollegen finden muß, damit man von ihrer Gültigkeit sprechen könne, weil Objektivität und Wahrheit für die Wissenschaften zumeist nicht mehr besagen als Intersubjektivität. Selbst das Hauptargument der 'Konsensustheorie' - die für ein Verstehen der Bedeutung von Wahrheit angeblich notwendige, weil durch eine transzendentale Reflexion erschlossene Voraussetzung eines hypothetischen Konsenses gewissermaßen als "essential rule" (Searle) jedes konstativen Sprechaktes - selbst dieses Argument scheint nicht besonders zu stechen, weil es bei ihm strenggenommen gar nicht um die Bedeutung von Wahrheit gehe, sondern um das Verständnis dessen, was 'Begründung', was 'Argumentation' meine. Bei der angeblichen 'Konsensustheorie der Wahrheit' würde es sich demnach in den Augen der Kritiker um eine Konsensustheorie der Bedeutung handeln, um eine Konsensustheorie der Sprache, um eine Konsensustheorie der Methodologie oder ähnliches. Oder wenn man ihr schon nicht vorwerfen wollte, sich mit fremden Federn zu schmücken, würde man ihr bestenfalls zugestehen, eine 'Konsensustheorie der Wahrheit' in dem eingeschränkten Sinn zu sein, wie es die konstruktivistische Rekonstruktion der Wahrheit als 'Homologie' anbietet: Wenn das ganze 'Wahrheitsproblem' darin liegen sollte, den Prädikator 'wahr' richtig zu verwenden, dann muß man sich für einen korrekten Gebrauch dieses Terminus natürlich an die Regeln halten, die für seine Verwendung festgelegt sind, und das heißt nichts anderes als: Man muß sich der Übereinstimmung mit der Sprachgemeinschaft vergewissern. Aber damit ist nichts Aufregendes gesagt, weil dies in ähnlicher Weise für jeden anderen Begriff gilt. Es könnte durchaus der Fall sein, daß das Problem der Wahrheit sich einfach auflöst, wenn man den Ausdruck 'wahr' korrekt verwendet, daß im Grunde alles gesagt ist, was die Bedeutung dieses Wortes betrifft, wenn man erklärt, wie und wozu es verwendet wird, weshalb sich dann eine 'semantische' Erklärung erübrigte. Die 'Therapie', die uns von der "Verhexung durch die Sprache" heilte, bestünde also nicht darin, daß man sich auf die Suche nach einer richtigen Theorie macht, nein, die Fragen und damit überhaupt die Suche nach einer Theorie der Wahrheit verschwänden einfach, wenn man das Wort korrekt, d.h. dem normalen, nichtphilosophischen Sprachgebrauch entsprechend verwendete.[157] Außerdem könnte dahinter die richtige Ansicht stecken, daß man zu allererst die Verwendung des Terminus 'wahr' wirklich so lernt, daß man sich an der Übereinstimmung mit anderen kompetenten Sprechern mißt.

Der Pferdefuß liegt anscheinend im voreiligen Zugeständnis, das man der 'Konsensustheorie' gemacht hat, als sie die Semantik in einer philosophischen Pragmatik fundieren wollte, was die

Erklärung der Bedeutung von Wahrheit betrifft. Dabei ist an einer solchen Erklärung, die das Verstehen der Bedeutung von Wahrheit praktisch mit der korrekten Verwendung der Formel "'p' ist wahr" gleichsetzt, noch gar nicht so tragisch, daß man einen unklaren oder nicht ganz so verständlichen Begriff durch einen anderen ersetzen will, der in gleicher Weise, unter denselben Umständen und zum selben Zweck verwendet wird, ohne daß man genötigt wäre, inhaltlich zu klären, was denn mit diesem Wort gemeint sei. (Daß der Begriff 'Konsens' oder 'rationaler Konsens' verständlicher sein solle als der Begriff 'Wahrheit', diese stillschweigende Voraussetzung der 'Konsensustheorie' wurde ja schon angezweifelt.) Das Schlimme für einen auf Präzision bedachten Philosophen ist doch, daß eine Wahrheitstheorie auf universal- oder transzendentalpragmatischer Basis mit Problemen überlastet wird, die gar nicht in ihr Metier gehören. Man wird gezwungen, das genaue Thema an den Rand zu rücken, und muß anstelle dessen das Funktionieren der Sprache als solcher, das Zustandekommen einer Verständigung untersuchen, eben Sprache als ein Miteinandersprechen, als ein soziales Phänomen, das nur dann in zureichender Weise untersucht werden könne, wenn das Sprechen und Handeln in seiner gegenseitigen "Verwobenheit" (Apel) belassen wird. Für Philosophen, die von Hegels Wort "Die Wahrheit ist das Ganze" fasziniert sind, mag der Versuch der 'Konsensustheorie' "ungeachtet ihres unpräzisen, ja verworrenen Charakters" als "großartige globale Intuition" gelten, weil in ihr "Wesen, Manifestation, Entscheidungsverfahren der Wahrheit" eine "grundlegende Einheit" bilden.[158] Logiker der analytischen Richtung würden darin eher einen Rückschritt erblicken, da bestimmte Differenzierungen in diesem Untersuchungsfeld wieder rückgängig gemacht werden müßten. Sie wären nicht so ohne weiteres bereit, mit dem mitzugehen, was auch Strawson von einer Wahrheitstheorie fordert: sie als Teil in andere Theorien (z.B. der Erkenntnis, des Geistes oder der Bedeutung) zu integrieren.[159] Sie, und nicht nur sie, würden vielleicht zugeben, daß viele Fragen um den Begriff der Wahrheit eigentlich die Gewißheit einer Erkenntnis meinen, vor allem, wenn man die umgangssprachliche Verwendung von 'wahr' im Auge hat, aber sie würden darauf insistieren, daß im <u>Begriff</u> 'Wahrheit' nichts von der <u>Suche</u> nach Wahrheit, von deren <u>Rechtfertigung</u> oder <u>Garantie</u> (wie in 'warranted assertibility') mitgedacht werden müsse. Einfacher gesagt: Sie würden darauf bestehen, daß das im Sprachgebrauch möglicherweise angedeutete Bedingungsverhältnis von 'Konsens' und 'Wahrheit' auf keinen Fall Gleichurspünglichkeit meinen könne, geschweige denn die Abhängigkeit der Wahrheit vom Konsens, sondern umgekehrt, wie man schon bei Aristoteles nachlesen kann: "Nicht deshalb bist du weiß, weil wir die 'wahre' Meinung hegen, du seiest weiß, sondern (umgekehrt): weil du (tatsächlich) weiß bist, ist unsere Aussage, die dieses bejaht, wahr."[160] Nicht der Konsens, der sich unter den vernünftigen und kompetenten Leuten erzielen läßt, ist der Grund dafür, daß diese Aussage wahr ist, sondern ganz im Gegenteil: Weil die Aussage wahr ist, und dies könne doch nur bedeuten: weil sie den Tatsachen entspricht, läßt sich darüber ein zwangloser Konsens erreichen.

Der Einwand läßt sich knapp so fassen: Der 'Konsensusbegriff der Wahrheit' mag zwar wichtige Aspekte des Wahrheitsproblems als ganzen herausheben, aber selbst die Reflexion auf die transzendental-notwendigen Voraussetzungen für ein richtiges Verständnis von Wahrheit sind nur ein vielleicht wichtiger, aber doch nur ein Aspekt und nicht die ganze Wahrheit. Denn dazu gehört doch unbedingt auch - die meisten würden lieber sagen: primär - das korrespondenztheoretische Moment: daß wahre Aussagen den Tatsachen entsprechen, daß sie die Wirklichkeit so wiedergeben, wie sie nun einmal wirklich ist.

2.6 Die Notwendigkeit von Tatsachen für den Begriff der Wahrheit

Die bisherigen Ausführungen sollten einigermaßen plausibel machen, daß im Begriff der Wahrheit mehr an konsenstheoretischen Elementen steckt als die semantischen Puristen wahrhaben wollen, Elemente, die für ein Verständnis dessen, was wir mit 'Wahrheit' meinen, nicht gerade nebensächlich sind und deshalb nicht einfach anderswohin abgeschoben werden dürfen. Nun ist aber die 'Konsensustheorie' ihrerseits gezwungen nachzuweisen, daß sie selbst in konsistenter Weise (und womöglich besser als die Korrespondenztheorie selbst!) mit den korrespondenztheoretischen Elementen fertig wird, die offensichtlich auch nicht aus dem Begriff der Wahrheit weginterpretiert werden können. Einer der Hauptvorwürfe gegen die 'Konsensustheorie' ist nämlich, daß sie an den zentralen Stellen der Argumentation "realistische" Annahmen wie einen versteckten Trumpf aus dem Ärmel ziehe,[161] und zwar gezwungenermaßen, weil sich nur so ein 'objektiver', d.h. subjektunabhängiger Wahrheitsbegriff retten lasse. Wie man unschwer erkennt, liegt hier der eigentliche Streitpunkt, ob die 'Konsensustheorie' dem Alltagsbegriff der Wahrheit tatsächlich gerecht werden kann. Die angedeuteten redepragmatischen Relativierungen können leicht verschmerzt werden, solange man daran festhält, daß es einen <u>objektiven Maßstab</u> im Sinne einer nicht-willkürlichen Instanz gibt, die der ganzen Rede von der Wahrheit doch erst ihren richtigen Sinn verleiht. 'Wahr' sei nämlich eine Aussage allein dann, wenn der in ihr behauptete Sachverhalt <u>wirklich</u>

besteht und nicht nur behauptet wird. Wahrheit - auch und gerade in dem von der 'Konsensustheorie' als Prototyp genommenen Sinn der Verwendung der Formel "'p' ist wahr" - wird doch so verstanden, daß die Aussage zutrifft, daß es sich tatsächlich so verhält wie gesagt wird - eine so banale Feststellung, daß es sich erübrigt, die jahrhundertelange Tradition dieser Ansicht ausführlich zu belegen. Das Provozierende an der 'Konsensustheorie' liegt offensichtlich gerade darin, diesen Bezug der Wahrheit auf die Wirklichkeit scheinbar zu leugnen, so als ob die Wirklichkeit (fast) nach Belieben von den Überzeugungen, die sich die Menschen von der Wirklichkeit machen, geformt werden könnte. Sollte dies tatsächlich gemeint sein, würde diese These nicht nur dem Alltagsverstand zuwiderlaufen; sie würde auch dem ureigensten Selbstverständnis der 'Konsensustheorie' als kritischer Theorie den festen Boden unter den Füßen wegziehen. Denn "Wahrheit" soll doch ausdrücklich die Funktion eines Kontrastwortes erfüllen, das den Gegensatz von "Sein" und "Schein" artikulieren soll (Habermas 1971a, 113), nicht aber den einen Schein durch einen anderen ersetzen will.

2.61 Der ontologische Status von Tatsachen

Auch bei näherem Zusehen scheint das Hauptargument der 'Konsensustheorie' rein negativ zu sein: Jede Korrespondenzauffassung sei hoffnungslos widersprüchlich, da sie nicht nur ein 'sprachunabhängiges Reich' von Tatsachen fordern müsse, sondern dazu noch so absurde Vorstellungen suggeriere, man könne sich zwischen die Sätze und die Tatsachen stellen, um beide miteinander zu vergleichen, indem man, wie Neurath[162] süffisant feststellt, "gleichzeitig Ankläger, Angeklagter und Richter sein" will. Man muß also prüfen, ob wirklich jede Korrespondenzauffassung ein hoffnungsloser Fall ist. Man könnte ja durchaus der Meinung sein, die klassische Korrespondenzauffassung sei "der Intention nach ganz im Recht", nur die Ausformulierung zu einer "Theorie der Tatsachen" führte zu solch abwegigen Vorstellungen.[163] Für die 'Konsensustheorie' freilich ist von vornherein klar, daß alle korrespondenztheoretischen Wahrheitskonzeptionen "von Aristoteles bis Tarski" (Habermas) nicht darum herumkommen, so etwas wie Tatsachen als "sprachfreie Gegenstände" postulieren zu müssen. Die Verwendung solcher Ausdrücke wie 'den Tatsachen entsprechen' muß jedoch noch lange kein Beinbruch sein, als handelte es sich dabei um eine "durchgebrannte" Redewendung (Strawson), die man deshalb nicht für bare Münze nehmen dürfte. Es könnte vielmehr ein durchaus sinnvoller, wenn auch übertragener Gebrauch von 'entsprechen' oder 'zutreffen' gemeint sein, der aus dem Kontext der Rede von der Wahrheit nicht einfachhin eliminiert werden kann.[164]

Die Gründe dafür, daß die 'Konsensustheorie' die Notwendigkeit von Tatsachen für den Begriff der Wahrheit pauschal verwirft, sind nicht besonders originell. Es ist der Standardeinwand, der sich in der Bezeichnung der klassischen Wahrheitsauffassung als "ontologische Wahrheitstheorie" (Habermas) und "Onto-Semantik" (Apel) verbirgt: Wahrheit wird dort als 'Relation' gesehen, als Abbild im weitesten Sinn. Wegen der Objektivität dieser Abbildungsfunktion muß man die Tatsachen, die in den Sätzen wiedergegeben werden, als gegenständliche, ja sprachfreie Gegebenheiten ansetzen, als 'etwas in der Welt' wie die 'extralinguistischen' Gegenstände.

Wenn Habermas sich schon auf die Seite von Strawson schlägt,[165] sollte er ausdrücklich betonen, daß sich eigentlich gar nichts gegen die Verwendung von Wörtern wie Tatsache sagen lasse. Der Gebrauch dieser Ausdrücke ist umgangssprachlich abgedeckt, und meistens will er nicht viel mehr zum Ausdruck bringen als die <u>realistische Überzeugung</u> derer, die sie verwenden. Strawsons Kritik an den 'facts' krankt wohl daran, daß er den sprachlich unverfänglichen <u>Ausdruck</u> 'fact' diskreditieren will und nicht die <u>philosophische</u>

Theorie, die daraus gebastelt worden ist. So hat es Austin ziemlich leicht, durch sprachgeschichtliche Hinweise deutlich zu machen, daß 'fact' ein guter englischer Ausdruck sei, der primär als 'etwas in der Welt', als 'wirklicher Sachverhalt' verwendet werde. Strawson hätte seine Ablehnung jeder Korrespondenzauffassung in der "Verwechslung von Tatsachen mit Erfahrungsgegenständen" (Habermas 1973c, 235) festmachen sollen, in den Theorien also, die sich Korrespondenztheoretiker für einen möglicherweise ganz korrekten Sprachgebrauch zurechtlegen. In einer Analogie zu den Gegenständen als der 'Referenz' von 'Namen' würden als die gegenständliche Referenz von 'Sätzen' die Sachverhalte (Propositionen), oder wenn diese 'der Fall sind', die Tatsachen gefordert. Wahrheit werde also nach dem irreführenden Modell der sinnlichen Wahrnehmung konzipiert (Habermas 1973c, 233), worin sich die "positivistische" Sehnsucht nach dem unmittelbar Gegebenen manifestiere.[166]

Die Gegenkritik könnte es sich ebenso leicht wie diese Kritik machen und pauschal antworten, daß nicht jede Korrespondenzauffassung eo ipso Tatsachen als sprachfreie Gegenstände in der Welt postulieren müsse, um für die Sätze der Sprache einen Bezugspunkt in der objektiven Realität zu finden. Sicherlich mag der eine oder andere 'positivistische' Vertreter[167] Tatsachen wie Gegenstände aufgefaßt haben, aber Tarskis semantischer Rekonstruktion des Wahrheitsbegriffes darf dies, wie schon öfter erwähnt, nicht untergeschoben werden. Wahrheit ist bei ihm überhaupt keine Relation, sondern das Prädikat von Sätzen, und der auch von Korrespondenztheoretikern wegen seiner Verfänglichkeit nicht gern gesehene Begriff der Übereinstimmung wird durch den Ausdruck 'Erfüllung einer Satzform' ersetzt, weshalb dann sogar die Frage aufkommen konnte, ob Tarski überhaupt als ein Anhänger einer (realistisch zu verstehenden) Korrespondenztheorie angesehen werden könne. Die Begriffe 'Korrespondenz' oder 'Adäquation' meinen doch nicht - und dies gilt selbst für eine so scheinbar eindeutige 'Bildtheorie' wie den 'Tractatus' Wittgensteins! - eine naturalistische, gewissermaßen fotografische Abbildung von Tatsachen durch Sätze, so daß man für jeden wahren Satz eine entsprechende Tatsache verlangen müßte, was dann bei komplexen, und vor allem bei negativen Sätzen enorme Schwierigkeiten mit sich brächte. Die Diskussion innerhalb der analytischen (das heißt für die 'Konsensustheorie': positivistischen) Philosophie über den (onto-)logischen Status von 'fact' und 'proposition' füllt nicht nur Bände; sie macht auch deutlich, daß die realistischen Vertreter einer Korrespondenzauffassung kaum einen so simplen Begriff von 'Übereinstimmung' haben, wie es ihnen von den Kritikern unterstellt wird. Und diese Diskussion zeigt, daß der Vorwurf, Tatsachen müßten zwangsläufig als sprachunabhängige Entitäten verstanden werden, zu kurz greift. Trotz mancher lässigen Formulierung, die ein sprachfreies Reich von Tatsachen insinuiert, spräche erdrückendes Material für den Gegenbeweis. Praktisch allen Logikern ist klar, daß Tatsachen genau das sind, was wahre Sätze aussagen oder darstellen, daß uns Tatsachen nur in Gestalt von sprachlichen Aussagen gegeben sind, es also, verkürzt gesagt, ohne Sätze keine Tatsachen geben kann. Dies gilt nicht nur für Kritiker des Positivismus wie Popper, es gilt auch für logische Positivisten wie Carnap.[168] Schon am 'Tractatus', der erkenntnistheoretischen Bibel des 'Logischen Empirismus', läßt sich ablesen, daß die "Welt" als die Gesamtheit der "Tatsachen", also dessen, "was der Fall ist", nicht ein theorieunabhängiges unmittelbar Gegebenes ist.[169] Die innerpositivistische Diskussion über die 'Protokollsätze', die Neurath (und in gewisser Weise auch Hempel) zu einer empiristischen 'Kohärenztheorie' der Wahrheit führte,[170] wäre ein weiteres Indiz, und auch die Diskussion zwischen Strawson und Austin, bei der man das ungute Gefühl nicht loswird, daß beide irgendwie rechthaben, kann diesen Verdacht der 'Konsensustheorie' nicht erhärten. Gerade an Popper, der in Fragen der Erkenntnistheorie und Methodologie immer noch so etwas wie der Intimfeind der 'Konsensustheorie' zu sein scheint, läßt sich die, man kann schon sagen: communis opinio der Wissenschaftstheoretiker ablesen, daß die Wirklichkeit kein theorieunabhängiges Faktum ist.[171]

2.62 Inkonsequenz der Korrespondenztheorie

Baut sich die 'Konsensustheorie', wenn sie einfach Strawsons Kritik zu wiederholen scheint, nicht einfach einen Popanz auf, um sich die Ablehnung jedes Elements von Korrespondenz im Wahrheitsbegriff zu erleichtern und so billig Punkte für ihre eigene Plausibilität zu sammeln? Oder besteht der Vorwurf der Inkonsequenz an die Adresse der am semantischen Wahrheitsbegriff orientierten Wissenschaftsphilosophen[172] letztlich doch zurecht: daß Poppers Kritik am Positivismus des 'Wiener Kreises' dem sinnlich 'Gegebenen' zwar die Unmittelbarkeit nehme, aber durch sein Festhalten am Korrespondenzbegriff der Wahrheit dem Positivismus "doch noch so weit verhaftet bleibt, daß er den objektivistischen Schein, als bildeten wissenschaftliche Theorien Tatsachen ab, nicht durchschaut" (Habermas 1969, 237)?[173] Diesen Vorwurf einer 'positivistischen Restproblematik' in der kritizistisch verstandenen Korrespondenztheorie würden die Kritischen Rationalisten freilich nicht akzeptieren,[174] aber der Verdacht einer Inkonsequenz ist nicht ganz aus der Luft gegriffen. Wenn die Anhänger der an

Tarski ausgerichteten Wahrheitsauffassung auf der einen Seite betonen, daß Tatsachen immer nur in Gestalt von Aussagen gegeben sind, auf der anderen Seite aber an der Idee der Wahrheit als einer Art von Korrespondenz von 'Theorie' und 'Realität' festhalten, weil es sonst um die Objektivität der Erkenntnis und der Wahrheit geschehen sei, dann werden zwei Konzeptionen von Erkenntnis und Wissenschaft, werden diametrale Auffassungen über das Verhältnis von Erkenntnis und Wirklichkeit in ein einziges Modell gezwängt, ohne daß man deren Unvereinbarkeit wahrhaben will. Auf der Oberfläche des Erkenntnisprozesses gewissermaßen vertritt man eine forschungslogische[175] Sicht der Wirklichkeit, die nur sprachlich gegebene Daten zur Verfügung hat, so daß die Realität nicht viel mehr ist als ein idealer Grenzbegriff im Kontext der theoretischen Entwürfe, sozusagen das ideale Korrelat, um nicht zu sagen: die Funktion von 'wahren', d.h. natürlich: gut bestätigten Hypothesen. Die Wirklichkeit müßte in dieser Sicht eigentlich als die regulative Idee des Forschungsprozesses angesehen werden, die sich erst in diesem Prozeß als solche realisiert. In der Tiefenstruktur der sozusagen metaphysischen Überzeugung jedoch bekennt man sich zu einer ontologischen (oder realistischen) Sichtweise, für die die Wirklichkeit die 'an-sich-seiende' absolute Instanz und der unverrückbare Maßstab ist, dem sich jede Erkenntnis und jede

Theorie anzugleichen habe, weil sonst die ganze wissenschaftliche Forschung ihr objektives Fundament verlöre. Die erwähnte Inkonsequenz läge genau in dieser ambivalenten Sicht der Wirklichkeit. Für den forschungslogischen Erkenntnisprozeß ist die Wirklichkeit eigentlich eine von der Forschung und ihren Hypothesen selbst abhängige Variable, die ihre faßbare Struktur erst in der richtigen Theorie findet. Ohne den wissenschaftlichen Erkenntnisprozeß wäre sie nur ein leeres Ding-an-sich, aber kaum die 'wirkliche Welt'. In der grundlegenden erkenntnistheoretischen oder metaphysischen Überzeugung der Korrespondenztheoretiker muß die Realität als die von der Forschung unabhängige Variable angesehen werden, da sich die Erkenntnis von ihr leiten lassen muß und nur ihre bestehende Struktur nachzeichnen soll. Aber beide Positionen werden zugleich vertreten, ja die metaphysische Sicht einer absoluten Realität erhält sogar den Vorrang, obwohl die Wirklichkeit in ihr nur als regulative Idee, als Fiktion sozusagen gegeben ist. Man könnte diese Ambivalenz einer 'Logik der Forschung', die nicht auf den klassischen Korrespondenzbegriff der Wahrheit verzichten will, mit dem späten Peirce so fassen: ein prinzipieller Fallibilismus, was die tatsächliche Erkenntnis der Wirklichkeit und einzelne 'Wahrheiten' angeht, d.h. man kann sich im Forschungsprozeß nie sicher sein, die Wirklichkeit so zu erfassen, wie sie 'an sich' ist, gepaart mit einem, man möchte fast sagen: Infallibilismus, was die <u>Idee einer unabhängig existierenden Realität</u> und der Annäherung an sie betrifft, d.h. man ist sich sicher, daß die Idee der Wahrheit keine reine Fiktion ist und die Erkenntnis sich nur mit den Ausgeburten der menschlichen Vernunft ohne einen Anhalt an der Wirklichkeit befaßt.

2.53 'Idealistische' Konsensustheorie vs. 'realistische' Korrespondenztheorie

Der Streit zwischen der 'Konsensustheorie der Wahrheit' und der 'Korrespondenztheorie der Wahrheit' ist nicht nur die Neuauflage der Kontroverse zwischen der 'verifikationistischen' und der 'realistischen' Interpretation des Begriffes der Wahrheit. In ihm spiegelt sich die altehrwürdige Kontroverse von 'Ontologie' und 'Transzendentalphilosophie' wider, die mit der bekannten Holzhammermethode der Vereinfachung auf den Gegensatz: 'Idealismus' gegen 'Realismus' gebracht werden kann. Daß beide Parteien so wenig Verständnis füreinander aufbringen können, hat wohl zum größten Teil seine Ursache in diesen diametral entgegengesetzten, wenn man so will: metaphysischen Überzeugungen. Das wechselseitige Unverständnis ist nicht allein eine Sache des Nicht-verstehen-<u>wollens</u> und auch nicht der unterschiedlichen politischen Überzeugungen - das sicherlich auch. Der Hauptgrund liegt vermutlich darin, daß die eigene erkenntnistheoretisch-philosophische Position für einen selbst so plausibel und selbstevident erscheint, daß für die Gegenposition nur noch der Verdacht der Ungereimtheit, ja Absurdität übrigbleibt. Die philosophischen Gegenpositionen - hier 'realistisch'-ontologisch und dort (transzendental-)'pragmatisch'-forschungslogisch - haben natürlich auch unterschiedliche Auffassungen von der Wissenschaft zur Folge,, die sich in den Bildern vom Wissenschaftler als 'Entdecker' und vom Wissenschaftler als 'Erfinder' niedergeschlagen haben.[176] Wer den Korrespondenzbegriff der Wahrheit favorisiert, ist hauptsächlich an den theoretischen Ergebnissen interessiert, zu denen die Wissenschaften führen, d.h. für ihn ist Wissenschaft primär ein System von Theorien, ein Gefüge von Sätzen mit nachprüfbaren logischen Relationen, die der empirischen Wirklichkeit als ihrem eigentlichen Bezugspunkt sich anzupassen haben, um diese Wirklichkeit richtig zu beschreiben. Dabei wird stillschweigend vorausgesetzt, daß man sich auf brauchbare Methoden der Beschreibung, des Experiments, der Überprüfung von Hypothesen usw. geeinigt hat, daß es also eine allgemein akzeptierte Wissenschaftssprache und allgemein anerkannte Methoden gibt, die im großen und und ganzen in der Lage sind, die Struktur der

Wirklichkeit wiederzugeben und überprüfbare Hypothesen über sie zu formulieren. Man argumentiert gewissermaßen vom Standpunkt eines idealen Beobachters aus, der sich keine Gedanken darüber machen muß, daß es bestimmte historische und soziokulturelle Gründe gibt, warum die Wissenschaften so sind, wie sie nun einmal sind. Die Wissenschaften in diesem Sinn als theoretische Systeme von überprüfbaren Hypothesen verstanden können daher ohne weiteres von den Konsensbildungen in den jeweiligen Forschergemeinschaften abgetrennt werden, weil diese Prozesse im Grunde zur Vorgeschichte der Wissenschaften gehören.

Wer hingegen als Wissenschaftstheoretiker einer konstruktivistisch-pragmatischen Auffassung anhängt - was nicht heißen müßte, daß er tatsächlich einen 'Konsensusbegriff der Wahrheit' vertritt -, interessiert sich primär für die intersubjektiven Konstitutionsprozesse der Gegenstandsbereiche wissenschaftlicher Erkenntnis, da für ihn die Wissenschaft der Prozeß des Forschens, Experimentierens und Argumentierens von Wissenschaftlergemeinschaften ist, in dessen Entwicklung sich nicht nur bestimmte Methoden durchsetzen, sondern sich überhaupt erst der jeweilige Gegenstandsbereich der Forschung herausbildet. Wissenschaft ist hier das kollektive Produkt der nach bestimmten Regeln verfahrenden 'scientific community', weshalb die Gegenstände wissenschaftlichen Forschung, von den Ergebnissen ganz zu schweigen, als die kollektive Leistung wissenschaftlicher Diskurse betrachtet werden müssen, in Abhängigkeit also von der Normierung des Umgangs mit Gegenständen und des Redens über sie. Eine Wissenschaftstheorie, die ihrem Gegenstand 'Wissenschaft' im Sinne der Tätigkeit einer 'scientific community' gerecht werden will, darf daher nicht rein logisch, und das heißt: ahistorisch vorgehen; sie muß vielmehr die interaktiven Prozesse innerhalb der Wissenschaftlergemeinschaft, die Genealogie der Probleme usw., also lauter scheinbar wissenschaftsexterne Faktoren miteinbeziehen.

Aber kehren wir wieder zum Begriff der Wahrheit zurück! Jede der beiden Richtungen macht auf Punkte aufmerksam, die für den Begriff der Wahrheit als 'Aussagenwahrheit' wesentlich sind. Für die korrespondenztheoretische, oder wie man vielleicht besser sagen könnte: realistische Auffassung spricht die Evidenz der Alltagserfahrung (die bis Kant praktisch auch die allgemeine Überzeugung der Philosophen war). Der common sense beharrt eindeutig auf einer Typendifferenz zwischen den jeweiligen Sachverhalten - selbst wenn sie sprachlich ausgedrückt werden - und den entsprechenden sprachlichen Einkleidungen in Sätzen, Aussagen oder Theorien.[177] Die Konsensusauffassung hingegen, die die transzendentale Bewußtseinsphilosophie sprachpragmatisch 'transformiert' und historisiert, indem sie das sozusagen einsame und geschichtslose transzendentale Subjekt durch die Handlungs- und Kommunikationsgemeinschaft ersetzt, macht mit Kants 'obersten Grundsatz aller synthetischen Urteile' ernst: "Die Bedingungen der Möglichkeit der Erfahrung überhaupt sind zugleich Bedingungen der Möglichkeit der Gegenstände der Erfahrung" (KrV B 197). Das Korrelat für 'wahre Aussage' kann daher niemals ein Teil der Wirklichkeit sein, wie sie an sich ist, sozusagen unberührt von unserer Erkenntnis und Beschäftigung mit ihr. Die "realistisch-rechtgläubige Vorstellung von der Welt" als einem unnachgiebigen Sein-an-sich muß dann eher als "fixe Idee" denn als richtige Intuition erscheinen.[178] Und auch die letztlich jeder realistischen Wahrheitskonzeption zugrundeliegende Überzeugung, in den wahren Aussagen, in der richtigen Theorie ein von allen subjektiven Beimischungen und Verfälschungen gereinigtes Begriffsschema gefunden zu haben, das die wahre und letztgültige Struktur der Realität so repräsentiert (oder gar 'abbildet'), wie sie eben an sich sei, kann nur ein falsches Bild sein, das sich der angeblich realistische Alltagsverstand von der Erkenntnis macht. Wenn die Erkenntnistheorien transzendentaler Art, der die 'Konsensustheorie' zuzurechnen ist, eine unmittelbare Gegebenheit von Tatsachen als solchen leugnet, da man nie vom Medium ihrer Gegebenheitsweise durch letztlich konventionelle, weil sprachlichen Regeln unterworfene Erkenntnis ganz abstrahieren könne, wird daraus nicht eine Spielart des subjektiven Idealismus, als ob die Wirklichkeit eine bloße 'Vorstellung', sprich: Einbildung, sei, form- und manipulierbar je nach den Überzeugungen, die gerade im Schwange sind. Es werden auch nicht die 'harten' Tatsachen in etwas "Linguistisches" aufgelöst, so daß man sich bloß noch auf der sprachlichen Ebene bewegte und jeden Kontakt zur Wirklichkeit abgeschnitten hätte.[179] Anders gesagt: Wenn man die Existenz einer theorie- und sprachunabhängigen Wirklichkeit als im Grunde unverständlichen Unbegriff entlarven will, kappt man nicht den Bezug zur Wirklichkeit. Man behauptet vielmehr implizit, daß man im Sprechen über die Welt immer schon bei der Welt ist, so daß überhaupt keine Kluft zwischen 'Sprache' und 'Wirklichkeit' überbrückt werden muß.

Somit ist eigentlich nicht der Wahrheitsbegriff des "metaphysischen Realismus" (Putnam) im common sense plausibel, da er eigentlich nicht ohne Widerspruch erklärbar ist, im Unterschied zum konsenstheoretischen, weil dieser eine innere Beziehung des Begriffes der Wahrheit auf Verifizierbarkeit fordert. Wahrheit als 'Übereinstimmung von Satz und Tatsache" zu erklären, heißt damit überhaupt nichts zu erklären, weil vollkommen unverständlich bleibt, worin denn die Wirklichkeit der Tatsachen besteht. Man unterschlägt einfach, daß dieser angeblich von aller Erkenntnis unabhängige und als solcher zugängliche Bereich selber erst in einem über sprachliche Kategorien laufenden Prozeß der Unterscheidung und Bestimmung eine Struktur erhält. Realität, auch als ontologische Kategorie verstanden, als an-sich-seiende und von den Subjekten nicht einfach manipulierbare Wirklichkeit, kann daher nur von einer sprachanalytischen Basis her zufriedenstellend expliziert werden.[180] Nicht nur die Entscheidung, was wirklich der Fall ist und demzufolge als Tatsache und nicht als Vorstellung oder bloße Einbildung gelten darf, sondern schon die Bedeutung der Begriffe 'Tatsache' oder 'Wirklichkeit' läßt sich nur dann methodisch sauber klären, wenn man sich bewußt bleibt, daß die 'wirkliche Welt' das Ergebnis eines Abstraktionsprozesses ist. Paradox formuliert: Was 'die Wirklichkeit an sich' ist, kann nur aus den Erfahrungen mit ihr und den Aussagen über sie erschlossen werden. Infolge der Nichthintergehbarkeit der Sprache in diesem Sinn, daß die Welt immer nur in Aussagen über die Welt begegnen kann, genügt eben nicht der naive Hinweis auf die Fakten, um die Richtigkeit oder Wahrheit einer Erkenntnis zu zeigen. Man muß nämlich zunächst untersuchen, was wir mit solchen Prädikaten wie 'real' oder 'Tatsache' meinen, um dann erst klären zu können, was als diese harten und einer Manipulation durch uns sich widersetzenden Fakten angesehen werden dürfen. Die angebliche Relativierung des Begriffes der Wahrheit auf den Konsens einer Sprach- und Handlungsgemeinschaft geht gar nicht zu Lasten der Objektivität, die mit dem Begriff 'Wahrheit' signalisiert werden soll; sie ermöglicht im Gegenteil dessen Anwendbarkeit und damit Verständlichkeit, denn eine Erkenntnis oder eine Aussage kann nur dann als 'wahr', 'richtig' oder 'gültig' angesehen und auch so bezeichnet werden, wenn sie mit bestimmten Maßstäben und Standards der Beurteilung gemessen werden kann. Einen solchen Maßstab, ein solches Kriterium aber außerhalb des Sprechens über die Welt und außerhalb unserer Überzeugungen über die Wirklichkeit finden zu wollen, wäre ein sinnloses Unterfangen.

Was für eine transzendental vorgehende Konstitutionstheorie der Erkenntnis (und damit der Wirklichkeit) selbstverständlich ist - daß der Begriff der Welt streng transzendental und nicht ontologisch als die Gesamtheit der Gegenstände interpretiert werden darf -, dies hat Dewey mit seiner Übersetzung von Wahrheit in 'warranted assertibility', die die 'Konsensustheorie' übernimmt, pragmatisch-unspekulativ so zum Ausdruck gebracht, daß die "festgelegte Erfahrung", daß also die Unmenge der Alltagswahrheiten und unbezweifelten Überzeugungen "zum 'Barwert' des Begriffes der 'Welt'" erklärt wird.[181] Was Tatsachen sind, was die objektive Wirklichkeit ist, ergibt sich aus der gemeinsamen, für alle verbindlichen und selbstverständlichen Weltsicht. Deren Objektivität beruht in der routinemäßig eingespielten Gewöhnung: entweder, weil diese Erfahrungen immer wieder bestätigt werden oder weil man auf sie zum Überleben notwendigerweise angewiesen ist. Wollte man sie negieren, bräche das ganze alltägliche Leben zusammen.[182] Das Merkmal der Subjektunabhängigkeit, das gerade für die Tatsachen kennzeichnend sein soll, ist ihre 'objektive' Gültigkeit; objektive Gültigkeit kann aber nur bedeuten: ihre Unabhängigkeit von der Erfahrung einer ganz bestimmten Person oder einer privilegierten Erkenntnisart, so daß jeder an meiner Stelle die Sachverhalte im wesentlichen gleich sehen und ähnliche Erfahrungen machen würde. Aber diese Austauschbarkeit der Personen und Standpunkte läßt sich dann genauso gut so beschreiben, daß sich eine zwangloses Übereinstimmung über diesen Sachverhalt einstellen würde, weil er nicht aus einer besonderen und nur auf eine oder wenige Personen zutreffenden Perspektive gesehen wird.

Tatsachen sind also nicht so etwas wie vor einem liegende Gegenstände, die allein schon durch ihr Vorhandensein den Charakter einer objektiven Wirklichkeit hätten. Ein Sachverhalt ist für jemanden nur dann eine objektive Tatsache oder wirklich bestehend, wenn er erwarten kann, daß alle anderen oder wenigstens die überwiegende Mehrheit derjenigen, die als vernünftig gelten,[183] an seiner Stelle der gleichen Meinung wären. Insofern scheint die 'Konsensustheorie' in der Tat recht zu haben, daß der Begriff der Wirklichkeit methodisch sauber vom Begriff der Wahrheit her definiert werden muß, denn das zunächst für uns Gegebene sind nicht die Tatsachen, sondern die Prädikationen und Aussagen. Aus diesen wird dann diejenige Klasse als 'wahr' ausgezeichnet, die das aussagen, was jeder andere an meiner Stelle auch behaupten würde, und erst die 'Transsubjektivität' einer Aussage erlaubt es, von einer (objektiven) Tatsache zu sprechen. Die 'Konsensustheorie' hat damit auch recht, daß der Ausdruck 'wahre Aussage' auf eine Gemeinschaft verweist, weil deren potentielle Zustimmung oder zumindest die Unterstellung einer solchen Zustimmung es erlaubt, diesen Begriff von anderen abzugrenzen und so in seinen Merkmalen zu bestimmen.

2.631 Tatsachen und Aussagen

Trotzdem täte die 'Konsensustheorie' gut daran, die Plausibilität ihrer angeblich idealistischen, weil anti-realistischen Einstellung nicht zu sehr davon abhängig zu machen, daß im Begriff 'Tatsache' eine ganze Reihe von Fußangeln steckt, in die ein (erkenntnistheoretischer) Realist nur zu leicht hineintappt, wenn er in der formalen

Semantik nicht so ganz firm ist. Sie sollte gar nicht versuchen, die Verwendung der Formel 'entspricht den Tatsachen' madig zu machen, denn solche Formulierungen sind wirklich harmlos, solange nicht ein selbständiges Reich von Tatsachen geschaffen wird, zu dem dann ein unmittelbarer Zugang ohne das Medium sprachvermittelter Erkenntnis möglich sein müßte, um diese Tatsachen mit den Aussagen wirklich vergleichen zu können. Allerdings löst die Typendifferenz von Dingen und Ereignissen auf der einen, von Tatsachen und Sachverhalten auf der anderen Seite, die vor allem Habermas von Strawson übernimmt, die realen Sachverhalte nicht in etwas rein 'Sprachliches' auf, was immer dieser Vorwurf bedeuten mag. Es soll damit nur deutlich gemacht werden, daß die Rede von Tatsachen leicht in die Irre führen kann, wenn man vergißt, daß der Begriff der Tatsache wesentlich an das 'Sprachspiel' der Aussagen gebunden ist. "Auf eine Tatsache hinweisen heißt, etwas behaupten, aussagen. 'Auf eine Blume hinweisen' heißt das nicht." Oder einfacher gesagt: "Der Ausdruck, 'eine Tatsache beschreiben', oder 'die Beschreibung einer Tatsache', für die Aussage, die das Bestehen der Tatsache behauptet, ist auch irreführend, weil es so klingt wie: 'das Tier beschreiben, das ich gesehen habe'."[184] Tatsachen müssen semantisch definiert werden und sind nicht in irgendeiner anderen Weise als durch die gemachten Aussagen gegeben. Sie können zwar nicht unabhängig von diesen Aussagen bestimmt werden, aber dadurch werden Sachverhalte nicht identisch oder gar synonym mit 'Aussagen' und Tatsachen nicht mit 'wahren Aussagen'. Und doch läßt sich ihr, wenn man so will: ontologischer Status nur dann einigermaßen befriedigend im erkenntnistheoretischen Sinn klären, wenn man die Funktionen erhellt, die die sprachlichen Korrelate in den entsprechenden Sprachspielen erfüllen. Während man 'Namen' mit gewissen Einschränkungen als Bezeichnungen von 'Gegenständen' auffassen könnte, die Funktion von Namen also so etwas wie eine 'Referenz' ist, wäre die Annahme, 'Sachverhalte' oder 'Tatsachen' seien in analoger Weise die Referenz von 'Aussagen' oder 'wahren Aussagen', nur für denjenigen klar, der die Aufgabe der Sprache überhaupt nur im Benennen sieht. Aber dies ist eine Ansicht, die sich nicht einmal für die Namen im strengen Sinn aufrechterhalten ließe.[185] Aussagen dienen nicht dazu, abstrakte Gegenstände (wie Propositionen oder Sachverhalte) zu 'benennen' oder zu identifizieren. Ihre Funktion ist <u>nicht die Referenz</u>, sondern die <u>Prädikation</u>: eben zu behaupten, daß etwas der Fall ist, daß etwas die und die Eigenschaften hat usw.

Die Streitfrage zwischen der realistischen Korrespondenztheorie und der transzendentalpragmatischen 'Konsensustheorie', ob man wegen der objektiven Gültigkeit wahrer Aussagen nicht gezwungen sei, Tatsachen als ontologische, sozusagen gegenständliche Korrelate der sprachlichen Aussagen anzunehmen, hat viel von ihrer angeblichen Klarheit eingebüßt. Zwar ist jetzt noch weniger deutlich, welchen 'ontologischen' Status die Tatsachen besitzen - der Ausweg von Strawson, den Sachverhalt als "the pseudomaterial correlate of the statement as a whole" zu bezeichnen, ist so offensichtlich eine Verlegenheit, daß sogar Habermas, der ihm sonst weitgehend folgt, nicht viel damit anzufangen weiß, weil auch er zu gerne wüßte, "was in diesem Zusammenhang 'pseudomaterielle Entsprechung' heißen soll" (1973d, 385). Aber zumindest ein positives Ergebnis hat die transzendentalpragmatische Wahrheitskonzeption der 'Konsensustheorie' gezeitigt: Die Probleme, mit denen die formale Semantik zu kämpfen hat, ergeben sich aus einer falschen Sicht der Sprache. Wenn die Sprache als ein Spiel mit zunächst uninterpretierten Zeichen, als ein Kalkül angesehen wird, dann stellt sich natürlich als das Hauptproblem dar, wie die Zeichen (die Lautgebilde, die Marken auf dem Papier) Bedeutung erlangen können, was dann heißt: wie die Kluft zwischen ihnen und der Wirklichkeit, auf die sie verweisen sollen, überbrückt werden kann. Der bloße Hinweis auf die Existenz von Tatsachen oder das Beharren auf dem Begriff der Wahrheit als 'Entsprechung' von 'Satz' und 'Tatsache' kann dann überhaupt nicht weiterhelfen. Die Wahrheit einer Aussage als deren 'Übereinstimmung mit den Tatsachen' zu erklären, ist somit nicht bereits die Lösung der Aufgabe, die Bedeutung von 'Wahrheit' zu bestimmen; es ist erst der Anfang, weil diese verkürzende Formel nur dann etwas erklärt, wenn man schon grundsätzlich weiß, was Tatsachen sind. Dies jedoch weiß man, wenn man das Sprachspiel[186] zu beherrschen gelernt hat, in dem die Ausdrücke 'Tatsache' oder 'Sachverhalt' aufscheinen - eben die assertorische Rede, denn einen Aussagesatz verstehen heißt, bereits zu wissen, was Tatsachen sind, und deshalb können die Begriffe 'Wahrheit' und 'Tatsache' nur zugleich erklärt werden.

Allerdings unterliegt die 'Konsensustheorie' selbst einem "objektivistischen Schein", um ihren Vorwurf gegen die Korrespondenztheorie an sie zurückzugeben. Sie verläßt nämlich ihren sprachpragmatischen Ausgangspunkt und wird ihrem methodischen Prinzip untreu, wenn sie den Unterschied zwischen 'Gegenstand' und 'Sachverhalt' (oder 'Tatsache') zu sehr herausstreicht und gar nicht bemerkt, daß Erfahrungsgegenstände und Aussagen viel enger zusammengehören. Dieses Versehen verdankt sich wohl einem nie ganz geklärten beinahe positivistischen Begriff der Erfahrung und der unbegründeten Furcht, selbst des Positivismus' geziehen zu werden, wenn man der Erfahrung in Sachen 'Wahrheit' eine zu wichtige Rolle einräumt. Dadurch muß dann bei dem einen oder anderen Kritiker der Verdacht neue Nahrung erhalten, daß es sich bei der 'Konsensustheorie' um einen "Idealismus" handle, "der das Realitätsseitige der Sprache - worauf sich Sprache bezieht - nicht mehr einzuholen imstande ist".[187]

2.64 Die 'Konsensustheorie' als eine sprachpragmatische 'Kohärenztheorie'

Um es noch einmal zu wiederholen: Die 'Konsensustheorie' will nicht im mindesten die Objektivität von Tatsachen im Sinne einer Nichtmanipulierbarkeit durch die Erkenntnis und transsubjektiven Geltung abstreiten, obwohl ihr transzendentaler Ansatz für erkenntnistheoretische Realisten den Eindruck erwecken muß, als werde die objektive Wirklichkeit zu einem fast nach Belieben formbaren Substrat, zu einer Funktion von Interpretationen und Konventionen. Die 'Konsensustheorie' kann weder als 'Idealismus' (was immer dies jeweils heißen mag) noch als Konventionalismus abqualifiziert werden. Im Grunde geht es ihr allein darum, die Objektivität, die der Wirklichkeit und den Tatsachen zugeschrieben wird, methodisch sauber und dem transzendentalen Grundsatz entsprechend zu entwickeln, der eine Reflexion der (inter-)'subjektiven' Konstitutionsbedingungen der Gegenstandsbereiche der Erfahrung verlangt. Die Wirklichkeit, in der wir leben, kann uns nie so begegnen, wie sie an sich ist, sondern immer nur als bereits 'gesellschaftlich konstruierte'[188] und interpretierte. Deshalb sind die primären Daten, die angeblich unmittelbaren 'Gegebenheiten', wenn man schon solche suchen zu müssen glaubt, die Interpretationen, die die Menschen in ihrem Leben und in ihrem Umgang mit den Dingen und ihren Mitmenschen sich 'immer schon' von der Wirklichkeit machen. Daß etwas wirklich ist und somit die Aussage, die dies behauptet, wahr, heißt dann, wenn es sich um eine wissenschaftliche Wahrheit handelt, daß diese Behauptung nach gründlicher Prüfung und Diskussion in der jeweiligen 'scientific community' wegen des Konsenses der kompetenten Fachkollegen akzeptiert wird, und zwar deshalb, weil sich keine vernünftige Alternative anbietet, diese Aussage zu bezweifeln.[189] Wenn es sich um eine Wahrheit des alltäglichen Lebens handelt, meint dieser Ausdruck, daß die Aussage mit den unbestrittenen Ansichten und unseren grundlegenden Überzeugungen so in Einklang steht, daß die Negation dieser Aussage das Ausscheren aus der Gemeinschaft der vernünftigen Leute bedeuten würde. Das korrespondenztheoretisch-realistische Moment, ohne das die 'Konsensustheorie' angeblich doch nicht auskommen könne, will sie nicht mutwillig die Objektivität der Wahrheit aufs Spiel setzen, entpuppt sich in Wirklichkeit als kohärenztheoretisches Moment,[190] da durch die Forderung der Begründbarkeit für wahre Aussagen der

Nachweis erbracht werden kann, daß sie in den Rahmen der allgemein akzeptierten Überzeugungen gehört und so selbst in vernünftiger und verläßlicher Weise behauptet werden darf. Es steckt also auch im 'Konsensusbegriff der Wahrheit' so etwas wie ein Vergleich, allerdings nicht des Satzes als eines rein sprachlichen Gebildes mit einer sprachunabhängigen Tatsache als dem Maßstab, sondern ein Vergleich der tatsächlich gemachten Aussage mit den Aussagen, die jeder Vernünftige akzeptiert oder die nach einer vernünftigen, d.h. sachlichen und nicht von willkürlichen Einfällen oder Zwang geprägten Argumentation allgemeine Anerkennung finden <u>würden</u>. Für die Wahrheit kann es keinen archimedischen Punkt <u>außerhalb</u> unserer Erkenntnis und <u>außerhalb</u> unserer 'Theorien' geben, die wir uns über die Wirklichkeit machen. Wenn es überhaupt einen objektiven Maßstab gibt, an dem sich die Wahrheit einer Aussage oder Theorie ablesen läßt, kann er nur <u>in den Aussagen über die Wirklichkeit</u> gefunden werden und nirgendwo sonst. Der einzige Test, ob der Begriff der Wahrheit eine sinnvolle Konzeption ist, die auch <u>Verwendung</u> finden kann, ist der Versuch, ob unter vernünftig diskutierenden Menschen zwanglos, d.h. ohne Gewalt und ohne rhetorische Tricks, eine Übereinstimmung über die in Frage stehenden Aussagen hergestellt werden kann, so daß die zu prüfende Behauptung zu den allgemein anerkannten und unser Leben tragenden 'Wahrheiten' paßt. Oder bedeutet 'Objektivität der Wahrheit' wirklich etwas anderes als die Tatsache, daß sie unabhängig von partikulären Standpunkten gilt?

Das Vorgehen der 'Konsensustheorie' könnte man mit den Versuchen der 'Protologik' und 'Protophysik' vergleichen,[191] wenn ihr Vorhaben nicht weit ehrgeiziger wäre. So wie jene Disziplinen die formalen Grundkategorien aufstellen wollen, denen alles unterworfen sein muß, das überhaupt ein Gegenstand dieser Bereiche werden kann, so soll eine Art von 'Protokommunikation' die Regeln und Bedingungen skizzieren, unter denen etwas als 'Tatsache', als etwas wirklich in der Welt Existierendes angesehen werden kann. Etwas als objektive Wahrheit zu behaupten, setzt daher nicht die Idee eines Vergleichs der Aussage mit einer von jeder Erkenntnis unberührten Wirklichkeit voraus. Es setzt vielmehr eine Übereinstimmung dieser Aussage mit jener Aussage voraus, die sich unter idealen Kommunikationsbedingungen ergäbe. Wenn die transzendentalphilosophisch vorgehenden Theorieentwürfe von einer 'subjektiven' Konstitution der Wirklichkeit sprechen, meinen sie doch nicht, daß das transzendentale Subjekt - im Falle der 'Konsensustheorie': die ideale Kommunikationsgemeinschaft - die Wirklichkeit sozusagen aus dem Nichts schaffen oder produzieren können muß. Die Konstitution der Wirklichkeit darf nicht mit der Herstellung eines unabhängig existierenden Gegenstandes verwechselt werden, vergleichbar der aristotelischen poíesis. Sie muß als das Handlungsschema "der sukzessiven Einschränkung der Unbestimmtheit des gegenständlich Gegebenen" gesehen werden, durch die dieses Gegebene "zu einem bestimmten Gegenstand bestimmt wird." [192] Etwas in der Welt wird erst dann zu einem Gegenstand, d.h. von anderen Gegebenheiten unterscheidbar, wenn von ihm bestimmte Eigenschaften ausgesagt und bestimmte Sachverhalte festgestellt werden können. Gesichtspunkte für Prädikationen sind aber 'subjektiv' [193] und haften nicht von Natur aus an den Gegenständen. Und deshalb ist, salopp gesprochen, die Gemeinschaft der miteinander sprechenden und miteinander handelnden Menschen und nicht der Gegenstand selbst dafür zuständig, ob eine Aussage über ihn wahr ist.

2.7 Der 'rationale Konsens' als regulative Idee

Die Frage, ob Tatsachen ein notwendiges Erfordernis seien, um die Objektivität des Wahrheitsbegriffes zu garantieren, enthüllte auf der einen Seite, daß sich die Vertreter der 'Konsensustheorie' und der 'Korrespondenztheorie' (absichtlich?) gegenseitig mißverstehen, machte aber auf der anderen Seite auch deutlich, daß diese Mißverständnisse ihr fundamentum in re in den unterschiedlichen erkenntnistheoretischen, um nicht zu sagen: metaphysischen Grundüberzeugungen finden. Die 'Konsensustheorie' unterstellt jeder Korrespondenzauffassung als unausweichliche Konsequenz das Postulat einer radikal sprachunabhängigen Wirklichkeit, weil in den Augen der analytischen Semantiker andernfalls Wahrheit mit epistemischer Wahrheit, dem bloßen Für-wahr-halten, identifiziert würde. Daß dieser Einwand an Tarski abprallt, ist schon mehrfach erwähnt worden. Er könnte höchstens die nicht ausdrücklich gemachte Grundüberzeugung mancher Anhänger der semantischen Wahrheitstheorie treffen, die ungewollt einem "metaphysischen Realismus" (Putnam) huldigen. Man tut aber der empirisch-analytischen Wissenschaftstheorie insgesamt weniger unrecht, wenn man ihr Festhalten am Korrespondenzbegriff als den Ausdruck einer realistischen Haltung im erkenntnistheoretischen Sinn interpretiert,[194] die sich gegen jeden Konventionalismus wehrt, von der 'idealistischen' Auffassung von Theorie ganz zu schweigen, für die immer ein angebliches Hegelzitat herhalten muß: "Umso schlimmer für die Tatsachen!" Als Konsequenz würde sich dann freilich abzeichnen, daß vom Begriff der Wahrheit als 'Übereinstimmung von Satz und Tatsache, von Theorie und Realität' kaum mehr übrigbleibt als die regulative Idee des wissenschaftlichen Forschungsprozesses, sozusagen ein idealer, aber asymptotischer Grenzwert, aber damit befände man sich in nächster Nähe eines peirceschen Kantianismus, also gar nicht so weit von der 'Konsensustheorie' entfernt.

Aber auch die Bedenken der angeblich objektiven Korrespondenzauffassung gegen den hoffnungslos subjektivistischen Konsensusbegriff arbeiten mit einer komplementären Unterstellung. Man tut so, als würde für die 'Konsensustheorie' letztlich doch ein <u>faktischer</u> Konsens einer bestimmten Gruppe von 'kritischen' Wissenschaftlern die Funktion der unumstößlichen Wahrheit übernehmen, und zwar notwendigerweise. Die Gründe dafür liegen auf der Hand. Die 'Konsensustheorie' hält für das Verständnis der Bedeutung von Wahrheit nicht viel von den gängigen Unterscheidungen zwischen dem Begriff der Wahrheit, dem Kriterium oder Test der Wahrheit, der Verifizierbarkeit usw., weil sie der Ansicht ist, daß sich das 'Wesen der Wahrheit' nur in dieser Einheit von Wahrheitsbegriff und Verifikationsverfahren, von Wahrheit und Rechtfertigung bestimmen läßt. Weil aber diese Grundintention als illegitime Verwischung unterschiedlicher Fragestellungen und als der vergebliche Versuch einer strengen Definition von Wahrheit angesehen wird, kann es sich für einen Logiker beim Konsensusbegriff nur um ein Wahrheitskriterium handeln. Aber die Rolle eines <u>anwendbaren Tests</u> kann dieser nebulose Konsens einer transzendentalen Sinnbedingung gar nicht übernehmen. Dies könnte nur ein empirisch nachprüfbarer und reproduzierbarer Konsens. Die 'Konsensustheorie' täte daher gut daran, derartigen Fehlinterpretationen von vornherein den Boden zu entziehen, vielleicht sogar dadurch, daß die Bezeichnung 'Konsensustheorie' ganz aus dem Verkehr gezogen wird, weil dieser Name die Erwartung zwangsläufig in falsche Bahnen lenkt - ein Vorschlag, den Habermas beherzigt, wenn er jetzt lieber von der Diskurstheorie der Wahrheit spricht.[195] Denn einfach von 'Konsensustheorie der Wahrheit' zu reden, macht es den Gegnern allzu leicht, darauf zu beharren, daß die 'Konsensustheorie' die ihr genehmen Aussagen und Theorien per Mehrheitsentscheidung für wahr erklären wolle und so der 'Politisierung der Wissenschaft' eine (pseudo-)theoretisches Mäntelchen umhänge.[196] Eigentlich ist es vollkommen überflüssig zu betonen, daß eine solche Interpretation der 'Konsensustheorie' absurd ist, selbst wenn man zugeben muß, daß sie überhaupt keine Anstrengungen unternimmt, den Begriff des Konsenses genauer zu klären oder gar nach Umfang, Ausmaß oder Intensität zu operationalisieren. Dies wäre sicherlich keine unbillige Forderung, da man unter 'Konsens' wirklich alles mögliche verstehen kann. Man hätte sogar das gute Recht zu behaupten, daß der Begriff des Konsenses um einiges nebuloser sei als der Begriff der Wahrheit, der durch ihn 'erklärt', d.h. verständlicher gemacht werden soll. Es scheint hier wiederum ein Fall "der philosophischen Krankheit einer obscurum per obscurius Erklärung" vorzuliegen.[197] Immerhin wird aus den vagen Beschreibungen deutlich, daß damit nicht ein empirischer Konsens gemeint sein kann. Man kann nämlich eine Unmenge von Zitaten anführen, die ihn als 'echten', 'rationalen', 'idealen' oder pleonastisch als 'wahren' Konsens apostrophieren, wobei man die Idealität dieses Konsenses am auffälligsten daran ablesen kann, daß er mit irrealen Konditionalsätzen umschrieben wird, die seinen hypothetischen und kontrafaktischen Charakter gar nicht verschleiern wollen. Durch diese Satzkonstruktionen soll ein Großteil der Idealisierungen, die aus dem Begriff der Wahrheit wirklich nicht wegzudenken sind, abgedeckt werden. Wenn nun jemand der Ansicht ist, derartige Konditionalsätze seien durch die Bank wertlos, muß er gerade von einem Logiker darauf aufmerksam gemacht werden, daß wir nicht nur in den exakten Wissenschaften, sondern auch im Alltag ständig von solchen irrealen Konditionalsätzen Gebrauch machen, weil der Glauben an die Wahrheit so mancher unter ihnen für unser Handeln von der größten Relevanz sei.[198]

Der Vorwurf gegen die 'Konsensustheorie der Wahrheit', der von ihr bemühte Konsens sei entgegen ihrem Anspruch auch "nicht greifbarer als die Realität der Realisten", da er nur "imaginär" sei,[199] braucht sie auf der prinzipiellen Ebene der Begriffsklärung nicht besonders zu schrecken.

Denn hier geht es zunächst nur darum, die Bedeutung des Begriffes 'Wahrheit'[200] zu erklären, und zu diesem Zweck genügt es vollständig gezeigt zu haben, daß für ein Verständnis der Idee der Wahrheit die Vorstellung eines auf dem Weg einer rationalen Diskussion zu erreichenden Konsenses die Leitfunktion übernehmen kann. Noch pointierter gesagt: Es muß eine Art von notwendiger Zusammengehörigkeit beider Konzeptionen angenommen werden, denn zu behaupten, eine Aussage sei wahr, und zugleich einzuräumen, es sei durchaus möglich, daß alle kompetenten und ehrlichen Menschen in vernünftiger Weise das Gegenteil behaupten könnten, dies klänge doch ziemlich absurd. Natürlich ist dies kein streng logischer Beweis für die formale Identität beider Begriffe, aber die Bedeutung von Wahrheit kann auf diese Weise verständlicher werden. Was aber wichtiger ist: Die Frage, ob ein solcher Konsens als Wahrheitskriterium in Frage komme oder gar, wie sich empirisch feststellen lasse, ob ein rationaler Konsens tatsächlich vorliegt, oder wie man das Erreichen und somit die Reproduzierbarkeit eines solchen Konsenses garantieren könne, all diese Fragen können zunächst in aller Ruhe wegeschoben werden. Nicht als ob mit dieser Strategie die Waffen der Logiker, mit denen Wahrheitstheorien wie die 'Konsensustheorie' aus dem Feld geschlagen werden sollen, jetzt gegen die Logiker selbst gewendet würden! Aber es soll der Finger darauf gelegt werden, daß die 'Konsensustheorie' auf der sozusagen semantischen Ebene der Klärung der Sinnbedingungen eines Begriffes noch nicht genötigt sei, diese Idee des Konsenses zu operationalisieren, sei es daß sie die Intensität, den Grad oder die Art dieser Übereinstimmung bestimmen müsse - ob es eine ausdrücklich erteilte Zustimmung sei oder nur eine stillschweigende, ob es eine bloß verbale Übereinstimmung sei oder ein 'Einverständnis', das sich auch in entsprechenden Handlungen äußert usw. -, sei es daß sie Techniken der 'Messung' von Konsens anbieten sollte, wie es einige soziologische 'Konsenstheorien' versuchen.[201] Es genügt auf dieser Stufe vollkommen nachzuweisen, daß der Begriff der Wahrheit, daß das, was gemeint ist, wenn man eine Behauptung oder eine Aussage als wahr bezeichnet, sich am einfachsten und auch am besten so erklären läßt, daß man diese Frage vom Kontext der Begründungs- oder Rechtfertigungsfähigkeit angeht. Die Absicht, durch Gründe und Argumente <u>überzeugen</u> zu wollen und nicht durch Überredung oder Gewalt den andern zur eigenen Ansicht zu bekehren, erscheint in der Tat absurd, wenn man nicht von vornherein die Möglichkeit einer zwanglos erreichbaren Übereinstimmung in dieser Frage annähme. Insofern darf schon der Eröffnungszug einer Argumentation - eine Behauptung, mit dem Anspruch, wahr zu sein - von diesem Ergebnis her definiert werden, d.h. der Anspruch auf Wahrheit, der eine sprachliche Äußerung zu einer Behauptung macht, ist mit der festen Überzeugung identisch, daß man auch die anderen Gesprächspartner in zwangloser Weise dazu bringen kann, dieser Aussage zuzustimmen.

Sobald man einmal daraufgekommen ist, daß Tarskis formale Rekonstruktion des Begriffes der wahren Aussage den an sie gestellten Anforderungen zwar vollkommen gerecht wird, aber zu einem besseren Verständnis von Wahrheit nicht viel weiter hilft, wird man geneigt sein, wie die 'Konsensustheorie' diesen Begriff aus der dünnen Atmosphäre der formalen Logik in die nicht ganz so abstrakt erscheinende "Logik der Argumentation" und der "Rede für und wider" herunterzuholen.[202] Nicht die Suche nach einem sozusagen punktuellen Synonym, mit dessen Hilfe dann der Ausdruck 'wahr' ersetzt und somit vermieden werden könnte, kann das Ziel einer Wahrheitstheorie sein, sondern der Versuch, eine "Kartographie" dieses Begriffes (Ryle) zu erstellen: die relevanten Kontexte, in denen er vorkommt; die Voraussetzungen für sein Verständnis; die Zwecke seiner Verwendung, aber auch die möglichen Konsequenzen für unser Verhalten usw. Ob die 'Konsensustheorie' hierfür der Königsweg ist, soll damit nicht behauptet werden. Aber daß sie wesentliche Aspekte herausarbeitet, die, wenn auch meist unausgesprochen, in unser Verständnis von 'Wahrheit' einfließen und es vielleicht sogar leiten, dies dürfte man ihr kaum abstreiten. Und auch ihre (stellenweise überzogene) 'Destruktion'[203] der Korrespondenztheorie als der wissenschaftlich-philosophischen Standardauffassung von Wahrheit kann etwas deutlicher machen, daß nicht alle Fragen, die sich die Philosophen stellen, schon deshalb sinnvoll sind, weil sie mit dem common sense in Übereinstimmung stehen sollen - wie im Falle der Wahrheit die 'Überbrückung' der Kluft zwischen Subjekt und Objekt, zwischen Sätzen und Tatsachen -, denn auch die angeblich unmittelbare Erfahrung des gesunden Menschenverstandes ist interpretierte, von theoretischen Annahme durchsetzte und geleitete Erfahrung, d.h. sie ist letztlich auch nur soviel wert wie die sie leitenden Überzeugungen.

Aber - und dies ist die Kehrseite einer transzendentalen Reflexion auf die notwendigen Sinnbedingungen des Begriffes der Wahrheit: Derartige Erkenntnisse sind nicht gerade überwältigend, wenn nichts darüber gesagt wird, wie diese Idee des rationalen Konsenses inhaltlich verstanden werden soll, und solange das entsprechende Verfahren, die Berechtigung des mit Aussagen erhobenen Anspruchs auf Wahrheit nachweisen zu können, ziemlich vage als 'Argumentation' beschrieben wird. Diese Spezifizierung ist noch viel zu allgemein, da auf den verschiedenen Gebieten, in denen argumentiert wird - und dies gilt selbst für den eingeschränkten Bereich der wissenschaftlichen Argumentation - jeweils ganz verschieden argumentiert wird, weshalb die Kriterien für die Rationalität einer Argumentation und somit auch für die Rationalität eines Konsenses gar nicht so selbstverständlich als allgemeingültig unterstellt werden dürfen. Macht nun die 'Konsensustheorie' in diesem Punkt mit Wittgensteins Ansicht ernst, daß es sich beim Begriff der Argumentation nur um eine 'Familienähnlichkeit' handle, daß es also nicht ein einziges Merkmal geben müsse, das gewissermaßen das 'Wesen' dessen ist, was 'Argumentation' bedeutet, und sich deshalb in allen Formen des Argumentierens finden müsse? Wohl kaum, denn sonst bliebe nicht nur ihre Kritik an der Vorgehensweise 'szientistischer' Wissenschaftler, sondern auch deren Polemik gegen die 'Konsensustheorie' unverständlich, da doch sogar die Methode der Kritik in dieser Allgemeinheit als "Herstellung eines Konsenses" interpretiert werden könnte.[204] Die 'Konsensustheorie der Wahrheit' plädiert ja nicht ganz abstrakt für eine 'Intersubjektivitätstheorie der Wahrheit',[205] sondern für eine ganz spezielle Art von Intersubjektivitätstheorie. "Die potentielle Zustimmung aller anderen" als "die Bedingung für die Wahrheit von Aussagen" zu erklären, ist, ähnlich der Korrespondenzformel, nicht viel mehr als der <u>erste</u>, wenn auch grundlegende Schritt und nicht schon die endgültige Antwort auf die Frage nach der Bedeutung des Begriffes der Wahrheit. Wahrheit ist doch nicht nur die approximative Idee für den Prozeß der wissenschaftlichen Forschung im ganzen; Wahrheit wird doch auch einzelnen Aussagen zugeschrieben, d.h. eine Definition von Wahrheit (um noch einmal den eingebürgerten, wenn auch schief liegenden Namen für die Aufgabe einer Wahrheitstheorie im strengen Sinn zu verwenden) ist unbrauchbar und damit auch letztlich unverständlich, wenn nicht angegeben wird, auf welchem Wege man dahin gelangen kann, wenn also keine Kriterien und Verfahren prinzipieller Art angegeben würden, wann es sich um einen rationalen Konsens handelt und nicht um einen "trügerischen".

Deshalb muß der weitergehende Anspruch der 'Konsensustheorie der Wahrheit' geprüft werden: daß Wahrheitsfragen nur im Diskurs, nur in einer idealen Argumentation entschieden werden können. Für sie gehören nicht nur die Begriffe 'Wahrheit' und 'Konsens' untrennbar zusammen, sondern auch die Begriffe 'Wahrheit' und 'Diskurs'.

3. Kritische Diskussion der 'Konsensustheorie der Wahrheit': die 'Konsensustheorie' als Wahrheitstheorie im weiten Sinn

3.0 Der Wechsel der Fragestellung

Der erste, sozusagen semantische Teil der Diskussion ist in etwa abgeschlossen. Ob allerdings die Argumente zugunsten des starken Anspruchs der 'Konsensustheorie', eine Wahrheitstheorie im strengen Sinn zu sein, also die <u>Bedeutung von Wahrheit</u> erklären zu können, überzeugt haben, hängt davon ab, wie weit man bereit ist, mit dem 'principle of charity' gegenüber ihren Formulierungen mitzugehen. Erschwerend kommt noch hinzu, daß man geneigt sein muß, die transzendentale Sprachpragmatik als ein philosophisch seriöses Unternehmen anzusehen und nicht als eine dialektische Scharlatanerie, die triviale Erkenntnisse zu philosophischen Einsichten von höchstem Wert aufbauschen will. Das Dilemma der transzendentalen Fragestellung[206] - in unserem Fall: der Frage nach der Bedingung der Möglichkeit des <u>Verstehens</u> von 'Wahrheit' - ist offenkundig: es fällt nicht leicht, einem Andersdenkenden, will heißen: einem erkenntnistheoretischen Realisten, diese Denkweise plausibel, geschweige denn etwas schmackhaft zu machen,[207] während dem Eingeweihten alles selbstverständlich und eines besonderen Arguments nicht bedürftig erscheint. Außerdem hat ein Logiker einige Schwierigkeiten, ziemlich konkrete, ja scheinbar empirische Begriffe wie 'Konsens', 'Komunikationsgemeinschaft' als unvermeidliche Sinnbedingungen der Verstehbarkeit eines Begriffes zu nehmen. Er wäre aber durchaus bereit zuzugeben, daß derartige Sinnbedingungen idealer, ja kontrafaktischer Natur sein können, ohne daß dadurch ihrer Brauchbarkeit für ein Sinnverstehen Abbruch getan würde. Der 'rationale Konsens', der helfen soll, die Bedeutung von Wahrheit verständlicher zu machen, kann dieser Aufgabe schon als Idee und hypothetische Annahme gerecht werden, ohne daß an genötigt wäre, nach den Bedingungen seiner Verwirklichung und nach seiner empirischen Gestalt zu fragen. Zudem hatte sich herausgestellt, daß die scheinbar so klargeschnittenen Konturen der Front zwischen der 'realistischen' Korrespondenztheorie und der konstruktivistisch-'idealistischen' Konsenstheorie, die auch als sprachpragmatische Kohärenztheorie gedeutet werden könnte, verschwimmen, sobald man darauf besteht, daß die Frage nach der Gültigkeit von Aussagen (oder Erkenntnissen) von deren lebenspragmatisch-sprachlichen Einkleidung nicht zu lösen ist. Kurzum, alle drei genannten Positionen scheinen irgendwie recht zu haben, und das Ausspielen der einen gegen die andere erweckt eher den Eindruck, daß nicht nur rationale Gründe den Ausschlag geben.

Die Sachlage ändert sich jedoch beträchtlich, wenn man von der Ebene transzendentaler Sinnbedingungen herabsteigt und sich fragt, ob die Idee eines rationalen Konsenses ein brauchbarer Maßstab sein könnte, um etwas über die Wahrheit einer konkreten Aussage oder einer bestimmten Theorie auszumachen. In der blassen Abstraktheit einer für das Verstehen unabdingbar vorauszusetzenden Idee unterscheiden sich 'Konsens', 'Korrespondenz' und 'Kohärenz' nicht sonderlich. Ob ein solcher Konsens überhaupt realisiert werden kann, oder anders gefragt: wie man einen rationalen Konsens von einem nur scheinbaren unterscheiden kann, wird erst wichtig, wenn es darum geht, einzelne Aussagen auf ihre Wahrheit hin zu <u>überprüfen</u>. Dann muß man Farbe bekennen, und die Ausflucht auf die sinnkritische Ebene hilft da nicht weiter. Selbst wenn die 'Konsensustheorie' rechthaben sollte, daß die üblichen Unterscheidungen von Begriff, Kriterium der Wahrheit, Methode der Verifikation usw. dem vollen und ursprünglichen Verständnis der Bedeutung von Wahrheit im Wege stehen und die Aufgabe einer Wahrheitstheorie eher erschweren, muß sie sich diesen Fragen stellen - nicht zuletzt deshalb, weil sie selbst den Konsens ausdrücklich auch als "Wahrheitskriterium" und als die "Bedingung der Wahrheit" ausgibt.[208]

Die Verschiebung der Problemstellung von der Bedeutung des <u>Begriffes</u> 'Wahrheit' zum <u>Kriterium</u>

der Wahrheit bietet sich damit von selbst an. Sie hat daneben eine positive Seite. Auch wenn man nicht bereit wäre, die 'Konsensustheorie' als eine Wahrheitstheorie im strengen Sinn zu akzeptieren, wäre sie nicht vollständig desavouiert, wenn es ihr statt dessen gelänge, sich als erfolgreichen Wahrheitstest zu erweisen oder als ein Verfahren, wie man am besten wahre Aussagen gewinnt.[209] Für die folgenden Ausführungen ist allein die Frage wichtig, ob eine Methode, die zu ihrem Ziel hat, einen Konsens in einer Argumentation herzustellen, auch dafür garantieren kann, daß damit die Wahrheit der zur Diskussion stehenden Aussagen sichergestellt wird (die Wahrheit im normalen, wenn auch vagen Alltagsverständnis), so daß dieser Konsens ein brauchbares Wahrheitskriterium wäre. Oder im Vorgriff etwas anders gefragt: ob die Idee eines 'begründeten' Konsenses auf 'herrschaftsfreie Kommunikation' verweise, weil nur unter den Bedingungen einer idealen Sprechsituation die Gewähr bestehe, daß die erzielte Übereinstimmung rational, und nur unter solchen Bedingungen ein rationaler Konsens reproduzierbar sei. Mit dieser veränderten Fragestellung treten nicht nur die gegensätzlichen Standpunkte wieder besser heraus; die 'Konsensustheorie' stünde dann für einen Anhänger Tarskis nicht mehr so ganz im trüben Licht da. Sie würde nämlich in diesem Fall nicht (mehr) behaupten, 'Wahrheit' und 'rationaler Konsens' seien bedeutungsgleich, sie wäre etwas vorsichtiger und würde sagen: Die Bedingungen dafür, daß eine Aussage als wahr gelten darf, sind identisch mit den Bedingungen, unter denen ein rationaler Konsens erzielt werden kann.[210]

3.1 Diskurs und wissenschaftliche Diskussion

Das Unbehagen, Wahrheit als diskursiv einlösbaren Geltungsanspruch von Aussagen zu bestimmen, wäre kaum zu erklären, wenn die Bezeichnung 'Diskurs'[211] nur ein Neologismus für die altbekannte 'wissenschaftliche Diskussion' wäre. Auf weite Strecken hin ist auch nicht mehr damit gemeint, wenn behauptet wird, daß sich Wahrheitsfragen allein durch Diskurse entscheiden ließen, denn "der Normalfall des Diskurses" ist die wissenschaftliche Diskussion (Habermas 1971a,121).[212] Die für manche Wissenschaftler überzogene Zuordnung der Wahrheit zum Diskurs - als ob über die Wahrheit einer Aussage allein durch Reden entschieden werden sollte und nicht durch Beobachtungen und Experimente - könnte einer geisteswissenschaftlich-philosophischen Einseitigkeit der Konsenstheoretiker zugute gehalten werden,[213] aber sie verlöre viel von ihrer scheinbar provozierenden Schärfe, wenn man darin nur die Abwehr eines kruden Empirismus erblickte, für den Hypothesen unmittelbar durch Beobachtungen getestet werden. Aber dies wäre gar nicht spezifisch konsenstheoretisch, denn einen so extremen Verifikationismus vertreten (mindestens seit Poppers Kritik am 'Wiener Kreis') kaum noch die Wissenschaftstheoretiker, höchstens einige Verfechter einer empirischen Psychologie oder Sozialwissenschaft. Gerade für die <u>analytische</u> Wissenschaftstheorie gilt: Hypothesen und Theorien können nur mit anderen Aussagen oder Hypothesen konfrontiert werden. Beobachtung und Experiment können nur dann über die Wahrheit einer Aussage entscheiden, wenn sie selbst in die Form sprachlicher Daten gebracht worden sind, da über die Gültigkeit von Erkenntnissen nur mit Hilfe einer logischen Ableitung (wie z.B. dem Hempel-Oppenheim-Modell der wissenschaftlichen Erklärung) befunden werden kann.

3.11 Die Erfahrungsfreiheit des Diskurses

Der Vorschlag, den Diskurs ganz einfach als die gewöhnliche wissenschaftliche Argumentation anzusehen, scheint aber nicht akzeptabel zu sein, weil die "Wahrheit einer Aussage" streng von der "Objektivität der Erfahrung" abgesetzt wird und für beide jeweils unterschiedliche [214] "Aprioris" postuliert werden: 'Wahrheit' gehört zum "Argumentationsapriori" und zeigt sich deshalb nur "in erfolgreichen Argumentationen", während sich 'Objektivität' "am kontrollierten Erfolg der auf . . . Erfahrungen gestützten Handlungen" bewährt (Habermas 1973c, 233). Wahrheitsfragen sind Fragen nach der Gültigkeit einer Erkenntnis und werden allein im Diskurs entschieden, der seinerseits so sehr von der 'Erfahrung' abgekoppelt wird, daß fast der Eindruck entsteht, die Erfahrung habe praktisch nichts für die Wahrheit einer Aussage beizutragen, weshalb man geneigt sein könnte, der 'Konsensustheorie' den "Wirklichkeitsbezug" abzusprechen.[215] Diskurse sind nämlich "erfahrungsfrei"; sie geben "keinen Raum für Prozesse der Gewinnung von Informationen", da im diskursiven Prozeß "nichts erzeugt" wird "außer Argumenten" (Habermas 1973d, 386). Auch das für Diskurse einzig zugelassene Motiv - "das Motiv kooperativer Wahrheitssuche" - entpuppt sich in Wirklichkeit als das Motiv der "kooperativen Verständigungsbereitschaft" (Habermas 1973c,214): Ist doch die "spezifische Leistung des Diskurses" nichts anderes als "eine Verständigung, und das heißt einen wirklichen Konsensus herbeizuführen" (Habermas 1971a, 122).

Solche eindeutigen Formulierungen machen natürlich die Kritiker hellhörig, zumal es immer noch um die Wahrheit von Aussagen geht, also um den theoretischen Aspekt dieses Begriffes und nicht um irgendwelche 'praktischen' Wahrheiten. Daß die Bestimmung des Diskurses als 'erfahrungsfrei' allem Anschein nach der pragmatischen Ausgangsbasis der 'Konsensustheorie' widerspricht,[216] könnte noch verschmerzt werden. Aber ohne Frage legt die 'Konsensustheorie' hier ihre wahren Interessen bloß, während sie sonst nur verschleiert werden, wenn so getan wird, als ginge es beim Diskurs um eine 'rationale' Argumentation, als sei der in Diskursen zugelassene 'Zwang' allein der des besseren Arguments. Eine Methode, die zu ihrem einzigen Zweck die Verständigung unter den Wissenschaftlern habe, könne schon von vornherein nicht der Forderung genügen, Aussagen nach rationalen Kriterien und den Maßstäben der Logik auf ihre Wahrheit hin zu überprüfen, denn entweder - der harmlosere Fall - wird durch bloßes Diskutieren und Miteinanderreden über Fragen entschieden, die eine Konfrontation mit der Wirklichkeit verlangen, d.h. die Wahrheit als das Interesse an der Beschaffenheit objektiver Zusammenhänge und der zutreffenden Darstellung realer Tatbestände wird dem "Interesse an absoluter Gewißheit geopfert",[217] oder es handelt sich gar nicht um empirisch nachprüfbare Aussagen, sondern nur um geisteswissenschaftliche Interpretationen, die natürlich im berühmten arm-chair des Philosophen entschieden werden können. Oder aber, und dies ist das eigentliche Ärgernis: Es werden außerwissenschaftliche Instanzen als Entscheidungskriterien für die Wahrheit von Theorien eingeführt, die im Feld einer wissenschaftlichen Argumentation wirklich nichts zu suchen haben.

Anders gesagt: Die 'Konsensustheorie' gehört offensichtlich in dieselbe neomarxistische Schublade wie die sog. Finalisierungsthese[218] und bildet nur das (pseudo-)theoretische Mäntelchen für den Versuch einer Politisierung der Wissenschaft; im "rational erzeugten Konsensus der Gesellschaft", der angeblich der Wissenschaft ihre Bahn vorzeichnen solle,[219] verberge sich doch nur der Konsens der kritischen Sozialwissenschaft Frankfurter Schule, die sich als die Vorhut der geschichtlichen Entwicklung versteht.

3.12 Erfahrungsfreiheit als Reflexion

Auch wenn man diesem Angriff die polemische Spitze bricht, läßt er sich in der Sache nicht ganz von der Hand weisen, weil sich die 'Konsensustheorie' eindeutig in den Dienst einer kritischen, ja emanzipatorischen Wissenschaft stellt, für die Aufklärungsprozesse und Selbstreflexion im Vordergrund stehen. Dennoch kann man aus den vermutlich leichtfertigen Formulierungen einen durchaus vernünftigen Kern herausschälen. 'Verständigung' als der einzige Zweck des Diskurses meint doch nicht, daß es nur um die Herbeiführung interpersonaler Gemeinsamkeit zu Lasten des Inhalts von Aussagen zu tun ist, als ob dieser Prozeß der Konsensfindung nach Art gruppendynamischer Prozesse gedacht werde. Zugegeben, wenn die

'Konsensustheorie' die Wahrheit einer Aussage scheinbar allein dem illokutiven Modus zuweist und vom propositionalen Gehalt absieht, da nur jener den Geltungsanspruch artikuliere, ist sie in der Gefahr, aus Berührungsangst vor 'positivistischen' Tendenzen im anderen Straßengraben zu landen und den interpersonalen Aspekt jeder Aussage auf Kosten des Inhalts zu überbetonen. Wenn jedoch diese illokutive Komponente einer Aussage als die Herausforderung zur Stellungnahme so pointiert herausgestellt wird, soll zunächst nur darauf hingewiesen werden, daß die Wahrheit die Geltung oder Gültigkeit[220] einer Erkenntnis meint, und hierfür ist in der Tat das intersubjektive Moment ihrer Anerkennung zentral. Weiter zeigt sich am Diskurs - und damit kommt man der ominösen Erfahrungsfreiheit schon bedeutend näher -, daß der Begriff der Wahrheit ein theoretisch-reflexiver Begriff ist, der dann thematisch wird, wenn eine Aussage nicht (mehr) unbesehen akzeptiert wird. Man ist doch zu der etwas feierlichen Behauptung "'p' ist wahr" nur dann gezwungen, wenn die Aussage Einwänden und Zweifeln ausgesezt ist, oder wenn ausdrücklich betont werden soll, daß die Aussage guten Gewissens angenommen werden kann. Diskurse werden nicht wegen eines "dominierenden Interesses an unbegrenzter Diskussion" gefordert[221] und nicht wegen des 'Hinterfragens' als Selbstzweck aufgenommen; sie treten eigentlich nur von Fall zu

Fall auf, dann nämlich, wenn es nötig ist, die in der primären Kommunikationssituation implizit erhobenen Wahrheitsansprüche durch Erklärungen, Interpretationen und Begründungen zum ausdrücklichen Thema zu machen. Sie sind "handlungsentlastet" und "erfahrungsfrei" einzig deshalb, weil sie in der situationsdistanzierten Manier der Reflexion geführt werden. Solange ein Sprachspiel normal funktioniert, sind derartige Diskurse nicht nur überflüssig, sie stören geradezu. Erst wenn der routinemäßig durch die Alltagspraxis eingespielte Hintergrundkonsens nicht mehr trägt, soll er für den Fall des Geltungsanspruches der Wahrheit durch eine Begründung ausdrücklich, ja planmäßig wiederhergestellt werden, und zwar deshalb planmäßig, weil allein so die begründete Hoffnung besteht, die Fehler zu vermeiden, die zu den Problemen der primären kommunikativen Situation geführt haben. Die Thematisierung des sonst nur implizit erhobenen Anspruchs auf Wahrheit hat zugleich ein Suspendieren der Ansprüche des primären Rede- und Handlungskontextes zur Folge, so daß man sich nicht mehr unmittelbar auf diesen Kontext bezieht, in dem das Reden strenggenommen doch nur eine Hilfsfunktion für das Handeln übernimmt. Der unmittelbare Bezug auf die konkrete Handlungssituation wird damit in gewisser Weise, wie die 'Konsensustheorie' mit Husserl sagt, "eingeklammert" (oder "virtualisiert"). Das heißt nicht, daß die pragmatische

Dimension dadurch negiert wird (und schon gar nicht der 'Wirklichkeitsbezug'). Dies darf gar nicht der Fall sein, da diese Situation gerade der Grund ist, warum der Diskurs auf den Plan treten muß. Indem aber betont wird, daß man davon abstrahieren kann, soll die Situations- und Kontextunabhängigkeit zum Ausdruck gebracht werden, die man normalerweise mit dem Begriff der Wahrheit verbindet. Diese Situationsenthogenheit verdankt sich allein dem sozusagen sekundären Kontext der theoretischen Reflexion, der an den Bruchstellen der primären Kommunikationssituation eingeführt wird, um das gestörte Einverständnis wiederherzustellen. In Situationen, in denen der unbefragt unterstellte Hintergrundkonsens der alltäglichen Lebenswelt zusammenbricht und kein gemeinsames Handeln mehr ermöglicht, ist der Diskurs der "einzige Weg der Fortsetzung konsensuellen Handelns" (Habermas 1976a, 339). Deshalb kann über die Wahrheit nur in solch situationsdistanzierter Argumentation entschieden werden. Wenn es um die Wahrheit einer Aussage geht, steht nicht zur Debatte, ob Wörter und Sätze einen Sinn haben, ob und wie sich die Sprache überhaupt auf Gegenstände beziehen kann, denn dies wird alles bereits vorausgesetzt. Es geht darum, ob die gemachte Aussage zutrifft, und dies heißt: ob sie in den Interpretationsrahmen dessen, was für uns 'Wirklichkeit' meint, ob sie zu den sonstigen Überzeugungen paßt, an denen wir festhalten müssen, um vernünftig leben zu können. Diskurse sprengen gerade die Einengung der Wahrheit auf punktuelle Erfahrungssätze und sollen sich des theoretischen Interpretationsrahmens vergewissern, der relevanten Gesichtspunkte, unter denen die Ereignisse und Tatsachen gesehen werden. Ob eine Erfahrung oder ein Experiment als Instanz angeführt werden kann, daß etwas tatsächlich der Fall ist, hängt genaugenommen von diesem allgemein akzeptierten Rahmen der Weltinterpretation ab, der freilich nicht immer als explizite Theorie artikuliert sein muß. Nicht die Einzelerfahrung als solche, losgelöst von solchen theoretischen Annahmen, bestätigt die Wahrheit einer Aussage; sie kann dies nur, wenn sie sich in einen Verständnishorizont einordnen läßt.

Die als Konventionalismus oder gar als Idealismus erscheinende Behauptung, daß die Erfahrung für die Wahrheit von Aussagen so gar keine Rolle spielen soll; die Wortakrobatik, die betrieben wird, um andererseits doch nicht ganz den Bezug der Wahrheit auf die Erfahrung zu kappen,[222] all dies muß zum größten Teil einer beinahe panisch anmutenden Furcht der 'Konsensustheorie' angelastet werden, auch nur im entferntesten des Empirismus' oder gar des 'Positivismus' verdächtigt zu werden. Unter 'Erfahrung' versteht sie offenbar entweder das gewissermaßen sprach- und interpretationsfreie 'Daß' des Affiziertwerdens, oder es ist ein Zustand, in dem das handelnde Subjekt sozusagen selbstvergessen in der Welt aufgeht und in seinem Handeln reflexionslos versinkt.[223] Das vernünftige Anliegen, das man in der Abkopplung des Diskurses und der Wahrheit von der unmittelbaren Erfahrung entdecken kann, ergibt sich jedoch fast tautologisch aus der Definition des Diskurses: Er soll Sinn- und Geltungsansprüche begründen oder rechtfertigen. Seine Aufgabe ist es also, die subjektiv-private Meinung - dies ist ein mit einer Behauptung erhobener Wahrheitsanspruch immer, solange er nicht als gerechtfertigt nachgewiesen ist - in eine allgemein anerkannte 'transsubjektive' Überzeugung umzuwandeln. Eben dies wird durch eine Begründung geleistet, indem die in Frage stehende Aussage auf andere schon akzeptierte Annahmen zurückgeführt wird. Ob eine Aussage wahr ist, dies kann eigentlich nicht punktuell oder isoliert entschieden werden, sondern nur dann, wenn diese Aussage in ein System anderer Aussagen eingegliedert werden kann; denn die in einer Behauptung (als 'Prädikation') gesetzte 'Einheit des Mannigfaltigen' ist nicht 'von Natur aus' <u>gegeben</u>, sie wird erst durch theoretische Annahmen (wie Überzeugungen und Interessen) und das grundlegende 'conceptual framework' <u>hergestellt</u>. Weitere Erfahrungen anzuführen, die für diese Aussage sprechen könnten, hilft nur dann, wenn sie selbst in das Konstrukt dieser theoretischen 'Einheit' passen, die es allein erlaubt, den jeweiligen Gegenstand oder die jeweilige Erfahrung zu verstehen. Erklärungen und Begründungen, die die Wahrheit einer Behauptung aufweisen sollen, können daher nicht ein unmittelbarer Verweis auf die Erfahrung im Sinn einer uninterpretierten Beobachtung sein, weil der Grund dafür, daß eine Aussage als wahr akzeptiert werden kann, in ihrer Einbettung in die gemeinsame Weltinterpretation besteht.

Die 'Konsensustheorie der Wahrheit' erweist sich damit wiederum als eine Art von Kohärenztheorie der Wahrheit, denn 'Begründungen' stellen nicht eine Relation zwischen einzelnen Sätzen und der Realität fest, sie stellen eine "Kohärenz zwischen Sätzen innerhalb eines Sprachsystems" her (Habermas 1973c, 245). Insofern erscheint es nicht mehr ganz so befremdlich, die 'Herstellung eines Konsenses' als die einzige Funktion von Diskursen anzugeben, da sie ihrem Wesen nach erst dann vonnöten sind, wenn Uneinigkeit über bestimmte Aussagen herrscht. Ein Diskurs muß daher bestimmte Aussagen als sein Material voraussetzen; es geht ihm nur darum, das Stadium des Dissenses zu überwinden. Insofern muß der Akzent bei seiner Betrachtung auf der zu erreichenden Verständigung und Übereinstimmung und nicht auf dem Inhalt der in Frage gestellten Aussagen liegen. Dabei darf man aber nicht unterschlagen, daß auch der Dissens für den Diskurs eine konstitutive Funktion besitzt: ohne ihn gäbe es keinen Diskurs, und es wäre auch keiner nötig.

3.13 Diskurs und kommunikatives Handeln

Wenn die Erfahrungsfreiheit von Diskursen nicht eine Negation der Rolle der Erfahrung für die Wahrheit von Aussagen bedeuten soll, sondern eigentlich nur eine reflexive Einstellung zum Ausdruck bringen will, die gerade nicht um ihrer selbst willen angestrebt wird, sondern wieder eine gemeinsame Praxis ermöglichen soll; wenn man andererseits in Rechnung stellt, daß bereits das durch Miteinandersprechen koordinierte 'kommunikative Handeln' so etwas wie ein "metakommunikatives Begleitbewußtsein" [224] enthalten muß - denn andernfalls könnte der Diskurs gar nicht eine <u>Fortsetzung</u> des konsensuellen Handelns sein, und dementsprechend wäre es gar nicht möglich, die pragmatischen Implikationen im Sinn und Anspruch sprachlicher Äußerungen zum eigenen Thema zu machen -, wenn dem so ist, dann sind Korrekturen an der ziemlich harten Entgegensetzung von 'Diskurs' und 'Handeln' (vor allem bei Habermas) angebracht, schon allein auf Grund der simplen Feststellung, daß der Diskurs als ein Sprechen ja auch ein kommunikatives "Handeln" sein müsse. [225] Es kann sich hier nicht um fast hermetisch voneinander abgeschottete Ebenen handeln, wie es die betont gewählten Dichotomien nahelegen: Gegenstand - Sachverhalt, Objektivität - Wahrheit, Information - Argumentation usw. Die 'Konsensustheorie' müßte deshalb das Verhältnis von 'Handeln', 'Erfahrung' und 'Diskurs' genauer analysieren, besonders auch deshalb, weil die Rolle der Erfahrung, oder besser gesagt: der Wirklichkeitsbezug von Aussagen für eine Wahrheitstheorie wie sie der neuralgische Punkt bleiben muß. Kommunikative Erfahrung und Diskurs dürfen nicht so gegeneinander gestellt werden, daß der Eindruck entsteht, als handle es sich dabei um eine analoge Unterscheidung zu der von Objekt- und Metasprache. Vermutlich lassen sich die meisten der angedeuteten Probleme vermeiden, wenn man den Diskurs als die sprachpragmatische Reformulierung des sonst meist in mentalistischen Ausdrücken gefaßten Begriffes der Reflexion ansieht. Oder vorsichtiger gesagt: Diskurse machen ein wesentliches Moment explizit, das für die Sprache überhaupt konstitutiv ist, die Fähigkeit nämlich, eine Situation darstellen zu können, ohne daß man sich tatsächlich in ihr befinden muß. Diskurse verlieren damit ihren eigentümlich freischwebenden Charakter, denn sie sind im Grunde nichts anderes als die Idealform der assertorischen Rede, die dieses Merkmal der Situationsdistanzierung in exemplarischer Weise zum Ausdruck bringt. Deswegen sind Diskurse auch für das Zusammenleben der Menschen unabdingbar, weil das ganze Problem der Wahrheit gerade durch diese Leistung der Sprache erst erzeugt wird. Die Sachverhalte sind doch 'nur' im Reden, d.h. als bloß 'vorgestellte' gegeben, und dieses Stigma der Subjektivität können sie nur dann verlieren, wenn sie auch für alle anderen bestehen.

3.2 Die Problematik des Konsenses als Wahrheitskriterium

Die bisherigen Erörterungen haben die Funktion des rationalen Konsenses als Leitidee einer Wahrheitstheorie gebührend gewürdigt. Ohne die Überzeugung, einen vernünftigen Konsens erreichen zu können, erscheint eine Argumentation tatsächlich nicht besonders sinnvoll, und zum anderen werden Diskurse nicht um ihrer selbst willen geführt, da ihre Aufgabe allein darin besteht, die Kommunikation und das gemeinsame Handelnkönnen der Menschen wieder in Gang zu bringen, indem der die Interaktion sonst tragende, aber brüchig gewordene Hintergrundkonsens der Alltagsüberzeugungen wieder zu einer verläßlichen und somit gemeinsamen Situationsdefinition als unabdingbare Basis des Miteinanderredens und Miteinanderhandelns gemacht werden soll. Aber damit ist noch lange nicht gezeigt, daß der rationale Konsens auch ein brauchbares Kriterium der Wahrheit sein müsse, wie es die 'Konsensustheorie' behauptet. Denn aus der Tatsache, daß ein allgemeiner, vernünftiger Konsens als Sinn und Ziel einer echten Argumentation vorausgesetzt werden muß, folgt überhaupt nicht, daß jedes Argumentieren mit

Gründen automatisch zu diesem Ziel führt. Um nämlich die obigen Funktionsbedingungen erfüllen zu können, muß nur die Möglichkeit einer letztlichen Übereinstimmung, also nur die Idee eines eventuellen Konsenses angenommen werden. Es wäre ziemlich voreilig, daraus ein Kriterium für die Wahrheit von Aussagen zu basteln, da weder der Wille zur Verständigung noch die subjektive Überzeugung, auch tatsächlich eine Übereinstimmung zu erreichen, geschweige denn die Suche danach schon eine wirkliche Übereinstimmung garantiert. Selbst die gern gewählte Formel der 'Antizipation des Konsenses', die die Vorwegnahme eines inhaltlichen Konsenses suggeriert, wo doch nur die formale Möglichkeit eines Konsenses überhaupt gemeint sein kann, hilft da nicht weiter, weil sie mit der fallibilistischen 'tiefenhermeneutischen' Überzeugung der 'Konsensustheorie' kollidiert: Der antizipierte Konsens stünde als Kriterium der Wahrheit auch nicht besser da als jeder andere faktische Konsens; auch er wäre dem Verdacht ausgesetzt, nur ein Pseudokonsens zu sein, solange nicht stringent nachgewiesen ist, daß er "echt", "vernünftig" und somit "wahrheitsverbürgend" ist. Aber dieser Nachweis ist nur durch einen Diskurs möglich, was für die 'Konsensustheorie' in der Frage des Wahrheitskriteriums nur bedeuten kann, daß sie sich in einem Zirkel verfängt: Der Diskurs als rationale Argumentation wird durch die Idee eines rationalen Konsenses zu einem sinnvollen Begründungsversuch, aber die Rationalität des Konsenses läßt sich allein durch einen Diskurs nachweisen. Daß der Konsens als Wahrheitskriterium in Schwierigkeiten geraten muß, ist auch gar nicht verwunderlich. Es liegt nämlich nicht am Konsens und seiner Rationalität; vielmehr verfängt sich jedes Wahrheitskriterium in theoretische Probleme, da bereits die 'Wahrheit' des Kriteriums, d.h. seine Brauchbarkeit feststehen müßte, damit es sinnvollerweise als Maßstab fungieren könne. Man dürfte also bestenfalls in hypothetischer Form sagen: Wenn man einen begründeten, rationalen Konsens hätte, dann könnte er als Wahrheitskriterium Verwendung finden,[226] aber keinem Konsens steht es als solchem auf der Stirn geschrieben, ob er rational ist. Man braucht also ein anderes Kriterium, das die Rationalität eines Konsenses verläßlich nachweisen kann.

3.21 Prozedurales Wahrheitskriterium

In diesem Dickicht böten sich mehrere Auswege an. Man könnte die Suche nach einem Wahrheitskriterium (und konsequenterweise auch die Rede davon) ganz aufgeben, wie es z.B. der Kritische Rationalismus tut, aber dies hätte für die 'Konsensustheorie' die unannehmbare Konsequenz, der menschlichen Rede ihren Sinn und vernünftigen

Charakter absprechen zu müssen, weil dieser nach ihrer Ansicht darin bestehen soll, daß wir uns tatsächlich "jederzeit" zutrauen, "einen wirklichen Konsensus von einem trügerischen zu unterscheiden" (Habermas 1971a, 135f.). Man könnte aber durchaus an der Rede vom Wahrheitskriterium festhalten, müßte dann jedoch die Bestimmung 'rational' so umdefinieren, daß damit faktische Übereinstimmungen gemeint sind, die in wirklich existierenden Sprachgemeinschaften zu den unbezweifelbaren Überzeugungen (und somit 'Wahrheiten' in einem laxen Sinn) gehören, ein Weg, den eine allgemeine 'Intersubjektivitätstheorie der Wahrheit' einschlagen würde,[227] der aber für die 'Konsensustheorie' auch nicht gangbar scheint. Nicht weil man sich dann auf statistische Erhebungen einlassen müßte, was nun 'Wahrheiten' in diesem Sinne sind - eine wenn nicht unlösbare, so doch schwierige Aufgabe -, sondern weil damit dem Wahrheitsrelativismus Tür und Tor geöffnet würde. Einen Relativismus in Sachen 'Wahrheit' will aber die 'Konsensustheorie' auf jeden Fall vermeiden: einmal, weil sie der Ansicht ist, daß die Funktion des Begriffes der Wahrheit gerade darin besteht, den Relativismus zu überwinden; und wenn schon diese Idee sozusagen in das Alltagsverständnis eingebaut ist und eine tragende Rolle in unserem Verhalten übernimmt, kann sie nicht einfach eine Illusion sein. Zum andern versteht sie sich selbst als kritische Theorie, die andere Ansichten als falsch verwirft und ihre eigene Konzeption als richtig nachweisen will. Die 'Konsensustheorie' wählt deshalb einen dritten Weg, der weder einen Skeptizismus in Sachen 'Wahrheitskriterium' noch einen Relativismus in Sachen 'Wahrheit' nach sich zieht, der aber auch den Vorwurf des schlechten Zirkels ausräumen soll.[228] Daß ein Konsens "wahrheitsverbürgend" sei, soll durch "formale Eigenschaften des Diskurses" erklärt werden (Habermas 1973c, 240). Eine Theorie der Argumentation als die 'Logik des Diskurses' soll also die Rationalität des Konsenses sichern. Man kann dasselbe auch so sagen: Die Brauchbarkeit des Konsenses als Wahrheitskriterium verdankt sich letztlich der Methode oder dem Verfahren, mit dessen Hilfe er erreicht werden kann. Der Konsens selbst wäre nur ein vorläufiges Kriterium, das eines anderen bedarf, weshalb das eigentlich Wichtige an der 'Konsensustheorie' gar nicht der Konsens selbst oder dessen Antizipation wäre, sondern die formale Struktur des Diskurses. So ist die Konsequenz, und sie muß es auch sein: Das letzte Kriterium und der letzte Garant der Wahrheit ist nicht der rationale Konsens, weil dieser in der Luft hängt; das Kriterium der Wahrheit ist der Diskurs, genauer gesagt: Der als Möglichkeitsbedingung des Diskurses hingestellte Vorgriff auf eine 'ideale Sprechsituation' ist die "Gewähr dafür, daß wir mit einem faktisch erzielten Konsensus den Anspruch eines vernünftigen Konsensus verbinden dürfen; zugleich ist er ein kritischer Maßstab, an dem jeder faktisch erzielte Konsensus auch in Frage gestellt und daraufhin überprüft werden kann, ob er ein hinreichender Indikator für einen begründeten Konsensus ist" (Habermas 1973c,258).

Indem die 'Konsensustheorie' das Dilemma eines Wahrheitskriteriums selber ahnt und auf die formalen Strukturprinzipien des Diskurses ausweicht, zeigt sie wiederum auf, daß der archimedische Punkt dieser Wahrheitstheorie eigentlich nicht der Konsens, sondern der Diskurs ist. Für den Konsens als Wahrheitskriterium hat dies freilich fatale Folgen, weil damit seine Unbrauchbarkeit und auch Unnötigkeit zugegeben wird. Man kann auf ihn verzichten und sich sofort daranmachen, eine 'ideale Sprechsituation' herbeizuführen. Wie schon für die Erklärung der Bedeutung von 'Wahrheit' ist es zwar der Konsens, der die ganze Untersuchung in Gang setzt; er ist der erste Schritt und spielt auch die Rolle einer Leitidee, aber in beiden Fällen eliminiert er sich im Verlauf der Untersuchung selbst. Für die Erklärung der Bedeutung der Wahrheit ist die anscheinend so zentrale Aufgabe des Konsenses - schließlich verleiht er der Theorie den Namen! - insofern usurpiert, als er von der Interpretation des Wahrheitsanspruches von Aussagen als 'Begründbarkeit' zehrt; bei der Suche nach dem Kriterium der Wahrheit erweist sich der Hinweis auf den rationalen Konsens bei näherem Zusehen als mindestens genauso dürftig, wenn nicht gar dürftiger, weil er sich nicht selber legitimieren kann. Er benötigt selbst ein Kriterium, das dazu noch konsensunabhängig bestimmt werden muß, und wiederum wird auf den Begriff der diskursiven Begründung ausgewichen. Die Bedeutung von Wahrheit wird zwar zunächst als rationaler Konsens umschrieben, aber diese Kennzeichnung gewinnt erst dann an Aussagekraft und Verständlichkeit, wenn sie als diskursiv nachweisbare Geltung erläutert wird; das Kriterium der Wahrheit wird erst dann anwendbar und damit als solches existent - denn ein nicht anwendbares Kriterium ist ein Nonsens -, wenn es durch die Strukturmerkmale einer argumentativen Begründung interpretiert wird. Denn im Unterschied zum rationalen Konsens läßt sich effektiv überprüfen, ob die Bedingungen der idealen Sprechsituation erfüllt sind. Dieselben Bedenken hinsichtlich des Namens 'Konsensustheorie der Wahrheit' stellen sich also auch bei einer kriteriologischen Interpretation dieser Wahrheitstheorie ein. Das die 'Konsensustheorie' kennzeichnende Merkmal ist eigentlich der Diskurs, oder allgemeiner gesagt: die Grundnormen einer vernünftigen Diskussion, und deshalb müßte eigentlich der Diskurs und nicht der Konsens bei der Taufe Pate stehen.[229] Wenn man schon nicht die Rede von einem Wahrheitskriterium ganz aufgeben will, dann sollte man nicht den Konsens als solches bezeichnen - außer man läßt keinen Zweifel offen, daß die Bedingungen gemeint sind, unter denen nach Ansicht der 'Konsensustheorie' ein rationaler Konsens erzielt werden kann. Das Wahrheitskriterium der 'Konsensustheorie' müßte sozusagen prozedural als 'diskursive Argumentation' definiert werden.

3.3 Die ideale Sprechsituation als Bedingung und Garant der Wahrheit

Die unabdingbare Notwendigkeit der 'idealen Sprechsituation' scheint klar geworden zu sein. Eine Wahrheitsskepsis hätte gegen sie keine Chance, da sich ziemlich leicht nachkontrollieren ließe, ob diese Bedingungen gegeben sind, und auch der Wahrheitsrelativismus müßte passen, da unter diesen Bedingungen sich immer wieder ein Konsens erzielen lassen müßte, der wegen seiner Reproduzierbarkeit[230] für alle gelten könnte. Die Unterscheidung zwischen 'Diskurs' und 'idealer Sprechsituation' kann daher praktisch nur verbaler Art sein, da es sich nur eine unterschiedliche Akzentsetzung handelt. Die Rede vom Konsens als Wahrheitskriterium meint dann: Es ist der Diskurs, die vernünftige Argumentation, die in der Lage ist, die Wahrheit von Aussagen nachzuweisen. Ohne allzu große Schwierigkeiten könnte man damit einverstanden sein, daß eine vernünftige Diskussion darauf abziele, die Wahrheit von Aussagen feststellen zu wollen und daß dies nur in einer solchen Diskussion möglich sei. Man bräuchte auch gar nichts dagegen zu haben, daß eine vernünftige Diskussion durch die fundamentalen Normen des Miteinanderredens bestimmt sein müsse, die man durchaus, wenn nicht unbedingt in derselben Terminologie, als die Ansprüche auf 'Verständlichkeit', 'Wahrheit', 'Richtigkeit' und 'Wahrhaftigkeit' beschreiben könnte, wie es Apel und Habermas tun. Bedenken würde man allerdings schon anmelden, wenn die Bedingungen für die Wahrheit allein in der formalen Struktur des Diskurses gesucht werden sollen (außer es handelte sich um 'logische Wahrheiten', aber um die geht es hier überhaupt nicht). Aber ganz vorbei mit dem guten Willen ist es wohl für die meisten Wahrheitstheoretiker bei der Behauptung, daß die Wahrheit einer Aussage von der Herrschaftsfreiheit der Argumentation abhänge, weil allein eine solche Kommunikationssituation es erlaube, einen 'wahren' Konsens von einem 'Pseudokonsens' zu unterscheiden. Selbst wenn sich in der Geschichte Wahrheit und Herrschaft nur allzu oft verbündet haben; selbst wenn die "herrschenden Gedanken" nur die "Gedanken der Herrschenden" (Marx) sein sollten - für jemanden, der an der Wertfreiheit der Wissenschaften festhält (genauer: an der Werturteilsfreiheit, da es bei der Wahrheit um den 'context of justification' und nicht um den 'context of discovery' geht), hat die Abwesenheit von Herrschaft in einer (wissenschaftlichen) Diskussion nichts mit der inhaltlichen Gültigkeit von Argumenten zu tun: Die bloße Herrschaftsfreiheit einer Diskussion hat nicht von sich aus schon deren Rationalität, geschweige denn die Wahrheit ihrer Ergebnisse zur Folge.

3.31 Die Irrealität der idealen Sprechsituation

Die Behauptung, die ideale Sprechsituation sei das Kriterium und der Garant der Wahrheit, soll zunächst auf einer prinzipiellen Ebene angegangen werden. Schon die Bezeichnung 'ideal' bringt manche Schwierigkeiten mit sich, da sie nicht immer in derselben Bedeutung verwendet wird. Manchmal sind damit nur die Bedingungen a priori gemeint; manchmal ist es ein Ideal im umgangssprachlichen Sinn, das kontrafaktisch unterstellt wird, aber nicht kontrafaktisch sein muß; manchmal handelt es sich um ein "noch nicht realisiertes Ideal", sozusagen um die "reale Möglichkeit der realen Gesellschaft" (Apel), um die "Vorwegnahme einer zukünftigen Lebensform" (Habermas), die vielleicht irgendwann einmal auch tatsächlich verwirklicht werden könnte, gewissermaßen ein Ziel der Geschichte im Sinne der "realen Utopie" Blochs. Wegen dieser terminologischen Unschärfe läßt sich die Frage, ob und wie sich diese idealen Bedingungen realisieren lassen, nicht pauschal beantworten. Insofern wird in der folgenden Diskussion etwas hypothetisch vorgegangen. Es wird so getan, als könnten die Bedingungen der idealen Argumentationsituation als empirisch überprüfbare Bestimmungen tatsächlich stattfindender Diskurse angenommen werden, um dann zu sehen, was sich aus solchen Diskursen als Ergebnis herausstellen würde. Diese Unterstellung geht weit über die Ansicht der 'Konsensustheorie' hinaus. Es wäre nämlich falsch zu meinen, sie übersehe im grenzenlos naiven Optimismus der Aufklärung, was die Macht der Vernunft betrifft, und in der hoffnungslosen Blindheit, was den tatsächlichen Zustand der Welt betrifft, daß sich die wirklichen Verhältnisse unserer Gesellschaften gegen solche idealen Forderungen sperren.[231] Natürlich muß ihr das Recht zugestanden werden, darauf zu beharren, daß sich die ideale Sprechsituation niemals bruchlos in die Gegebenheiten empirischer Diskurse überführen lasse; aber dennoch müßte es erlaubt sein, diese Bedingungen als eine ideale Norm anzusehen, vergleichbar den Forderungen der Geometrie oder den Rationalitätspostulaten des 'homo oeconomicus' der Wirtschaftswissenschaften, die auch nicht in Bausch und Bogen verworfen werden, nur weil sie sich in der Wirklichkeit nie in ihrer idealen Gestalt aufspüren lassen. Die Bedingungen der idealen Sprechsituation würden in einem solchen Fall als

Konstruktionsvorschriften aufgefaßt, als normative "Diskursregeln"[232] und nicht als idealisierte Zustandsbeschreibungen. Durch diese Regeln würden, analog der 'Protologik' oder der 'Protophysik', die Bedingungen festgelegt, denen jede Argumentation unterworfen sein muß, wenn sie die Bezeichnung 'echt' oder 'vernünftig' verdienen soll. Auf diese Weise würde nicht nur die Idealität gebührend zum Ausdruck gebracht, denn Regeln lassen sich zwar empirisch beschreiben, sind aber ihrem Sinn nach normativ und werden daher durch das Nichtbefolgen nicht falsifiziert; man könnte darüberhinaus den ziemlich blumigen Formulierungen der 'Konsensustheorie' in der Tat "etwas von ihrem transzendentalen Duft"[233] nehmen, wenn z.B. unter der 'idealen' Kommunikationsgemeinschaft eine empirisch faßbare Gruppe mit bestimmten Idealen und Maßstäben des Verhaltens verstanden würde. Tatsächlich wäre der Begriff der Regel sehr gut geeignet, die spekulative Redeweise der irrealen Konditionalsätze, mit denen der rationale Konsens gefaßt wird, in befriedigender Weise zu erklären: Daß eine Aussage als wahr akzeptiert werden muß, dies können wir dann, aber auch nur dann behaupten, wenn es ein allgemeingültiges System von Regeln gibt, deren korrekte Anwendung jeden Hauch eines substanziellen Zweifels an dieser Aussage als unberechtigt erscheinen läßt und somit jeden anderen zur selben Aussage hinführt.[234]

Aber selbst diese vermeintlich wohlwollende Auslegung der idealen Sprechsituation macht die Lager nicht viel besser. Die Einwände gegen die Ansicht der 'Konsensustheorie', daß eine herrschaftsfreie Diskussion allein die Garantie dafür bieten könne, einen rationalen Konsens zu erreichen, variieren nämlich, obschon aus verschiedenen Lagern kommend und mit unterschiedlichen Begründungen agierend, immer dasselbe Thema: Die Strukturbedingungen der idealen Sprechsituation seien bestenfalls notwendige, aber keineswegs hinreichende Bedingungen für einen Konsens. Aus rein negativ formulierten Argumentationsregeln könne man nie und nimmer zu einem positiven, inhaltlichen Ergebnis gelangen. Dies ist zunächst nichts als der bekannte Vorwurf, es sei unmöglich, aus formalen Bedingungen inhaltliche Wahrheiten zu gewinnen; aber der Einwand zielt tiefer: Man bestreitet dem Diskursmodell schlichtweg, auf Grund seiner eigenen Regeln überhaupt zu irgendeiner Übereinstimmung kommen zu können, von einer rationalen ganz zu schweigen. Die Herrschaftsfreiheit als die wesentliche Funktionsbedingung des Diskurses mache gerade das unmöglich, wozu Diskurse überhaupt da sind: einen Konsens zu erzielen.[235]

Nun läßt sich kaum abstreiten, daß tatsächlich eine "Diktatur des Sitzfleisches" (Weinrich), nicht "Aufklärung", sondern "Konfusion" (Naschold) das Ergebnis von Diskursen wäre, wenn man in spitzfindiger Wortklauberei unter "ungezwungen", "uneingeschränkt" oder "herrschaftsfrei" die Aufhebung jeglicher Einschränkung, soll heißen: jeder inneren Struktur des Diskurses verstünde. Dabei wäre eine solche Fehlinterpretation nicht einmal nur böser Wille, weil die 'Konsensustheorie' selbst darauf insistiert, daß der Diskurs gerade "keine Institution" sei: Er ist "Gegeninstitution schlechthin" und läßt sich deshalb "auch nicht als 'System' auffassen" (Habermas 1971a, 201). Würde man diese Behauptung so beim Wort nehmen, wie sie dasteht, wäre der Diskurs allerdings ein bloßes Palaver und die gemeinsame Erzeugung von Lärm, aber nicht eine besondere Art der Rede, die nicht nur durch spezifische Strukturmerkmale und Regelungen als 'Argumentieren' von den anderen Arten des Miteinandersprechens abgegrenzt wird, sondern dazu noch nur in ganz bestimmten Situationen stattfindet, weil sie ganz bestimmte Ziele erreichen soll. "Anarchisch" - wenn man die ideale Sprechsituation schon so kennzeichnen will -[236] ist sie nicht deshalb, weil es sich auf Grund ihrer mangelhaften Strukturierung um das totale Chaos des Durcheinanderredens ohne Sinn und Ziel handelte; 'anarchisch' ist sie nur, weil es in ihr um die Abwesenheit von Herrschaft im strengen Sinn geht: Nicht jede Autorität soll ausgeschaltet werden, also nicht das Sachwissen und die fachliche Kompetenz, sondern ein Autoritätsgefälle, das sich auf Grund von gesellschaftlichem Ansehen, Besitz oder Wortgewandtheit einstellen könnte und nichts mit der in Frage stehenden Sachproblematik zu tun hat. Nur solche Diskursbeschränkungen sollen abgebaut werden, die mit rhetorischen Tricks, mit Überrumplung oder Zwang arbeiten. Die Vermutung, daß ein Konsens nur dann Chancen hat, rational zu sein, wenn er unabhängig davon ist, welche Person welche Argumente in die Diskussion eingebracht hat, wenn nicht Überredung und Manipulation den Ausschlag geben, scheint eher trivial zu sein. Man sollte die Vertreter der 'Konsensustheorie' nicht für so besessen von ihrer Idee einer herrschaftsfreien Argumentation halten, daß sie nicht mehr in der Lage seien zu erkennen, daß die "Diskursbegrenzung" eine "transzendentale Bedingung von Diskursen" und "nicht Abstrich von einem Ideal" (Lübbe) sei.

Der eine Grund, warum sie so wenige Worte darüber verlieren, wenn es um empirische Einschränkungen von Diskursen geht, besteht darin, daß die Besonderheit des Diskurses gegenüber anderen Arten des Miteinandersprechens herausgestellt werden soll. Hierfür brauchen nicht die Merkmale aufgeführt zu werden, die für das Sprechen ganz allgemein notwendig sind: daß man ein bestimmtes Thema im Auge hat und nicht über alles reden kann; daß eine zeitliche Abfolge gewahrt sein muß und nicht alle gleichzeitig reden können usw. Insofern versteht es sich von selbst, daß viele der systemtheoretischen Einwände gegen die angebliche Strukturlosigkeit des Diskurses vollkommen berechtigt sind,[237] aber dieser Mangel, die scheinbar großzügige Mißachtung der Tatsache, daß auch für die menschliche Kommunikation und Interaktion die verschiedensten 'Systembildungen' notwendig sind, ließe sich ohne weiteres beheben, wenn man zusätzliche Bestimmungen aufnähme, wenn man also versuchte, eine richtige Theorie des Diskurses auszuarbeiten, indem man nicht bloß auf ein paar regulative Ideen verweist, sondern ausdrücklich ein System von Diskursregeln zusammenstellt.[238] Aber - und dies ist vielleicht der zweite Grund, warum die 'Konsensustheorie' sich nicht so gern über diese Aufgabe ausläßt: Diese notwendigen (und von der 'Konsensustheorie' auch gar nicht abgestrittenen) Spezifizierungen der idealisierenden Grundnorm einer grundsätzlichen Austauschbarkeit der Dialogrollen ergeben sich gerade nicht als eine Folgerung oder logische Ableitung aus den Kriterien der Offenheit, der Symmetrie und Unvoreingenommenheit, so wie ja auch die habermassche Konkretisierung der 'Logik des Diskurses' mit Hilfe von Toulmins Argumentationsschemas nicht aus den Bestimmungen der idealen Sprechsituation abgelesen werden kann. Die Erwartung, es würden spezifisch konsenstheoretische Elemente in der formalen Struktur der Argumentation angeboten, wird gründlich enttäuscht.[239] Wie nicht anders zu erwarten ist, kommt auch die Argumentationslogik nicht um die Tatsache herum, daß die in Diskursen gewonnenen Folgerungen nicht allein deshalb akzeptiert werden, weil sie in einer idealen Sprechsituation erzielt worden sind. Nicht nur das Ergebnis, auf das man sich möglicherweise am Ende einigt, sondern schon der ganze Verlauf von Diskursen hängt unerbittlich von der Überzeugungskraft der vorgebrachten Gründe ab. Und diese Überzeugungskraft verdankt sich vor allem der Tatsache, daß sachlich zutreffende Erklärungen und Begründungen angeboten werden. Der Diskurs läßt sich damit als ganzer nicht von der inhaltlichen Triftigkeit der Begründung abkoppeln, im Gegenteil: Er ist durch und durch eine Funktion der inhaltlichen Akzeptabilität der Prämissen und der eingebrachten sachlichen Argumente.

3.32 Der Fallibilismus der 'Konsensustheorie'

Die eben genannten Einwände brechen nicht vollständig den Stab über dieser Idee der idealen Sprechsituation. Sie ist zwar kein geeignetes Kriterium, den "wahren" von einem "trügerischen" Konsens zu unterscheiden, aber sie gestattet etwas, das für eine kritische Theorie nicht unwichtig ist: die "permanente Kritisierbarkeit"[240] - nicht im abwertenden Sinn der Kritik rein um ihrer selbst willen und um jeden Preis, sondern als unabdingbare Notwendigkeit, sich nicht mit jeder als endgültig ausgegebenen Übereinstimmung einverstanden erklären zu müssen. Die Möglichkeit, "die jeweilige Begründungssprache, in der Erfahrungen interpretiert werden, zu hinterfragen, zu modifizieren und zu ersetzen" (Habermas 1973c, 252), ist in der Tat wesentlich, falls man sich auf der ersten Stufe der Begründung, im Rahmen der akzeptierten Theorien und Standards also, nicht einigen kann. Man muß sich dann die Möglichkeit eines Paradigmenwechsels offenhalten, wenn die auftretenden Probleme mit den bisher gültigen und anerkannten Methoden nicht mehr zureichend gelöst werden können. In solchen Situationen, in denen Begründungen mit den gängigen Mitteln nicht mehr gelingen, darf man sich nicht in ein Korsettt zwängen lassen und muß auch den gewohnten Begriffsapparat, die etablierten Methoden und Beurteilungsmaßstäbe in eine kritische Diskussion miteinbeziehen. Aber dies sind die Ausnahmefälle der 'wissenschaftlichen Revolutionen' (um die Terminologie von Kuhn zu verwenden) und nicht der Normalfall einer Begründung. Das Postulat permanenter Kritik erscheint wirklich nur in solchen Situationen vernünftig, in denen die bisher bewährten Methoden vollkommen versagen. In der Theorie kann man freilich immer Begründungen in Frage stellen, aber in der Praxis sind einem denkbaren 'Dauerräsonnement' immanente Grenzen gesetzt, die daher rühren, daß 'Begründung' ein pragmatischer, d.h. vom jeweiligen Kontext abhängiger Begriff ist, ganz abgesehen davon, daß man nicht schlechthin alles zur gleichen Zeit anzweifeln kann.[241] Allerdings hilft im Falle solcher wissenschaftlicher Revolutionen das rein negative Kriterium der uneingeschränkten Diskussion mit der Maßgabe, einen vernünftigen Konsens zu erzielen, sachlich überhaupt nicht weiter:[242] Man kann nur warten und hoffen, daß ein anderes Paradigma und angemessenere Methoden gefunden werden. In der Retrospektive, wenn dann dieser neue Konsens bereits vorhanden ist, kann dieser Prozeß natürlich so interpretiert werden, daß die Suche nach einer Einigung und die Freizügigkeit, die Diskursebenen zu wechseln, diese Konsensbildung unter den Wissenschaftlern ermöglicht hat - ermöglicht freilich nur in dem Sinn, daß der Fragehorizont offengehalten worden ist; prospektiv läßt sich indes eine Aussage über einen letztlich erreichbaren Konsens nur dann wagen, wenn man eine endliche Reihe von Begründungsmöglichkeiten oder eine endliche Menge von Paradigmen hätte, aber gerade das ist bei einer solchen Art von Begründungsdiskurs ausgeschlossen.

Es gibt in der Tat bestimmte Diskussionen, für die die selbstverständliche Annahme, es gebe eine definitive Antwort auf das gestellte Problem durchaus plausibel erscheint, z.B. der von Winch[243] angeführte Fall, daß ein Auto nicht anspringt und zwei Mechaniker die möglichen Gründe dafür diskutieren; sie sind sich vielleicht nicht einig, welcher Defekt daran schuld ist, aber sie sind sich sicher, daß es ein bestimmter sein muß, den man nach genauer Untersuchung letztlich auch finden wird. In solchen Fällen (zumeist naturwissenschaftlich-technischer Art) scheint die Überzeugung der 'Konsensustheorie' korrekt, daß es eine bestimmte Antwort für das Problem gibt und daß letztlich jeder Kompetente dieser Antwort zustimmen müßte. Aber in solchen Diskursen kann man sozusagen die Begründungsstruktur, das Gefüge von Argumenten angeben, die diesen Konsens zur Folge haben, und dieser Begründungsrahmen wird gerade nicht einer Kritik unterworfen.

Der Fallibilismus der 'Konsensustheorie' muß sich daher selbst gewisse Schranken auferlegen und, wenigstens vorläufig, bestehende <u>faktische Einverständnisse</u> als gültig akzeptieren, weil sie sonst überhaupt nicht anfangen kann. Der Verdacht, jeder faktische Konsens könnte ein trügerischer Konsens sein, oder positiv gewendet: die Antizipation einer idealen Sprechsituation vermindert zwar das Risiko, auf einem Pseudokonsens sitzenzubleiben, aber mit dieser formalen Abstraktion kann nur <u>innerhalb</u> eines bereits akzeptierten Rahmens sinnvoll diskutiert werden, nicht jedoch dann, wenn dieser Rahmen selbst einer uneingeschränkten Diskussion ausgesetzt werden soll.[244] Der Optimismus eines Peirce, wissenschaftliches Forschen werde, wenn es nur ungestört und enbegrenzt betrieben werden könne, "in the long run" zu einem consensus omnium führen, der sich dann bei Habermas in die Maxime kleidet, "daß sich, wann immer wir in der Absicht, einen Diskurs zu führen, eine Kommunikation aufnehmen und nur lange genug fortsetzen würden, ein Konsensus ergeben müßte, der per se wahrer Konsensus wäre" (1971a, 139), muß sich offensichtlich aus anderen Quellen speisen als der Idee der uneingeschränkten Diskussion, denn die permanente Kritisierbarkeit garantiert eher das Gegenteil als einen allgemeinen Konsens, da ja jede tatsächliche Übereinstimmung, selbst die vermeintlich vernünftige, sich nie völlig sicher sein kann, wirklich unter den Bedingungen der idealen Sprechsituation zustande gekommen zu sein. Eine empirische Überprüfung wäre nämlich notwendig, um dies nachzuweisen, aber diese verfinge sich in dem bekannten Zirkel, weil nur ein Diskurs dazu in der Lage sein soll.

Es ist aber auch gar nicht einzusehen, wie die "tiefenhermeneutische Einsicht", daß jeder Konsens möglicherweise unter den Bedingungen einer "verzerrten Kommunikation" zustandegekommen ist, mit der Annahme oder Antizipation der idealen Sprechsituation allein auf einmal außer Kraft gesetzt wird. Man könnte sich ja bloß einbilden, einen Diskurs zu führen, ohne es tatsächlich zu tun. Entweder ist man sich sicher, daß das begründungspflichtige Problem nicht aporetisch endet - aber diese Gewißheit kann sich nicht der idealen Sprechsituation, sondern bestimmten empirischen Überzeugungen einer Gemeinschaft über die Verläßlichkeit der Erkenntnismethoden und Prüfverfahren verdanken; oder man beharrt darauf, daß die ideale Sprechsituation die Garantie bietet, einen 'wahren' Konsens in einer strittigen Grundsatzfrage zu finden, dann verdünnt sich dieses Kriterium zu einem bloßen "Versprechen" (Habermas 1973c, 219), das man faktisch nicht einlösen kann, zu einer Hoffnung auf die endgültige Übereinstimmung, die man gezwungenermaßen immer weiter in die Zukunft hinausschieben muß. Bei einzelnen Aussagen und bestehenden Theorien könnte man (noch) nicht sagen, ob sie wirklich wahr sind, so daß die Idee der Wahrheit für eine einzelne Aussage keine entscheidende Rolle mehr spielt, sondern nur noch für den ganzen Prozeß der wissenschaftlichen Forschung. Die fallibilistische Skepsis im Einzelfall kann man sich nur erlauben, weil man im ganzen von einem unerschütterlichen Vertrauen in die Vernunft getragen wird: Man ist überzeugt, daß die menschliche Vernunft nur vor solche Probleme gestellt wird, zu deren Lösung sie prinzipiell befähigt ist.

3.33 Der Abbruch des Diskurses durch Instanzen von außen

Wenn die Annahme der idealen Sprechsituation die Diskussion nur offenhalten kann, aber aus sich heraus keinerlei Gewähr bietet, daß man tatsächlich zu einem gemeinsam akzeptierten Ergebnis kommt, dann bleibt fast nur noch eine einzige Möglichkeit übrig, den Diskurs zu einem Ende zu bringen, eine Möglichkeit, gegen die sich die 'Konsensustheorie' zwar vehement wehren würde, die aber auf Grund ihrer eigenen Voraussetzungen praktisch unvermeidlich ist: Instanzen von außen müßten der Diskussion ein Ende setzen und damit über die Wahrheit von Aussagen entscheiden. Nur so wäre es möglich, der Hydra der Komplexität die Köpfe abzuschlagen, die wegen der in die Diskursregeln eingebauten Perpetuierung der Diskussion dauernd nachwachsen müssen. Das System wissenschaftlicher Forschung, das sozusagen von der Gesellschaft mit der Aufgabe betraut ist, wahre Aussagen und Theorien zu liefern, bietet mit seiner immer weiter wuchernden Differenzierung und immer feiner gewirkten Spezifizierung der Fragestellungen das anschauliche Gegenbeispiel für die These der 'Konsensustheorie', die ungehinderte Diskussion führe zu einem inhaltlichen "Einverständnis" im Sinne eines umfassenden und dauerhaften Konsenses über bestimmte Probleme.[245] Allerdings erscheint es auf Grund der bisher gemachten Erfahrungen ziemlich naiv, die 'Reduktion' der prinzipiell unbegrenzten 'Komplexität' wissenschaftlicher Argumentationen[246] von der politischen und administrativen Praxis zu erwarten.[247] Denn was die Politiker für die sachlich adäquate 'Lösung' wissenschaftlicher Diskussionen anzubieten haben, ist bekannt: entweder ihre Prolongierung durch die Forderung von Gegengutachten oder ihr allmähliches Abwürgen im immer straffer gezogenen Netz rechtlich-bürokratischer Vorschriften

3.4 Wissenschaftlicher Diskurs und 'vorparadigmatische' Diskussion

Die ideale Sprechsituation soll die Bedingungen festlegen, unter denen das Zustandekommen eines vernünftigen Konsenses und damit das Finden der Wahrheit garantiert werden kann. Sie kann dies aber nur in Diskussionen erreichen, die von ihrer Begründungsstruktur her in einer Folge von endlichen Schritten zu einer Übereinstimmung führen, aber gerade in solchen Fällen ist die Antizipation einer sozusagen leeren Leitidee überflüssig. Man benötigt vielmehr ein System konkreter, auf diesen spezifischen Argumentationsbereich angepaßter Regeln, die dazu noch auf den Wissensstand der Forschung, auf den Inhalt der vorgebrachten Argumente u.a.m eingehen müßten, um sicherzustellen, daß für das gestellte Problem tatsächlich eine einvernehmliche Lösung gefunden wird. In all den Fällen, in denen es solche von der ganzen Sprachgemeinschaft oder bestimmten Gruppen (wie den Wissenschaftlern) akzeptierte Argumentationsregeln und Untersuchungsmethoden bereits gibt, ist auch diese Übereinstimmung im Normalfall zu erwarten. Solange man nämlich diesen Regeln so folgt, wie man es korrekterweise tun soll, wird man zu Ergebnissen gelangen, zu denen auch jedes andere Mitglied dieser Gemeinschaft gelangen würde, wenn es die Regeln in gleicher Weise befolgt. Damit soll keineswegs so getan werden, als sei der Begriff der Regel ganz ohne Probleme;[248] es soll auch nicht geleugnet werden, daß diese Regeln letztlich nur gelten, weil sie von der jeweiligen Gemeinschaft anerkannt sind (was jedoch in den allerwenigsten Fällen auf dem Wege einer 'diskursiven' Einigung geschieht); es soll nur darauf hingewiesen werden, daß es <u>nicht die ideale Sprechsituation</u> ist, die es gestattet, das Resultat zu antizipieren oder zu entscheiden, ob dieses von allen zu akzeptierende Ergebnis auf rationalem Weg erreicht worden ist, sondern allein die korrekte Befolgung der jeweils bereichsspezifischen Argumentationsregeln. Die meisten Probleme, über die wissenschaftliche Diskurse geführt werden, sind von dieser Art der 'normal science' (Th. Kuhn), und deshalb sind solche Diskussionen nur "Grenzfälle" von Diskursen.[249] Man kann schon "von der gültigen Theorie" erwarten, "daß sie das Rätsel definiere, ja daß sie auch noch garantiere: Vorausgesetzt, daß der Wissenschaftler hervorragend genug ist, so kann das Rätsel gelöst werden."[250] Noch deutlicher gesagt: Unter diesen Bedingungen ist es überflüssig, in einen Diskurs mit anderen einzutreten, weil jedes vernünftige und kompetente Mitglied dieser Gemeinschaft auch allein den entsprechenden Regeln folgen kann, um die Wahrheit einer Aussage festzustellen.[251]

Der sozusagen eigentliche Diskurs als 'kritische Diskussion', den wohl die 'Konsensustheorie' primär im Auge hat, ist jedoch von anderer Art als die wissenschaftliche Diskussion der 'Normalwissenschaft'. Er kann nur "in den Perioden der Krise" auftreten, "zu jenen Zeiten also, in denen die Grundlagen wieder in Gefahr sind".[252] Erst hier steht die Angemessenheit von Theorien, die Gültigkeit von Kriterien und Methoden, ja die Konstitution von ganzen Gegenstandsbereichen (oder 'Diskursuniversen') zur Debatte. Kurzum, erst hier ist dieser uneingeschränkte Wechsel der Diskursebenen nötig und auch möglich, der nach der 'Konsensustheorie' die Bedingung dafür sein soll, daß "ein argumentativ erzielter Konsens" als "Wahrheitskriterium" gelten darf (Habermas 1973c, 250). Aber gerade in diesen Diskursen, in denen erst die Regeln der Begründungssprache und der anzuwendenden Methoden konstituiert werden,[253] kann die Antizipation der idealen Sprechsituation das nicht leisten, was sie leisten soll, und zwar einfach deshalb, weil das Ergebnis solcher Diskurse einfach nicht inhaltlich antizipiert werden kann - außer man wüßte es schon a priori. Aber ein solcher "metaphysischer Geist", der dies schon von vornherein wüßte, wäre "nicht Geist von unserem Geist" (Habermas 1973c, 250) und hätte demzufolge auch gar keinen Diskurs nötig.

Der Fehler der 'Diskurstheorie der Wahrheit', wenn man so will, liegt darin, daß beide Typen von Diskurs nicht voneinander unterschieden werden und daß dazu noch das 'Wesen' des Diskurses am regelkonstituierenden Diskurs abgelesen wird, der gerade die Ausnahmesituation darstellt. Im Ausnahmefall der wissenschaftlichen Revolution gibt es aber per definitionem keine gemeinsamen Kriterien: entweder nicht mehr oder noch nicht, und deshalb kann auch die ideale Sprechsituation keineswegs als die hinreichende Bedingung für einen rationalen Konsens angenommen werden. Darüberhinaus handelt es sich in solchen Situationen auch nur in einem uneigentlichen Sinn um Fragen der Wahrheit, denn die Probleme, um die es hier geht, betreffen die Angemessenheit einer Begründungssprache überhaupt, die Gültigkeit von Kriterien usw., und dies sind alles keine Fragen, in denen die Wahrheit von Aussagen zur Debatte steht, sondern die Fruchtbarkeit von Definitionen und Begriffen, oder es sind Fragen der Methodologie, die natürlich den Horizont möglicher Wahrheit entwerfen, das also, was den Sinn und die Verstehbarkeit von Aussagen ausmacht, aber als solche kein Entscheidungskriterium an die Hand geben, um aus den sinnvollen, d.h. möglicherweise wahren Aussagen die tatsächlich wahren auszusondern. Die Wahrheit einer bestimmten Aussage kann nur im Rahmen einer schon, wenn auch nur implizit, akzeptierten verständlichen Sprache und einer bereits interpretierten Sicht der Wirklichkeit nachgewiesen werden. Während auf der allgemeinen Ebene der Begriff der Wahrheit als solcher nicht von den Sinnbedingungen eines Satzes im allgemeinen abgekoppelt werden darf, ist es bei der Feststellung oder Überprüfung der Wahrheit einzelner Aussagen anders: Wahrheitsfragen sind nicht Fragen, ob die betreffende Aussage sinnvoll ist, und betreffen daher nicht die Gültigkeit des Interpretations- und Argumentationsrahmens selbst.

Immerhin könnte plausibel gemacht werden, warum die 'Konsensustheorie' den Ausnahmefall des Diskurses zum Normalfall erklärt. Es handelt sich wohl um ein 'Vorurteil', das sich aus der Sachproblematik ergibt, mit der sich die Vertreter dieser Theorie im allgemeinen befassen. Entweder sind sie - wie die Konstruktivisten - an den Grundlagenproblemen (speziell der Logik und neuerdings der Ethik) interessiert, und gerade in diesen Grundlagenfragen gibt es kein einheitliches Paradigma mit verläßlichen Kriterien, da der Grundlagenstreit in der Logik und Mathematik schon seit der Antike andauert; oder sie sind - wie Apel und Habermas - von Haus aus (Sozial-) Philosophen und Soziologen, und diese Disziplinen befinden sich nach der Ansicht vieler Wissenschaftstheoretiker immer noch in einem 'vorparadigmatischen' Zustand, der dadurch gekennzeichnet ist, daß es mehrere konkurrierende Methoden gibt, daß nebeneinander diametral entgegengesetzte Standpunkte und dementsprechend mehrere Schulen des Denkens bestehen, ohne daß man in der Lage wäre, Entscheidungskriterien in einer allgemeinverbindlichen und sozusagen objektiv entscheidbaren Weise anzugeben, wer denn nun rechthat, weshalb diese Art von 'kritischer Diskussion' für die 'paradigmatischen' Wissenschaften nicht nur nicht als Wissenschaft,[254] sondern oft nicht einmal als rational erscheinen muß.

Der berechtigte Vorwurf, die Bedingungen der idealen Sprechsituation seien bestenfalls notwendige Bedingungen für einen rationalen Konsens, keinesfalls aber hinreichende und deshalb a fortiori als Wahrheitskriterium ungeeignet, ergibt sich zum größten Teil aus dieser Verwischung der beiden Diskurstypen. Was eigentlich nur die transzendentale Voraussetzung für das Verstehen des Begriffes oder der Bedeutung der Wahrheit oder nur eine methodische Leitregel im allgemeinen sein kann, wird durch die scheinbar konkrete Beschreibung als empirisch anwendbares Modell und Verfahren ausgegeben. Man wird zu einer empirischen Auffassung der 'idealen Sprechsituation', der 'idealen Argumentationsgemeinschaft', des 'transzendentalen Sprachspiels', der 'Beratung' usw. durch die Terminologie direkt eingeladen, aber für Diskussionen über bestimmte Aussagen mit einem konkreten Gehalt muß dann dieses Ideal der Vernunft "von erschreckender Irrealität" (Gadamer) sein - zu leer schon, als daß daraus überhaupt bereichsspezifische Argumentationsregeln entwickelt werden könnten, vom Nachweis der Wahrheit konkreter Aussagen ganz zu schweigen.

3.5 Wahrheit als Vernünftigkeit

Die 'Konsensustheorie' hätte es vermutlich gar nicht so schwer, den gerade erwähnten Vorwürfen viel von ihrer vermeintlichen Wucht zu nehmen. Man müßte eben, wenn man schon tatsächlich stattfindende Diskurse an ihrem idealen Modell messen wollte, dieses abstrakte Programm durch eine ausgefeiltere Theorie der Argumentation, durch ein einigermaßen vollständiges System von Diskursregeln u.ä. anreichern. Das scheinbar irreale Ideal könnte dann zu einem zwar immer noch idealen, aber den faktischen Diskussionen doch relativ nahekommenden Modell operationalisiert werden. Die Bedingungen der idealen Sprechsituation würden sich damit den Forderungen annähern, die zwar allzu oft kontrafaktisch sind, aber doch in gewisser Weise das rationale Argumentieren im Kreise der Wissenschaftler bestimmen: Die Grundbegriffe und Methoden sollen so eingeführt werden, daß man auf eine Verständigung mit den Fachkollegen aus ist; die Argumentation soll sachlich sein, also überzeugen und nicht mit irgendwelchen faulen Tricks überreden wollen usw. Vielen Polemiken gegen die Brauchbarkeit des Diskursmodells würde dadurch die Spitze gebrochen, aber es würde zugleich der Einwand überdeutlich, der eigentlich schon lange im Raum steht: Die 'Konsensustheorie' verdanke ihre Plausibilität nur der Tatsache, daß sie eigentlich 'wahr' mit 'rational' (oder 'vernünftig') verwechsle. Denn der 'wahre' Konsens ist der 'vernünftige' Konsens, die Bedingungen der 'Wahrheit' sind identisch mit den Grundnormen der 'vernünftigen' Rede, die ideale Sprechsituation ist das Wahrheitskriterium, weil sie einen 'vernünftigen' von einem trügerischen Konsens zu unterscheiden erlaube usw.

Im ersten sozusagen semantischen Teil der Diskussion der 'Konsensustheorie' konnte dieser Einwand noch mit einer gewissen Berechtigung übergangen werden, nicht zuletzt deshalb, weil man unter dem 'Sinn' eines Satzes dessen 'Wahrheitsbedingungen' verstand, so daß in der Tat für ein richtiges Verständnis beider Begriffe eine Klärung der Bedeutung von 'wahr' vorausgesetzt werden muß. Diese Taktik, 'Wahrheit' und 'Verständlichkeit' (oder 'Wahrheit' und 'Sinn') bei der Bedeutungserklärung ineinander verschwimmen zu lassen (zumal beide von der 'Konsensustheorie' als Geltungsansprüche angesehen werden), ist jetzt nicht mehr so leicht möglich: Die Klasse der wahren Sätze ist mit der Klasse der sinnvollen Sätez nicht umfangsgleich. Die uneingeschränkte und zwanglose Diskussionssituation kann zwar die Freizügigkeit zwischen den Diskursebenen sichern und somit die Möglichkeit für einen eventuellen Konsens eröffnen, aber sie garantiert noch nicht die "konsenserzielende Kraft des Arguments",[255] weil hierfür einschränkende Bedingungen notwendig sind, die sich nach den pragmatischen Umständen der jeweiligen Diskurse zu richten haben. Solche Diskursbegrenzungen sind zwar auf Grund der idealen Norm der Chancensymmetrie, was den Vollzug von Sprechakten betrifft, nicht prinzipiell ausgeschlossen, aber diese Diskursregeln ergeben sich, wie schon ausgeführt, nicht allein aus der idealen Sprechsituation, weshalb diese nicht ausreichen kann, in einem definitiven Sinn über die Wahrheit einer Aussage eine Entscheidung zu treffen. Sie wäre demnach kein positives Wahrheitskriterium, das eine eindeutige Feststellung der Wahrheit erlaubte, aber man könnte sie in einem negativen

Sinn als Wahrheitskriterium ansehen, wenn man sich dem Wortgebrauch Kants (KrV B 84) anschließt, der nichts dabei findet, auch dort von Kriterien der Wahrheit zu sprechen, wo nur solche Bedingungen gemeint sind, die die sinnvollen von den sinnlosen Sätzen zu unterscheiden helfen, da von einem "allgemeinen Wahrheitskriterium" nicht mehr verlangt werden könne. Die Bedingungen der idealen Sprechsituation (oder, was auf dasselbe hinausläuft: die Grundregeln des Diskurses) wären dann mit den Grundnormen der vernüntigen Rede identisch und könnten so als dieses negative Wahrheitskriterium fungieren, weil sie implizit eine Definition von 'rational' sind. Trotz dieser Anleihe bei Kant ist es nicht ganz glücklich, von einem Wahrheitskriterium zu sprechen; man sollte eher den Ausdruck 'Wahrheitsbedingungen im weiten Sinn' verwenden, weil diese Normen den Rahmen für die sinnvollen Sätze abstecken. Wie dem auch sei, der Verdacht, die 'Konsensustheorie' sei geneigt, 'wahr' mit 'vernünftig' gleichzusetzen, 'wahr' eigentlich als 'wahrheitsfähig' zu verstehen, verstärkt sich. Er wird auch von ihr selbst bestätigt: "Wahrheit" werde nämlich von ihr "in dem weitgefaßten traditionellen Sinne der Vernünftigkeit" aufgefaßt (Habermas 1971b, 25), so daß "der diskurstheoretische Begriff der Wahrheit" lediglich die "Grundnormen der vernünftigen Rede" als die "Adäquatheitsbedingungen, denen jeder mögliche Wahrheitstest genügen muß", anführen kann.[256] Diese Zweideutigkeit, die bei der Erklärung der Bedeutung von Wahrheit nicht ganz so schlimm war, ist bei einem Wahrheitskriterium fatal: Ein Wahrheitskriterium soll nicht nur die wahren von den falschen Sätzen unterscheiden helfen, sondern auch die wahren von den sinnvollen Sätzen, und beide Klassen fallen nicht gerade zusammen. Im nachhinein fände man in dieser Begriffsvermischung einen weiteren Grund, warum der Erfahrung in Sachen 'Wahrheit' von der 'Konsensustheorie' so wenig Bedeutung beigemessen wird. Trotz der ausdrücklichen Unterscheidung der Geltungsansprüche der Wahrheit und der Verständlichkeit werden unter der Hand die wahren und die sinnvollen Aussagen gleichgesetzt, und so kann man dann sozusagen auf der linguistischen Ebene allein über die Wahrheit befinden, weil man nur darüber entscheiden muß, welche Aussagen sinnvoll sind.

3.6 Der normative Charakter der Sprachpragmatik

Dieses Ineinanderschwimmen von 'wahr' und 'vernünftig', das für einen Logiker alles andere als ein philosophischer Fortschritt ist, bestärkt ihn in seiner Vermutung, daß noch andere Umdefinitionen oder gar Zirkelschlüsse der Argumentation der 'Konsensustheorie' eine erschlichene Plausibilität verleihen. Dies gilt vor allem für die angebliche Unvermeidlichkeit der transzendentalen Voraussetzungen der argumentativen Rede. Wie bei allen transzendentalphilosophischen Versuchen hat ein erkenntnistheoretischer Realist auch hier den Verdacht, daß es sich weithin um implizite Definitionen und damit um normative Festsetzungen handelt, was als rein analytisches Geschäft deklariert wird. Die Notwendigkeit, eine ideale Sprechsituation als fundamentales Erfordernis des Diskurses anzunehmen - was weiter oben als eine Tautologie verdächtigt wurde, da nur verschiedene Aspekte desselben Phänomens zum Ausdruck gebracht würden -, wird aus der Reflexion auf die umgangssprachliche Kommunikation, also gewissermaßen aus einer "Naturtatsache"[257] bewiesen, gegen Tatsachen läßt sich aber schwer argumentieren. Die den Diskurs leitende Idee einer potentiell unbegrenzten Kommunikationsgemeinschaft erweist sich als nicht beliebig und damit eines vorgängigen Konsenses gar nicht bedürftig, wenn sich aufzeigen läßt, daß ohne sie eine Kommunikation, ja ein sinnvolles Handeln überhaupt nicht möglich sei. Damit wäre nämlich auch der scheinbar unausweichliche Zirkel des Konsenses, in den die Idee der idealen Sprechsituation auch den Diskurs treibt, durchbrochen. Transzendentale Voraussetzungen beruhen von ihrem Anspruch her gar nicht auf Vereinbarung und Konvention und können deshalb in einem transzendentallogischen, und das heißt für die 'Konsensustheorie': in einem vernünftigen

Sinn überhaupt nicht bezweifelt werden. Wer meinte, er könne es doch, täuscht sich darüber, was er eigentlich tut: Er widerlegt sich gewissermaßen durch sein eigenes Tun.[258]

Zwischen den Vertretern der 'Konsensustheorie' bestehen zwar terminologische Differenzen, ob man dieses Vorgehen als transzendentalen Beweis im eigentlichen Sinn bezeichnen solle, aber die Tatsache läßt sich nicht bestreiten, daß diese Denkfigur verwendet wird, die eine Unausweichlichkeit signalisiert: Wann immer wir einander mit Gründen überzeugen wollen, schärfer noch: wann immer wir sinnvoll handeln,[259] sind wir gezwungen, eine ideale Sprechsituation zu unterstellen. Der Versuch, die Grundnormen des Diskurses so in unserem alltäglichen Miteinanderreden und Miteinanderhandeln zu verankern, daß mit ihrer theoretischen Fixierung nur etwas ausdrücklich ins Bewußtsein gehoben wird, was man, ohne es zu wissen, immer schon praktiziert, erscheint als gangbarer Weg, einen Skeptiker zu überzeugen, aber wenn man meint, man sei damit schon aus dem Schneider, was den erwähnten Zirkel des Konsenses betrifft, hat man sich zu früh gefreut - außer es gelingt dieser Selbstreflexion seines eigenen Tuns, zu eindeutig tautologischen Ausdeutungen dieser transzendental-notwendigen Kommunikationsvoraussetzungen hinzuführen (z.B. daß zur sprachlichen Kommunikation eine Sprache benutzt werden müsse). Aber gerade dies ist bei der idealen Sprechsituation nicht der Fall, denn es gibt wohl kaum jemanden, der für seine gewöhnlichen Argumentationen, vom alltäglichen Handeln ganz zu schweigen, eine Bedingung dieser Art als unabdingbar notwendig erachten würde.[260] Dieses perfektische 'immer schon' solcher transzendentalen Voraussetzungen, deren Zwang auch der Zweifler und Skeptiker nicht entkommen könne, erinnert penetrant an den Wettlauf des Hasen mit dem Igel, mit dem kleinen Unterschied freilich, daß hier der Hase, sprich: der Nicht-Transzendentalphilosoph, sofort argwöhnt, daß irgendwo zusätzliche Annahmen eingeschmuggelt sein müßten, um diesen angeblich rein analytischen Beweis schlüssig erscheinen zu lassen. So scheint es auch zu sein. 'Argumentieren', oder allgemeiner: 'Sprache' und 'Kommunikation' müssen in der transzendentalen (oder universalen) Sprachpragmatik so <u>definiert</u> sein, daß jedes sinnvolle Sprechen, falls es analysiert wird, diese Strukturen einer herrschaftsfreien Kommunikation offenbaren muß. Die partielle Gleichsetzung von 'wahr' und 'vernünftig' könnte als etwas laxe Ausdrucksweise noch entschuldigt werden; aber schon die Behauptung, daß die Sprache als solche die Idee der Wahrheit impliziere, gilt eigentlich nur für die assertorische Rede und nicht für jedes Sprechen. So scheint auch die Ansicht von Habermas überzogen zu sein, daß die Sprecher mit <u>jedem</u> ihrer Sprechakte <u>alle vier</u> Geltungsansprüche erheben müssen

(1973c, 220). Wenn dann noch behauptet wird, die "Idee der Wahrheit" schließe "die Idee der Mündigkeit ein" (1970a, 155) - weshalb nicht nur schon "mit dem ersten Satz", den man spricht, "die Intention eines allgemeinen und ungezwungenen Konsensus unmißverständlich ausgesprochen" sei, sondern sogar "das Interesse an Mündigkeit" in der Struktur der Sprache "a priori eingesehen" werden könne und deshalb "theoretisch gewiß" sei (1965, 163)[261] -, vermutet man mit gutem Recht, daß diese sprachpragmatische Analyse nicht rein deskriptiv sein könne, sondern irgendwelche normativen Definitionen enthalten müsse, was als Sprechen, als Kommunikation und Verständigung gelten darf.

Dieser Vorwurf einer implizit 'normativen Deskription' muß etwas präzisiert werden. Man könnte ihn nämlich so (miß-)verstehen, als würde daran Anstoß genommen, daß die Sprache von der 'Konsensustheorie' nicht in einer physikalistischen Weise wie ein Naturgegenstand beschrieben wird. Denn darin hat sie ohne jeden Zweifel recht, daß die Sprache keine solche natürliche Tatsache sei, sondern so etwas wie ein "normatives Faktum" (Apel 1973b, 416) oder eine "institutionelle Tatsache".[262] Wenn die Sprache schon als regelgeleitetes Handeln verstanden wird, ist es eine bare Selbstverständlichkeit, daß man gewisse normative Implikate im scheinbar rein empirischen Faktum menschlichen Miteinandersprechens entdekken muß: Es werden bestimmte Ansprüche erhoben; es werden bestimmte Voraussetzungen gemacht usw. Aber gegen diese im Grunde banalen Tatsachen sollte sich der Vorwurf, die 'Konsensustheorie' spiele mit versteckten Karten, gar nicht wenden. Er wollte eigentlich die 'Konsensustheorie' nur mit deren eigenen Waffen schlagen. Jede Analyse, und wenn sie sich noch so sehr als transzendentale Besinnung auf unvermeidliche Voraussetzungen oder Möglichkeitsbedingungen von irgendetwas ausgibt, ist eine Interpretation. Auch die angeblich unvoreingenommen deskriptiv sich gebende Rekonstruktion umgangssprachlicher Kommunikation muß selektiv vorgehen. Sie arbeitet mit einem Modell, mit Abstraktionen und Idealisierungen, die den begrifflich-theoretischen Rahmen bilden, in dem die empirische Realität verstanden und interpretiert wird. Einfach gesagt: Sie ist ein einseitiger Standpunkt gegenüber anderen prinzipiell gleichberechtigten Sichtweisen. Das eigentlich Interessante ist daher nicht das untersuchte Phänomen, sondern das theoretische Modell, das die Auswahl der Fakten und die Interpretation dieser Fakten leitet. Die 'Konsensustheorie' entkommt daher entgegen ihrem Anspruch dem Zirkel des Konsenses nicht, weil Interpretationen immer auf faktische Einverständnisse angewiesen sind, welche Aspekte des analysierten Phänomens relevant sind und welche nicht. Ist schon die transzendental- oder universalpragmatische Auffassung der Sprache alles andere als die natürlichste Sache der Welt, dann gilt dies noch viel mehr für die als unvermeidlich ausgegebenen Voraussetzungen. Die Plausibilität der universalpragmatischen Rekonstruktion ist immer nur relativ zu bestimmten theoretischen Annahmen, die zwar jeder Philosoph als rational (oder gar als wahr) ausgibt, die aber in Wirklichkeit nicht viel mehr als die philosophischen Dogmen der Gegenwart (oder vielleicht noch schlimmer: einer bestimmten Schule) sind. Da selbst die Kriterien der Beurteilung von diesem grundlegenden 'conceptual framework' der Sicht der Welt und des Menschen abhängen, gibt es in solchen erkenntnistheoretischen (oder metaphysischen) Diskussionen auch kein allgemein akzeptiertes Paradigma, so daß für den einen etwas äußerst plausibel, ja trivial sein kann, worüber der andere nur den Kopf schüttelt.

3.61 Sprache als Verständigung

Aber zurück zu den vermutlich normativen Implikationen in der transzendentalpragmatischen Analyse der Sprache! Die zentrale Rolle spielt der Begriff der Verständigung. Der "Originalmodus von Sprache" ist "Verständigung" (Habermas 1984a, 596), und da der Diskurs nur die "Fortsetzung des verständigungsorientierten Handelns" ist (1984a, 211), hat auch er dieses "Telos der Sprache" zu seinem Ziel, aber auch zu seiner Bedingung, da jeder explizite Verständigungsversuch auf ein schon wirksames Verständigtsein angewiesen ist. Der ganze Gedankengang, der zur idealen Sprechsituation und zur herrschaftsfreien Kommunikation als der grundlegenden Form der vernünftigen Rede führt, scheint von der schwammigen Bedeutung von 'Verständigung' zu profitieren. Dies soll nicht heißen, daß die Konsensustheoretiker nicht selber sähen, wie breit das Spektrum ist, das dieser Begriff abdeckt: Es reicht vom bloßen sprachlichen Verstehen bis zum handlungsmäßigen Gutheißen. Aber dieser Begriff wird offenbar bewußt gewählt, weil er die Möglichkeit bietet, die Frage nach dem Sinn von Sätzen (oder der Sprache überhaupt) mit in die Wahrheitsproblematik einzubeziehen.[263] Damit ist auch klar, daß die 'Konsensustheorie' mit der Beschreibung der Sprache als Verständigung die verschiedenen Funktionen, die die Sprache hat, nicht auf eine einzige, eben die 'Mitteilungsfunktion' reduzieren will. Die Unterscheidung verschiedener sozusagen gleichursprünglicher Geltungsansprüche und die Parallelen zwischen Bühlers 'Organon-Modell' der Sprache und Habermas' universalpragmatischen Reformulierungen, die allzu offensichtlich sind als daß es ein Zufall sein könnte, machen gerade darauf aufmerksam, daß die Sprache nicht nur eine 'mitteilende', sondern auch eine 'darstellende' und eine 'expressive' Funktion hat. Allerdings ist die 'Konsensustheorie' öfter in der Gefahr, entgegen ihrem eigenen Anliegen, die konstitutive Abhängigkeit der objektbezogenen Erkenntnis von der subjektbezogenen Verständigung über die pragmatischen Bedingungen des Erkennens und seiner Gültigkeit zu überbetonen, so daß der Eindruck entstehen kann, als ob die Verständigung über den illokutiven Modus eines Sprechaktes und die Anerkennung der konstitutiven Geltungsansprüche bereits über die Gültigkeit der gemachten Aussagen entscheide und nicht bloß über das Gelingen des Sprechaktes. Es wird also nicht scharf genug zwischen dem 'Einverständnis' auf den jeweils verschiedenen Ebenen unterschieden: Die Regeln der Sprache zu akzeptieren, heißt noch lange nicht, auch die in dieser Sprache gemachten Äußerungen als vernünftig zu akzeptieren; der Konsens über die Bedingungen, wann eine Aussage sinnvoll ist, hat noch lange nicht deren Wahrheit zur Folge; das Einverständnis über die Definition einer Handlungssituation hat noch nicht ein gemeinsames Handeln zur Folge usw.

Der ganze Beweis für die Notwendigkeit, in jedem Sprechakt eine ideale Sprechsituation zu unterstellen, hängt an der scheinbar tautologischen Prämisse: Sprachliche Kommunikation besage soviel wie Verständigung. Hat man dies unbesehen akzeptiert, läuft alles fast von selbst: "Verständigung", soll sie wirklich diesen Namen verdienen, muß zu einem "Einverständnis" führen. Sie bewährt sich also an einem "echten Konsens", weshalb die sprachliche Kommunikation als solche schon die "Norm" der "wahren Rede"[264] impliziert und damit notwendigerweise auch die Fähigkeit, einen "wahren" von einem "trügerischen" Konsens zu unterscheiden, denn sonst wäre jedes Sprechen miteinander sinnlos. 'Echt' ist eine Übereinstimmung jedoch nur, wenn sie nicht erzwungen ist, so daß die Tatsache, daß man miteinander sprechen kann, sich nur so erklären läßt, daß man unterstellt, die Bedingungen einer zwanglosen Kommunikation seien erfüllt.

Der Trick beim ganzen ist: Bei dieser Ableitung handelt es sich entweder um ein reines Postulat - "wir trauen uns zu und müssen uns zutrauen, einen vernünftigen von einem trügerischen Konsens zu unterscheiden, weil wir sonst den vernünftigen Charakter von Rede preisgeben würden" (Habermas 1973c, 258)[265] - oder aber um eine 'wenn-dann'-Formulierung (1971a, 136), für die die Tatsache, daß wir uns im alltäglichen Miteinanderumgehen 'verständigen' können, die Beweislast übernimmt. In der Tat, wer könnte schon leugnen, daß wir uns beim gewöhnlichen Miteinanderreden wirklich verstehen, ja sogar des öfteren zu einer Verständigung im emphatischen Sinn des Einverständnisses gelangen? Von der 'Konsensustheorie' wird aber 'Verständigung' sofort normativ[266] verstanden, und darüberhinaus wird dieser auch nach der Ansicht der 'Konsensustheorie' eher glückliche Sonderfall sprachlicher Kommunikation als der "Originalmodus" der Sprache, als die "Verwendung" der Sprache angesehen, "für die sie von Haus aus gemacht" sei (Habermas 1984a, 596).[267] Die Bedingungen der diskursiven Argumentation will die 'Konsensustheorie' angeblich analytisch-deskriptiv aus der alltäglichen Redesituation gewinnen, aber dies kann ihr nur gelingen, weil sie in Wirklichkeit das alltägliche und gewöhnliche Sprechen nach dem Muster des Diskurses zurechtschneidet. Das alltägliche Reden ist nämlich, wie Albert mit Recht feststellt, "primär ein Austausch von Wünschen, Bitten, Anweisungen und Informationen, bei dem die argumentative Dimension der Sprache nicht in Anspruch genommen werden muß",[268] weshalb auch die Anspruchserwartungen an den Gesprächspartner sich je nach den unterschiedlichen Zwecken richten, und nicht in jedem Fall der andere als "Person", d.h. als eigenverantwortlicher und gleichberechtigter Partner anerkannt werden muß.[269] Was als transzendentale Reflexion auf das Sprechen als solches ausgegeben wird, ist eigentlich eine transzendentale Besinnung auf die Bedingungen des argumentativen Sprechens. Reden, sogar miteinanderreden kann man aber auch, ohne argumentieren zu müssen. Eine historisch ziemlich spät auftretende Form der Rede - die wissenschaftliche Diskussion zwischen prinzipiell gleich kompetenten und damit gleichberechtigten Gesprächspartnern -, die dazu noch ein ganz spezieller Fall von Rede ist, der gerade dadurch ausgezeichnet ist, daß er nicht der Normalfall ist, wird exemplarisch für den Normalfall der sprachlichen Kommunikation genommen. Um es paradox zu formulieren: Die empirische Normalform des Sprechens kann nur dann erfolgreich funktionieren, wenn sie unter Bedingungen verläuft, die gerade nicht für diesen Normalfall des Sprechens charakteristisch sind - ein typischer Fall von 'Entfremdung'! Der Normalfall der alltäglichen Kommunikation zwischen Menschen ist nämlich dadurch gekennzeichnet, daß die Bedingungen, die für den Diskurs gelten sollen, nicht gegeben sind: Die reflexive intentio obliqua stellt sich doch nur dann ein, wenn Probleme entstanden sind, wenn also der Kommunikations- und Handlungszusammenhang durchlöchert worden ist und unser Alltagsverständnis nicht mehr trägt. Diskursbedingungen müssen aber in der normalen Kommunikationssituation auch nicht ausdrücklich hergestellt werden, weil das Miteinanderumgehen auch so funktioniert, ohne daß man sich in den meisten Fällen dieser 'echten' Verständigung vergewissern müßte. Das tragende Fundament dieser Übereinstimmung in unserer alltäglichen Lebenswelt verdankt sich nicht so sehr der Gemeinsamkeit dessen, was man <u>sagt</u>; es ist, mit Wittgenstein gesprochen, "keine Übereinstimmung der Meinungen, sondern der Lebensform".

Die strukturellen Merkmale des Diskurses, also

vor allem die Idee der idealen Sprechsituation, können nur deshalb als die unabdingbaren Voraussetzungen der alltäglichen Kommunikation ausgegeben werden, weil ein besonderer Teil dieser Kommunikation als das Ganze genommen wird. Dann muß natürlich das gewünschte Ergebnis herauskommen, weil alle anderen Situationen, die diese Bedingungen nicht erfüllen würden, von vornherein herausgefiltert worden sind.

3.7 Die ideale Sprechsituation als Strukturprinzip neuzeitlicher Subjektivität

Der auf den letzten Seiten ausgeführte Einwand darf nicht so verstanden werden, als solle der 'Konsensustheorie' nachgewiesen werden, daß von ihr eine bestimmte, sogar historisch fixierbare Form des Miteinanderdiskutierens dogmatisch zum universalen - und dies bedeutete für das gängige Verständnis dieses Begriffes: überzeitlichen - Wesen der Sprache hochstilisiert werde, weshalb die von ihr als unvermeidlich notwendig und damit überhaupt nicht widerlegbar hingestellten Bedingungen nur bestimmte, wenn auch tiefsitzende 'Vorurteile' seien, die für eine geschichtliche Bewußtseinsstufe charakteristisch sind.[270] Es ging zunächst einmal nur darum zu zeigen, daß auch die Transzendentalpragmatik nicht rein deskriptiv das Apriori der Kommunikation freilegen kann, sondern mit einer normativen Selektion arbeiten muß. wie jede andere Theorie bietet auch sie die Interpretation eines Faktums an und muß deshalb auf den faktischen Konsens einer bestimmten Gemeinschaft zurückgreifen. Auch der Appell an das über allen besonderen Sprachspielen stehende, weil über sie reflektierende "transzendentale Sprachspiel" (Apel) der philosophischen Theorie kann nicht darüber hinwegtäuschen, daß auch die philosophische Reflexion nur eine Weltinterpretation neben vielen anderen ist. So wie es keine 'Wirklichkeit an sich' gibt, die man, losgelöst von ihren verschiedenen Erscheinungsweisen, in ihrer von empirischen Beimischungen unbefleckten Reinheit herausschälen könnte, so gibt es keine an sich richtige Beschreibung der Sprache, die sich sozusagen von selbst aufdrängte. Die 'Rationalität' der universalpragmatischen Position verdankt sich daher dem, was eine Gesellschaft und das kann nur heißen: was die in der Selbstthematisierung der Gesellschaft geübten und für deren theoretisches Selbstverständnis verantwortlichen Wissenschaftler und Philosophen als rational definieren.[271] Für die 'Konsensustheorie' ist hierfür eindeutig der in der Neuzeit durch die Aufklärung geprägte Begriff des Subjekts zentral, der vor allem durch Autonomie und Gleichheit charakterisiert werden kann. Aus den Grundbestimmungen dieser neuzeitlichen Subjektivität ergibt sich folgerichtig eine intersubjektive Auffassung der Rationalität und damit der Wahrheit, wenn man - anders als die 'Bewußtseinsphilosophie' der Aufklärung - die Sprache dezidiert ins Zentrum der Analyse rückt. 'Vernünftig' ist für ein solches Subjekt, nur das zu akzeptieren, wofür einsichtige Gründe angeführt werden können; 'vernünftig' kann eine Interaktion zwischen solchen Subjekten nur sein, wenn man sich gegenseitig als frei und gleich, d.h. als Person anerkennt. Deshalb können dann die Regeln des Zusammenlebens nur 'gelten', wenn die davon Betroffenen frei ihre Zustimmung erteilen können. Wird dann auch die Sprache fast ausschließlich unter diesem Gesichtspunkt eines regelgeleiteten Handelns betrachtet, braucht es nicht zu verwundern, daß die Gültigkeit einer Aussage, also ihre Wahrheit, nur in der intersubjektiven Anerkennung bestehen kann, da einer allein überhaupt nicht einer Regel folgen kann (wie Apel immer wieder im Anschluß an Wittgenstein betont). Es wird dann aber auch klar, warum die Herrschaftsfreiheit für die wahre Rede eine so wichtige Rolle spielt.

Es wäre übertrieben zu behaupten, mit diesen mehr angedeuteten denn entfalteten Feststellungen werde etwas umwerfend Neues gesagt. Daß für den Diskurs die wissenschaftliche Diskussion das Vorbild sei, dies bräuchte man gar nicht mehr zu erwähnen. Aber auch die Ansicht, der "Habermassche Diskutant" sei nur "eine Neuauflage der bürgerlichen Subjektivität",[272] wird nur allzu häufig vertreten. Was jedoch bei diesen angeblichen Demaskierungen der 'Konsensustheorie' meistens übersehen wird, ist die schlichte Tatsache, daß dies auch der 'Konsensustheorie' selbst bewußt ist,[273] denn sie will gar nicht behaupten, daß überall und zu allen Zeiten über die Wahrheit von Aussagen nur mit Hilfe einer zwanglosen Argumentation entschieden worden ist, oder daß mit der Behauptung einer Universalität der von ihr freigelegten Bedingungen der sprachlichen Verständigung ein unveränderliches Apriori wie bei Kant angesprochen werde; findet sich doch der Diskurs, historisch gesehen, nicht überall und selbst in den Gesellschaften, in denen er einen Platz gefunden hat, nur partiell und in ganz bestimmten Situationen. Wenn die 'Konsensustheorie' die diskursive Einlösbarkeit als das spezifische Merkmal der Wahrheit herausstellt, macht sie auf etwas aufmerksam, das die neuzeitliche Auffassung von Wahrheit kennzeichnet. Der wesentliche Fortschritt dieser neuzeitlichen Wahrheitskonzeption ist, übertrieben formuliert, die Ablösung der Idee der Wahrheit durch die wissenschaftliche Methode. Nicht mehr die Evidenz letzter inhaltlicher Wahrheiten ist das tragende Fundament der Erkenntnis, sondern das Vertrauen auf die Verläßlichkeit der Verfahren der Erkenntnisgewinnung und Erkenntnisüberprüfung. Die wissenschaftliche Methode garantiert gewissermaßen die Wahrheit der Erkenntnis, und deshalb bewegt sich jede andere Art einer Begründung oder Rechtfertigung der Erkenntnis, die auf bestimmte inhaltliche Gründe verweisen zu müssen glaubt, "auf mittelalterlichem Niveau" (Habermas 1976b, 281).

Die 'Konsensustheorie der Wahrheit' wäre demnach ohne weiteres bereit, eine soziohistorische Relativierung ihres Verständnisses von Rationalität zuzugeben. Aber sie würde sich weigern, daraus eine Relativierung des Begriffes der Wahrheit zu folgern, so daß es letztlich gleichgültig wäre, welche Auffassung von Rationalität und Wahrheit man vertrete. Ihre Überzeugung ist nicht nur, daß die neuzeitliche universalistisch-formale Konzeption ein Fortschritt gegenüber den anderen Auffassungen ist;[274] ihre Überzeugung ist wohl auch, daß es letztendlich doch eine einzig richtige und wahre Theorie der Wirklichkeit gibt, sozusagen die objektiv-wahre Repräsentation der Welt - wenn auch erst, bildlich gesprochen, 'am Ende' im idealen Diskurs einer planetaren idealen Kommunikationsgemeinschaft. Auch wenn die 'Konsensustheorie' eine sprachpragmatisch transformierte Transzendentalphilosophie ist, ist sie noch zuviel 'philosophisch' und zuwenig 'pragmatisch', als daß sie Theorien am Grad ihrer relativen Brauchbarkeit, mit den aufgeworfenen Problemen fertigzuwerden, messen würde. Wenn man dasselbe im Blick auf die Kontroverse über den wissenschaftlichen Fortschritt zwischen Kuhn und Feyerabend (oder Quine und Sellars) auf der einen Seite, den Popperianern (und den eher orthodoxen analytischen Wissenschaftstheoretikern) auf der anderen Seite formulieren wollte, müßte man sagen: Die 'Konsensustheorie' säße im Boot Poppers und wäre nicht so ohne weiteres bereit, Kuhn rechtzugeben, wenn er behauptet, daß der Wechsel eines Paradigmas nicht unbedingt näher an die Wahrheit heranführe.

3.8 Der Konsensusbegriff der Wahrheit als 'hermeneutische' Wahrheit

Die obigen Überlegungen haben ziemlich weit von dem nicht ausdiskutierten Vorwurf weggeführt, daß die 'Konsensustheorie' nur deshalb den rationalen Konsens (oder genauer: die Bedingungen der idealen Sprechsituation) als das Wahrheitskriterium betrachten könne, weil sie einfach 'wahr' und 'vernünftig' verwechsle (oder vorsichtiger gesagt: weil sie 'Wahrheit' in dem sehr weiten Sinn von 'Vernünftigkeit' verstehe). In diesem Fall wäre es klar, daß die Grundnormen der vernünftigen Rede zugleich die Bedingungen der Wahrheit sein müssen. Trotzdem muß dieser Verdacht, daß die 'Konsensustheorie' primär an Fragen der <u>Verständigung</u> und nicht an Fragen der <u>Wahrheit</u> interessiert sei, auf den ersten Blick als an den

Haaren herbeigezogen erscheinen. Sie betont zwar die Zusammengehörigkeit von 'Sinn' und 'Wahrheit', unterscheidet aber ausdrücklich Sinnfragen von Fragen der Wahrheit: die einen betreffen die Gegenstandskonstitution und gehören als erkenntnistheoretische zum "Erfahrungsapriori", während die andern als geltungstheoretische zum "Argumentationsapriori" gehören. Das Plädoyer für einen Konsensusbegriff der Wahrheit beruht doch zum größten Teil darauf, daß Wahrheitsfragen die <u>Gültigkeit</u> einer Erkenntnis artikulieren und deshalb eine intersubjektive Anerkennung begrifflich implizieren. Diese Unterscheidung läßt sich nicht leugnen, dennoch muß darauf beharrt werden, daß die Ungenauigkeit der Argumentation, die oft zweideutige Begrifflichkeit und die verschleierte Normativität ihrer Prämissen einen ihrer wesentlichen Gründe darin finden, daß das hermeneutische Problem des Verstehens von Sinn allzu schnell auf die Frage der Wahrheit extrapoliert wird. Das hermeneutisch-geisteswissenschaftliche 'Vorurteil'[275] der 'Konsensustheorie', das aus den Wissenschaftsgebieten herrührt, mit denen sie sich sonst befaßt, sieht eben viel deutlicher und auch plausibler, als es den Naturwissenschaftlern in den Sinn käme, die Wirklichkeit als von den Menschen konstituiert, ja hervorgebracht. Infolge der weltkonstituierenden Funktion der Sprache bietet es sich an, die Welt als einen Text zu betrachten, der nur richtig interpretiert werden müsse, um seine wahre Struktur zu enthüllen. 'Wahrheit' kann dann zu sehr als das 'Erschließen' der Wirklichkeit gedeutet werden, so daß ein ungehindertes Sprechen über die Wirklichkeit sozusagen automatisch die Wahrheit zur Folge haben müßte, weil auf diese Weise die Wirklichkeit 'unverzerrt' so erscheinen kann, wie sie wirklich ist. Wenn man berücksichtigt, daß die Idee der idealen Sprechsituation auch (und vermutlich sogar primär) aus dem Grunde konzipiert worden ist, um dem Begriff der verzerrten Kommunikation sozusagen das positive normative Fundament der Kritischen Theorie gegenüberzustellen,[276] liegt diese Auffassung von 'wahr' gar nicht fern: 'Wahr' ist eine Rede dann, wenn sie unverstellt die Wirklichkeit - "die Sache selbst" - so offenbart, wie sie ihrem eigentlichen Wesen nach ist. Es würden sich also in der 'Konsensustheorie' die Spuren einer 'Manifestationstheorie der Wahrheit' finden, die nicht nur die hermeneutische Tradition aufnehmen,[277] sondern auch die hegelsche, für die "das Wahre" der "Begriff" als die Einheit von Wesen und Erscheinung ist: Die "Wahrheit" offenbart das "Wesen", wie es wirklich ist und nicht bloß zu sein scheint, und dies ist nur dann möglich, wenn dieses sich "frei" zeigen kann.[278] Aber auch die prominente Rolle, die das Modell der Psychoanalyse für diese Art von aufklärerischer Gesellschaftskritik gespielt hat,[279] findet darin seinen Grund, daß das Verständnis von 'wahr' sozusagen expressiv gefärbt ist. Natürlich unterscheidet die 'Konsensustheorie' zwischen der 'Darstellungs-' und der 'Ausdrucksfunktion' der Sprache, da die eine den Gegensatz von "Sein" und "Schein" artikuliert und den konstativen Sprechakten zugewiesen wird, während die andere den Unterschied von "Wesen" und "Erscheinung" markiert und den repräsentativen Sprechakten zugeschlagen wird (Habermas 1971a, 113). Aber der emanzipatorisch-aufklärerische Zug, der der Sprache als solcher zugeschrieben wird, gestattet es, die darstellende Funktion der Aussagenwahrheit expressiv zu verstehen und so den Übergang von der zwanglosen zur wahren Kommunikation sehr zu erleichtern. Wenn die welterschließende Kraft der Sprache so stark betont wird, verändert sich unter der Hand auch der Sinn von Wahrheit in das 'Zur-Erscheinung-Bringen' der Wirklichkeit, und deshalb ist die Freisetzung des Diskurses von Herrschaft die Bedingung der Wahrheit, weil nur in der reinen Intersubjektivität einander anerkennender Subjekte die Garantie besteht, daß das Sprachspiel 'öffentlich' ist und die kommunizierten Bedeutungen für alle Mitglieder dieser Gemeinschaft grundsätzlich identisch sein können.

Diese möglicherweise nicht ganz glücklich als hermeneutisch bezeichnete Auffassung der Wahrheit durch die 'Konsensustheorie' könnte auch ein Fingerzeig dafür sein, daß der Ausdruck 'wahr' in der Formel 'wahrer Konsens' gar nicht in derselben Bedeutung genommen wird wie in der als Ausgangspunkt der 'Konsensustheorie' angesetzten Aussageform "'p' ist wahr". Es wird sicherlich so manchen verwundern, daß diese Möglichkeit einer begrifflichen Ambiguität bisher nicht einmal erwähnt worden ist. Dabei ist es doch allzu offensichtlich, daß 'wahr' in der Bezeichnung 'wahrer Konsens' nicht viel mehr als 'echt' bedeuten kann. Es geht in diesem Fall gar nicht um das Paar 'wahr' und 'falsch', das für Aussagen verwendet wird; es geht um das Paar 'echt' und 'täuschend', so wie man von einem wahren Freund im Unterschied zu den falschen Freunden spricht. Ein 'wahrer' Freund ist doch nicht ein Freund, der nur Wahres sagt, sondern einer, der in seinem Verhalten das manifestiert, was wirklich den Namen 'Freund' verdient. Und so ist ein 'wahrer' Konsens eigentlich nicht ein Konsens über wahre Aussagen; es ist vielmehr eine Übereinstimmung, die tatsächlich diesen Namen verdient und nicht bloß vorgetäuscht oder eingebildet ist. Der Begriff 'wahrer Konsens' sagt als solcher noch gar nichts darüber aus, daß dasjenige, worüber Einigkeit herrscht, selbst wahr ist, ja es wird damit noch nicht einmal gesagt, daß es vernünftig ist - außer man definiert 'vernünftig' so, wie es die 'Konsensustheorie' tut: als zwanglos, unvoreingenommen usw. Ein wahrer, d.h. ein echter oder wirklicher Konsens ist dann ein Konsens, der nicht durch Zwang, Überredung oder Manipulation zustandegekommen ist, sondern in einem freien Gedankenaustausch, und dieser Konsens wäre dann per definitionem vernünftig. Daß dann auch der Inhalt des Konsenses - das, worüber man sich einig ist - wahr sein soll, folgt entweder daraus, daß man den erwähnten weiten Begriff der Wahrheit hat, der praktisch mit dem Begriff der Vernunft in der philosophischen Tradition identisch ist, oder es ergibt sich aus diesem hermeneutischen Verständnis, das die Wahrheit als das unverstellte Zum-Vorschein-Kommen der Wirklichkeit ansieht, so daß eine Rede nur dann wahr sein kann, wenn sie nicht verzerrt ist.

3.9 Wahrheit im Alltagsverstand und Wahrheit in den Wissenschaften

Ein weiteres Indiz dafür, daß die 'Konsensustheorie' möglicherweise unbewußt Probleme der Verständigung und nicht primär das Problem der Wahrheit im Blick hat, deutet sich in der überragenden Rolle an, die sie der umgangssprachlichen Kommunikation zuweist. Wenn jetzt diese Betonung der Umgangssprache mit einem Fragezeichen versehen wird, dann sollen nicht mit einem einzigen Federstrich alle Argumente zunichte gemacht werden, die für den methodischen Ansatz der 'Konsensustheorie' über Seiten hinweg ins Feld geführt worden sind: das Unbehagen an der formal korrekten, aber scheinbar nichtssagenden Definition Tarskis; die zweifelhafte Hierarchie der Metasprachen, die dann doch auf die Umgangssprache angewiesen usw. Solange es um die Explikation der Bedeutung von 'Wahrheit' geht, muß die Umgangssprache ihre beherrschende Position behalten, wenn es wirklich so ist, daß man einen Satz nur dann versteht, wenn man seine Wahrheitsbedingungen kennt. Die Bedeutungserklärung (oder 'Sprachanalyse') mit Hilfe einer Unterscheidung von Sprachstufen wäre dann für alle möglichen Begriffe ein gangbarer Weg, aber nicht für den Begriff der Wahrheit, da das grundlegende Verstehen von 'Sinn' auf das Verständnis von 'Wahrheit' angewiesen ist.[280] Die transzendentale Sprachpragmatik macht mit Recht darauf aufmerksam, daß die Einführung von Metasprachen der Fähigkeit zur Reflexion und Selbstreferenz, die mit der Sprachfähigkeit gegeben ist, nicht gerecht werden kann. Alle in der Diskussion der 'Konsensustheorie' angeführten Argumente behalten weiterhin ihre Richtigkeit, und doch sieht alles etwas anders aus, wenn es dann um die <u>inhaltlichen Wahrheiten</u> und deren Beurteilung geht. Hierfür hilft der konstitutive Bezug des Begriffes der Wahrheit auf eine Sprachgemeinschaft, die untrennbare Zusammengehörigkeit von "Sinn-" und "Wahrheitsverständnis", um die Formulierung der 'Konsensustheorie' zu verwenden, nicht weiter. In diesen Fällen bringt es auch nichts, darauf hinzuweisen, daß bei Verständigungsproblemen innerhalb einer wissenschaftlichen Disziplin und erst recht zwischen verschiedenen Wissenschaften oder gar zwischen verschiedenen Paradigmen wissenschaftlicher Forschung die Umgangssprache die Rolle des Vermittlers zwischen den Fachsprachen übernimmt und so überhaupt eine Verständigung ermöglicht. Sie tut dies aber nur in dem Sinn, daß sie den Horizont für ein mögliches Verstehen offenhält, ohne daß sie selbst von sich aus in der Lage wäre zu bestimmen, welcher der möglichen Wege zu wählen ist, falls überhaupt einer gegangen werden kann. Für diese Entscheidung benötigt man ganz spezifische Diskurse, die weder durch das gemeinsame Verstehen der Umgangssprache noch durch die Bedingungen der idealen Sprechsituation noch durch den Vorgriff auf den Konsens der universalen Kommunikationsgemeinschaft zureichend bestimmt sind. Die Wissenschaften, die in der Moderne als System das Monopol an sich gerissen (oder auch von anderen sozialen Systemen zugewiesen bekommen)[281] haben, die Wahrheit von Theorien festzustellen und zu überprüfen, konnten nur deshalb so erfolgreich in der Lösung der ihnen gestellten Probleme sein, weil sie sich spezialisiert hatten. Ihre Entwicklung verlief gerade in der entgegengesetzten Richtung: weg von der allgemeinen Umgangssprache (und damit der potentiell alle Sprachfähigen umfassenden, relativ homogenen

Sprachgemeinschaft) und hin zu immer differenzierteren Expertengruppen mit spezifischen, auf die verschiedenen Problembereiche zugeschnittenen Fachsprachen. Natürlich gibt es wissenschaftstheoretische Versuche, die Methoden oder Beweisverfahren in den unterschiedlichen Disziplinen zu vereinheitlichen, aber diese gutgemeinten Vorschläge fruchten wenig: Die wissenschaftlichen Diskurse werden immer spezifischer und technischer, die Zahl der für eine Beurteilung dieser Aussagen Kompetenten immer geringer, so daß die unbegrenzte Kommunikationsgemeinschaft wissenschaftlicher Diskurse nicht alle Sprachfähigen überhaupt umfaßt, sondern nur noch den Kreis der potentiellen Fachkollegen. "Das ideale Gesamtsubjekt des Wahrheitskonsensus" ist daher gar nicht die Menge aller Menschen, die je lebten oder noch leben werden, "es ist noch nicht einmal die Menge aller Menschen, mit denen ich jetzt in einen Diskurs eintreten könnte",[282] es ist eine besondere, von anderen unterscheidbare und diese ausschließende Kommunikationsgemeinschaft, die zwar immer noch potentiell unbegrenzt ist, aber nicht, weil sie alle sprachfähigen und vernünftigen Wesen zu ihren möglichen Teilnehmern hat. Sie ist nicht abgeschlossen, weil sie keinen potentiellen Anwärter von vornherein aussperrt, aber sie zielt nur auf den Konsens dieser für das jeweilige Fach spezifischen und kompetenten Forschergemeinschaft ab.

Damit soll überhaupt nicht geleugnet werden, daß die besonderen 'Wahrheiten' wissenschaftlicher Forschung in ihren Folgen nicht alle Menschen betreffen könnten, aber dies ist für ihre mögliche Auszeichnung als wahr eher belanglos. Man muß diese beiden Aspekte der Kompetenz und der möglichen Betroffenheit voneinander trennen, und man muß dazu noch unterscheiden, welche Ziele verfolgt werden. Falls nämlich das Interesse an der Wahrheit mit dem Interesse an einer allgemeinen und wechselseitigen Verständigung aller in Konflikt geriete, deuten alle Indizien darauf hin, daß sich Gruppen, die wie die Wissenschaftler die 'Wahrheitsfunktionalität' sehr ernst nehmen, gegen das Interesse an einer allgemeinen Verständlichkeit entscheiden würden - und damit gegen die Umgangssprache! Und zwar nicht aus den für die Logiker wichtigen Gründen (z.B. daß die Umgangssprache inkonsistent sei), sondern einfach deshalb, weil unser gewöhnliches Sprechen diesem Interesse an der Wahrheitsfunktionalität nicht im <u>höchstmöglichen</u> Grad genügt.[283] Das regulative Prinzip des Konsenses einer potentiell alle Menschen umfassenden Kommunikationsgemeinschaft ist in vielen Fällen nicht nur für die <u>Wahrheit</u> dysfunktional; es hätte auch für die <u>Freiheit</u> der Kommunikation fatale Konsequenzen, denn das Ziel einer Verständigung mit allen Menschen würde die Entwicklung spezieller Sprach- und Lebensformen einzelner Gruppen und konkreter Gemeinschaften - nicht nur im Bereich der Wissenschaften! - eher behindern als fördern.[284]

Diese Andeutungen verweisen auf den eigentlichen Grund, der so manchen Kritiker zu einer strikten Ablehnung der 'Konsensustheorie' zumindest im Bereich der <u>theoretischen Wahrheit</u> motiviert: Es ist die Furcht vor einer 'Politisierung der Wissenschaft'. Die 'Konsensustheorie' spreche zwar, so lautet das Argument dieser sich als die Advokaten der Freiheit der Wissenschaft und Forschung fühlenden Kritiker, vom 'rationalen' Konsens, von 'herrschaftsfreier' Diskussion, aber in Wirklichkeit gehe es darum, die wissenschaftliche Forschung auf diejenigen Gebiete und Probleme einzuengen, die entweder der Durchschnitt der Gesellschaft oder die Konsensustheoretiker, d.h. genaugenommen die neomarxistische Kritische Theorie der Frankfurter Schule, für relevant halten. Letztlich sei es doch gleichgültig, ob man von der gesellschaftlichen 'Praxis' als dem alleinigen Kriterium der Wahrheit rede, ob die 'gesellschaftliche Relevanz' zum einzigen Maßstab der wissenschaftlichen Forschung erhoben werde oder ob der 'rationale Konsens' der Wissenschaft die Direktiven erteilen soll: Die Worte wechseln zwar, aber die marxistische Intention bleibe doch unverkennbar dieselbe.

Solche Befürchtungen mögen der 'Konsensustheorie' als blanke Hirngespinste erscheinen, aber sie könnten in ihrer Ausdrucksweise einen schwachen Anhaltspunkt finden, da von der Antizipation des Konsenses gesprochen wird. Dies klingt so, als könnte man inhaltlich vorwegnehmen, was dieser ideale Konsens, sozusagen die letztgültige Gestalt aller wissenschaftlichen Theorien, sein werde. Aber genau dies widerspräche der diskurstheoretischen Auffassung von Vernunft: Sie versteht sich ausdrücklich als formale und prozedurale Rationalität und nicht als die substanzielle Einheit von Vernunft und Wirklichkeit. Die Antizipation des Konsenses unterstellt nur dessen Möglichkeit, die allerdings wegen ihrer finalen Struktur der Motor der diskursiven Argumentation ist, aber sie ist nicht bereits inhaltlich bestimmt, und auch die Unvermeidlichkeit dieses 'Vorgriffs' garantiert noch nicht den endgültigen Besitz, obwohl man des öfteren den Eindruck bekommen könnte als behaupte die 'Konsensustheorie' einfach, daß die freie und uneingeschränkte Diskussion von sich aus schon die Lösung der anstehenden theoretischen Probleme und das Finden der Wahrheit garantiere.

Man tut der 'Konsensustheorie' unrecht, wenn man ihrem Diskusmodell als solchen diese 'Dialektik der Herrschaftsfreiheit' unterstellt, die im Umhängen von Maulkörben und Errichten von Blockaden für den Weg der wissenschaftlichen Forschung bestehen soll, weil der Diskurs nach seinen eigenen Funktionsbedingungen auf Endlosigkeit programmiert sei. Ihr pragmatisches Vorgehen, die

Wahrheit an den Konsens aller Vernünftigen rückzubinden und den Begriff der Wahrheit wieder in den alltäglichen Redezusammenhang einzubetten, aus dem er sich mit der Ausdifferenzierung der Wissenschaften als eines eigenen Subsystems der Gesellschaft emanzipiert hat, will den Wissenschaftlern wieder etwas ins Bewußtsein zurückrufen, das sie im Taumel ihres Erfolges beinahe vergessen hätten: daß die Wissenschaften ohne Ausnahme nicht nur auf einem normativen Fundament ruhen, sondern daß sie im Sinne der 'scientific community' auch eine <u>moralische Verantwortung</u> gegenüber der Menschheit besitzen; daß nicht alles, bloß weil es erforscht werden <u>kann</u>, auch wirklich erforscht werden <u>muß</u> und nicht alles, was technisch möglich ist, auch tatsächlich gemacht werden soll. Der sozusagen <u>neutrale</u> Wahrheitsbegriff der Korrespondenzauffassung, der ohne Frage den wissenschaftlichen 'Fortschritt' begünstigt hat, schiebt die Verantwortung von der Wissenschaft selbst auf die Technologie ab und schleicht sich so aus der eigenen Verantwortung weg, indem die Entscheidung darüber, ob die wissenschaftlichen 'Wahrheiten' auch angewandt werden sollen, den Politikern, den Geldgebern oder gar den Militärs überlassen wird. Dies ist ohne Zweifel ein möglicher Weg, und zwar derjenige, den die neuzeitliche Entwicklung der Wissenschaften gegangen ist, ein Weg freilich, der mittlerweile nicht mehr unbesehen akzeptiert wird und eigentlich keinen gewissenhaften Menschen mehr so richtigt befriedigt - auch die Wissenschaftler nicht! Der normative, weil sprachpragmatische 'Konsensusbegriff der Wahrheit' will nun nicht das Rad der geschichtlichen Entwicklung zurückdrehen, aber er besteht darauf, daß die Idee der Wahrheit noch immer etwas mit unserem Alltagsverständnis und unserer alltäglichen Praxis zu tun haben müsse und nicht einfachhin mit Erkennbarkeit oder gar Machbarkeit in einen Topf geworfen werden dürfe. Kurz gesagt: Wissenschaft und Ethik dürfen nicht nur im Rahmen der Wissenschaften selbst etwas miteinander zu tun haben, weil man sich der Wahrheit nur nähern kann, wenn man sich den Normen unterwirft, die das Ethos der wissenschaftlichen Forschung umschreiben; auch die 'Wahrheiten', die im Foschungsprozeß gefunden werden, müssen sich der ethischen Frage stellen, ob ihre Verwertbarkeit in humanitärer Weise verantwortet werden kann.

Das wissenschaftstheoretische Anliegen der 'Konsensustheorie der Wahrheit' ist es also, die Idee einer praktischen Vernunft auf dem ureigensten Feld der theoretischen Vernunft zu rehabilitieren. Vielleicht ist ihr nicht viel mehr gelungen, als das Problem ins Zentrum der Aufmerksamkeit zu rücken, denn die Vorschläge, die ihr Verfahren verwirklichen sollen, sind zu dürftig, als daß man sich viel davon versprechen könnte. Immerhin steckt dahinter der Versuch, aus dem reinen Sich-treiben-lassen und der Hoffnung, daß schon nichts allzu Schlimmes herauskommen wird, wenn man die Wahrheit nicht an die praktische Vernunft bindet, herauszuspringen und nicht bloß auf den günstigen Zufall zu spekulieren, die Vernunft werde sich schon irgendwie durchwursteln. Selbst wenn die 'Konsensustheorie' eine Rückbindung der wissenschaftlichen Forschung an den gesellschaftlichen Konsens fordern würde - was aus ihrem Programm nicht so einfach herausgelesen werden kann, wie mancher Kritiker meint -, könnte ihr Anliegen durchaus ehrenwerter Natur sein: eine gewisse Selbstbescheidung der Wissenschaften zu verlangen, die in den früheren Stadien ihrer Entwicklung infolge der fehlenden technologischen Umsetzbarkeit überhaupt nicht nötig war, die aber im derzeitigen Stadium noch möglich, wenn nicht schon überfällig ist.

4. Die 'Konsensustheorie der Richtigkeit': Die Wahrheitsfähigkeit praktischer Fragen

4.1 Der Begriff der Wahrheit in der normativen Rede

Die bisherigen Ausführungen zum 'Konsensusbegriff der Wahrheit' blieben in einem wesentlichen Punkt einseitig: Es stand nur der (erkenntnis-) theoretische Aspekt des Begriffes der Wahrheit zur Debatte. Ob der Begriff einer moralisch-praktischen Wahrheit überhaupt sinnvoll sei, wurde nicht einmal gefragt, geschweige denn ausführlicher erörtert. Man könnte nun geneigt sein, diese Einseitigkeit dem methodischen Grundprinzip dieser Arbeit anzulasten, die Aussagenwahrheit - im Sinne der Formel "'p' ist wahr" - als die ursprüngliche und sozusagen eigentliche Bedeutung von 'Wahrheit' anzusehen. Aber das stimmt nicht, denn gerade von einem sprachpragmatischen Ausgangspunkt her läßt sich zunächst überhaupt kein Argument vorbringen, zwischen theoretischen und praktischen Aussagen einen allzu großen Unterschied zu machen. In den Rede- und Handlungssituationen unserer alltäglichen Lebenswelt werden ja nicht nur Tatsachenbehauptungen, sondern auch

Werturteile oder moralische Überzeugungen mit dem Anspruch vorgebracht, wahr (oder falsch) zu sein. Sie werden nicht nur mit diesem Anspruch geäußert, man versucht auch, für sie zu argumentieren, führt also, wenn man auf Zweifel oder Widerspruch stößt, Gründe an, die die Richtigkeit dieser normativen Urteil untermauern oder gar beweisen sollen. Man ist demnach überzeugt, hinsichtlich der Gültigkeit oder Verbindlichkeit allgemeiner Normen und sittlicher Gebote im allgemeinen Zustimmung bei vernünftigen und gutwilligen Gesprächspartnern zu finden, zumindest in der Atmosphäre einer entspannten und interessendistanzierten Diskussion, denn andernfalls wäre kein vernünftiger Mensch bereit, andere auch auf dem Gebiet der Moral mit Gründen überzeugen zu wollen und an ihre Einsicht zu appellieren. Die 'Konsensustheorie' hat also eindeutig den common sense für sich, wenn sie behauptet, daß Werte und Normen "einen immanenten Wahrheitsbezug" besitzen (Habermas 1973a, 131) und deshalb "ein Konsensus über die Annahme einer empfohlenen Norm mit Gründen herbeigeführt werden könnte" (1973a, 144).[285] Es ist also nicht der alltägliche Sprachgebrauch, der den Blickwinkel bisher auf den theoretischen Aspekt am Wahrheitsbegriff eingeengt hat, es ist wiederum die Sichtweise der Logiker. Für den analytisch geschulten Semantiker ist es eine pure Selbstverständlichkeit, daß 'Wahrheit' ein theoretischer Begriff ist; ihn in der normativen Rede zu verwenden, sie eine reine Metapher, sachlich ohne jede Berechtigung. Jeder Versuch, Fragen einer 'praktischen Vernunft' als kognitive Fragen analog denen der 'theoretischen Vernunft' zu behandeln, falle dem Verdikt des 'naturalistischen Fehlschlusses' anheim und sei deshalb als Begründung unbrauchbar, denn die Ableitung eines 'Sollen' aus dem 'Sein', der Versuch, Normen aus Tatsachen ableiten zu wollen, ist zumindest seit Hume nach allen Regeln der Logik illegitim. Deshalb breche die Plausibilität der Berufung auf den alltäglichen Sprachgebrauch, was die Gleichbehandlung deskriptiver und normativer Aussagen hinsichtlich ihrer möglichen Wahrheit betreffe, schnell zusammen. Die Ansicht, daß für die Geltung einer Norm der Konsens der von ihr Betroffenen erforderlich sei, sei entweder trivial, wenn man deren tatsächliche Befolgung meine, oder es handle sich dabei selbst um eine Definition von 'Geltung', die sich zwar für politisch-rechtliche Verhaltensnormen anbiete (zumal wenn man die neuzeitlichen Lehren der Vertragstheorien und das Prinzip der Volkssouveränität akzeptiere),[286] aber bei streng moralischen Verpflichtungen schon nicht mehr so leicht überzeuge.[287] Auch die unbestreitbare Tatsache, daß in den Diskussionen des Alltags über Fragen der Werte und der Moral wirklich der Ausdruck 'wahr' verwendet werde, trägt nicht besonders weit. Es gibt genügend Ethikkonzeptionen, die diese Tatsache ohne Zögern zugeben, aber die dazugehörige quaestio iuris negativ entscheiden: Werturteile, Aussagen über die Gültigkeit von Verhaltensnormen und die Richtigkeit sittlicher Überzeugungen seien, selbst wenn sie rein äußerlich, also der grammatischen Form oder den Intentionen der Sprecher nach, wie Tatsachenaussagen erscheinen, nur in einem uneigentlichen Sinn Aussagen. Die logische Analyse enthüllt, daß mit ihnen alles mögliche gemeint ist, nur nicht die Behauptung, daß der in ihnen ausgedrückte Sachverhalt tatsächlich bestehe und in einer allgemein verbindlichen, um nicht zu sagen: objektiven Weise nachgewiesen werden könne.[288] Besonders peinlich wäre dieser Kurzschluß von der quaestio facti der Wortverwendung auf die sachliche Berechtigung dieses Sprachgebrauchs für eine Theorie, die sprachpragmatisch vorgeht. Legt doch gerade die Sprechakttheorie den Finger darauf, daß die illokutive Rolle und nicht die 'lokutionäre' Form es ist, die redepragmatischen Umstände also, die festlegen, in welchem Sinn eine sprachliche Äußerung verstanden werden muß. Die grammatische Form des Aussagesatzes genügt noch lange nicht, um aus einer Äußerung einen konstativen (oder assertorischen) Sprechakt zu machen, denn auch Befehle, Vorschriften oder Warnungen können in die Form von Aussagesätzen gekleidet werden, ohne daß daraus sinnvollerweise ein Anspruch auf die Wahrheit solcher Äußerungen abgeleitet würde.

4.11 Der Begriff einer umfassenden Rationalität

Die 'Konsensustheorie' scheint in der Frage der "Wahrheitsfähigkeit praktischer Fragen" (Habermas 1973a, 140) in einem Dilemma zu stecken. Ihr eigenes Anliegen ist tatsächlich nicht primär theoretischer Natur, da es ihr um die Rehabilitierung der praktischen, wenn nicht gar der politischen Vernunft zu tun ist. Zwar beabsichtigen nicht alle ihre Vertreter eine Gesellschaftstheorie oder Geschichtsphilosophie in "praktischer Absicht",[289] aber alle ohne Ausnahme - selbst Peirce, obwohl es hier oberflächlich anders aussieht! - verfolgen dasselbe Ziel: einen Begriff von Rationalität zu konzipieren, der auch auf das Handeln, auf Zwecksetzungen und Wertentscheidungen Anwendung finden kann. Es gilt für sie, die Beschränktheit 'szientifischer' Rationalität aufzubrechen, weil dadurch der Vernunft in der Frage "Was soll ich tun?" jegliche Kompetenz abgesprochen würde und dieses Feld einem letztlich irrationalen Dezisionismus oder reinen Machtentscheidungen überlassen werden müßte. An dieser Ohnmacht der praktischen Vernunft scheint nicht zuletzt der Korrespondenzbegriff der Wahrheit schuld zu sein. Will man den Anspruch einer rationalen Begründbarkeit praktischer Fragen aufrechterhalten, spricht einiges dafür, diesen 'kontemplativen' Wahrheitsbegriff zu verabschieden. Da der als Alternative gewählte Konsensbegriff unabhängig von allen deskriptiv festzustellenden Tatsachen konzipiert und auch nicht auf einen empirisch feststellbaren faktischen Konsens angewiesen ist, fällt er offensichtlich nicht unter das Verdikt des naturalistischen Fehlschlusses. Aus diesem Gunde scheint er das geeignete Instrument zu sein, der Ethik und einer normativen Sozialwissenschaft zu einem rationalen Fundament zu verhelfen und so die "positivistisch halbierte Vernunft" (Habermas) mit ihrer reinen Zweckrationalität zu einer umfassenden "kommunikativen Rationalität"[290] zu komplettieren und zu verhindern, daß das Handeln in technisch-wissenschaftliche Rationalität auf der einen Seite und praktisch-politische Irrationalität auf der anderen Seite auseinanderbricht. Allerdings gerät die 'Konsensustheorie' damit in die Gefahr - und dies wäre das erwähnte Dilemma -, daß sie wegen der Wahl der Ausdrücke "moralische Wahrheit" (Habermas), "Wahrheit praktischer Normen" (Lorenzen) weit über das Ziel hinausschießt, die praktische Vernunft "intellektualisiert" und deshalb in einem "Hyperrationalismus" landet, was die ganze Wertproblematik betrifft.[291]

4.12 Terminologische Probleme

Kritiker der Konsensusauffassung der Wahrheit, denen die Argumente hierfür nicht plausibel genug vorkommen, sind mit Einwänden gegen eine kognitivistische Auffassung normativer Geltungsansprüche schnell bei der Hand: Wenn man schon den objektiven, ja absoluten Begriff der Wahrheit so aufgeweicht habe, daß er zur Sache eines Konsenses, und wäre es auch der Konsens der Vernünftigen, gemacht werde, was spricht dann überhaupt noch dagegen, von 'wahren' Normen, von moralischer 'Wahrheit' zu sprechen? Was von der 'Konsensustheorie' als sachliche Lösung dieses Problems angeboten werde, sei doch in Wirklichkeit nichts als ein rhetorischer Trick. Der Konsensbegriff verdünne Wahrheit zu Akzeptabilität und "Plausibilität",[292] suggeriere aber, da der Ausdruck 'Wahrheit' beibehalten wird, daß Wertfragen rational, und das könne doch nur heißen: in einer eindeutigen und damit für alle verbindlichen Weise entschieden werden können, und dies widerspricht nicht nur der Logik, sondern auch aller Erfahrung. Selbst ein wohlwollender Kritiker, der nicht sofort auf dem Vorwurf eines Kategorienfehlers insistierte, würde nicht ganz von dem Verdacht loskommen, daß wieder in der bekannten Manier verfahren wird: Die Griffigkeit der Formulierungen - "immanenter Wahrheitsbezug", "Wahrheitsfähigkeit praktischer Fragen" - gehe zu Lasten der Genauigkeit. Man wisse nicht so recht, was damit eigentlich gemeint sei: die starke Behauptung, daß Normen, Werte oder moralische Überzeugungen ohne jedes Bedenken wie Tatsachenbehauptungen als wahr (oder falsch) angesehen werden dürfen, daß also Fragen der Gültigkeit moralisch-wertender Urteile in gleicher Weise angegangen werden können wie Fragen der Gültigkeit deskriptiver Urteile, oder die schwächere Behauptung, daß sich auch normative Fragen 'rational', d.h. mit vernünftigen, einsichtigen Gründen diskutieren lassen und nicht auf Fragen des Geschmacks, auf rein gefühlsmäßige Entscheidungen oder gar auf die Willkür von Macht reduziert werden können, weshalb der Versuch, auf dem Weg einer distanziert-unparteiischen Diskussion zu einem Konsens kommen zu wollen, nicht von vornherein als illusorisch oder absurd abgetan werden könne.

4.2 'Richtigkeit' als kognitiver Geltungsanspruch

Der aus mancher Kritik herauslesbare Vorwurf, die 'Konsensustheorie' rede in sprachlich äußerst eigenwilliger Weise von 'wahren Normen', hat eine nur oberflächliche Berechtigung, und zwar dann, wenn man sich in einige wenige Formulierungen verbeißt und nicht mehr weiterliest. Natürlich lassen sich ohne allzu große Mühe eine Reihe von Indizien anführen, daß sie zu sehr 'wahre Aussagen' und 'richtige Normen' einander anzugleichen scheint. Schon allein die Tatsache, daß Apel und Habermas beides unter dem Oberbegriff der

'Konsensustheorie der Wahrheit' abhandeln, daß Lorenzen davon spricht, daß es auch die "praktische Philosophie" mit der "Wahrheit" zu tun habe (1969, 74), daß für den Geltungsanspruch von Normen der Ausdruck 'Richtigkeit' verwendet wird, der in der Umgangssprache praktisch synonym mit 'Wahrheit' gebraucht wird, daß die Gültigkeit von Normen von derselben argumentativen Einlösbarkeit abhängig gemacht wird usw. usf. Nach einer so forcierten Einladung zur Gleichbehandlung beider Aussagetypen braucht es gar nicht mehr zu verwundern, daß zwangsläufig überhört wird, daß die "Sollensansprüche" von Normen "andersgeartet" seien als die Wahrheitsansprüche theoretischer Sätze (Apel 1973b, 393), daß "Richtigkeit" ein "genuiner Geltungsanspruch" sei, "der auf Wahrheit nicht reduziert werden kann" (Habermas 1973c, 237), daß zwischen der "Sollgeltung" und der "Wahrheitsgeltung" eine Reihe von "Asymmetrien" bestehe (Habermas 1983, 69ff.), obwohl beide formal in gleicher Weise als "diskursiv einlösbarer Geltungsanspruch" gekennzeichnet werden.

Immerhin darf eines nicht übersehen werden. Von einem 'immanenten Wahrheitsbezug' von Normen oder 'moralischer Wahrheit' zu sprechen, ist ja nicht nur für semantische Puristen ein Stein des Anstoßes. Selbst wenn dieser Anspruch zu einem "wahrheitsanalogen" Geltungsanspruch abgeschwächt wird (Habermas 1983, 66), hat so mancher, der, wie z.B. ein Kritischer Rationalist, zwar die rationale Kritisierbarkeit von Normen ausdrücklich zugesteht, aber deren mögliche Wahrheit gerade leugnet, seine Probleme damit. Warum sich Wissenschaftstheoretiker, die sich im weitesten Sinn an Tarski anlehnen, bei dem Begriff einer 'praktischen' (oder 'moralischen') Wahrheit nicht besonders wohlfühlen, läßt sich leicht erklären. Sie verstehen 'Wahrheit' immer im Sinn der semantischen Rekonstruktion und legen Wert darauf, den Begriff der Wahrheit streng von möglichen Wahrheitskriterien und Verifikationsmethoden zu trennen. Da 'Wahrheit' für sie deshalb immer in irgendeinem (schwachen) Sinn 'Übereinstimmung mit den Tatsachen' bedeutet, das besondere Kennzeichen von Normen aber darin besteht, daß es keinen entsprechenden <u>bestehenden</u> Sachverhalt gibt - außer dem Sollensanspruch selbst -, ist es ziemlich abwegig, von einer Wahrheitsanalogie zwischen deskriptiven und normativen Aussagen zu sprechen. Normen behaupten gerade nicht, daß der in ihnen ausgedrückte Sachverhalt besteht, und wenn sie überhaupt einen kognitiven Gehalt besitzen, dann eben den, daß der Sprecher subjektiv diese Überzeugung hat und vielleicht noch andere zur gleichen Überzeugung bewegen möchte. Wenn jedoch Wahrheit <u>sprechakttheoretisch</u> vom Geltungsanspruch von Ausssagen her verstanden wird und Normen <u>sprechakttheoretisch</u> als regulative Sprechakte oder normative Aussagen angesehen werden, drängt sich eine Analogie zwischen beiden

Sprechakttypen fast von selbst auf: In beiden Fällen wird ein Anspruch auf Gültigkeit und Verbindlichkeit erhoben, und zwar auf universale Gültigkeit, wenn man moralische Normen im Auge hat. Der Anspruch auf Allgemeingültigkeit wäre in der Tat derselbe und auch die Tatsache, daß in beiden Fällen die Gültigkeit mit einsichtigen Gründen nachgewiesen werden soll; und auch darin hätte die 'Konsensustheorie' recht, daß der wesentliche Unterschied zwischen beiden Typen von Gültigkeit darin liegt, daß die Gründe nur inhaltlich von anderer Art seien.[293]

Diesen Verweis auf die Intuitionen und Erfahrungen des Alltagsverstandes muß man freilich präziser fassen. Der Pluspunkt der 'Konsensustheorie' gegenüber den metaethischen Theorien der analytischen Philosophie liegt daran, daß sie dem common sense gerecht werden will, der auch die normative Rede als kognitiv, als an die Einsicht appellierend ansieht. Es ist zwar seit Marx, Nietzsche und Freud ein beliebter Sport geworden, eingespielte Erfahrungen zu hinterfragen und als ihren sozusagen rationalen und ideologiefreien Kern etwas ganz anderes freizulegen als das, was einem auf der Oberfläche begegnet. In ähnlicher Weise stellen die 'emotivistischen' Metaethiker den Wahrheits- oder Objektivitätsanspruch moralischer Urteile als eine Illusion des common sense hin, die vor der logisch-wissenschaftlichen Vernunft nicht bestehen könne. Argumentationen für die Gültigkeit von Normen seien ganz anders zu interpretieren: als Aussagen über empirisch feststellbare Gefühlszustände, als taktisch-strategische Propaganda zur Änderung von "Einstellungen", weshalb die zum Beweis der Richtigkeit einer Norm oder einer sittlichen Überzeugung angeführten Gründe gar nicht in einer inhaltlich-logischen, sondern in einer rein psychologischen Beziehung zum ausgesprochenen Werturteil stünden.[294] Die Nähe einer Theorie zum Alltagsverstand mag für wissenschaftlich-theoretische Wahrheiten nicht in jedem Fall ein Vorteil oder gar ein Indiz für deren Richtigkeit sein, aber bei der Frage "Was soll ich tun?" liegt die Situation erheblich anders. Nicht nur daß in Fragen der Verantwortlichkeit für sein Handeln jeder gleich kompetent, weil gleich betroffen ist; das Problem der moralischen Verantwortung tritt in der vorwissenschaftlichen Lebenswelt mit einer besonderen Dringlichkeit auf und bleibt auch <u>nach der metaethischen 'Aufklärung'</u> weiterhin bestehen - auch für den Moralphilosophen selbst! -, während die Antworten der Ethik als Moral<u>theorie</u> (ja schon ihre Problemstellungen) etwas lebensfern erscheinen, weil sie eher dem berühmten paper-doubt des cartesischen Zweiflers entspringen. Wie dem auch sei, die Nähe zur Alltagserfahrung in der Frage einer 'praktischen Wahrheit' gilt nur, solange nicht pauschal von 'praktischen Problemen' oder 'normativen Urteilen' die Rede ist. Man muß innerhalb des Bereiches der normativen Rede differenzieren, ob es um Befehle geht, um Imperative und Aufforderungen, ob es um Werturteile zu tun ist oder um allgemeine Gesetze, ob die Richtigkeit allgemeiner Handlungsnormen und sittlicher Verpflichtungsurteile zur Debatte steht. Dann stellt sich nämlich heraus, daß in einigen Fällen die Verwendung des Ausdruckes 'wahr' absurd wäre (z.B. bei Befehlen und Imperativen), während sie in anderen Fällen nicht nur möglich ist, sondern auch tatsächlich vorkommt. Man würde sich kaum scheuen, Bewertungen wie "Kennedy war ein guter Präsident", sittliche Überzeugungen wie "Die Vergasung der Juden ist ein Verbrechen gegen die Menschheit" oder auch allgemeine Verpflichungen wie "Man soll einem in Not geratenen Freund helfen" als wahr (oder auch als falsch) zu bezeichnen.

Obwohl nur Habermas Differenzierungen solcher Art ausdrücklich aufnimmt (wenngleich sie Apel implizit voraussetzt, daß es ihm bei seiner Begründungsstrategie nur um die ethische "Grundnorm" geht), kann man pauschal festhalten: Die 'Konsensustheorie' hält die starke Behauptung der <u>Wahrheitsfähigkeit praktischer Fragen</u> nur für den Bereich der Ethik, genauer: <u>nur für moralische Normen im strengen Sinn</u> aufrecht. Nur diese werden als 'rational konsensfähig' angesehen, weil nur streng moralische Normen mit dem Anspruch auf schlechthin allgemeine Gültigkeit, d.h. auf "Geltung für alle zurechnungsfähigen Aktoren überhaupt" auftreten (Habermas 1983, 58). Ob dann derartige moralischen Normen als 'wahr' bezeichnet werden können (oder sollen), ist eine zweitrangige Frage. Das sachliche Anliegen der 'Konsensustheorie der Richtigkeit' läßt sich unabhängig von dieser linguistischen Frage, die rein empirisch mit Hilfe von Umfragen u.ä. beantwortet werden könnte, mit einer doppelten Behauptung formulieren:

a) Moralische Normen sind rational konsensfähig, d.h. man ist im Prinzip in der Lage, sich in einer echten Argumentation mit Hilfe von Gründen, die für jedermann einsichtig sind, über die Gültigkeit oder Verbindlichkeit einer moralischen Norm zu einigen.

b) Der Sinn des Geltungsanspruches allgemeiner Normen und damit auch die Gültigkeit einer Norm besteht in der Annahme, daß ein Konsens über die Berechtigung dieser Norm herbeigeführt werden könnte,[295] oder dasselbe als der "Grundsatz der Diskursethik" formuliert: "daß nur die Normen Geltung beanspruchen dürfen, die die Zustimmung aller Betroffenen als Teilnehmer eines praktischen Diskurses finden (oder finden könnten) (Habermas 1983, 103).[296]

4.21 'Richtigkeit' als intersubjektive Begründbarkeit

Der semantische Stein des Anstoßes am Ausdruck 'Wahrheitsfähigkeit praktischer Fragen' ist wohl ausgeräumt, wenn man darunter die <u>philosophische These</u> versteht, daß moralische Normen oder überhaupt eine Ethik <u>begründbar</u> sei. Die 'Konsensustheorie' reiht sich mit dieser Meinung ausdrücklich den sog. kognitivistischen (Meta-)Ethiken ein, die alle dieser Überzeugung sind, daß man für moralische Normen und Verpflichtungen (und dann auch abgeleitet für politische Grundsätze und grundlegende politische Ziele) 'gute' Gründe angeben kann, Gründe also, die nicht auf rein subjektive Gefühlsempfindungen verweisen oder nur in einem blinden Akt des Vertrauens angenommen werden können, sondern Gründe, die vernünftig sind, und dies heißt zunächst einmal: <u>intersubjektiv einsichtig</u> gemacht werden können.

Für das <u>Thema dieser Arbeit</u> müßte diese Feststellung bedeuten: Wenn die 'Konsensustheorie' unter dem Schlagwort 'Wahrheitsfähigkeit praktischer Fragen' nur eine <u>sprach- und kommunikationstheoretische Reformulierung der Idee der praktischen Vernunft</u> anbietet, könnte man die Akten schließen und sich dem nächsten Kapitel zuwenden, denn die Probleme einer <u>Normenbegründung</u> gehören normalerweise <u>nicht</u> mehr zu den Aufgaben einer <u>Wahrheitstheorie</u>, mögen auch Apel und Habermas noch so gern diesen Komplex unter dem Etikett 'Konsensustheorie der Wahrheit' abgehandelt wissen. Obwohl diese arbeitsökonomische Einsicht am Platze wäre, kann man sich doch nicht so einfach von dieser Aufgabe dispensieren, weil nämlich nach dem erwähnten Grundprinzip der Diskursethik nicht nur die Gültigkeit allgemeiner Normen, sondern auch die Rationalität der Begründung, also das, was einen angeführten Grund zu einem guten macht, von einem rationalen Konsens abhängen soll. Die für 'praktische Diskurse' postulierte Rationalität wird doch nicht dadurch sichergestellt, daß Normen wie Tatsachen behandelt werden. Bei ihrer Begründung kann ja auch nach der Ansicht der 'Konsensustheorie' gar kein logisch "zwingender", sondern nur ein "rational motivierter Konsensus" erreicht werden.[297] Mit dieser Unterscheidung will sie offensichtlich dem Unbehagen vieler Logiker an der Unbrauchbarkeit der formalen Logik für Begründungsfragen der Ethik Rechnung tragen, das dann zum Ausweg einer Theorie der Argumentation (etwa bei Toulmin) geführt hat.

Aber ist es in Wahrheit nicht so, daß damit unter der Hand eine heterodoxe Auffassung von Rationalität eingeschmuggelt wird, um so die Wahrheitsfähigkeit von Normen rein verbal zu retten?

4.22 Faktische und legitime Geltung

Dabei müßte das angeblich so brennende Problem, ob sich Normen überhaupt in vernünftiger Weise begründen lassen, dem normalen Mann auf der Straße als ein typisches Pseudoproblem der Intellektuellen und Philosophen vorkommen, da doch "von den Parlamenten bis zu den höchsten Gerichten und von den Parteitagen bis zu den Synoden ständig Instanzen tätig sind, nach bewährten und üblichen Regeln, methodisch also, Normen zu begründen, allgemeine Gesetze nämlich, die im Bereich ihrer Zuständigkeit dann für alle gelten". Natürlich gibt es in solchen Verfahren immer wieder Mängel, aber <u>im Prinzip</u> sei es doch "unstrittig", "welche Anforderungen grundsätzlich an eine Normenbegründung zu richten seien".[298] Allerdings - so könnte man Lübbes ironische Feststellung sinngemäß ergänzen - gehört der unter den Bedingungen der Herrschaftsfreiheit stehende Diskurs keinesfalls zu den üblicherweise anerkannten Begründungsverfahren: tatsächlich nicht, und er könne auch von der Sache her nicht dazugehören. Das drängende Problem einer sogar bis in die Weltanschauungen hinein pluralistischen Gesellschaft sei doch die <u>faktische</u> Geltung von Normen und Gesetzen, die Tatsache also, daß sich das tatsächliche Verhalten aller von dieser Norm Betroffenen nach ihr richte. Für diesen Geltungsanspruch reicht aber als 'Begründung' vollkommen aus, daß die

Norm entsprechend den rechtmäßigen Verfahren in Kraft gesetzt worden ist. Selbstverständlich könnte man hierfür eine 'Konsensustheorie der Richtigkeit' als Interpretationshilfe anbieten: Verhaltensvorschriften 'gelten', sofern ein Konsens unter den Normadressaten nicht nur über die Rechtmäßigkeit dieser Norm, sondern auch über die Legitimität der normsetzenden Instanzen besteht. Aber dieser Konsens der Anerkennung sei gerade nicht der rationale Konsens, den die 'Konsensustheorie' als die Bedingung der Gültigkeit einer Norm postuliert.

Von dieser faktischen oder "sozialen" Geltung einer Norm muß man nach Lübbe die "sachliche" Gültigkeit unterscheiden, sozusagen die inhaltliche Anerkennungswürdigkeit. Aber gerade hierfür kann und darf die 'Konsensustheorie' nicht zuständig sein: Entweder ist sie unnötig, weil es die sozusagen private Frage des Gewissens jedes einzelnen sei, ob er eine Norm, die er tatsächlich aus welchen Gründen auch immer befolgt, auch als sachlich richtig ansehe, ja eine Rückbindung der inhaltlichen Richtigkeit einer Norm an den Konsens irgendeiner Gruppe vernichtet die Menschenrechte der Glaubens- und Gewissensfreiheit. Einen gesellschaftlichen Konsens über die inhaltliche Legitimität einer Norm zu fordern, zieht unausweichlich terroristische und totalitäre Konsequenzen nach sich.[299]

Sollte diese Ansicht Lübbes stichhaltig sein,

stünde es um die 'Konsensustheorie der Richtigkeit' schlecht. Sie fühlt sich nämlich allein für die <u>sachliche</u> Gültigkeit einer Norm kompetent, für das also, was Lübbe als "Normenbegründungsverfahren" bezeichnet.[300] Mag man auch in manchen ihrer früheren Ausführungen diese Unterscheidung von faktischer und legitimer Geltung nicht deutlich genug gesehen haben, so war es dennoch aus dem Kontext klar ersichtlich: Der 'Konsensustheorie' geht es beim Geltungsanspruch der Richtigkeit allein um die legitime Geltung von Normen im Sinne ihrer inhaltlichen "Anerkennungswürdigkeit".[301] Für sie ist auch selbstverständlich, daß es in der Tat funktionierende Verfahren und auch Institutionen gibt, die in legitimer Weise Normen im Sinne allgemeiner Gesetze begründen (und erst recht in Kraft setzen). Dies trifft vor allem auf <u>Rechtsnormen</u> zu. Bei ihnen bietet es sich an, die Normenbegründung zugunsten der Normendurchsetzung zu trivialisieren, weil man im Normalfall einzelne Gesetze und Vorschriften so in ihrer Gültigkeit begründen kann, daß man auf bestimmte Grundprinzipien des als ganzen akzeptierten Rechtssystems, der Verfassung oder auf entsprechende Instanzen der Normensetzung wie Parlamente und Gerichtshöfe verweisen kann, deren im großen und ganzen nicht in Frage gestellte Legitimität diese 'Legitimation durch Verfahren' (Luhmann) rechtfertigt. Selbst bei <u>moralischen Normen</u> ließe sich das angeblich überkritische Potential des praktischen Diskurses in derjenigen Weise entschärfen, wie es die Konstruktivisten tun: Man entwickelt abstrakte 'Beratungsmodelle' und arbeitet methodisch Beratungstechniken aus, die dann die konkreten Diskussionen über die Verbindlichkeit normativer Ansprüche verbessern helfen, etwa das "Moralprinzip" Schwemmers mit der Direktive, eine von allen streitenden Parteien anerkannte "Supernorm" zu suchen, von der sich die strittige Norm als "Subnorm" in korrekten Ableitungsschritten nachweisen lasse.[302] Der Konsens als das Prinzip der Gültigkeit ist dabei insofern erfordert, als in allen Normendiskussionen auf eine von allen Gesprächsteilnehmern anerkannte gemeinsame Basis zurückgegangen werden muß, um dann von dieser gemeinsamen Basis aus mit Hilfe von gemeinsam anerkannten methodischen Regeln Schritt für Schritt in einer überprüfbaren Weise auch über die problematische Norm eine Einigung erzielen zu können.

4.23 Kein pauschaler Legitimitätsvorbehalt

Aber selbst wenn man darauf beharrte, daß die 'Konsensustheorie' unter dem 'praktischen Diskurs' gar nicht diese Normalfälle einer Normenbegründung verstehe, sondern darauf hinweisen wolle, daß auch die Legitimität solcher allgemein anerkannten legitimierenden Verfahren in Extremsituationen zur Debatte stehen kann, daß also praktische Diskurse in einer normativ 'revolutionären' Lage gefordert sind, in einer Situation, in der es in einer Gesellschaft keinen verläßlichen Grundkonsens über ihre Grundwerte mehr gibt. Aber selbst für solche Extremfälle einer Normenbegründung wäre nicht ganz verständlich, worüber die ganze Aufregung geht. Praktische Diskurse, in denen die Gültigkeit einer Norm auf dem Prüfstand steht, dürfen doch nach Ansicht der 'Konsensustheorie' nicht mit einer willkürlichen Beliebigkeit vom Zaun gebrochen werden. Sie treten - analog den theoretischen Diskursen - nur dann auf den Plan, wenn die normsetzenden Institutionen oder die bisher unbefragt akzeptierten Normensysteme keine überzeugende Kraft mehr besitzen, um die Menschen in ihrem tatsächlichen Verhalten binden zu können. Wenn der "Sinn der Geltung einer Norm" in dem Anspruch bestehen soll, "daß alle Betroffenen einer entsprechenden Empfehlung zustimmen müßten, wenn sie an einem praktischen Diskurs teilnehmen würden" (Habermas 1973b, 381), dann heißt dies noch lange nicht, daß mit dieser Auffassung alle Normen einer Gesellschaft unter einen "Gesamtlegitimationsdruck"[303] geraten oder ihm absichtlich und planmäßig ausgesetzt werden. Genau dies unterstellen aber die Kritiker: Sie lesen die konsenstheoretische Auffassung normativer Geltungsansprüche so, als werde allen Ernstes behauptet: Jede Norm und jedes Gesetz dürfen vernünftigerweise erst dann befolgt werden, wenn man darüber einen Diskurs veranstaltet und in ihm eine Übereinstimmung erzielt hat, daß die in Frage stehende verpflichtende Norm 'richtig' sei. Aus einer solchen Unterstellung ergibt sich natürlich zwangsläufig ein normatives Vakuum: nicht nur, weil überhaupt keine faktisch geltende Norm, sei es ein rechtliches, sei es ein moralisches Gesetz, so zustande gekommen ist, sondern auch kaum eine Chance haben dürfte, vor dem Richterstuhl des herrschaftsfreien Diskurses bestehen zu können. Schlimmer noch: Die idealen Bedingungen des Diskurses herstellen zu wollen, hieße nichts anderes als sich am eigenen Schopf aus dem normfreien Morast herausziehen zu müssen.

4.3 Die 'Konsensustheorie der Richtigkeit' als theoretischer Diskurs über praktische Diskurse

Auf diese absurde Interpretation der Diskursethik - zunächst einmal Suspension aller faktischen allgemeinen Verpflichtungen, sozusagen eine normative tabula rasa, und zwar solange, bis die Rechtmäßigkeit einer jeden Handlungsnorm im einzelnen nachgewiesen ist - kommt man doch nur, wenn man zwei Ebenen der Argumentation nicht auseinanderhält. Wie schon erwähnt, geht es der 'Konsensustheorie' ausschließlich um die inhaltlich-sachliche Gültigkeit einer allgemeinen Norm.

Wenn für die Erklärung des Geltungsanspruchs von Normen "auf eine rational motivierte Übereinkunft oder mindestens auf die Überzeugung" rekurriert wird, "daß ein Konsensus über die Annahme einer empfohlenen Norm mit Gründen herbeigeführt werden könnte" (Habermas 1973a, 144), dann befindet man sich auf einer gewissermaßen begriffsanalytischen Ebene der Problemstellung (was schon die Verwendung irrealer Konditionalsätze andeutet): Man versucht sich klarzuwerden, was der Ausdruck 'Geltung(sanspruch) einer Norm' bedeuten könne. Natürlich sollten die Diskursbedingungen auch das Verfahrensprinzip wenigstens in den abstraktesten Zügen skizzieren, das bei der Begründung einer konkreten Norm angewandt werden soll, zunächst für moralische Normen, dann vielleicht auch für politisch-rechtliche Gesetze;[304] natürlich will die 'Konsensustheorie' auch so verstanden werden, daß ihr "Modell"[305] einmal zur Institutionalisierung und möglicherweise zur Verbesserung von praktizierten Verfahren einer Normenbegründung selbst einmal dienen solle,[306] aber die vor allem von Apel und Habermas angestellten Überlegungen sind hierfür nur schwer zu verwenden. Der Grund für diese weitgehende Unbrauchbarkeit läßt sich leicht angeben: Es handelt sich dabei nicht um Anleitungen für die Normenbegründungspraxis. Ihre Ausführungen sind, was eigentlich so selbstverständlich ist, daß man es gar nicht ausdrücklich erwähnen müßte, selber keine praktischen

Diskurse, in denen die Geltung irgendeiner konkreten Norm begründet werden will. Es sind nicht einmal Bausteine, die für den Inhalt oder gar die Systematik einer normativen Ethik verwendet werden könnten.[307] Es handelt sich dabei um "Diskurse über Diskurse",[308] genauer gesagt: um theoretische Diskurse über den praktischen Diskurs. Man darf ruhigen Gewissens behaupten: Es sind metaethische, auf jeden Fall philosophische Überlegungen, die erklären sollen, was man vernünftigerweise unter der 'Sollgeltung' verstehen kann. Sie befassen sich damit, was 'Geltung', was 'Norm' bedeutet, was den Verpflichtungscharakter von Normen ausmacht, wie man eine 'legitime' Geltung von einer Art von Geltung unterscheiden kann, die sich bloß äußeren Sanktionen und dem Einsatz von Macht verdankt. Ein Großteil der Einwände[309] gegen das Konsens- oder Diskursmodell der Normenbegründung verpufft, wenn man es zunächst einmal gerade nicht als Modell nimmt, nicht als das abstrakt-ideale Abbild empirischer praktischer Diskurse (was durch die Bezeichnung 'Modell' nahegelegt wird), sondern als die theoretische Herausarbeitung eines Legitimitätsprinzips und einer ethischen Grundnorm. Sicherlich, der hypothetisch geforderte allgemeine Konsens, der einer Norm allein legitimen Verpflichtungscharakter verleihen kann, verweist auf konkret durchgeführte praktische Diskurse, weil nur die tatsächlich stattfindenden Diskurse unter den Betroffenen das

Kriterium dafür sein können, daß der Anspruch einer Norm als Handlungsimperativ auch berechtigt ist. Dies behauptet doch auch die 'Konsensustheorie' mit Nachdruck, und zwar nicht erst neuerdings![310] Trotzdem müssen beide Untersuchungsebenen auseinandergehalten werden, ohne daß die Idealität der Diskursbedingungen die Unbrauchbarkeit dieser Idee nach sich zöge. Denn auch die Konstruktionsvorschriften der Geometrie, die Bewegungsgesetze der Mechanik oder die abstrakten Modelle der Spieltheorie sind nicht deshalb sinnlos, weil sie 'ideal' sind und in der Realität niemals in ihrer Reinheit, sondern immer nur in einer gewissen Annäherung verwirklicht werden können.

Vielleicht könnte man von den Konsenstheoretikern verlangen, daß sie diesen unterschiedlichen und unterscheidbaren Unternehmungen im Rahmen einer Normenbegründung auch begrifflich Rechnung trügen. Sie täten wohl besser daran, nicht denselben Ausdruck 'praktischer Diskurs' für ziemlich verschiedene Begründungsversuche zu verwenden. Denn nicht nur die Ziele, auch die Strategien sehen anders aus, je nachdem ob es um rechtlich-politische allgemeine Gesetze, um moralische Normen oder um moralphilosophische Überlegungen geht. Man könnte terminologisch einen "praktisch-politischen" Diskurs vom "politisch-ethischen" und diesen wiederum vom "ethisch-transzendentalen" unterscheiden, wobei der Übergang von einer

Ebene zur jeweils höheren, aber auch abstrakteren, durch einen "Frageüberhang" ausgelöst wird, der auf der niederen und konkreteren Diskursebene nicht bewältigt werden kann.[311] Fast alle Aussagen der 'Konsensustheorie' zum praktischen Diskurs müßten auf der ethisch-transzendentalen angesiedelt werden. Wenn sie den Sinn normativer Geltung in der gegenseitigen Anerkennung freier und gleicher Subjekte lokalisieren und die diskursive Argumentation als das alleinige Medium einer Normenbegründung auszeichnen, dann bewegen sie sich wie jeder andere, der eine philosophische Begründung ethischer Normen in Angriff nehmen will, auf der Ebene einer philosophischen Reflexion. Und auf dem Gebiet der philosophisch-wissenschaftlichen Diskussionen gibt es so etwas wie einen "Gesinnungsterror" (Lübbe) gar nicht. Theoretisch-reflexive Überlegungen und Vorschläge können und sollen auch nicht unmittelbar Handlungsanweisungen für die moralische und politische Praxis auf welche Weise auch immer in Kraft setzen.

Man könnte sogar noch einen Schritt weitergehen. Wenn der normative Geltungsanspruch der Richtigkeit mit der "Unterstellung" erklärt wird, daß er nötigenfalls "diskursiv eingelöst, also in einem argumentativ erzielten Konsensus der Beteiligten begründet werden könnte", dann ist dies, logisch gesehen, nichts anderes als ein <u>Definitionsvorschlag</u>. Definitionen sind aber von Haus aus weder wahr noch falsch. Man akzeptiert sie auf dem Feld der Wissenschaften, weil sie für bestimmte Zwecke besser geeignet sind als andere, aber nicht deshalb, weil man dazu mit irgendwelchen Druckmitteln gezwungen wird. Ihre Annahme beruht letztlich auf einer wissenschaftslogischen Entscheidung, für die man freilich im Kreis der Kollegen Plausibilitätsgründe angeben muß (und hoffentlich auch kann). Ob sie dann allgemein akzeptiert werden, hängt zunächst einmal von diesen Gründen ab, die in einem theoretischen Diskurs auf ihre Stichhaltigkeit hin überprüft werden. Aber auch in diesen Fällen, in denen es um die Angemessenheit und Fruchtbarkeit gerade dieser speziellen Definition gegenüber möglichen anderen geht, verläßt man auf keinen Fall den Bereich einer wissenschaftlichen oder philosophischen Diskussion, und dies heißt auf jeden Fall: einer Diskussion, die von Handlungs- und Entscheidungszwängen freigesetzt ist. Selbstverständlich hat auch die wissenschaftliche Praxis ihre Handlungsanleitungen und sogar ihre Sanktionsmittel, aber diese sind immer noch anderer Art als die Imperative der politischen Praxis.

4.31 Legitimitätsprinzip und faktischer Diskurs

Wenn darauf bestanden wird, daß es sich beim derzeitigen Stadium der Ausführungen der 'Konsensustheorie' vor allem um metaethische oder auch semantische Überlegungen handelt, in denen es um die Bedeutung dessen geht, was 'legitime Gültigkeit', was 'moralische Norm' meinen könne (oder solle), dann hat dies für die 'Konsensustheorie der Richtigkeit' den strategischen Vorteil, daß die Einwände gegen den Diskurs als nicht zu realisierendes oder zumindest als nicht effektives Entscheidungsverfahren die begriffsanalytische Diskussionsebene nur am Rande betreffen. Denn die Devise 'Alles oder Nichts' gilt nur auf der moralphilosophisch-begrifflichen Ebene, während es in der Realität nicht so rein und ideal zugehen kann.[312] Praktische Diskurse als empirische, raum-zeitliche Vorgänge können nur in etwa den idealen Forderungen der 'Konsensustheorie' entsprechen, und auch da nur, wenn die Zahl der Teilnehmer überschaubar oder die äußeren Rahmenbedingungen durch "institutionelle Vorkehrungen" (Habermas 1983, 102) wie allgemein anerkannte Konventionen oder rechtliche Garantien gesichert sind. Die Zweifel, die schon beim theoretischen Diskurs geäußert worden sind, daß die von der 'Konsensustheorie' skizzierten Diskursbedingungen wegen ihrer abstrakten Unbestimmtheit kaum zu einem rationalen Konsens in inhaltlich faßbaren Überzeugungen führen (falls man mit ihrer Hilfe überhaupt zu irgendeinem Konsens kommt!), gelten natürlich ohne Einschränkung auch für den praktischen Diskurs als einer Veranstaltung, die in

Raum und Zeit stattfindet. Es handelt sich bei ihnen also nicht um hinreichende Funktionsbedingungen, sondern allenfalls um die regulative Idee, wie Diskussionen (oder 'Beratungen') über Normen und ihre Verbindlichkeit in den wesentlichen Grundzügen strukturiert sein sollten, um wirklich den Namen 'Argumentation' zu verdienen. Wenn man aus ihnen praktikable und als empirische Abläufe institutionalisierbare Diskurse gewinnen wollte, müßte man diese allzu abstrakten Bestimmungen durch Zusatzforderungen näher an die Bedingungen tatsächlicher Diskussionen heranführen. Erst dann hätte man die zwar immer noch recht allgemein bleibenden, aber einem Modell für tatsächliche Diskurse nahekommenden Rahmenbedingungen, während das Programm von Apel und auch das von Habermas bisher eigentlich nur die Idee des praktischen Diskurses skizziert und den normativen Gehalt herausgearbeitet haben, der in den universalpragmatischen Argumentationsvoraussetzungen stecken soll.

Mit solchen Konkretisierungsvorschlägen würde man bei den Konsenstheoretikern entweder offene Türen einrennen, denn auch ihnen ist klar, daß "alle Diskurse, eben weil sie empirische Vorgänge sind, den Restriktionen von Zeit und Raum, ferner psychologischen und sozialen Beschränkungen, dem kontingenten Gefälle der Information, des persönlichen Einflusses usw." unterliegen (Habermas 1973b, 384), oder sie würden darauf bestehen, daß derartige Modellkonstruktionen überhaupt nicht ihre Absicht seien. Abgesehen davon seien diese Einwände noch gar kein ernsthafter Schlag gegen das Legitimitätsprinzip der 'Diskursethik', denn über dessen Brauchbarkeit könnten nur nach dieser Grundidee durchgeführte tatsächliche Diskurse eine Entscheidung herbeiführen: a priori könne man darüber weder positiv noch negativ etwas Definitives sagen.

Ein hartnäckiger Kritiker ließe sich freilich durch die Unterscheidung von 'Legitimitätsprinzip' und 'Organisationsformen', von 'Idee' und 'empirische Funktionsbedingungen' des Diskurses[313] nicht so einfach ins Bockshorn jagen. Er würde zwar zugeben, daß derartige Distinktionen auch für moralische Begründungsdiskurse ihren guten Sinn haben können, aber er würde darauf beharren, daß die 'Konsensustheorie' damit noch nicht aus dem Schneider ist, weil sie nämlich ihr Legitimitätsprinzip <u>prozedural</u> definiert. Dies hat den (zumindest taktischen) Vorteil, sich überhaupt auf keine inhaltlichen Grundwerte festlegen zu müssen, aber der Nachteil liegt auf der Hand: Man ist gezwungen nachzuweisen, daß dieses Legitimationsverfahren <u>effektiv</u> zum Erfolg führt. Anders gesagt: Die Kritiker dürfen mit gutem Grund verlangen, daß die 'Konsensustheorie' endlich auch den <u>zweiten Schritt</u> tut und sich an eine <u>normative</u> Ethik heranwagt. Denn was hilft einem ein noch so schönes und gefälliges theoretisches

Konzept, wenn man überhaupt niemals vorgeführt bekommt, daß es im konkreten Einzelfall tatsächlich zu einem inhaltlich faßbaren Konsens über eine moralische Norm führt?

4.4 Die Rationalität der 'Diskursethik'

Die bisherige Verteidigungsstrategie des Konsensprinzips in der Normenbegründung hob darauf ab, seinen quasi-definitorischen Charakter und theoretischen Status herauszustreichen. Sie wollte verhindern, daß es unmittelbar als praktische, ja politische Handlungsanleitung mißverstanden wird, die faktische Geltung allgemeiner Normen pauschal in Zweifel zu ziehen und ihre Befolgung solange zu suspendieren, bis ein Konsens darüber erzielt worden sei. Dieser Schachzug rettet die 'Konsensustheorie' zwar vor einem zu schnellen totalen Verdammungsurteil, bringt sie aber in eine Situation, die nicht viel günstiger ist, wenn man ihren ersten Grundsatz ins Auge faßt, der festhält, daß moralische Normen rational begründbar seien. Der Grundsatz der 'Diskursethik', der vom logischen Standpunkt her als eine Definition des Begriffes der normativen Geltung hingestellt worden ist, bringt im Grunde nicht viel mehr als eine sprachethische Reformulierung des Universalisierungsprinzips, das auf Kant zurückgeführt wird. Die Rationalität dieses Prinzips kann aber nicht durch die Tatsache garantiert werden, daß mehrere ernstzunehmende Moraltheorien auf das Prinzip der Universalisierung in der einen oder anderen Form rekurrieren,[314] denn der Verweis auf Tatsachen taugt für einen philosophischen Beweis nicht besonders. Aber auch der transzendentale Beweis von Apel, daß sich die ethischen Grundnormen, die dann gewissermaßen die Leitlinien für praktische Diskurse abgeben könnten, aus einer Reflexion auf die notwendigen Sinnbedingungen des Diskurses sollen ableiten lassen - daß also aus dem Faktum der Argumentation sich eine "Minimalethik" (1973b, 405) gewinnen lasse -, kann nur auf den ersten Blick als der "archimedische Punkt' einer Ethikbegründung (Apel 1978, 197) erscheinen. Apel zielt damit auf eine "Letztbegründung"[315] der Ethik ab, was dann automatisch deren Rationalität zur Folge haben müßte. Man wäre nämlich unabhängig von seinen weltanschaulich-moralischen Überzeugungen und unabhängig davon, ob einem dies schmeckt oder nicht, durch bloßes Nachdenken darüber, was man tut, wenn man argumentiert, gezwungen, bestimmte ethische Grundnormen zu akzeptieren, und zwar einfach deshalb, weil man sie "als Argumentierender nicht ohne pragmatischen Selbstwiderspruch bestreiten und eben deshalb nicht ohne logischen Zirkel (petitio principii) (formal-)logisch begründen kann" (Apel 1984, 24). Wenn solche transzendentalpragmatischen Voraussetzungen tatsächlich den Sinn dessen ausmachen, was 'argumentieren' heißt (Apel 1976, 72f.), scheint man wirklich einen Punkt erreicht zu haben, der von normativen Setzungen frei ist: Aus der bloßen Tatsache, daß jemand sich ernsthaft an einer argumentativen Diskussion beteiligt, folgte dann zwingend, daß er damit implizit bestimmte moralische Grundnormen gutheißt - zumindest diejenige, daß er seine Diskussionspartner als Personen, d.h. als verantwortliche und zurechnungsfähige Subjekte anerkennt.

Hat man mit dieser transzendentalen Reflexion endlich den Stein der Weisen gefunden, die endlos erscheinende Werturteilsdebatte in vernünftiger Weise schlichten zu können? Offensichtlich müßte es so sein, weil man durch eine theoretische Erkenntis und somit 'objektiv' verbindlich nachweisen könnte, daß "das Vorbringen wahrheitsfähiger Argumente" als solches bereits "mit der Anerkennung moralischer Kommunikationsnormen zu tun" habe (Apel 1984, 24). Genau diesen Anspruch der 'kognitivistischen Sprachethik' meinen wohl einige Kritiker, wenn sie ihr einen Hyperrationalismus, eine Intellektualisierung der praktischen Vernunft anlasten. Diese moralischen Grundnormen würden infolge ihres transzendentalen Charakters unabhängig davon gelten, ob man sie in jedem Einzelfall akzeptiert, ob man sich ihrer bewußt ist oder nicht. Man würde mit ihnen vor eine Alternative gestellt, die offenbar für jede kognitivistische Ethik kennzeichnend ist: Wenn man dies nicht wahrhaben wollte, wüßte man nicht, was man tut, und in diesem Fall könnte man, wenn man gutwillig ist, durch Aufklärung zu dieser Einsicht gebracht werden, falls man sich aber nicht zu dieser Erkenntnis bequemen will, ist man böswillig und hat sich damit selbst aus der Menge der ernszunehmenden Gesprächspartner eliminiert.

Selbst wenn man diesen transzendentalen Beweis noch dahingehend verschärfen wollte, daß man nicht erst bei der Argumentation, sondern gewissermaßen eine Stufe tiefer beim kommunikativen Handeln ansetzt,[316] hätte man immer noch nicht alle Schwierigkeiten aus dem Weg geräumt, was die Rationalität einer solchen Begründung betrifft. Transzendentale Beweise werden trotz der ihnen angeblich anhaftenden Unvermeidlichkeit nicht von jedermann bereitwillig akzeptiert, aber den Anspruch einer Ethikbegründung, rational zu sein, könnte man so verstehen, als werde ein wertfreineutrales Kriterium für die Beurteilung moralischer Prinzipien angeboten, sozusagen ein wissenschaftlicher Beweis, der jedem Menschen mit Verstand andemonstriert werden kann wie der Lehrsatz des Pythagoras, oder wenigstens ein erstes Prinzip, an dem die Brandung des dauernd wogenden Werturteilsstreits abprallen müßte - eben der von Apel angesprochene 'archimedische Punkt'. Ein verbohrter Wissenschaftler würde dies zumindest von einer rationalen Begründung ethischer Normen erwarten, aber er hätte dabei übersehen, daß jede Begründung in irgendeinem Sinn willkürlich ist, weil man immer an einem bestimmten Punkt abbricht: eben dann, wenn man überzeugt ist, daß man dem anderen die Sache erklärt oder verständlich gemacht hat. Man kann aus dieser scheinbaren Willkür bei Begründungen den Schluß ziehen, in den Wissenschaften überhaupt auf das Konzept einer Begründung zu verzichten;[317] man kann aber auch wie die 'Konsensustheorie' vorgehen und sagen: Abstrakt mag es ja durchaus stimmen, daß das Konzept der Begründung strenggenommen einen infiniten Regreß bedeutet, da man jeden angeführten Grund wieder in Zweifel ziehen kann. Aber der <u>sprachpragmatische</u> Ausgangspunkt schiebt diesem theoretisch denkbaren Regreß einen Riegel vor: Ein Zweifel an der Stichhaltigkeit der gegebenen Begründung darf kein 'paper-doubt' sein; man muß selbst wieder <u>Gründe</u> dafür angeben, warum man mit der angebotenen Begründung nicht zufrieden ist, d.h. man muß dafür oder dagegen argumentieren - und damit wäre man genau dort, wo einen die 'Konsensustheorie' haben will: beim zumindest informellen Argumentieren, um das auch der Kritische Rationalist oder der Skeptiker in Wertfragen nicht herumkommt (außer er verstummt überhaupt ganz).

4.41 Die Perspektive des Teilnehmers in moralischen Fragen

Die Situation stellt sich also in ähnlicher Weise dar wie bei der Frage der Objektivität der Wahrheit von Aussagen. Auch dort hatte sich ergeben, daß man nicht auf etwas Sprachunabhängiges wie die Tatsachen verweisen kann, um die Objektivität und Wahrheit solcher Aussagen garantieren zu können. Man muß die Nichtbeliebigkeit als das sicherste Merkmal der Objektivität in den Aussagen selbst suchen, weil auch die 'harten' und sich einer sprachlichen Manipulation widersetzenden Tatsachen nur in Sätzen oder Aussagen gegeben sind. So wie es unmöglich ist, von einem Standpunkt außerhalb der Sprache, sozusagen interpretationsfrei über das Bestehen oder Nichtbestehen von Sachverhalten etwas ausmachen zu können, so ist es unmöglich, von einem Standpunkt außerhalb jeglicher normativ geregelten interpersonalen Beziehung etwas Entscheidendes über die 'Richtigkeit' von Verhaltensnormen sagen zu können. Einen 'objektiven' Standpunkt in Fragen der Moralität einzunehmen, heißt zwar, die "unpersönliche Form der Äußerung" zu wählen,[318] aber 'unpersönlich' meint in diesem Zusammenhang nur, daß man nicht für sich allein, sondern für alle Menschen sprechen will. Es bedeutet nicht, daß man sich als einen von allen moralischen und sozialen Bindungen und Verbindlichkeiten losgelösten, gewissermaßen freischwebenden Beobachter versteht. Eine derartige 'Objektivität' in Moraldiskussionen wäre nicht nur unmöglich, sie würde auch dem nicht gerecht werden, was die Begriffe 'Handeln' und 'Verantwortung für eine Handlung' meinen. Solange man in Diskussionen über praktisch-moralische Fragen auf der Beobachterperspektive beharrt, der Perspektive dessen, der seine Erkenntnis letztlich an einem kontemplativen Korrespondenzbegriff der Wahrheit ausrichtet, solange wird man nicht in der Lage sein, das Wesen moralischer Probleme und den Anspruch moralischer Normen überhaupt zu erfassen, geschweige denn deren Richtigkeit und Verbindlichkeit in vernünftiger Weise zu beurteilen. Erst der Wechsel zur Perspektive des Teilnehmers, der durch den sprachpragmatischen 'Konsensusbegriff der Wahrheit' gefordert ist, bietet die Gewähr zu verstehen, was mit 'Sollensansprüchen', was mit 'Geltung' einer Verhaltensnorm usw. gemeint sein kann. Argumentieren ist eine bestimmte Art des sprachlichen Handelns, und Sprechhandlungen sind nicht bloß Lautketten, sie sind nicht einmal nur 'Sätze'. Sie fordern den Angesprochenen zu einer Stellungnahme auf, weshalb gewisse Verhaltenserwartungen und bestimmte Verpflichtungen bereits zu dem dazugehören, was den Sinn (oder die Bedeutung) dieser Aussagen ausmacht. Ein Fundament moralischer Normen außerhalb des moralischen Handelns zu fordern, wäre darum gerade nicht ein Zeichen von Rationalität. Falls Normen überhaupt begründbar sind, d.h. in ihrem Verpflichtungscharakter und ihrer allgemeinen Verbindlichkeit einsichtig gemacht werden können - mehr sagt 'Begründbarkeit' nicht! -, kann eine Begründung dafür, daß eine moralische Norm 'richtig' ist, nur so vonstatten gehen, daß man in dieser Rückbesinnung auf sein eigenes Tun zeigt, wie ohne die Annahme solcher grundlegenden Regeln wie der Anerkennung des anderen als zurechnungsfähiges und freies Wesen Argumentation und Kommunikation, ja menschliches Leben überhaupt nicht möglich wäre. Die 'Konsensustheorie' will mit einer solchen transzendentalen Reflexion auf das Faktum des Argumentierens nicht mit einem Taschenspielertrick das Sollen aus dem Sein hervorzaubern; sie kann und will nur bewußt machen, was man eigentlich immer schon tut, wenn man einen anderen mit Gründen überzeugen will.

4.42 Die Unschärfe des Rationalitätsbegriffs

Aber ist mit diesem Nachweis, daß wir in unserem Miteinandersprechen und Miteinanderleben immer schon so etwas wie eine Minimalethik anerkannt haben müssen, auch schon bewiesen, daß diese ethischen Grundnormen tatsächlich wahrheitsfähig sind? Ist damit nicht nur der Nachweis erbracht, daß es sich dabei um ein Postulat der praktischen Vernunft (im gut kantischen Sinn) handelt? Wird für die Richtigkeit dieses Postulats nicht eine bestimmte Art zu leben, eine bestimmte Interpretation dessen, was menschliches Leben bedeutet, vorausgesetzt (so wie das "verständigungsorientierte" Sprechen, das auch nur eine bestimmte Art der Rede unter anderen ist, als der "Originalmodus" des Sprechens überhaupt (Habermas 1984a, 596) ausgezeichnet wird)? Wäre mit diesem transzendentalen 'Beweis' nicht auch vereinbar, daß dieses scheinbar unbestreitbare und selbstevidente Postulat eine reine Illusion sein könnte, eine möglicherweise für unsere Verhältnisse (oder zumindest für einige von uns) lebensnotwendige Illusion, so wie für Nietzsche die Wahrheit auch nur eine Art von "Irrtum" ist, "ohne welche eine bestimmte Art von lebendigen Wesen nicht leben könnte"?

Die einfachste Antwort auf die Frage, ob man eine Begründung der Ethik rational nennen könne, die als ihr Fundament nur ein Postulat freilegt, wäre: Die 'Konsensustheorie' versteht halt unter 'rational' etwas anderes als man normalerweise darunter versteht. Diese Antwort wäre gar nicht so falsch, aber sie würde ihrerseits den Fehler machen, unbesehen zu unterstellen, daß es nur eine einzige und damit richtige Auffassung von 'rational' gebe. Dabei versteht man 'normalerweise' unter 'Rationalität' wirklich verschiedenes, da dieser Begriff alles andere als univok verwendet wird.[319] Aber selbst wenn dem so ist und man dazu noch den von der 'Konsensustheorie' als die anderen umfassend ausgegebenen Begriff einer kommunikativen Rationalität[320] nicht akzeptieren will, wäre immerhin bedenkenswert, ob jemand wirklich als rational oder als vernünftig bezeichnet werden sollte, der wie eine Maschine oder wie ein Computer immer dieselbe Art des Vorgehens - grob gesagt: rein zweckrationale Überlegungen - unbesehen auf alle Probleme und alle Lebensbereiche anwendet. Ein Kochrezept will anders behandelt werden als ein Gedicht, und dieses wiederum anders als ein Freund; an einen Aphorismus stellt man andere Beurteilungsmaßstäbe als an eine wissenschaftliche Abhandlung, und philosophisch-ethische Begründungen sind von anderer Art als Beweise in der Mathematik. Dort "zwingende", also über die Plausibilität hinausgehende Beweise[321] verlangen zu wollen, wäre genauso unvernünftig wie wenn man bloße Vermutungen als mathematisches Beweisverfahren durchgehen ließe - eine Einsicht, die schon Aristoteles hatte, als er für die 'praktischen' Wissenschaften eine andere Art von 'akríbeia' forderte als für die 'theoretischen'.[322]

4.43 Das Konsensprinzip als 'Letztbegründung'

Aber wie steht es dann mit dem Anspruch einer

'Letztbegründung', den vor allem Apel für die transzendentale Sprachpragmatik erhebt? Wie soll die Argumentation ein letztes Fundament sein, wenn Diskurse, historisch gesehen, ein ziemlich spätes Produkt in der Evolution des Menschen sind und sich dazu noch auch in der Gegenwart nicht bei allen Menschen und in allen Gesellschaften als Begründungsverfahren finden? Ohne Frage ist die Idee des Konsenses, dessen Voraussetzung eine Argumentation überhaupt erst ermöglicht, gewissermaßen tiefer verankert als ein Konsens, der dann im Rahmen einer konkreten Argumentation über eine satzhaft formulierte Meinung oder Verhaltensnorm erzielt wird, weil jener Konsens auf etwas verweist, das wir immer schon unbewußt und unreflektiert tun, und das deshalb nicht unserer Willkür ausgeliefert zu sein scheint, wie dies bei einem inhaltlich-verbalen Konsens der Fall ist. Trotzdem kommt man nicht darum herum, darauf hinzuweisen, daß auch dieses angeblich letzte, weil unbestreitbare Fundament von normativen Vorentscheidungen durchsetzt ist. Andernfalls wäre nämlich schon die transzendentale Methode das Natürlichste auf der Welt und jedermann müßte sie gutheißen, was nun wirklich nicht der Fall ist. Und auch die konsenstheoretische Interpretation der transzendentalen Kommunikationsbedingungen ist alles andere als eine communis opinio unter den Transzendentalphilosophen selbst. Es handelt sich also um eine bestimmte, also selektive Sicht der Sprache, die selbst begründet werden müßte. Wenn daher dem Konsens- oder Diskursprinzip der Normenbegründung vorgehalten wird, es könne entgegen seinem Anspruch überhaupt nicht eine Letztbegründung normativer Verpflichtung leisten, weil es selbst dem Diskurs <u>vorgelagerte</u> und durch ihn gar nicht begründbare, weil ihn selber erst begründende "praktische Vernunftnormen" voraussetzen müsse,[323] so kann dieser Einwand nur die Version Apels erschüttern, oder vorsichtiger gesagt: Er träfe zu, wenn 'Letztbegründung' ahistorisch verstanden würde, in dem Sinn, daß eine Begründung zu allen Zeiten und für alle Menschen nur dann eine echte Begründung wäre, wenn sie auf argumentative Weise angegangen wird. Dabei ist doch das Neue der sprachpragmatischen Transzendentalphilosophie gegenüber der 'klassischen' Bewußtseinsphilosophie, daß mit der Sprachgemeinschaft nicht mehr ein unveränderliches, ungeschichtliches Apriori angesetzt wird. Als "reflexive" und "rekonstruktive" Theorie[324] kann sie nur das auf den Begriff bringen und theoretisch klären, was sich im geschichtlichen Prozeß als <u>neuzeitliche Subjektivität</u>[325] herausgebildet hat. Eben für dieses Subjekt will die 'Konsensustheorie' eine Theorie der normativen Verbindlichkeit entwerfen und sie kann es auch nur für die Menschen der Moderne, wenn sie wirklich rekonstruktiv sein will. Nur für den neuzeitlichen Menschen ist eine Verpflichtung erst dann 'vernünftig' und kann somit gelten, d.h. von ihm anerkannt und befolgt werden, wenn diese Verbindlichkeit für ihn einsichtig gemacht werden kann. Für einen Menschen der Antike und auch für einen mittelalterlichen Christen wäre die Auffassung einer allgemeinen Verpflichtung, die man sich gewissermaßen selbst auferlegen können muß, ein Unding gewesen. Und was das Definiens einer moralischen Norm als 'universal' betrifft, so verlangt dies die mögliche Anerkennung durch jeden Menschen als Menschen - wiederum eine neuzeitliche Erfahrung, wie man mindestens seit Hegel weiß.[326] Deshalb können zwangsläufig allein formale Kriterien für die Moralität einer Handlung in Anschlag gebracht werden, weil alle inhaltlichen Gegebenheiten kulturabhängig und deshalb nicht universalisierbar sind - außer man postuliert irgendwelche kulturinvarianten 'anthropologischen' Grundbedürfnisse. Aber der empirische Nachweis solcher mit dem 'Wesen' des Menschen untrennbar gegebenen Bedürfnisse würde einen in beträchtliche Schwierigkeiten stürzen, abgesehen davon, daß solche kulturinvarianten Grundbedürfnisse auch aus einem sachlichen Grund ein Unding bleiben müssen: Was ein Bedürfnis ist, kann nicht a priori gegeben sein. Es hängt davon ab, was in einer Gesellschaft oder in einer bestimmten Epoche als lebensnotwendig erachtet wird. Deshalb hängt die Entscheidung, ob etwas ein solches Bedürfnis ist, immer von bestimmten kulturellen Werten (und auch dem Erfüllungsstand anderer Bedürfnisse) ab, weil das Selbstverständnis einer Gesellschaft vorausgesetzt werden muß, vor allem die Interpretation dessen, was ein menschenwürdiges Leben ausmacht.

4.5 Sprache und rationale Begründung

Der Nachweis, daß das letzte Fundament der Ethik gerade in der Sprache gefunden werden kann, wird nicht jedermann überzeugen. Sicherlich, es gibt in der Philosophie den "linguistic turn" (Rorty), der es nahelegt, die philosophisch ehrwürdige differentia specifica des Menschen als 'zôon lógon échon' nicht mehr eng als 'animal rationale' zu fassen, sondern scheinbar ursprünglicher als 'Sprache habendes Lebewesen' zu deuten. Aber die Begründung der 'Konsensustheorie', warum gerade die Sprache das normative Urfaktum sei, ist doch etwas verzwickter. Angeblich ist sie "das einzige Medium", "in dem sich die Dialektik des Allgemeinen und Besonderen alltäglich vollzieht", weshalb sich in der Autonomie des moralischen Subjekts eigentlich die Grundbestimmungen der idealen Sprechsituation verbergen (Habermas 1971c, 211). Eine Rechtfertigung kann vor diesem Subjekt nur standhalten, wenn 'gute Gründe' angeführt werden. 'Gut' sind aber nur solche Gründe, die "uns kraft Einsicht motivieren" und nicht wegen der "Androhung von Sanktionen oder der Aussicht auf Gratifikation" (Habermas 1983, 67f.). Deshalb können nur solche Gründe für eine moralische Rechtfertigung in Frage kommen, die diskursiv vermittelbar sind, und dies ist der Darstellungsfunktion der Sprache zu verdanken. Denn sie allein ermöglicht es, sich von den Zwängen und dem unvermeidlichen Druck der unmittelbaren Handlungssituation zu distanzieren. Mit der Fähigkeit, etwas aussagen zu können, ist man in die Lage versetzt, Sachverhalte und normative Verpflichtungen vorzustellen (oder zu 'repräsentieren'), sie also sich und anderen in einer solchen Weise nahezubringen, daß die Stellungnahme dazu und das entsprechende Handeln noch nicht unmittelbar durch diese Vorstellung determiniert wird. Durch die sprachliche Darstellung einer allgemeinen Norm wird dem anderen die Möglichkeit gelassen, sich gegenüber der gesollten Handlung frei entscheiden zu können, während alle anderen Formen der Interaktion auf den anderen einwirken und seine Stellungnahme sozusagen präformieren oder gar erzwingen. Diese Fähigkeit der 'Entlastung'[327] vom unmittelbaren Handelnmüssen ist gerade für Aussagen und Argumentationen typisch, da hier die Darstellungsfunktion der Sprache überwiegt. So braucht es nicht zu verwundern, daß die moralische Grundnorm genau genommen bereits aus den Strukturbestimmungen des theoretischen Diskurses und nicht erst aus einer Analyse des praktischen Diskurses gewonnen werden, denn schon dort ist die Anerkennung des Gesprächspartners als eines freien Subjekts insofern in die Diskursbedingen eingebaut, als die Wirklichkeit nur in der hypothetischen Form von 'Sachverhalten' begegnet, denen gegenüber eine positive wie negative Stellungnahme offengehalten wird.

Die sprachliche Darstellung ist offenbar für die 'Konsensustheorie' die einzige Möglichkeit, die Gegenstände und auch die Menschen so sein zu lassen wie sie sind, da im verständigungsorientierten Sprechen weder die Dinge noch die Menschen verändert, und dies würde bedeuten: manipuliert, werden. Wer indes weniger davon überzeugt ist, daß in der Sprache als solcher schon die Vernunft eingelassen sei, würde gerade deren Defizienz herausstreichen: Gerade weil es mit Hilfe der Sprache möglich ist, etwas vorzustellen, was nicht unmittelbar (oder möglicherweise überhaupt nicht) gegeben ist, weil in der Sprache sowohl die Möglichkeit der richtigen wie der falschen Darstellung gegeben ist, muß sie von ihrer Struktur her für die Frage der Wahrheit unterbestimmt sein. Man braucht deshalb unbedingt noch zusätzliche Vorkehrungen, um die falschen oder fiktiven Möglichkeiten auszuschalten - vor allem dann, wenn es um die Normen des Handelns geht. Die 'falschen' Handlungsanweisungen im ethisch-praktischen Bereich scheitern nämlich im Normalfall nicht so unmittelbar oder gar sofort an der Realität wie die falschen Tatsachenbehauptungen.

Aber zurück zum sprachtheoretischen Fundament der Ethik! Auch wenn es die 'Konsensustheorie' noch so sehr behauptet, ist es dennoch nicht so, daß die Sprache als solche die Quelle sein kann, aus der man das Grundprinzip der Diskursethik schöpft. In diesem Fall wäre es ziemlich verwunderlich, daß es die wenigstens implizite Anerkennung dieses Prinzips nicht schon solange gibt als es Menschen gibt, die miteinander sprechen. Wenn wirklich "in jedem Akt des Sprechens" bereits dieses "Telos der Verständigung" wohnt (Habermas 1971b, 24),[328] wenn wirklich "mit dem ersten Satz", den wir sprechen, "die Intention eines allgemeinen und ungezwungenen Konsensus unmißverständlich ausgesprochen" ist,[329] kann es mit der Vernunft in der Sprache (oder zumindest mit ihrer Macht) nicht so weit her sein, weil es doch sehr lange gedauert hat, bis sich dieses implizit postulierte und das Miteinandersprechen erst ermöglichende Prinzip "gewaltloser" und "unversehrter Intersubjektivität" (Habermas 1981c, 151) theoretisch artikulieren und partiell praktisch durchsetzen konnte. Nicht an der Sprache als solcher und ihrer Struktur, sondern nur an einer bestimmten und damit besonderen Form des Sprechens kann dieses "Ethos der Gegenseitigkeit" abgelesen werden, das "die einzige Wurzel der Ethik" sein kann (Habermas 1971c, 212)[330] - und dies eigentlich erst dann, als es gelungen war, institutionelle Absicherungen dafür zu finden.

4.51 Der selektive Charakter einer Sprachethik

Die 'Konsensustheorie' behauptet also zuviel, wenn sie vorgibt, die Sprache als solche enthülle die Strukturen einer "unversehrten Intersubjektivität", die offensichtlich die Intuition dessen ist, was für sie Moralität bedeutet. Es ist eine besondere Art zu sprechen, eine unter vielen anderen - eben das informelle Argumentieren, das dann die Grundlage für die formale Argumentation in den Wissenschaften abgegeben hat, oder allgemeiner gesagt: eine besondere Art zu handeln - eben das "kommunikative", "verständigungsorientierte" Handeln, das zum eigentlichen Wesen menschlichen Handelns erklärt wird, ohne daß ernsthaft in Rechnung gestellt wird, daß vielleicht auch das "strategische" Handeln nicht nur lebensnotwendig, sondern auch gleichursprünglich mit dem verständigungsorientierten Handeln sein könnte.[331]

Die legitime Gültigkeit einer moralischen Norm als 'diskursive Einlösbarkeit' zu verstehen, ist also selbst eine selektive und damit normative Bestimmung, und zwar in einem doppelten Sinn. Auf der Seite des Verhaltens der Individuen ist das "postkonventionelle Begründungsniveau"[332] als die eigentliche moralische Einstellung gegenüber allgemeinen Handlungsnormen und Gesetzen gerade nicht die durchschnittliche Standardform der Moralität. Es ist eine ziemlich selektive und 'technische' Ausformung, die sich wohl nur in Ausnahmefällen (und vielleicht für eine bestimmte Gruppe von Menschen) fordern läßt, aber nicht zum Regelfall gemacht werden kann. Selbst bei vielen Normen, die hypothetisch als rational konsensfähig unterstellt werden könnten, ist nicht ihre rationale Begründbarkeit der ausschlaggebende Grund dafür, daß sie faktisch als gültig akzeptiert werden. Deutlicher gesagt: Dieses postkonventionelle Begründungsniveau ist gerade nicht eine Abstraktion aus dem Normaltypus moralischen Verhaltens der Menschen der Neuzeit, und deshalb fällt es auch ziemlich schwer, diese Stufe des moralischen Bewußtseins in überzeugender Weise empirisch zu bestätigen.[333] Der andere Zug von Normativität an dieser Definition moralischer Gültigkeit findet sich sozusagen auf der gesellschaftlichen Ebene. Die Ideen der Freiheit und Gleichheit, die Anerkennung aller anderen Menschen als verantwortliche und zurechnungsfähige Personen ist kein natürliches Phänomen, so wie die Sprache dies in gewisser Weise für den Menschen ist. Sie sind auch keine Errungenschaften, die für jede Gesellschaft in gleicher Weise gelten. Eben weil diese Ideen nicht als sozusagen naturhafte Gegebenheiten des menschlichen Wesens angesehen werden können, hat dieses konsenstheoretische Prinzip der Moralbegründung nur in einer Gesellschaft gewisse Chancen akzeptiert zu werden, in der bereits die formale und 'legale' Art der Legitimation sozusagen zur zweiten Natur geworden ist.

Das vorgeblich nichtbeliebige, sozusagen objektive Fundament, das die 'Konsensustheorie' mit der transzendentalen oder rekonstruktiven Analyse des Miteinandersprechens und Miteinanderhandelns als solchen meint gefunden zu haben, entpuppt sich selbst als selektiv, weil es eine bestimmte Interpretation der Sprache, des Handelns und des Begriffes der Humanität voraussetzt und als richtig unterstellt. Damit sind die Grundlagen dieser sprachpragmatischen Theorie der Ethik auch nur ein Postulat, das nur denjenigen überzeugen wird, der sich schon für diese Option entschieden hat. Diese Option ist nicht unbegründet, aber sie ist nicht die einzig transzendentallogisch mögliche und schon gar nicht die einzig praktizierte in unserer neuzeitlichen pluralistischen Gesellschaft.[334] In gewisser Weise muß dies die 'Konsensustheorie' selbst zugestehen: "ob die Konstituentien einer vernünftigen Lebensform erhalten bleiben sollen, kann nicht zum Gegenstand einer vernünftigen Willensbildung, die von jenen Konstituentien selber abhängt, gemacht werden", d.h. es bedarf hierfür "allenfalls des Appells an die Parteilichkeit für die Vernunft"

(Habermas 1973a, 194). Wenn gesagt wird, daß "diskursiv zu rechtfertigende Normen und verallgemeinerungsfähige Interessen" angenommen werden müssen, "wenn es denn so etwas wie einen vernünftigen Willen überhaupt geben kann" (1973d, 403), dann ist dies eine rein hypothetische Behauptung, die noch nichts über die Existenz dieses vernünftigen Willens aussagt, abgesehen davon, daß sie in dieser Formulierung nicht einmal von allen akzeptiert würde, die am Postulat der praktischen Vernunft festhalten. Oder es ist eine verkappte Sollensforderung, die nur im Sinne einer 'self-fulfilling prophecy' richtig ist. Was also vorgibt, eine rein deskriptive Analyse der Sprache zu sein, ist immer schon mehr als eine reine Beschreibung.

Aber vielleicht liegt der Fehler nicht einmal so sehr bei der 'Konsensustheorie' allein. Mag sein, daß sie den Mund zu voll nimmt, wenn sie ein sozusagen objektives Fundament der Ethik in der Sprache als solcher nachgewiesen zu haben vorgibt. Genau so wahrscheinlich ist jedoch die Vermutung, daß an den Begriff einer 'rationalen' Begründung moralischer Normen oft allzu kühne Hoffnungen geknüpft werden. Durch die eingespielten Konnotationen des Ausdrucks 'rational' verführt, meint der eine oder andere, eindeutig entscheidbare Anworten auf die Frage "Was soll ich tun?" vorgesetzt zu bekommen. Sollte jemand tatsächlich von einer rationalen Begründung der

Ethik im allgemeinen und damit vom Versprechen der 'Diskursethik' im besonderen erwarten, daß damit ein wertneutrales Instrument bereitgestellt werde, das einen zutiefst a-moralischen Menschen überhaupt erst zu einer moralischen Einstellung bewegen kann - und dies noch durch bloßes Argumentieren! -, dann muß er natürlich von dieser 'Begründung' enttäuscht sein. Der Diskurs ist eben nicht das sachlich-nüchterne und wissenschaftlich korrekte Verfahren, mit dem wir uns wie Münchhausen am eigenen Schopf aus dem schwankenden Sumpf unserer Wertüberzeugungen ans feste Land gewisser Erkenntnisse ziehen können, da er selbst eine normative Option zum Ausdruck bringt: die Überzeugung, daß ein menschenwürdiges Leben nur mit den geistig-ideellen Errungenschaften der Moderne - den Ideen der Freiheit, der Autonomie und der Gleichheit - möglich ist.

4.6 Abstrakte Moralität und substanzielle Sittlichkeit

Wenn man sich noch einmal ausdrücklich der Tragfähigkeit des diskursethischen Grundprinzips versichern will, muß man feststellen, daß die Basis recht schmal ist. Die in moralischen Fragen erreichbare Rationalität schrumpft offensichtlich zur rein formalen, praktisch inhaltleeren prozeduralen Rationalität zusammen. Man erhält eine

Verfahrensskizze, sozusagen eine Geschäftsordnung, die allein aus sich heraus nicht in der Lage ist, ihre Effektivität zu garantieren, in dem Sinn, daß dieses Verfahren überhaupt zu einem Konsens über die Gültigkeit einer inhaltlich bestimmten Norm führen wird. Dabei wäre es gar nicht so tragisch, daß die 'Diskursethik' einen im Stich läßt, wenn es darum geht, was im konkreten Einzelfall zu tun sei; denn Antworten auf solch konkrete Fragen darf man von keiner Ethik erwarten. Das Bedauerliche am Konsensprinzip der Normenbegründung ist, daß es in gewisser Weise zu tief ansetzt und die moralphilosophisch interessante und auch für das Handeln relevante Zwischenebene einer eigentlich normativen Ethik überspringt und sich (immer noch) ziert, ihr Verfahren selbst auf seine Brauchbarkeit hin zu testen. Auch wenn dieses ihr Grundprinzip im Grunde nur in expliziter Weise etwas ins Bewußtsein hebt, das beinahe tautologisch aus den vorgesetzen Definitionen von 'Normgeltung', 'Geltungsanspruch' einer 'moralischen Norm' usw. folgt, muß es ja nicht so sein, daß die 'Diskursethik' wegen ihrer abstrakten Formalität als Ethik überhaupt unbrauchbar sein soll, weil sie der Konkretheit und Vielfalt menschlicher Lebensformen nicht gerecht werden könne und deshalb gezwungen sei, "die substanzielle Sittlichkeit", die Vernunft in den Gestalten ihrer geschichtlichen Verwirklichung der abstrakten Autonomie einer reinen und universalistischen Moralität zu opfern.[335] Man könnte durchaus den Spieß herumdrehen und sagen: Weil der Bereich der universal konsensfähigen Normen so abstrakt und deshalb so eng gefaßt wird, bleibt ein offener, durch moralische Normen inhaltlich nicht präformierter Bereich erhalten, dessen konkrete Ausgestaltung dann, da er sozusagen moralisch indifferent ist, einer politisch-pragmatischen Vernunft überlassen bleibt.

5. Die 'Konsensustheorie der Wahrheit' als die Idee der Demokratie

5.1 Die 'Konsensustheorie' als Kritische Theorie

Wer dieser Arbeit bis jetzt geduldig in die dünne Luft semantischer, methodologischer und metaethischer Überlegungen gefolgt ist, wird aufatmen: Endlich, so darf er hoffen, müssen diejenigen Themen angeschnitten werden, deretwegen die 'Konsensustheorie' politisch ins Gerede gekommen ist. Sie verfechte nämlich nicht nur eine 'Politisierung der Wissenschaft',[336] sondern strebe darüber hinaus noch unter dem Deckmantel der Herrschaftsfreiheit eine "neue Form der Philosophenherrschaft" an: die Herrschaft der "neuen Klasse" der "Sinnproduzenten" und "Sinnvermittler".[337] Wenn nämlich die 'Konsensustheorie' der Ansicht sei, daß "die Idee der Wahrheit, die sich am wahren Konsensus bemißt", die Idee "des wahren Lebens impliziert (Habermas 1970a, 155) und daß "die Wahrheit von Aussagen in letzter Instanz an die Intention des wahren Lebens gebunden sei" (1965, 167), dann klinge das nur so, als werde das sachliche Anliegen der klassischen Politischen Theorie in sprachtheoretischer Gestalt wiederaufgenommen,[338] für die nicht der Ausgleich gesellschaftlicher Interessen, die Balance der Macht, nicht die Effizienz und die Erhaltung des politischen Systems, sondern die Idee des 'guten und gerechten Lebens' das entscheidende Kriterium des politischen Handelns und politischer Ordnung ist. In Wirklichkeit handle es sich dabei um das Leitmotiv der Kritischen Theorie, denn auch für diese ist "die Idee wissenschaftlicher Wahrheit" nicht "von der wahren Gesellschaft" abzuspalten.[339] Da außerdem Habermas, der prominenteste Vertreter der 'Konsensustheorie', zugleich als der sozusagen letzte Vertreter der 'Frankfurter Schule' gelten darf, sieht sich der Kritiker der 'Konsensustheorie' vollkommen bestätigt, wenn er sie mit der Kritischen Theorie in einen Topf wirft, was die politischen Absichten ihrer Verfechter oder die politischen Konsequenzen der Theorie selbst betrifft.

Das für die meisten aus dem liberalen oder konservativen Lager kommenden Kritiker Problematische dieser Art von Wahrheitstheorie liegt doch nicht darin, daß der Begriff der Wahrheit normativ gedeutet wird, denn auch der hartgesottenste Anhänger des Prinzips der Wertfreiheit der Wissenschaften wird nicht leugnen, daß die Wahrheit für die Wissenschaftler in ihrem Forschen ein 'Wert' ist.[340] Das Hauptproblem für einen 'traditionellen' Theoretiker beginnt aber spätestens dann, wenn behauptet wird, der Begriff der Wahrheit sei nur dann nicht "ideologisch", wenn er nicht reine Theorie bleibe (Habermas 1965, 164), sondern der "Vorschein" einer "in Zukunft zu realisierenden Lebensform" (1971a, 140f.). Etwas wohlwollend (oder besser gesagt: politisch naiv) könnte diese Vorstellung wirklich so gelesen werden, daß die Politik künftig gemäß den Umgangsformen von Wissenschaftlern miteinander zu betreiben sei.[341] Ein Kritiker mit einem realistischen politischen Blick würde nicht nur darauf bestehen, daß eine solche Auslegung vollkommen am politischen Handeln vorbeiziele; für ihn wäre das Schlimme, daß damit die 'Konsensustheorie' verharmlost werde: Sie sei nämlich in Wahrheit ein "sublimer Marx".[342] Die Herrschaftsfreiheit des Diskurses wolle gar nicht 'Macht' in 'Vernunft' überführen; sie sei ganz im Gegenteil der Schafspelz, den sich die neomarxistischen Systemveränderer umhingen, um unbehelligt mit dem Segen (und auch den Segnungen) der liberalen Demokratie ihr Werk der "Transformation der Demokratie" (Brückner/Agnoli) vorantreiben zu können. Eine Transformation der bestehenden Demokratie in "die institutionell gesicherten Formen einer allgemeinen und öffentlichen Kommunikation" über die "allgemein interessierenden Angelegenheiten" (Habermas 1968b, 113) heiße doch im Klartext: Abschaffung der 'bürgerlichen', d.h. dieser liberalen und rechtsstaatlichen Demokratie der BRD. Jedem, der Augen im Kopf habe, sei doch überdeutlich, daß das Eintreten für die Ideale der Demokratie von Leuten, die sich selbst als Marxisten bezeichnen[343] oder zumindest in modischer Weise einmal mit dem Marxismus kokettierten,[344] nichts "als ein auf Verblüffung abzielender rhetorischer Trick" sei, der "theoretisch ohne Belang" bleibe.[345] Wenn man sehen wolle, welche politischen Konsequenzen die 'Konsensustheorie der Wahrheit' habe, dann dürfe man gar nicht bei ihr <u>als Theorie</u> anfangen. Damit wäre man ihr schon auf den Leim gekrochen, weil das Hochhalten der Demokratie ein reines Lippenbekenntnis sei, dazu ersonnen, Sand in die Augen zu streuen. Von einem "pseudotheorizing" (Bar-Hillel) nicht verfälscht, trete die eigentliche politische Absicht bei den Adepten und Eleven der Kritischen Theorie zutage: bei den Systemveränderern und Terroristen, und deshalb müsse eine Kritik der 'Konsensustheorie' <u>als politischer Theorie</u> dort ansetzen.

Lassen wir die Breitseite dieser Kritik verrauchen und lassen wir uns auch in der Diskussion der 'Konsensustheorie' als einer möglichen Theorie der Politik nicht im Vorsatz beirren, in eine argumentative Diskussion einzutreten und nicht in eine politische Polemik abzugleiten!

Schon der Vorwurf des bloßen Lippenbekenntnisses zur Demokratie müßte nämlich zurechtgerückt werden, wenn man den eigentlich Gemeinten und angeblichen Vorreiter der Systemveränderer[346] betrachtet: Auch für Habermas ist der "bürgerliche Verfassungsstaat" eine "historische Errungenschaft", die man nicht leichtfertig aufs Spiel setzen sollte (1981c, 513). Man erinnere sich nur daran, daß es während der Studentenunruhen von 1968 äußerst mutig war, sich gegen Versuche zu wenden, das Prinzip der herrschaftsfreien Diskussion als "die Basis der Aufklärung" zugunsten gewisser ad-hoc-Bedürfnisse preiszugeben, und man denke an den von ihm erhobenen Vorwurf eines "Linksfaschismus" gegen die Kinder der "Scheinrevolution", die meinten, ihre Aktionen mit der Kritischen Theorie legitimieren zu dürfen.[347]

Diese persönliche Stellungnahme allein wäre schon Grund genug zu vermuten, daß die 'Konsensustheorie' doch nicht "unter aller Kritik"[348] sei und nur noch als Zielscheibe der Polemik dienen könne.

5.2 Der Diskurs als Grundprinzip der Demokratie

Es mag durchaus der Fall sein, daß man der 'Konsensustheorie' die Pointe nimmt, wenn man die ideale Sprechsituation empirisch deutet, und in gewisser Weise haben auch die Ausführungen des vorhergehenden Kapitels nahegelegt, die ideale Sprechsituation nicht unmittelbar als ein Gesellschaftsmodell beim Wort zu nehmen.[349] Aber das heißt noch lange nicht, daß man den rationalen Konsens und seine Voraussetzungen überhaupt nicht aus dem elfenbeinernen Turm der kontrafaktischen Idealität auf den rauhen Boden der politischen Wirklichkeit ziehen dürfe. Die Erlaubnis hierfür geben die Vertreter der 'Konsensustheorie' selber, denn die Idee des herrschaftsfreien Diskurses wird ausdrücklich als die philosophische Grundlage der Demokratie angesehen, eine Grundlage, die eine Demokratie unbedingt benötige, um Legitimität im vollen Sinn, also "moralische Verbindlichkeit" für ihre Gesetze und Anordnungen bei den Bürgern beanspruchen zu können (Apel 1973b, 376; 426). Die "Staatsform der Demokratie" sei der "Versuch", die unbegrenzte Kommunikationsgemeinschaft "auch im Medium der Politik zu realisieren" (Apel 1973b, 154), weshalb die politischen Verfahren der demokratischen Willensbildung als "approximative Realisierung" dieser Idee anzusehen seien. Die Demokratie als politisches System wäre demnach die Verwirklichung der Idee, daß die politische Willensbildung "sich an das Prinzip allgemeiner und herrschaftsfreier Diskussion bindet" (Habermas 1966, 113) und "daß die Basisinstitutionen der Gesellschaft und die politischen Grundentscheidungen die ungezwungene Zustimmung aller Betroffenen finden würden, wenn diese an diskursiver Willensbildung - als Freie und Gleiche - teilnehmen könnten" (Habermas 1976b 279). Jede Form der Demokratie, auch "die gegenwärtige Demokratie, in welcher faktischen Gestalt sie immer auftreten mag", kann daher nur jene

Idee der Demokratie zur Legitimitätsgrundlage haben, zu der das Bewußtsein aller gehört, "daß die Staatsgewalt vom freien und ausdrücklichen Consensus aller Bürger getragen ist" (Habermas 1958, 13) und dementsprechend "alle politisch folgenreichen Entscheidungsprozesse" (1968, 344) und "die Geltung jeder politisch folgenreichen Norm von einem in herrschaftsfreier Kommunikation erzielten Konsensus abhängig gemacht" werden (1973b, 383). Selbst das von vielen Politikwissenschaftlern als das eigentliche Wesen der Demokratie angesehene Mehrheitsprinzip gilt "dieser Idee zufolge nur als der Ersatz für den zwanglosen Konsensus, der sich am Ende herausstellen würde, wenn man nicht stets die Diskussion unter Entscheidungszwang abbrechen müßte" (Habermas 1969, 123f.). Auch wenn Apel (wohl gegen Schumpeter?) darauf insistiert, daß Demokratie nicht nur eine Verfahrensfrage, sondern die "Realisierung einer Idee" sei (1978, 187), darf doch nicht übersehen werden, daß diese Idee der Demokratie prozedural bestimmt wird: Nicht mehr bestimmte inhaltliche Werte, sondern "die Prozeduren vernünftiger Einigung selbst", "die Grundnormen vernünftiger Rede" werden zum "Organisationsprinzip" der Willensbildungs- und Entscheidungsfindungsprozesse erhoben (Habermas 1971b, 281). Somit sind die politischen Verfahren demokratischer Systeme als "die Ausdehung des diskursiven Lernmechanismus auf den Bereich politischer Entscheidungen" zu verstehen (Habermas 1973b, 383). Noch deutlicher gesagt: Die bürgerliche Demokratie wird von der 'Konsensustheorie' als das einzige Beispiel in der Geschichte angeführt, wie sich praktische Diskurse verwirklichen und politisch institutionalisieren lassen (Habermas 1971b, 32).

Warum der Leser mit dieser Zitatensammlung gelangweilt wird, wenn sie theoretisch ohne Belang sein soll? Vor allem, um deutlich zu machen, daß das Konsens- oder Diskursprinzip auch als Legitimationskriterium politischen Handelns und politischer Institutionen angesehen werden darf und nicht nur für die Begründung theoretischer Wahrheit und moralischer Normen reserviert ist. Aus diesem Grunde müssen sich die Ausführungen der 'Konsensustheorie' zum Komplex 'Demokratie' den Kriterien stellen, die für alle Vorschläge in der politischen Theorie gelten. Nun ist es jedoch schon einem Novizen der Politikwissenschaft klar, daß es alles andere als leicht ist, einigermaßen genau zu bestimmen, was das Eigentümliche des 'Politischen' sei. Wenn man dennoch nicht vor der Unzahl der Politikbegriffe resigniert und den Unterschied zwischen Politik und Moral, zwischen einem moralisch-praktischen und einem politisch-rechtlichen Diskurs wenigstens in ein paar Zügen andeuten will, wird man sich auf folgende Punkte unschwer einigen können - auch dann, wenn man die Überzeugung der Konsenstheoretiker über den Zusammenhang von Moral und Politik nicht zu teilen bereit sein sollte.[350]

Politisches Handeln (und damit auch eine 'Politische Ethik') hat immer, so gut es geht, auch die *Folgen* dieses Handelns in Rechnung zu stellen, oder in der altbekannten Formulierung von Max Weber: Es kann dabei nur um eine 'Verantwortungsethik', nicht aber um eine 'Gesinnungsethik' gehen. - Politische Prinzipien können, da sie normalerweise nicht für schlechthin alle Menschen Gültigkeit beanspruchen, nur für ein Handeln in einer bestimmten relativ konkreten *geschichtlichen Situation* gelten: für eine bestimmte Gesellschaft mit einer besonderen Konstellation und Geschichte, mag auch der eine oder andere der (begründeten) Meinung sein, der Provinzialismus nationalstaatlicher Politik sei schon lange ein Anachronismus, da praktisch jede Entscheidung weltpolitischen Charakter haben kann und man dazu noch infolge der Entwicklung der Kommunikationssysteme in einer "Weltgesellschaft" (Luhmann) und nicht mehr in einer von einer nationalen Kultur geprägten Gesellschaft lebe. - Insbesondere für die Politik der Gegenwart gilt; Politisches Handeln ist immer auf rechtliche *Institutionen* bezogen. Schärfer gesagt: Es ist offensichtlich nur noch innerhalb eines staatlichen Rahmens möglich, da es keine staatsfreien weißen Flecke mehr auf unserem politischen Globus gibt. Diese Feststellung gilt auch für ein Handeln, das sich gegen den Staat und seine Institutionen richtet.

5.21 Demokratie als Herrschaftsfreiheit

Allein schon mit dieser recht groben Abgrenzung des Politischen vom Moralischen ist für den Kritiker praktisch alles gelaufen, was die Brauchbarkeit der 'Konsensustheorie' als politische Theorie betrifft. Wenn der Diskurs als "Gegeninstitution schlechthin" bezeichnet wird (Habermas 1971a, 201), dokumentiere sich darin nicht nur die "Unfähigkeit zur Politik",[351] sondern auch die Nutzlosigkeit als mögliche Theorie der Politik. Die Idee der Herrschaftsfreiheit und die Kennzeichnung des Diskurses als Gegeninstitution katapultieren die 'Konsensustheorie' aus jeder Politischen Theorie hinaus, denn dies ist doch so offensichtlich eine anarchistische Lösung des Problems, wie sich Herrschaft legitimieren lasse, daß der gesamten Philosophie der Politik der Boden unter den Füßen weggezogen wird. Schon rein logisch sei es doch keine Antwort zu sagen, nur diejenige Herrschaft sei legitim und gerecht, die keine Herrschaft ist. Sollte die anarchistische 'Theorie' wirklich haltbar sein,[352] unterliefe sie nämlich die Grundfrage der Politischen Theorie, die eigentlich seit Platon und Aristoteles lautet: Wie läßt sich eine gerechte von einer ungerechten Herrschaft unterscheiden? Wie sieht eine gute und gerechte politische Ordnung aus? Solche Fragen würden einfach gegenstandslos, weil 'Herrschaft' und 'politische Ordnung' vom

Begriff her schon illegitim wären.

Für liberale und konservative Theoretiker ist die Idee der Herrschaftsfreiheit als politisches Prinzip blanker Unsinn und dazu eine schlechte Utopie, weil sich mit dieser Idee überhaupt kein Gemeinschaftsleben vorstellen lasse: Herrschaft könne solange nicht durch einen zwanglosen und universalen Konsens ersetzt werden, solange es Minderheiten gibt, und in einer pluralistischen Gesellschaft sei dies immer der Fall; Herrschaft müsse es immer geben, solange nicht alle Interessen und Bedürfnisse zugleich und zusammen befriedigt werden können. Die Probleme der Notwendigkeit von Repräsentation, der Knappheit der Güter und vor allem der Knappheit der Zeit seien keine rein technisch-organisatorischen Fragen, die das Legitimitätsprinzip des Diskurses unbehelligt ließen. Selbstverständlich ließe sich das eine oder andere Problem durch bessere und andere Organisationsformen mildern, aber vollständig ließen sie sich niemals beseitigen, weil es immer Interessen gibt, die auch in einem herrschaftsfreien Dialog nicht artikuliert werden könnten und deshalb 'repräsentiert' werden müßten wie z.B. die Interessen der Unmündigen und der Kinder, das Lebensrecht von Geisteskranken [353] (oder was jetzt immer mehr unter dem Stichwort 'ökologische Ethik' auch unter ernstzunehmenden Moralphilosophen diskutiert wird: das Lebensrecht von Tieren und Pflanzen, ja der ganzen Biosphäre), lauter Interessen, die immer das Stigma der Vormundschaft behalten werden, da die Betroffenen nie in der Lage sind, sie zu artikulieren, geschweige denn sie politisch durchzusetzen. Weil es ferner für die Menschen immer das Problem von Endlichkeit und Tod gebe und die drängenden politischen Entscheidungen gerade in unserer Zeit nicht auf die lange Bank geschoben werden dürften, der Diskurs aber potentiell auf Unendlichkeit angelegt sei, ist seine Tauglichkeit als politisches Legitimationsprinzip mehr als in Frage gestellt.

Schlimmer noch - und auf diesem Punkt reiten einige Kritiker schadenfroh herum, die sonst eigentlich nicht sehr viel von dialektischem Denken halten: Herrschaftsfreiheit zum politischen Ziel erhoben schlage in einer Art von Dialektik in das schiere Gegenteil um. In das durch diese Idee ideologisch geschaffene Vakuum müsse zwangsläufig eine unkontrollierbare Herrschaft einfallen, da Herrschaft sozusagen ein Existenzial menschlicher Gemeinschaften ist, eine anthropologische Wesenskonstante,[354] wenn die Menschen so sind, wie sie nun einmal sind und nicht als die guten und reinen Wilden in der Vereinzelung leben, die Rousseau vor Augen hat. Die Geschichte lehre, daß die politische Form der Herrschaft der Tugend der Terror sei,[355] daß die Emanzipation der Massen in totalitärer Diktatur geendet habe. So müsse auch das Ideal der Herrschaftsfreiheit, wenn es politisch verwirklicht werden soll, selbst in eine Herrschaft führen, die unerträglicher und perfider als die anderen Formen von Herrschaft ist, weil sie den Charakter von Herrschaft verschleiere: die schon erwähnte Herrschaft der Intellektuellen, die durch keine demokratische Kontrolle, sondern "allenfalls vom Weltgeist" legitimiert sein wollen.[356]

In dieselbe Sackgasse glaubt der Kritiker die 'Konsensustheorie' treiben zu können, wenn er den als Grundidee der Demokratie hingestellten Diskurs betrachtet, der angeblich die eigentliche Intention der 'bürgerlichen Demokratie' enthüllen soll. Natürlich sind die Vertreter der 'Konsensustheorie' nicht so naiv, um zu übersehen, daß sich hinter dem Prinzip der Volkssouveränität das handfeste Interesse des Bürgertums an der politischen Herrschaft steht, aber der wahrhafte Impetus der Aufklärung - sozusagen der weltgeschichtlichen Vernunft und der Logik ihrer Entwicklung in die Karten geschaut - drängt in seinem Verlangen nach Öffentlichkeit und Demokratie gar nicht darauf, die eine schlechte Form der Herrschaft durch eine bessere zu ersetzen. Die Forderung, Herrschaft als eine Angelegenheit des Willens und der Macht durch öffentliche Diskussion zu einer Sache der Vernunft zu machen, will die Herrschaft in ihrem Wesen ändern, und das kann nur heißen: Die Idee der Demokratie hat nicht die Legitimation einer bestimmten Staats-

oder Regierungsform zum Zweck, sondern die Auflösung und Abschaffung von Herrschaft überhaupt.[357] Nun ist, so würde der Kritiker fortfahren, ohne Zweifel richtig, daß man bei einer richtigen Auswahl der Zitate und deren Idealisierung diesen einseitigen Eindruck bekommen könnte; es ist auch richtig, daß es die Idee der Aufklärung war, politische Entscheidungen und die politische Ordnung als ganze von einer Angelegenheit willkürlicher Herrschermacht zur Sache des Rechts und damit der Vernunft zu machen. Aber es sei fraglich, ob man diesen Übergang von traditionalen und charismatischen Herrschaftsformen zur legal-rationalen Form des modernen Verfassungsstaates als die Intention des Bürgertums deuten dürfe, politische Herrschaft als solche beseitigen zu wollen. Wenn das Diskursmodell überhaupt politisch verwirklicht werden kann, müßte es entgegen der Behauptung, daß es prinzipiell für vielerlei politische Organisationsformen offen sei und nicht a priori Einrichtungen wie Delegation und Repräsentation ausschließe (Habermas 1976b, 279), den modernen Staat in ein Nebeneinander kleiner und kleinster Gruppen parzellieren, denn die Aufrechterhaltung einer funktionierenden sozialen Ordnung in gewaltfreier Form sei nur in bestimmten Bereichen (z.B. als Unterhaltung in einer Kleingruppe), unter besonderen Bedingungen (z.B. wenn die Regeln gegenseitiger Toleranz von allen ohne Ausnahme eingehalten werden) und vermutlich nicht auf längere Dauer möglich. Genau diesen und nur diesen Bedingungen werde das Diskursmodell gerecht, was auch kein Wunder ist, da es aus der Gesprächssituation im kleinen Kreis abstrahiert worden ist. Obwohl die Möglichkeit einer Dezentralisierung der Macht für größere soziale Systeme nicht von vornherein als ein Unding abgetan zu werden bräuchte, tauche das "hobbessche Problem der Ordnung" (Parsons) für jedes Zusammenleben in Großgruppen auf, vor allem dann, wenn diese Gruppen nicht autark sind und deshalb mit anderen kooperieren müssen. Der Ausweg aus diesem Dilemma, vor dem im Verlauf der Geschichte praktisch alle rätedemokratischen Versuche standen, wäre eben die unpolitische Lösung, die aber nur unter allzu unrealistischen, weil zu optimistischen Bedingungen funktionieren könnte: daß tatsächlich alle Gesellschaftsmitglieder ohne Ausnahme gutwillig und vernünftig seien und aus freien Stücken und eigener Einsicht die für das Zusammenleben notwendigen Regeln und Einschränkungen beachteten. Mit dieser äußerst naiven Annahme kann nicht in allen Fällen gerechnet werden, und wegen dieser 'Trittbrettfahrer', die von der Gemeinschaft nur profitieren wollen, ohne selbst etwas dafür aufwenden zu wollen, breche jedes Modell eines Zusammenlebens ohne jeden äußeren Zwang zusammen. Für die Geltung moralischer Normen ist es zwar ein Makel, daß sich nicht alle daran halten, aber dieser wunde Punkt kann verschmerzt werden. Für den Entwurf eines politischen Modells wäre dies jedoch tödlich, und deshalb dürfe mit soviel good-will und vernünftiger Einsicht nicht einmal in den theoretischen Überlegungen gerechnet werden. Politik à la Diskurstheorie würde zu einer Sache der Moral und des individuellen Gewissens, und was sich ergibt, wenn man auf rechtliche, d.h. mit äußeren Sanktionen durchsetzbare Verhaltensnormen zugunsten des allen Gesellschaftsmitgliedern unterstellten Wohlwollens verzichtet, hierfür braucht man nicht einmal auf den Rechtsaußen Carl Schmitt mit seiner "Tyrannei der Guten" verweisen, der in den Augen der 'Konsensustheorie' halbrechte Neokonservative Lübbe reicht dafür vollständig.[358]

So schwer diese Argumente zu wiegen scheinen, so leicht ließen sie sich aus dem Weg räumen. Die 'Diskurstheorie' könnte ruhig weiterhin 'herrschaftsfrei' im wörtlichen Sinn verstehen - faktisch vermeidet sie diesen Ausdruck neuerdings tunlich! -, sie müßte nur deutlich machen, daß für sie 'Herrschaft' etwas anderes bedeutet als die Kritiker ihr unterstellen. Diese meinen mit Herrschaft pauschal jede Art von Autorität und normativ-rechtlicher Regelung des gesellschaftlichen Lebens, weshalb die Freiheit von Herrschaft in ihren Ohren nichts anderes als das völlige Chaos und politisch die reine Anarchie besagen kann. Dann braucht es auch nicht zu verwundern, daß die Idee der Herrschaftsfreiheit überhaupt keine erstrebenswerte politische Utopie sein kann, da für komplexe Organisationen, wie es moderne Staaten nun einmal sind, Arbeits- und Kompetenzverteilungen ein funktionales Erfordernis für deren Bestand sind und zudem auch teilweise hierarchisch strukturiert sein müssen. Vielleicht lädt die eine oder andere leichtfertige Formulierung der 'Konsensustheorie' zu der Auffassung ein, daß die 'künftige Lebensform' dieser herrschaftsfreien Demokratie, die im Diskurs antizipiert sei, Befreiung von jeder sozialen Verpflichtung meine, sozusagen jene Freiheit, die für einen Platon und Aristoteles das Kennzeichen der Demokratie ist: "leben zu können, wie man will", d.h. wie es einem gerade in den Sinn kommt, ohne jegliche Regel und ohne politische Ordnung.[359] Wenn dies wirklich der Fall wäre - warum sollte sich dann die 'Konsensustheorie' überhaupt der gar nicht so leichten Strapaze unterziehen, Normen begründen zu wollen, Normen, die nicht mit den rein gewohnheitsmäßig schon beachteten Verhaltensregeln identisch sind oder bloß den statistischen Durchschnitt von Verhaltensmöglichkeiten ausmachen? Warum sollte nach einem Legitimationsverfahren gesucht werden, wenn es wirklich nur darum zu tun wäre, emanzipationslüstern jede Art von Autorität und Organisation als Unterdrückung zu denunzieren?

Wenn sich die Kritiker dieser Idee der Herrschaftsfreiheit selbst von einem unspezifischen

Sprachgebrauch anstecken lassen, den sie so bei der 'Konsensustheorie' (und der Kritischen Theorie) beklagen, und alles, was "Entscheidung" oder "Schluß der Debatte" heißt, unter "Herrschaft" subsumieren,[360] berauben sie sich eines Messers der begrifflichen Differenzierung und verharmlosen dazu noch die Schärfe politischer Macht (so wie umgekehrt die andere Seite, die sich auf die Kritische Theorie beruft, weit überzieht, wenn sie alles gesellschaftlich Organisierte, Kultivierte und Judifizierte für 'Gewalt' ansieht, weil dann jeder Angriff gegen Institutionen und rechtliche Normen nur 'Gegengewalt' gegen diese 'strukturelle Gewalt' und eo ipso legitim wäre). Man sollte sich also nicht vom Wort 'Herrschaftsfreiheit' blenden lassen, sondern nachfragen, was die 'Konsensustheorie' tatsächlich darunter versteht, selbst wenn man Marx und Engels (oder gar Lenin) als die eigentlichen Gesichter hinter der Maske der Herrschaftsfreiheit vermutet.[361] 'Herrschaftsfreiheit', oder weniger plakataiv gesagt: die Rationalisierung der politischen Macht durch eine Rückbindung an die öffentliche Diskussion der Bürger bedeutet "nicht etwa die Abwesenheit sozialen Zwangs, sondern eine bestimmte Form, bindende Entscheidungen zu legitimieren", eben die Form, "daß bei jeder Konstellation der konkreten Umstände solche institutionellen Einrichtungen gesucht werden, die die Annahme rechtfertigen, daß sie die Zustimmung der Betroffenen finden würden". Die von Habermas gestellte Frage, ob man die "mit diskursiven Willensbildungsprozessen rückgekoppelte Ausübung sozialen Zwangs" - man beachte die Formulierung! - "noch 'Herrschaft' oder 'Macht' nennen" solle,[362] ist dann allerdings rein rhetorisch, wenn der Begriff der Herrschaft als solcher schon den "unaufgelösten Kern von irrationaler Autorität", sozusagen "das feudale Moment nackter Autorität" enthält (Habermas 1958, 40f.).

5.22 Der Mythos der 'klassischen' Demokratie

Aber gehen wir noch einmal den Schritt zurück zur Behauptung, das eigentliche Wesen der Demokratie bestünde darin, daß die politische Willensbildung und Entscheidungsfindung sich an das Prinzip der allgemeinen und öffentlichen Diskussion binden müsse. Man braucht ja diese Idee nicht überschwenglich als die Aufhebung von Herrschaft schlechthin zu interpretieren, um darin einen richtigen und vernünftigen Ansatz zu entdecken, selbst wenn die genannten Bedingungen der Gleichheit, der symmetrischen Chancenverteilung usw. in der politischen Praxis niemals vollkommen hergestellt werden können. Man kann nämlich nur schwer abstreiten, daß sich in den Diskursbedingungen wesentliche Merkmale ausmachen lassen, die des öfteren als die Grundwerte der Demokratie angesehen werden, als da sind: Gleichheit und Selbstbestimmung, ja Volkssouveränität, da die politischen Entscheidungen und Institutionen vom Konsens aller Betroffenen abhängig gemacht werden sollen. Selbst Leute, die wie Kriele[363] der 'Konsensustheorie' gerade nicht herzlich zugetan sind, sehen in ihr die "Erneuerung der klassischen Demokratietheorie": Die 'Diskurstheorie', "im richtigen Sinn als rechtsphilosophische" und damit politische Theorie verstanden, habe den Sinn und die Funktion, "die Staatsform der Diskussion - also den demokratischen Verfassungsstaat - gegen politische Theorien, die ihre philosophische Grundlage prinzipiell infrage stellen", zu verteidigen.[364]

Wie verträgt sich diese Aussage mit dem Vorwurf, den sonst die Konservativ-Liberalen gegen diese Idee erheben, es sei doch der Trick linker[365] Demokratie'theoretiker', das Ideal der Demokratie so rein und hoch am Ideenhimmel zu verankern, daß jede historisch mögliche Form der Verwirklichung von Demokratie abgewertet und denunziert werde, und zwar ganz besonders die repräsentativen, liberalen Demokratien, die vor dieser Idee nur als die schlechte Wirklichkeit erscheinen können, die um der Verwirklichung des 'wahren' Wesens der Demokratie willen grundsätzlich verändert werden müssen? Ist die 'Konsensustheorie' wirklich die legitime Erbin und kongeniale Interpretin der klassischen Demokratietheorie?

In gewisser Weise schon, aber wenn man ehrlich ist, kann der Gleichsetzung von 'Diskurs' und 'Idee der Demokratie' der Vorwurf eines Etikettenschwindels nicht ganz erspart bleiben. Nicht deshalb, weil es eine ziemlich einseitige Sicht sei, den Komplex 'Demokratie' nur auf der Ebene der Idee und des Legitimitätsprinzips abzuhandeln, so daß der Eindruck entstehen muß, allein diese Fragestellung sei wichtig, während das, was die Politikwissenschaftler interessiert - die rechtliche und institutionelle Organisation solcher politischen Systeme - bestenfalls sekundären Rangs sein kann, weil es sich um bloße "Organisationsfragen" (Habermas 1976b, 279) handle. Mit dieser Sichtweise befände sich die 'Konsensustheorie' mit vielen anderen normativen Demokratietheorien im selben Boot, ja sie wäre sogar weit besser daran als manche von ihnen, weil sie den Unterschied zwischen dem Prinzip der Legitimität und den konkreten Formen der Organisationsstruktur deutlich herausstreicht und dazu noch, entgegen den Vorurteilen, die man haben könnte, nicht eine "a-priori-Präferenz" für den Typus der identitären Demokratie an den Tag legt (Habermas 1976b, 279). Daß sie der Einseitigkeit bezichtigt wird, liegt also nicht an der Vernachlässigung des rechtlich-insitutionellen Aspekts im Begriff 'Demokratie', obwohl man an dieser Stelle durchaus Kritik anmelden müßte, weil in der Manier so vieler Demokratietheorien fast alles in vagen Andeutungen bleibt, Demokratie praktisch immer in der hypothetischen Art des Legitimitätsprinzips beschrieben wird. In dieser Sicht können dann Einwände gegen partizipatorische Demokratiemodelle von seiten einer sich als 'realistisch' einstufenden Demokratiekonzeption[366] lässig beiseite gewischt werden, da die Gegenargumente in der Tat nur empirischer Natur sind und die prinzipielle Unrealisierbarkeit des Diskursmodells nicht dartun können. Der erwähnte Etikettenschwindel gilt vielmehr dem Begriff der klassischen Demokratietheorie (im Singular!) und der angeblichen "Revokation bürgerlicher Ideale" durch die 'Konsensustheorie' (Habermas 1973a, 169). Es wird nämlich so getan,[367] als gäbe es so etwas wie die klassische Demokratietheorie, die zwar mittlerweile in den spätkapitalistischen Systemen aus dem Bewußtsein geschwunden sei, aber in den Anfängen der bürgerlichen Demokratieauffassung noch deutlich vorhanden war, so daß man nur zu diesen Ursprüngen zurücksteigen müsse, um diese wahre Konzeption von Demokratie zu explizieren. Dabei überspielt man, daß das, was als analytisches Geschäft rein deskriptiver Art ausgegeben wird, in Wirklichkeit eine Entscheidung für eine bestimmte Auffassung von Demokratie ist. Die 'klassische' bürgerliche Demokratietheorie ist nämlich "ein Mythos"[368] und alles andere als ein monolithischer Block, der sich auf die

Axiome 'Emanzipation' und 'Partizipation' verdichten ließe. Selbst wenn man bereit wäre, die klassische Demokratietheorie mit Rousseau gleichzusetzen - womit nicht jeder politische Theoretiker einverstanden wäre -, wäre man immer noch nicht in der Lage, ein Einverständnis darüber zu erzielen, ob wirklich Rousseau oder nicht besser einige Revolutionäre von 1793 als die Väter dieser als 'klassisch'[369] apostrophierten Konzeption angesehen werden müssen. Es ist eine banale Einsicht, daß es fast so viele 'Demokratietheorien' gibt wie Theoretiker, die sich mit der Demokratie befassen, und es ist beinahe ebenso banal zu behaupten, daß es mehrere Bedeutungen von 'Demokratie' gibt: Wenn man ein politisches System Demokratie nennt, meint man letztlich doch etwas anderes als wenn man ein Verhalten oder eine Gesellschaft als demokratisch bezeichnet. Es ist müßig zu hoffen, einen 'rationalen' Konsens darüber erzielen zu können, daß die Idee der Demokratie wirklich nichts anderes sei als das Prinzip der allgemeinen und chancengleichen Teilnahme aller am diskursiven Willensbildungsprozeß, müßig allein schon deshalb, weil 'Demokratie' nicht nur ein Begriff der Politischen Theorie ist, sondern vorzüglich und zumeist ein Begriff der politischen Rhetorik. Als politischer Kampfbegriff ist er notwendigerweise wertgeladen und besitzt damit so etwas wie eine emotive Bedeutung und nicht nur neutral feststellbare, sozusagen rein deskriptive Merkmale, die sich wissenschaftlich sauber präzisieren ließen.[370]

Mit diesen Bemerkungen soll keineswegs einer sich als normativ verstehenden Demokatietheorie das Wasser abgegraben werden, denn ohne Frage würde die 'Konsensustheorie' in diese Schublade gehören, wenn man sie rein als politische Theorie ansehen würde. Es soll im Gegenteil die These bekräftigt werden, daß jede Demokratietheorie in einem gewissen Sinn normativ sein muß, weil sie selektiv verfährt und so verfahren muß. Nach dem Grundprinzip der 'Konsensustheorie' verlangt allerdings jede Selektion eine diskursive Einigung und nicht einfach eine präsumierte Vorentscheidung. Die angeblich klassische Position ist demnach genauso verkürzt wie die anderen Positionen, ganz abgesehen davon, daß die scheinbar verkürzte liberale Variante eine mindestens ebenso lange Tradition hat, also selbst klassisch genannt werden könnte. Die 'Diskurstheorie' pickt sich aus dem ideengeschichtlich amorphen Komplex 'Demokratie'[371] ein selbstverständlich wichtiges und auch für einen Verfassungsstaat unverzichtbares, aber doch nur ein Moment heraus und stellt dieses als das 'wahre Wesen', als den 'wahren' Begriff der Demokratie hin, so wie andere diesen Begriff allzu gern nur für politische Systeme reserviert wüßten. Die anderen Komponenten im Begriff der Demokratie werden entweder souverän übergangen oder als 'reduziertes Demokratieverständnis'[372] abqualifiziert. Der selektive Charakter derartiger Versuche wird ganz offensichtlich, wenn man den wissenschaftstheoretischen Hauptgegner der 'Konsensustheorie', den Kritischen Rationalismus, in dieser Angelegenheit konsultiert. Auch er tritt mit einem ähnlichen Anspruch wie die 'Konsensustheorie' auf. Das Modell der 'kritischen Prüfung' soll nämlich wie der Diskurs die "Spielregeln" skizzieren, "die denen der politischen Demokratie exakt entsprechen",[373] aber - und dies ist der springende Punkt der angeblich rein beschreibenden Analyse! - hier ergibt sich als die 'eigentliche' Demokratie die liberale, so daß ganz andere Merkmale für diesen Begriff zentral sind: Es ist die Rolle der "Ungewißheit",[374] die progressive Funktion von Konflikten und Meinungsverschiedenheiten und nicht die Suche nach Konsens, die die Extrapolation des Erkenntnis- oder Wissenschaftsmodells auf den praktisch-politischen Bereich erlauben soll.

5.23 Demokratie als Selbstbestimmung

Warum sich die Vertreter der 'Konsensustheorie' gerade für den Aspekt der Selbstbestimmung aus dem Bündel 'Demokratie' entscheiden, liegt auf der Hand. Er folgt konsequent aus ihren philosophischen Prämissen der Rationalitätsauffassung. Wenn die "Selbstbestimmung der Menschheit" als die 'Wahrheit' der Demokratie hingestellt wird (Habermas 1958, 11), versteht man sich gar nicht als Politikwissenschaftler, der seinen Teil zur Demokratietheorie als einer Sparte der Politischen Theorie beitragen will. Im Grunde dürfte dies auch keiner erwarten, da es sich bei den Konsenstheoretikern überhaupt nicht um Politikwissenschaftler aus Profession handelt. Trotzdem ist es wert, diese Selbstverständlichkeit ausdrücklich zu betonen, weil ihnen nämlich des öfteren unter dem Schlagwort der 'Politisierung der Wissenschaft' vorgehalten wird, sie wollten einfach das politische Prinzip der Mehrheitsentscheidung auf die wissenschaftliche Wahrheitssuche übertragen. Dabei ist es gerade umgekehrt: Ihre Ausführungen zur Demokratie sind bestenfalls ein Abfallprodukt aus einer Art von Geschichtsphilosophie. Gesellschaften lassen sich nicht nur durch ein bestimmtes Organisationsprinzip voneinander unterscheiden, das dann die verschiedenen Lebensbereiche, wenn auch in unterschiedlicher Weise, durchdringt und gestaltet; es gibt auch eine innere 'Logik' in der Aufeinanderfolge bestimmter Rechtfertigungsniveaus, was die Legitimation politischer Macht betrifft. Die Gründe, die den Legitimitätsanspruch eines politischen Systems im Bewußtsein der Bürger stützen können, hängen von der jeweiligen Stufe der Entwicklung des moralischen Bewußtseins der Individuen ab. Wenn Demokratie als "Selbstbestimmung" gefaßt und "politische Beteiligung" als "Wert in sich" (Habermas 1958) angesehen wird, dann stellt man sich in die Tradition der Aufklärung, was die Natur der Vernunft betrifft. Es ist die Tradition eines Kant, ja sogar eines Fichte,[375] für die das Wesen der Vernunft und der Moralität in der Autonomie und Selbsttätigkeit besteht. Politische Entscheidungen rechtfertigen sich dann primär nicht dadurch, daß sie sachlich richtig sind, denn dies könnte auch durch einen weisen und guten Herrscher über die Köpfe der Untertanen hinweg erreicht werden, hätte aber gerade deren Unmündigkeit zur Folge. Politisches Handeln kann nur dann diesem Maßstab der Vernünftigkeit standhalten, wenn es die Selbstbestimmung der Individuen, ihren "Ausgang aus der selbstverschuldeten Unmündigkeit" (Kant) ermöglicht. Deshalb sind auch Aufklärungsprozesse eine wesentliche Komponente einer 'richtigen' Politik.

Auf diesem Hintergrund einer Selbsttätigkeit würde auch klar, warum die 'Konsensustheorie' praktisch überhaupt keinen Gedanken an den Einwand verschwendet, der sich jedem erkenntnistheoretischen Realisten sofort aufdrängt: daß der endgültige Konsens, selbst wenn er auf dem Weg des Diskurses gewonnen wäre, vielleicht doch 'falsch' sein könnte. Wenn jedoch das Wesen der Vernunft in der Autonomie liegt, ist alles rational, was ein Schritt auf dem Weg der Verwirklichung dieser Idee der Selbstbestimmung ist. Die

Kriterien der Sachgerechtigkeit, der Angemessenheit an die Umstände, der Fachkompetenz usw. verlieren dann an Relevanz, wenn die Beteiligung aller am politischen Entscheidungsprozeß als der grundlegende, weil die Demokratie definierende Wert gilt. Entscheidungen, die der Sachlage angemessen sind und daher nach dem alltäglichen Verständnis richtig genannt werden müßten, sind dies gerade nicht, wenn sie ohne die Beteiligung der Betroffenen zustande gekommen sind, während Entscheidungen, die von einer technischen Systemrationalität her als falsch angesehen werden müßten, dennoch als richtig zu akzeptieren wären, insofern sie von allen potentiell Betroffenen gutgeheißen würden. Das Risiko einer sachlich falschen Entscheidung wird gewissermaßen dadurch kompensiert, daß das fundamentale Interesse an Mündigkeit aktualisiert wird.

5.24 Prozedurale Demokratie und inhaltliche Werte

Die 'Konsensustheorie' würde natürlich diese für Extremfälle nicht von vornherein auszuschließende Alternative zwischen Sachgerechtigkeit und Partizipation als sophistische Spielerei abtun. Aber diese Konsequenz ist nicht nur eine reine Denkmöglichkeit. Sie wandelt in etwa das Gedankenexperiment Schumpeters ab[376] und ergibt sich offenbar zwangsläufig, wenn man Demokratie prozedural definiert. Wenn in der Neuzeit nicht mehr inhaltliche Überzeugungen, sondern nur "die Prozeduren und Voraussetzungen der Rechtfertigung selber" noch "die legitimierenden Gründe" sein können, "auf die sich die Geltung von Legitimationen stützt" (Habermas 1976b, 278) und wenn nur noch diese Prozeduren "unbedingte Geltung genießen" (1976b, 280), scheint man unweigerlich in das altbekannte Dilemma zu geraten, wie sich aus rein formalen Verfahrensbestimmungen inhaltliche Werte und Normen ableiten lassen sollen. Mit diesem Problem hatte bereits der theoretische Diskurs zu kämpfen, und auch die Diskussion über den praktischen Diskurs wurde eigentlich abgebrochen, als sich dieselbe Situation abzeichnete. Dabei wäre die Abstraktheit der 'Diskursethik' bei Moralnormen (mit ihrer Formel der "Verallgemeinerungsfähigkeit von Interessen")[377] nicht ganz so tragisch, weil damit nur geklärt wird, was 'moralische Norm' bedeutet. Außerdem werden solche Handlungsverpflichtungen als universal angesehen, die unabhängig von den besonderen Umständen jeden Menschen betreffen. Aber jetzt, bei der Rechtfertigung politischer Ziele und Werte, ganz zu schweigen von der Entscheidungsfindung in einem "aktionsvorbereitenden Diskurs" (Habermas 1971b, 40),[378] liegt die Sache ziemlich anders, schon allein deshalb, weil politisches Handeln immer auf eine konkrete Situation, auf spezifische Interessen und besondere Bedürfnisse bezogen sein muß. Die Politik wird ja nicht nur, in den meisten Fällen nicht einmal primär von den allgemeinsten Grundwerten bestimmt, da diese allerallgemeinsten Programmziele einen viel zu weiten Spielraum von Handlungsalternativen offenlassen. Auf der ganz abstrakten Ebene von Selbstbestimmung, Freiheit und Vernunft wird man sich sehr schnell einig werden, aber der Teufel steckt nicht nur in der Interpretation dieser Leerformeln, sondern auch, wie immer, im Detail. Politisch-praktische Diskurse widersprechen offensichtlich fast allen Bedingungen, die für Diskurse konstitutiv sein sollen: Sie können und dürfen nicht den Konsens einer potentiell unbegrenzten oder idealen Gemeinschaft im Sinn haben; sie können nicht von Handlungszwängen und dem "Imperativ der knappen Zeit"[379] freigesetzt sein usw. usf.

5.3 Der Formalismus des Diskursprinzips

Man ist also bei dem für den Diskurs als Idee der Demokratie vermeintlich unüberwindlichen Problem angelangt, das sich wie ein roter Faden durch die ganze Kritik zieht und das der 'Konsensustheorie' als politischer Theorie den Garaus machen soll, gleichgültig, ob mit naturrechtlichen, orthodox-marxistischen, hermeneutischen oder systemtheoretischen Waffen gegen das Diskursprinzip gefochten wird:[380] Der Diskurs sei nichts anderes als die Neuauflage der abstrakten "bürgerlichen Subjektivität",[381] sozusagen der Versuch, das früher verwendete Modell der bürgerlichen Öffentlichkeit zu einem ungeschichtlichen, in der Struktur der Sprache als solcher verankerten Ideal hochzustilisieren, kurzum: ein nicht zu gebrauchendes Verfahren, da der Diskurs "ein normativ durchschossener Hohlraum" bleibe.[382] Ja, dieses als höchste Stufe der Moralität anzusehende postkonventionelle Rechtfertigungsniveau, das politisch betrachtet das Prinzip der Demokratie sein solle, sei inhuman, da es gar nicht für Menschen aus Fleisch und Blut gedacht sein kann, sondern nur für blasse und gesichtslose Wesen, wie es nun einmal die transsubjektiven Repräsentanten der idealen Kommunikationsgemeinschaft mit ihren verallgemeinerbaren Interessen sein müssen. Auf einen kurzen Nenner gebracht: Die als politisches Legitimitätsprinzip genommene Diskursethik ist in keiner besseren Situation als die Vertragstheorien der neuzeitlichen politischen Theorie, mit denen bekanntlich fast alle Staatsformen - angefangen von der absolutistischen Monarchie (Hobbes) über eine konsitutionelle Monarchie (Locke, Kant) und den (sozial-)liberalen Verfassungsstaat (Rawls) bis zur direkten Demokratie (Rousseau) - legitimiert werden können.

Der in der Philosophiegeschichte auch nur ein wenig Beschlagene sieht sofort, daß es sich bei dem Vorwurf gegen das Diskursprinzip als Legitimationskriterium politischen Handelns und politischer Institutionen, eine Leerformel zu sein, um einen Aufguß von Hegels Kritik an der Inhalts- und Bestimmungslosigkeit des Kategorischen Imperativs von Kant handelt. Laut Hegel mache "die Festhaltung des bloß moralischen Standpunkts, der nicht in den Begriff der Sittlichkeit übergeht", den "Gewinn" der "reinen unbedingten Selbstbestimmung des Willens" zu einem "leeren Formalismus", der sich politisch entweder als Quietismus oder aber als Fanatismus äußern müsse.[383] Verwunderlich an dem ganzen wäre nur, warum die Konsenstheoretiker, die doch ihren Kant und auch ihren Hegel recht gut kennen, dies nicht selber gemerkt haben sollen. Natürlich kann darüber überhaupt kein Zweifel bestehen, daß die Übersetzung des Konsensprinzips in politisch institutionalisierbare Formen mehr als unterbelichtet ist, wenn als die "Vermittlung" beider Bereiche, d.h. als die Lösung[384] des Problems, die "dialektische Spannung" zwischen der "idealen" und der "realen Kommunikationsgemeinschaft" angeboten oder eine "Entzerrung der Beratungssituation" gefordert wird. Es fehlen gerade die zusätzlichen Praktikabilitätsüberlegungen, auf eine normative politische Theorie auch dann nicht verzichten darf, wenn ihr primäres Ziel nur die Entfaltung ihres besonderen normativen Konzeptes sein soll.[385] Solange man die Anwendung der allgemeinen Normen auf konkrete Lebensbedingungen als bestenfalls zweitrangige "Organisationsfragen" ansieht, die sich anscheinend ohne große Mühe lösen lassen, wenn erst das grundlegende "Legitimitätsprinzip" in extenso entfaltet ist, braucht man sich nicht verwundert die Augen zu reiben, wenn man bei Politik- und Rechtswissenschaftlern (und erst recht bei Politikern!) auf blankes Unverständnis stößt, da diese das Legitimitätsprinzip infolge der konkreten Beschreibung nicht nur als praktikables Verfahrensmodell politischer Legitimationsprozesse, sondern gar als die Grundstruktur des ganzen politischen Systems (miß-)verstehen.

Es wäre freilich zu einfach, die ganze Schuld an diesem Kurzschluß allein der bösen Absicht der Kritiker anzulasten,[386] denn schließlich wird der Diskurs nicht bloß als die Idee der Demokratie ausgegeben, sondern darüber hinaus noch überschwenglich als der "Vorschein" einer "künftig zu realisierenden Lebensform" gepriesen. Wenn man sich dann Zeit läßt und erst Jahre später diese Übertreibung zurechtrückt,[387] haben sich schon die von der 'Konsensustheorie' beklagten "komischen" Effekte eingestellt,[388] daß der Diskurs als die "Diktatur des Sitzfleisches" ironisiert wird, Effekte, die sich einstellen müssen, weil es durchaus erlaubt sein muß, einen Sozialphilosophen auf seine Formulierungen festzunageln, wenn er von einer 'Lebensform' (und noch dazu im Singular!) spricht. Die 'Konsensustheorie' hätte vielleicht den einen oder anderen nicht in eine solche Sackgasse geschickt, wenn sie schon bei ihrem ersten Entwurf vorsichtiger zu Werk gegangen wäre und nicht erst dann durch Richtigstellung die Sache zu retten versuchte, als sie schon verfahren war. Wenn der Karren einmal in der falschen Richtung im Rollen ist, bedarf es einer viel größeren Anstrengung, ihn anzuhalten oder gar in die andere Richtung herumzuwerfen.

5.31 Legitimitätsprinzip und konkrete politische Ordnung

Zur Ehrenrettung der 'Konsensustheorie' muß jedoch angemerkt werden, daß man gerade bei Habermas bei etwas gewissenhafterer Lektüre genügend Indizien aufspüren kann, die es zweifelhaft erscheinen lassen, ob er jemals der Ansicht gewesen sei, daß sich ein politisches System (oder eine Gesellschaft) insgesamt gleichsam diskursiv rekonstruieren oder rechtfertigen lasse. Da ist zunächst einmal die Unterscheidung zwischen "Konsensus" und "Kompromiß".[389] Indem Normen, die verallgemeinerungsfähig sein sollen und deshalb auf einen rationalen Konsens hoffen dürfen, von solchen Handlungsvorschriften unterschieden werden, die divergierende und konkurrierende Interessen nur mit Hilfe von politischer Macht regeln können, wäre vielen Einwänden gegen die Möglichkeit einer diskursiven Rechtfertigung im Bereich der Politik der Wind aus den Segeln genommen. Das politische System wird dann nämlich nicht zum diskutierenden Seminar und kann gar nicht auf die Ausübung von Macht verzichten. Der Kompromiß ist ein legitimes Prinzip des Interessenausgleichs und muß dort angewandt werden, wo eine diskursive Einigung nicht möglich ist. Er ist also nicht eine minderwertige Art und Weise, mit gesellschaftlichen Konflikten fertig zu werden, die immer und in jedem Fall auf einen rationalen Konsens als der eigentlichen und 'wahren' Lösung überstiegen werden müßte. Unter den Bedingungen, unter denen Kompromisse legitim sind,[390] ist ein diskursiv erzielbarer Konsens per definitionem nicht möglich. Gut, man hätte dazusetzen müssen, daß derartige Entscheidungen, also Kompromisse das tägliche Brot der Politiker in einer Demokratie sind, da es sich dort in der überwiegenden Mehrzahl um den Ausgleich partikularer Interessen und nicht um allgemeine Moralgesetze handelt.

Ferner wäre die schon öfter erwähnte Unterscheidung zwischen dem Prinzip der Legitimität eines politischen Systems und dessen konkreten Organisationsformen anzuführen. Dadurch können verschiedene Fragebereiche auseinandergehalten werden: nämlich die Ebene der "prinzipiellen Frage: wie Diskurse unter empirischen Bedingungen sich überhaupt realisieren lassen"; dann die Ebene der "historischen Frage: wie bestimmte Diskurse für bestimmte Bereiche institutionalisiert worden sind", und schließlich die Ebene der "politischen Frage: wie Diskurse in einer gegebenen Lage als Organisationsprinzip der Willensbildung durchgesetzt werden können" (Habermas 1973b, 382). Oder man denke daran, daß in der vielbeschworenen "Vermittlung von Theorie und Praxis" die (kritische) Theorie ganz verschiedene "Funktionen" übernehmen muß, je nachdem, ob es sich um die Ausarbeitung gesellschaftswissenschaftlicher Theorien, um gesellschaftliche Aufklärungsprozesse oder die politische Strategie handelt. Diese drei Aufgaben können gar nicht "nach ein und demselben Prinzip erfüllt werden", weshalb eine "Organisation", die alle drei Aufgaben nach demselben Prinzip bewältigen soll, "keine richtig erfüllen" wird (Habermas 1971b, 39). Wem es Spaß macht, der kann diese Unterscheidung verschiedener Aufgaben als eine Arbeitsteilung ansehen, wodurch sich die Theoretiker als die Schreibtischtäter die Hände sauber halten und die politische Dreckarbeit die anderen machen lassen,[391] aber in Wirklichkeit will die 'Konsensustheorie' damit nur den Finger darauf legen, daß keine Theorie - auch sie nicht! - das Risiko politischer Entscheidungen vorweg rechtfertigen kann. Ist es schon eine falsche Erwartung, von der Ethik als Moraltheorie Handlungsanweisungen für die Entscheidung im konkreten Einzelfall erhalten zu können - aus dem Begriff der praktischen Vernunft und aus ethischen

Prinzipien allein läßt sich eben nicht ableiten, was die konkreten Umstände für eine Handlung erfordern -, so gilt dies erst recht für jede politische Theorie, was auch die 'Konsensustheorie' unumwunden zugibt: "Keine Theorie und keine Aufklärung entlastet uns von den Risiken der Parteinahme und ihren nicht intendierten Folgen" (Habermas 1971b, 41f.).[392] Deshalb zieht auch das Argument nicht, die Konsenstheoretiker würden sich anmaßen, stellvertretend oder gar als Vormund die Interessen der Betroffenen 'deuten'[393] zu dürfen und, ausgestattet mit dem Wissen um die 'wahren' Interessen der Menschen auch in deren Namen handeln zu können. Die "advokatorisch durchgeführten Diskurse" auch der Kritischen Theorie bleiben in ihrem Ergebnis immer hypothetisch und sind nichts als Vorschläge! Was die Wissenschaftler als die 'richtigen' Lösungen für politische Problemlagen anbieten, sind zunächst nur Hypothesen: Direkt bestätigt werden können sie "allein in Form des ausgeführten praktischen Diskurses unter den Beteiligten" (Habermas 1973a, 158). Das ihnen unterstellte Verlangen nach der Herrschaft der Klasse der Intellektuellen ist gerade nicht eine ungewollte und unbeabsichtigte Konsequenz, die sich angeblich mit zwingender Notwendigkeit (und nicht aus einem bedauerlichen Zufall) hinter dem Rücken der 'Konsensustheorie' einstellt;[394] sie widerspräche diametral den Theoremen der Theorie selbst, da es eine ihrer ausdrücklichen Bedingungen ist, daß es in der politischen Praxis der Aufklärung, aber auch in der politischen Strategie "nur Beteiligte" geben kann. Natürlich sind diejenigen das schwierige politische Problem, die keine Anstalten machen, sich an einem derartigen Diskurs beteiligen zu wollen; aber daß diese Diskursverweigerer durch Diskussion und 'Aufklärung' nicht geheilt werden können, desavouiert die 'Konsensustheorie' nicht automatisch als politische Theorie, da, wie schon erwähnt, die normativ geregelte Ausübung von Macht in ihr durchaus einen Platz findet und zum anderen das 'strategische' Handeln durch sie nicht einfach aus der Politik verbannt wird.[395]

5.32 Diskursprinzip und praktische Klugheit

Die eigentliche Legitimationsinstanz und das eigentliche Legitimationsverfahren politischen Handelns sind also nicht die Diskurse der Moral- und Sozialphilosophen; es sind allein die praktischen Diskurse aller am politischen Prozeß Beteiligten und davon Betroffenen. Mit dieser Ansicht, die die 'Konsensustheorie' nicht erst neuerdings vertritt, wird auch deutlich, daß das oben erwähnte Dilemma, wie man aus rein formal-abstrakten Regeln zu konkret-inhaltlichen Normen gelangen soll, für das auch als politisches Legitimationsprinzip aufzufassende Grundprinzip der 'Diskursethik' falsch gestellt ist. Es darf gerade nicht so verstanden werden, als sollten aus ihm konkrete Handlungsimperative und konkrete politische Ziele 'herausgemolken' werden. Die Hoffnung, die man in eine 'wissenschaftliche' und 'rationale' Ethikbegründung und in eine politische Theorie setzt, ist doch in vielen Fällen, daß es möglich wäre, sich von den wissenschaftlichen Erkenntnissen die Verantwortung für sein Handeln und die Konsequenzen dieses Handelns abnehmen zu lassen. Diese Hoffnung kann nur enttäuscht werden. Für einen systematischen Philosophen mag es unbefriedigend sein, daß das angeblich letzte und tragende Fundament gerade nicht ein Prinzip ist, aus dem sich die anderen Theoreme ableiten lassen. Ein solcher Systematiker würde natürlich nur zu gern seine gesamte Ethik auch inhaltlich aus einem einzigen 'Grundsatz' entwickeln; aber die 'Konsensustheorie' will dies nicht. Zunächst einmal aus dem ganz banalen Grund, daß die konkreten Umstände der Anwendung moralischer Normen und politischer Grundsätze historisch variabel sind und deshalb nicht ein für alle Mal im voraus entschieden werden können. Wie jede andere Ethik ist auch das Konsensprinzip in seiner Anwendung auf konkrete Entscheidungen auf das "Moment praktischer Klugheit" (Habermas 1983, 114) angewiesen, und dieses Moment der adäquaten Beurteilung der Situation aus einer politischen Ethik herausdefinieren zu wollen, würde den politisch Handelnden zum reinen Gesinnungsethiker verkommen lassen.

Damit ergibt sich aber dann eine notwendige Konsequenz, die von der 'Konsensustheorie' zunächst übersehen wurde, aber mittlerweile deutlich betont wird: Die Totalität einer Lebensform läßt sich aus einer formalen und prozeduralen Rationalität niemals ableiten.[396] Möglicherweise hatten die Bedenken, der Diskurs wolle das Moment der Kontingenz, das mit dem Leben eines jeden Individuums und demzufolge auch mit jeder Gesellschaft gegeben ist, wegargumentieren, eine schwache Berechtigung; aber schon bei der nicht ganz glücklichen Bezeichnung des Diskurses als einer - womöglich "planetaren" (Apel 1978, 171) - "in Zukunft zu realisierenden Lebensform" (Habermas 1973c, 258) hätte bei einigem Nachdenken klar sein müssen, daß dies nicht so gemeint sein kann, wie es die Kritiker gern hätten. Denn sonst wäre überhaupt nicht einsichtig, warum die "advokatorischen Diskurse" der (kritischen) Sozialphilosophen "nur zu einem hypothetischen Ergebnis" führen können (Habermas 1973a, 161f.), weshalb die am politischen Prozeß Beteiligten aufgerufen werden, in eigener Person in einen tatsächlich abzuhaltenden praktischen Diskurs einzutreten, um darin den von den Moral- und Sozialphilosophen hypothetisch antizipierten Konsens über eine Norm oder eine politische Grundsatzentscheidung als ihren eigenen und nicht bloß als einen ihnen vorgegebenen Konsens zu erweisen. Wozu sollte eine so umständliche und zeitraubende Prozedur notwendig sein, wenn sich schon aus den formalen Rationalitätsbestimmungen allein eine substanzielle Lebensform ableiten ließe?

Das Diskursprinzip darf also in der Frage der politischen Legitimation nur als der Schiedsrichter, aber nicht als der Quellgrund der Normen und Ziele des politischen Handelns angesehen werden. Es ist möglicherweise in der Lage, bestimmte als universal ausgegebene Geltungsansprüche von Normen zu eliminieren und bestimmte universalistische Forderungen an die Institutionen demokratischer Systeme einzuklagen, aber es kann nicht aus sich heraus konkrete Handlungsziele und Verhaltensnormen erzeugen. Es ist also selbst auf eine 'Materie' angewiesen, darauf, daß es solche Normüberzeugungen und Zielvorstellungen in einer Gesellschaft bereits gibt, die es dann seinem Test der Verallgemeinerungsfähigkeit unterwerfen kann. Wenn dem aber so ist, dann kann für die 'Konsensustheorie' die bestehende spätkapitalistische Gesellschaft nicht der "totale Verblendungszusammenhang" (Adorno) sein, wie dies noch für die vor der Herrschaft der 'instrumentellen Vernunft' resignierenden 'alten' Kritischen Theorie der Fall sein. Auch in solchen spätkapitalistischen Systemen muß es "Inseln der Rationalität" (Habermas 1973b, 384) im rauhen Meer der gesellschaftlichen Praxis geben, die es zu befestigen und auszubauen heißt, d.h. es muß schon diskursähnliche Verfahren der Konfliktregelung geben, wenn auch in verbesserungsfähiger Form oder vielleicht auf Bereiche beschränkt, die nicht im eigentlichen Sinn politisch sind (wie die Wissenschaften oder das Recht).

5.4 Diskurs und liberale Demokratie

Wäre dem diskursiven Legitimitätsprinzip politischer Handlungsziele und Institutionen nicht die provokatorische Spitze gebrochen, wenn es in dieser reformistischen Weise verstanden würde? Hätte nicht Kriele recht, wenn er behauptet, das Diskursprinzip lasse sich politisch-institutionell nur in einen liberalen und demokratischen Rechtsstaat übersetzen, eine Konsequenz, die auch die Diskurstheoretiker selbst ziehen müßten, wenn sie nur endlich bereit wären, auf die rechtlich-institutionelle Ebene herabzusteigen, und nicht weiterhin in den Fragen nach der konkreten Gestalt politischer Institutionen auf einer "Diskursverweigerung" beharrten? [397]

So ganz geheuer wäre es den Vertretern der 'Konsensustheorie' bei dieser reformistischen Interpretation ihres Anliegens wohl nicht. Es würde ihnen vermutlich allzusehr nach 'piecemeal social engineering' à la Popper riechen. Dann fehlte nämlich wirklich nur noch ein winziger Schritt, um den Diskurs als die Reproduktion des "liberalen Marktmodells"[398] anzusehen, und gerade das wollen sie nicht, denn die ökonomische Basis der Gesellschaft müßte trotz der relativen Anerkennung systemtheoretisch notwendiger Strukturen[399] im weitesten Sinne sozialistisch sein,[400] also dem "dialogischen Rechtfertigungsverfahren ausgesetzt werden" (Habermas 1973a, 132). Und auch die politischen Partizipationsrechte der Bürger müßten ziemlich ausgedehnt werden, und zwar so weit als dies möglich ist, ohne daß gravierende Engpässe in der Produktion und der Entscheidungsfähigkeit des politischen Systems aufträten (oder gar die derzeitige Kehrseite bisheriger 'Demokratisierungsversuche' in Großorganisationen wie z.B. den Universitäten: die Behinderung der individuellen Freiheit durch wachsende Bürokratisierung und Verrechtlichung).

Aber auch die Kritiker des Diskursprinzips kämen sich bei einer so wohlwollenden Interpretation genarrt vor, denn unter dem politischen Ideal der Herrschaftsfreiheit stellt man sich etwas anderes vor als eine ganz normale normative politische Theorie, die sich nur graduell von anderen normativen Demokratietheorien unterschiede. Dennoch, ob man will oder nicht: Für beide Seiten wäre es das einfachste, das politiktheoretische Diskursprinzip, für das nur solche Entscheidungen und Institutionen als legitim oder gerecht gelten dürfen, über die ein vernünftiger Konsens aller Betroffenen erzielt werden könnte, als diese ganz normale politische Theorie anzusehen. Bei den meisten normativen politischen Theorien handelt es sich nämlich um Programme auf der grundsätzlichen, um nicht zu sagen: moralphilosophischen, Ebene, die sich entweder in hehren Appellen erschöpfen oder einige grundlegende Werte umreißen, die praktisch den Charakter von Leerformeln aufweisen. Es wird das große Ziel vorgestellt, und es werden ein paar Wegmarken gesetzt, die die Richtung weisen sollen, in der man zu gehen habe. "Prinzipien" sind jedoch nur einem 'Kompaß", nicht aber einer "Karte" zu vergleichen.[401] Deshalb ist jede normative Theorie utopisch, weil sich ein Prinzip oder Grundsatzprogramm nie ohne einen Rest in konkrete Politik überführen läßt. Der leicht über die Lippen gehende Vorwurf des Utopismus gegen das Diskursprinzip müßte schon präzisiert werden, denn auch die Grundsätze des freiheitlich-demokratischen Rechtsstaats sind im politischen System der BRD nicht überall und schlechthin verwirklicht - angedeutet durch die arg zerschlissene Redewendung von der Spannung zwischen Verfassung und Verfassungswirklichkeit -, ohne daß man diesem System pauschal den Charakter einer Demokratie absprechen dürfte. Utopisch, und zwar schlecht utopisch wären die Diskursbedingungen als politisches Ziel nur, wenn sie als konkretes Gesellschaftsmodell oder als Konstruktionsplan zur Errichtung einer konkreten Gesellschaft gedacht wären, wenn also die Gesellschaft als ganze diesen abstrakten Prinzipien unterworfen würde.

5.41 Die 'Konsensustheorie' als moralphilosophische Maximierungstheorie

Nach diesem großangelegten Versuch, das Diskursprinzip sozusagen als politisches Grundsatzprogramm, nicht aber als Parteiprogramm und schon gar nicht als Handlungsanleitung für eine konkrete Politik zu retten, muß dennoch ein gehöriger Schuß Wasser in den Wein gegossen werden. Wenn man noch einmal zur Ausgangsthese dieses Kapitels zurückblickt, daß der Diskurs nichts anderes als die philosophische Grundlage der Idee der Demokratie sei, wird man feststellen müssen, daß die 'Konsensustheorie', sofern sie als Demokratietheorie aufgefaßt wird, am selben Fehler krankt wie alle sich als normativ verstehenden Demokratietheorien. Als bewußt moralphilosophisch konzipiert unterstellen sie stillschweigend, daß die Idee der Demokratie nur unter diesem metapolitischen Aspekt betrachtet werden sollte. Sie überspringen damit gerade die mittlere Ebene, die für eine politische Theorie der Demokratie interessant wäre. Normativ-utopische 'Theorien' gibt es zuhauf, und auch an empirisch-deskriptiven Theorien der Demokratie besteht kein Mangel mehr. Was aber fehlt, sind gerade Konzeptionen, die für moderne Demokratien, die eben nicht die handliche und überschaubare Größe von Stadtstaaten haben,[402] eine praktikable Vermittlung der normativen und der empirischen Frageebene gestatten, ohne daß eine der beiden allzu stiefmütterlich behandelt wird. Für diesen Zweck einer realistischen Vermittlung ist das Diskursprinzip jedoch zu unterbestimmt. Es mag vielleicht zur Rechtfertigung, oder besser: zur Kritik bereits getroffener Entscheidungen und bestehender Institutionen geeignet sein, aber es ist aus seinem Wesen heraus nicht in der Lage, prospektiv in politisch wirksamer Weise andere Wege zu bahnen. Es ist nämlich in einem zur Entscheidungsfindung und Institutionalisierung gegenläufigen Sinn angelegt: Der Diskurs schränkt die Wahlmöglichkeiten und Alternativen nicht ein, er reduziert also, um den systemtheoretischen Jargon zu benutzen, nicht die Komplexität, sondern steigert sie und kann deshalb keine Entscheidungshilfe sein. Man könnte auf diese Weise vielleicht Reflexionsprozesse initiieren und in aufklärender Weise eine Veränderung des Bewußtseins in einer Gesellschaft einleiten. Dadurch wäre es auch möglich, langfristig die politischen Strategien zu ändern, etwa in der Weise wie z.B. das aufkommende ökologische Bewußtsein einige Prinzipien der Politik der letzten Jahrzehnte in einer heilsamen Weise erschüttert hat oder die inflationären Szenarios der künftigen gesellschaftlichen Entwicklungen eine Art von Zukunftsschock ausgelöst haben. Solche bewußtseins- und auch wertverändernden Aufklärungsprozesse, die die 'Konsensustheorie' ausdrücklich zu ihren Aufgaben rechnen würde, haben durchaus eine politische Relevanz, auch wenn das unmittelbare politische Handeln davon zunächst unberührt erscheint. Aber für den entscheidenden Schritt, wie aus der möglicherweise richtigen Einsicht das konsequente Handeln folgen könnte, läßt die 'Konsensustheorie' den Handelnmüssenden allein. Sie tut zwar beherzt den ersten Schritt in diese Richtung, wenn sie die "konsenserzielende Kraft" der Argumention in den Strukturmerkmalen des Diskurses und nicht in der Rationalität der miteinander diskutierenden Personen verankert, womit der Konsens vom Wohlwollen und der subjektiv guten Absicht derer unabhängig wird, die einen Diskurs führen. Die 'Konsensustheorie' geht auch noch weiter als die Kritische Theorie eines Adorno und Horkheimer, indem sie notwendige Institutionen und systemstrukturelle Erfordernisse für das Leben in einer Gesellschaft nicht pauschal als Verdinglichung verdammt, aber dieser vage Ansatz für eine Institutionenlehre[403] wird nicht genutzt, sondern bleibt in seiner abstrakt allgemeinen Forderung und unbestimmten Offenheit stehen. Die reifizierende Beschreibung streng transzendental zu verstehender Sinnbedingungen, die schon öfter angesprochene "fallacy of misplaced concreteness" (Whitehead) bringt die ideale Kommunikationsgemeinschaft ihrer empirischen Realisierbarkeit keinen einzigen Schritt näher, im Gegenteil: Sie fördert eher das Mißverständnis, als sei tatsächlich das Seminarkolloquium oder die Gelehrtenrepublik[404] als diese ideale Gesellschaft der Zukunft intendiert.[405] Wenn eine Aufklärung politisch wirksam werden will, kommt sie nicht darum herum, sich über ihre konkrete Institutionalisierung Gedanken zu machen, weil sie sonst in den überwunden geglaubten Formalismus der kantischen Ethik zurückfällt. Um es paradox zu formulieren: Auch das einmal provokant als 'Gegeninstitution' apostrophierte Programm der 'Diskurstheorie' kann nur als institutionalisierte Gegeninstitution politisch wirken. Ob es die 'Konsensustheorie' will oder nicht: Wie jede andere normative Demokratietheorie dürfte sie sich nicht damit zufriedengeben, bloß im allgemeinen ihr besonderes Konzept zu begründen. Auch als primär philosophisch ausgerichtete politische Theorie müßte sie nachzuweisen versuchen, daß und wie ihr Modell der diskursiven Legitimation politischer Entscheidungen und Institutionen mit den systemstrukturellen Erfordernissen, ohne die offenbar eine Gesellschaft wie die moderne nicht auskommen kann, kompatibel ist.

Neben diesem scheinbar pragmatischen Defekt teilt die als Demokratietheorie gedeutete 'Diskurstheorie' noch einen weiteren Mangel normativer Demokratietheorien: Sie sind fast alle als "Maximierungstheorien"[406] formuliert. 'Demokratie' wird praktisch auf einen einzigen Wert oder auf ein einziges Prinzip zusammengezogen, obwohl man schon auf der grundsätzlich theoretischen Ebene mehrere und in gleicher Weise wesentliche Komponenten oder Frageperspektiven berücksichtigen müßte. Diese Einseitigkeit macht es dann der Kritik ziemlich leicht. Wenn man das politische Konzept der Demokratie im Grunde mit einem einzigen Wert identifiziert - auch die scheinbar offene, weil 'prozedurale Demokratie' der 'Konsensustheorie' tut dies notgedrungenermaßen - und diesen Wert dann maximieren will (zumindest liest der Kritiker dies so), kann dies nur auf Kosten anderer für ein demokratisches System mindestens genauso wichtiger Werte oder Bestandserfordernisse gehen. Die Maximierung eines an sich erstrebenswerten Guts schlägt oft in das Gegenteil um. Die Maximierung der Freiheit der Fortbewegung durch das Auto hat doch die berüchtigten Staus auf den Autobahnen vor allem zur Urlaubszeit zur Folge, und in ähnlich fataler Weise wird es vermutlich allen Maximierungstheorien in den Sozialwissenschaften ergehen - mögen die Werte, die jeweils maximiert werden, für sich genommen noch so erstrebenswert sein! Das 'strategische Handeln' mag zwar im Vergleich zum 'kommunikativen Handeln' ein ziemlich defizienter Modus der Intersubjektivität sein, aber die Politik (und nicht nur sie allein!) ist darauf lebensnotwendig angewiesen. Nicht als ob die 'Konsensustheorie' dies in Abrede stellte,[407] aber die dezidierte Suche nach der "Substanz der klassischen Demokratietheorie" (Habermas 1973a, 170) ist es wohl, die den Blickwinkel verengt. Die Wahl dieses einer transzendentalen Theorie nicht angemessenen ontologischen Begriffs der Substanz ist aufschlußreich: Könnte es nicht der schwache Reflex einer Art von Begriffsrealismus sein, der im Begriff der Demokratie ein einziges konstitutives Merkmal finden zu müssen meint, das sich nicht nur historisch in allen Formen von Demokratie durchhalten, sondern auch für die verschiedenen 'Systemreferenzen' dieses Begriffs dasselbe sein müßte, gleichgültig, ob ein politisches System im ganzen, ob kleine Gruppen oder das Verhalten der Individuen damit gemeint ist?[408] Ist es nicht so, daß die 'Konsensustheorie' nicht wahrhaben will, daß sich unter diesem Etikett 'Demokratie' ein ganzes Bündel gleichwertiger und kaum auf einen einzigen Nenner zu bringender Normen und Fragestellungen zusammengefaßt sind, die nicht eine einzige richtige Lösung, sondern nur eine je nach den Umständen jeweils anders aussehende, bestenfalls 'suboptimale' Kombination zulassen? So wie sie ja nicht wahrhaben will, daß die wissenschaftlich-technische, die praktisch-politische und die ästhetische Vernunft nicht bloß den Namen gemeinsam haben können, sondern sich in den in den modernen Gesellschaften unterscheidbaren, ja scheinbar unversöhnlich gegeneinanderstehenden, weil verschiedenen sozialen Systemen zurechenbaren Aspekten des vernünftigen menschlichen Handelns die eine Vernunft zeigen müsse.[409]

Mit solchen Andeutungen soll nicht einer theoretischen Beliebigkeit das Wort geredet werden, die einen "Opportunismus der Werte"[410] zu ihrem Prinzip erhöbe. Aber es soll darauf hingewiesen werden, daß es in der empirischen Wirklichkeit in den seltensten Fällen möglich ist, zu einer klaren Ja-Nein-Alternative zu gelangen, die die 'Konsensustheorie' immer noch mit Rationalität und Wahrheit assoziiert. Dabei scheint sich Habermas selbst auf dem Weg zu einer sozusagen in sich pluralen Vernunft[411] zu befinden, wenn man seine Ausführungen zur "Theorie der Moderne" ansieht. Während man früher[412] noch den Eindruck gewinnen konnte, daß sich nicht nur eine einheitliche Theorie der Rationalität konzipieren läßt, sondern sogar eine einzige rationale Lebensform, die vielleicht einmal die durchgängige Lebensform der Gesellschaft der Zukunft sein könnte, muß sich jetzt nicht nur die Philosophie als die Hüterin der Rationalität ihr Geschäft mit den empirischen Wissenschaften teilen (1983, 9ff.); auch die rationale Lebensform des Diskurses verliert ihr Monopol: Lebensformen können nur "im Plural" auftreten, und die Option für die Rationalität drängt sich auch nicht mehr so ohne weiteres oder ohne jeden möglichen Vorbehalt als die schlechthin bessere auf, da sie in sich zwiespältig ist: "die Substanz einer Lebensweise kann niemals unter universalistischen Gesichtspunkten gerechtfertigt werden. Das erklärt auch, warum eine Rationalisierung der Lebenswelt die Betroffenen nicht notwendig - und nicht einmal normalerweise - glücklicher macht" (Habermas 1984b, 234).

Anmerkungen

1 In dieser Arbeit wird fast immer der Name 'Konsensustheorie' verwendet, obwohl des öfteren darauf hingewiesen wird, die (mittlerweile von Habermas bevorzugte) Bezeichnung 'Diskurstheorie' sei besser.

2 So ausdrücklich Luhmann (1972, 241).

3 Diese Behauptung wird so stehengelassen, obwohl sie für die analytische Wissenschaftstheorie antiquiert erscheinen muß: Die 'Wahrheiten' der Wissenschaften sind auch nur von hypothetischem Charakter, weshalb nicht die 'Wahrheit' das Kennzeichen einer wissenschaftlichen Theorie ist, sondern die 'Kritisierbarkeit' (Popper), das 'Paradigma' (Kuhn) oder das 'Forschungsprogramm' (Lakatos).

4 Natürlich könnte diese Bemerkung auch als eine Rationalisierung (im psychologischen Sinn) gedeutet werden, um den allzu großen Umfang solcher Überlegungen gegenüber Politikwissenschaftlern zu rechtfertigen.

5 Martin 1972, 98.

6 Paradebeispiele hierfür wären Nietzsche ("Wahrheit ist die Art von Irrtum, ohne welche eine bestimmte Art von lebendigen Wesen nicht leben könnte. Der Wert für das Leben entscheidet zuletzt", 1920, Aphor. 493) und W. James ("The true is only the expedient in our way of thinking, just as the right is only the expedient in our way of behaving", 1909, VII).

7 Mit dieser Anspielung auf das von G. E. Moore (1903, 15ff.) verwendete 'open-question'-Argument soll nicht dessen Gültigkeit behauptet

werden. Eine Anwendung dieses Arguments findet sich bei Putnam (1978, 108f.), der damit zeigen will, daß 'true' nicht mit 'warranted assertible' gleichbedeutend sein kann.

8 Arne Naess (1938) zeigt mit empirischen Untersuchungen, daß sich die Vielfalt der philosophischen Wahrheitskonzeptionen auch im alltäglichen Gebrauch dieses Begriffes findet, weshalb die Berufung (vor allem der Korrespondenztheorie) auf das Alltagsverständnis von 'Wahrheit' nur bedingt beweiskräftig ist.

9 Man könnte mit gutem Recht der Ansicht sein, diese Art des Vorgehens sei nicht mehr als eine formale Spielerei, die sachlich nicht viel bringe. Wer daher mit den behandelten Autoren recht gut vertraut ist, kann sich die Zitatensammlung - um mehr handelt es sich im folgenden nicht - schenken und sofort zu den systematischen Thesen (S. 113ff.) übergehen.

10 In den folgenden Erläuterungen wird bei allen Varianten mit der Bezeichnung 'Theorie' so großzügig umgegangen, wie es in der (nichtanalytischen) Philosophie üblich ist.

11 Vor allem in 'Fixation of Belief' (Collected Papers 5.358 - 5.387).

12 Die Methode der "Beharrlichkeit", der "Autorität", die "Apriori-Methode" und die "wissenschaftliche" (5.378ff.).

13 Vgl. besonders Oehler (1969), Schian (1973).

14 Nikom. Eth. 1173a 1ff. Vgl. auch 1098b 27ff.; Met. a 993 30ff.; Rhet. 1355a 15.

15 'éndoxos' muß man wohl mit 'plausibel' übersetzen und nicht mit 'wahrscheinlich' (wie Rolfes).

16 So H. Kuhn gegen Hennis' Versuch, die Topik als die Methode der Politikwissenschaft anzusehen. Beide Aufsätze finden sich in: Robert H. Schmidt (Hrsg.), Methoden der Politologie, Darmstadt 1967.

17 'Wahr' ist weder die eine noch die andere, da

beide 'téchnai' sind.

18 Tusc. 1, 15, was die oikeíosis-Lehre der Stoa ist.

19 Oehler 1969, 245.

20 Um es ausdrücklich zu betonen: Diese "geistesgeschichtliche" Begründung des Parlamentarismus ist nicht nur eine überzogene Idealisierung der parlamentarischen Wirklichkeit (vgl. Jäger 1973, 29ff.); sie ist auch eine Verzeichnung des theoretischen Selbstverständnisses des Parlaments (worauf Fraenkel hinweist).

21 Lührsen (1951, 21) bringt historische Belege dafür, daß nicht das Prinzip der Repräsentation von Anfang an mit diesem Wort verbunden ist, sondern der durch Diskussion geprägte Charakter.

22 "Es antizipiert in seinen Erwägungen die Zugehörigkeit prinzipiell aller Menschen" (Habermas 1962, 98).

23 Diese für Habermas später (vgl. 1973a) so wichtige Unterscheidung findet sich auch bei Carl Schmitt.

24 Daher stellt Schmitt (im Unterschied zur 'Konsensustheorie' apel-habermasscher Prägung) ausdrücklich fest, daß die "Diskussion" nicht ein Element der "Demokratie", sondern des "Liberalismus" sei.

25 Apel 1967, 61. Er und Wartenberg (1971, 13ff.) wollen zwischen den Junghegelianern und Peirce Parallelen entdecken.

26 Thomas v. Aquin, De veritate, q. 1, a. 1. Der Ursprung dieser Formel ist Aristoteles' 'Metaphysik' (1011b).

27 Die wenigen Stellen in 'The Fixation of Belief' (1877) und in'How to Make Our Ideas Clear' (1878), die dieser Behauptung widersprechen, fallen doch nicht so sehr ins Gewicht.

28 Peirce lehnt es deshalb auch ab, 'wahr' wie W. James mit 'befriedigend' zu übersetzen: "Soll-

te mit dieser Lehre gemeint sein, daß wahr und befriedigend - True and Satisfactory - Synonyme sind, so fällt auf, daß es weniger eine philosophische Lehre ist als ein neuer Beitrag zur englischen Lexikographie" (5.555).

29 Der bewußt häßliche Titel 'Pragmatizismus' sollte seine Spätphilosophie von den Pragmatisten absetzen (5.414).

30 Genauer gesagt geht es um den Begriff 'Realität', aber 'Wahrheit' und 'Realität' gehören zusammen wie die beiden Seiten einer Münze.

31 In: Logic. The Theory of Inquiry, New York 1938, 345.

32 "A transcendentalist would claim that it is an indispensable 'presupposition' that there is an ascertainable true answer to every intelligible question. I used to talk like that myself; for when I was a babe in philosophy my bottle was filled from the udders of Kant. But by this time I have come to want something more substantial" (2.113).

33 Wenn auch, wie Peirce einschränkend zugibt, "nur im Abstrakten und Pickwickschen Sinne" (5.421).

34 Eine nicht ganz glückliche Bezeichnung Wartenbergs, die auch Apel öfter verwendet.

35 Deshalb kann Peirce die Logik mit einer Versicherungsgesellschaft vergleichen, denn auch diese übernimmt kein Risiko, das als einzelnes die Summe aller anderen übertrifft.

36 Daß er einen für das moderne Verständnis eigenwilligen Begriff von Realismus hat, sieht man schon daran, daß er ihn nicht dem Idealismus, sondern dem Nominalismus entgegensetzt. Das wohl wichtigste Kriterium für seinen Realismus ist die Annahme der Realität von Universalien (was in der Logik als 'Platonismus' bezeichnet würde).

37 Insofern man darüber reden kann, ist es nicht "an sich". Peirce folgert daraus: "Über jede

mögliche Erkenntnis hinaus gibt es nur das Selbstwidersprüchliche. Kurz, Erkennbarkeit (im weitesten Sinne) und Sein sind nicht bloß metaphysisch dasselbe, sondern sind synonyme Begriffe" (5.257).

38 Der Einwand gegen diesen sowohl nach vorn als auch nach rückwärts endlosen Interpretationsprozeß liegt auf der Hand: "It is still not clear how the mere accumulation of signs which are meaningless in themselves can endow them with meaning. . . . In the same way, a single piece of gibberish does not turn into sense even if enough pieces of gibberish are added to it to make a volume" (Ayer 1968, 135f.). Peirces Antwort auf diesen Einwand findet sich in 5.289.

39 Man nehme nur die Analogie mit dem ins Wasser getauchten Dreieck (5.263).

40 Vor allem durch die Komplettierung seiner Semiotik durch die 'Indices'. Vgl. dazu vor allem die Ausführungen Apels (Schriften II, 82ff.).

41 Aus dieser Dreiteilung machte dann Morris die zum Allgemeingut gewordene Unterteilung der Semiotik in Syntaktik, Semantik und Pragmatik, in der Peirce jedoch behavioristisch umgedeutet wird.

42 Was dadurch nahegelegt werden könnte, daß Morris die Pragmatik - die Dimension des peirceschen 'interpretant' - als die Beziehung zwischen dem Zeichen und den Sprechern (oder Hörern) deutet.

43 Diese nennt Peirce 'Symbole', während die 'Indices' als 'Zweitheiten' nur eine Lokalisation in der bestimmten Situation erlauben.

44 Dieser Verdacht liegt nahe, wenn er die Materie als "objektiven Geist" bezeichnet.

45 Die Begriffe 'Realität' und 'Existenz' haben also nicht dasselbe "meaning oder Inhalt": "reality means a certain kind of non-dependance upon thought, an so is a cognitionary char-

acter, while existence means reaction with the environment, and so is a dynamic character; and accordingly the two meanings he (sc. the logician) would say, are clearly <u>not</u> the same" (5.503).

46 "The truth of the proposition that Caesar crossed the Rubicon consists in the fact that the further we push our archeological and other studies, the more strongly will that conclusion force itself on our minds forever - or would do so, if study were to go on forever" (5.565).

47 wie z.B. tatsächliches Verhalten. Man vergleiche die operationale Bestimmung der Bedeutung von 'hart' aus dem Jahre 1873 (5.403, 7.340f.) mit der späteren aus dem Jahr 1903: "To call the stone <u>hard</u> is to predict that no matter how often you try the experiment, it will fail every time. That innumerable series of conditional predictions is involved in the meaning of this lowly adjective. Whatever may have been done will not begin to exhaust its meaning" (1.615).

48 "Diese große Hoffnung ist im Begriff von Wahrheit und Realität beschlossen" (5.407).

49 "Die Meinung, die vom Schicksal dazu bestimmt ist, daß ihr letztlich jeder der Forschenden zustimmt, ist das, was wir unter Wahrheit verstehen" (5.407).

50 Dies meint auch Ayer (<u>1968</u>, 38) zu Peirce.

51 Für diese philosophische Richtung wird öfter die Bezeichnung 'Erlanger Schule' verwendet, da sie zunächst unter diesem Namen auftrat.

52 z.B. Kamlah: "Die moderne Wissenschaft ist demokratisch und insofern ganz verschieden zum Beispiel von der aristokratischen Wissenschaft Platos", was vor allem darin seinen Ausdruck finden soll, daß sie "sich entschlossen (!) hat, nur noch solche Sachverhalte als Tatsachen anzuerkennen, die für jedermann dieselben sind" (<u>1962</u>, 126f.).

53 Mittelstraß (1974, 71f.) setzt nicht nur 'wahr' und 'begründet', sondern seltsamerweise auch 'falsch' und 'unbegründet' gleich.

54 Dies könne man an den Bedeutungen von 'ratio' und 'lógos' noch ablesen: 'Gründe anführen' heiße nämlich 'rationem reddere', 'lógon didónai'.

55 Diese wurde von Paul Lorenzen (1958; 1962) und vor allem von Kuno Lorenz (1968) aus der 'operativen' Begründung der Mathematik entwickelt.

56 "Sätze stehen also nicht als wahre oder falsche gleichsam im leeren Raum, sondern sie werden behauptet oder bestritten, was freilich bedeutet, daß ihnen ausdrücklich oder unausdrücklich die Prädikatoren 'wahr' oder 'falsch' zu- oder abgesprochen werden" (Kamlah/Lorenzen (1967, 158).

57 Logiker sind ja primär an den 'logischen Wahrheiten' interessiert. Übrigens betont Tarski, daß für die Wahrheitstafeln gar nicht der Begriff der Wahrheit vorausgesetzt werden müsse, da es um die Beweisbarkeit gehe (1949, 67).

58 Im Sinne von "'p' ist wahr", und dies ist wohl für die 'Erlanger Schule' der ursprüngliche Sinn von Wahrheit.

59 In einem einzigen Satz gesagt: Die Pragmatik muß zur Basis der Semantik gemacht werden (vgl. Schneider 1975).

60 Sie ist sozusagen das transzendentale Subjekt der semiotisch-pragmatisch 'transformierten Transzendentalphilosophie' Apels. In dieser seiner Lieblingsidee steckt natürlich die peircesche Forschergemeinschaft, aber auch die "sokratische Idee des Dialogs" und die christliche "Vorstellung der Gemeinde als der realidealen Gemeinschaft der zur Vereinigung mit Gott Berufenen" (1973a, 58f.).

61 Mit dieser Unterscheidung korrigiert Apel, angeregt durch Tugendhats Kritik an Heideggers Wahrheitsbegriff, der 'Sinn' und 'Wahrheit'

verwechsle, sein früheres Verständnis von Wahrheit als 'alétheia' (1973a, 43).

62 Mit der Unterscheidung verschiedener Sprachstufen werde man der Reflexionsfähigkeit der Sprache nicht gerecht (vgl. 1973b, 406f.).

63 Ähnliches gilt für die genetische Verankerung der 'linguistischen Kompetenz' durch Chomsky, Lenneberg und Piaget (1973a, 16f.). Apels Einwände variieren eigentlich Wittgensteins Ablehnung der Möglichkeit einer 'Privatsprache'.

64 Dieser von Wittgenstein (PU §§ 5ff.) geprägte Begriff des Sprachspiels ist für Apels Argumentation zentral.

65 Die emphatische Betonung (in seiner Frankfurter Antrittsvorlesung von 1965), daß das emanzipatorische Erkenntnisinteresse "a priori eingesehen werden" könne und deshalb "theoretisch gewiß" sei (1965, 163), würde Habermas jetzt nicht mehr so ganz unterschreiben, vgl. 'A Reply to My Critics', in: Held/Thompson 1982, 233).

66 Der in Entsprechung zu 'Metasprache' gebildete Begriff der Metakommunikation ist nicht ganz glücklich, da es sich nicht um eine explizite Kommunikation über die Kommunikation handelt. Besser erscheint die manchmal verwendete Bezeichnung 'kommunikative Kompetenz', die die "Beherrschung dialogkonstituierender Universalien" meint.

67 Manchmal (z.B. 1971a, 192; 1976a, 210) hat man freilich den Eindruck, daß der Spieß einfach herumgedreht wird.

68 Die verschiedenen Geltungsansprüche werden verschiedenen "Realitätsbezügen" zugeordnet: den Bezügen auf die "äußere", die "innere" und die "soziale Welt", so daß sich eine Parallelisierung zu den bekannten Sprachfunktionen Bühlers - "Darstellung", "Ausdruck", "Appell" - ergeben (Bühler 1938, 28ff.). Dieses "dezentrierte" Weltverständnis bildet dann die Grundlage der formalen Struktur der "kom-

munikativen Rationalität" (Habermas 1981a, b).

69 "Wahrheit ist ein Geltungsanspruch, den wir mit Aussagen verbinden, indem wir sie behaupten" (1973c, 212). "Indem ich nämlich 'p' behaupte, erhebe ich für 'p' einen Wahrheitsanspruch: darin besteht ja der pragmatische Sinn von Behauptungen" (1973c, 213).

70 Vgl. 1971a, 129, 134f., 223f.; 1973c, 258.

71 Unglücklicherweise verwendet Habermas des öfteren pleonastische Formeln wie "wahrer Konsensus" (1971a, 136, 223) oder etwas vorsichtiger "wahrheitsverbürgender Konsens" (1973c, 258).

72 Insofern wäre es in der Tat weniger mißverständlich, "von einer Diskurs- statt von einer Konsensustheorie der Wahrheit" zu sprechen (1973c, 264) - was Habermas mittlerweile tut.

73 Der Zusatz 'erfahrungsfundiert' unterscheidet 'Wahrheit' vom ebenfalls diskursiven Geltungsanspruch 'Richtigkeit'.

74 Mit diesem Einwand von K. Lorenz setzt sich Habermas ausdrücklich auseinander (1973c, 239f.).

75 Diese Zitate (1976b, 277, 299) gehören freilich in den Zusammenhang 'praktischer' Fragen.

76 Diese Bezeichnung für die 'Redundanztheorie' verwendet z.B. Black (1948, 61) oder Pitcher (1964, 11).

77 Eine Darstellung dieser Theorie bringt Puntel (1978, 70ff.) oder Franzen (1981, 84ff.).

78 Diese Einschränkungen betreffen die Zweiwertigkeit des Wahrheitsbegriffes. Die 'Erlanger Schule' vertritt eine intuitionistische Logik, für die das Prinzip des 'tertium non datur' nicht so ohne weiteres gilt. Sie hat 'unentscheidbar' als dritten Wahrheitswert.

79 Bar-Hillel 1973/74, 11.

80 Etwas Ähnliches unterstellt Albert (1975, 65) Apel: "Der erkenntnistheoretische Mangel der

Evidenztheorien scheint seiner Meinung nach durch den Konsens einer Kommunikationsgemeinschaft heilbar zu sein, die 'Sozialisierung' der Evidenz scheint zur Wahrheit zu führen."

81 Ein anderer Grund ist natürlich die Zugehörigkeit von Habermas zur Kritischen Theorie. Die Kritik am Wissenschaftsbegriff der Frankfurter Schule betrifft dann auch die 'Konsensustheorie'.

82 Ryle 1964, 31f.

83 Dahinter steht natürlich die Vermutung, daß es so viele Aspekte am Phänomen 'Wahrheit' gibt, daß es kaum möglich sein dürfte, sie alle in einer einzigen Theorie unterzubringen.

84 Quine 1964, 59.

85 Toulmin 1972, 146.

86 Dabei wäre es gerade in den Geistes- und Sozialwissenschaften angebracht, der Inflation von 'Theorien' vorzubeugen. Dort wird fast alles als 'Theorie' bezeichnet, selbst wenn es sich nur um Systematisierungsversuche, Begriffserklärungen u.ä. handelt, nicht aber um empirisch nachprüfbare (und möglicherweise axiomatisierte) hypothetisch-deduktive Aussagensysteme.

87 Dies schlägt z.B. Schlick vor (in: Erkenntnis 4 (1934) 84).

88 Als Ausdruck findet er sich schon bei Aristoteles (Met. 993a 30). Allerdings meint 'e tês aletheías theoría' dort nicht den Begriff der Wahrheit, sondern die Natur der Wirklichkeit.

89 Höffe 1976, 317.

90 Die Unterscheidung 'vagueness', 'ambiguity' und 'open texture' verwendet zuerst Waismann (1959). Vor allem Begriffe wie Wahrheit, Verifizierbarkeit, Bedeutung haben eine "systematic ambiguity", da sie je nach dem "language-stratum" etwas anderes meinen: ob ein mathematisches Theorem gemeint sei, ein Naturge-

setz, ein Satz über Kopfweh usw. "To sum up this point: Statements may be _true_ in different senses, _verifiable_ in different senses, _meaningful_ in different senses. Therefore the attempts at defining 'truth', or at drawing a sharp line between the meaningful and the meaningless, etc., are doomed to fail" (_1959_, 26).

91 Dies meint auch Quine (_1964_, 129ff.) und Tarski (Stegmüller _1957_, 221).

92 Vgl. Grimms 'Deutsches Wörterbuch' zu 'Wahrheit': "in seinen hauptsächlichsten und ursprünglichsten verwendungen geht wahrheit von wahr . . ., der wirklichkeit gemäsz, von aussprüchen und meinungen, aus."

93 Stegmüller _1957_, 15f. Dies gilt trotz des modernen hypothetisch-falliblen Verständnisses von Wissenschaft. Auch Carnap verteidigt den Begriff der Wahrheit als legitimen, d.h. "empirically meaningful", wissenschaftlichen Begriff (_1936_, 122f.).

94 Martin _1972_, 98.

95 Etwa Bar-Hillel, wenn er sie "a theory of truth-establishment" nennt (_1973/74_, 10). Ähnlich Gölz (_1978_, 94) und Franzen (_1981_, 265f.).

96 "The question of the definition of _truth_ must be clearly distinguished from the question of a criterion of _confirmation_" (Carnap _1936_, 126). Oder Martin (_1972_, 101): "Truth should not be mistaken for matters concerned with how it is gained or arrived at. To gain a truth is one notion, to _be_ true quite another."

97 Es geht vor allem um Tarski _1935_, wovon Tarski _1949_ eine weniger technische Bearbeitung ist. Die beste Darstellung Tarskis bietet immer noch Stegmüller _1957_.

98 Stegmüller _1957_, 234; Davidson _1969a_, 761.

99 Schirn _1975_, 180.

100 Nach Puntel kommen als mögliche Kandidaten für eine Wahrheitstheorie in Frage: der "Begriff", das "Kriterium", die "Bedingungen" und

die "Relevanz" der Wahrheit (1978, 3ff.). Rescher meint, die "definitional route" der Korrespondenzauffassung müsse durch die "criterial route" der Kohärenzauffassung ergänzt werden (1973, 3f., 23f.), und Tugendhat insistiert darauf, daß eine Erklärung des Begriffes der Wahrheit ohne jede Rücksichtnahme auf die Frage der "Verifikation" letztlich genau so falsch sei wie die Verwechslung beider Fragen (1960, 138f.).

101 Ramsey 1927, 142. Deshalb wird nach Ansicht der Redundanztheorie das Wort 'wahr' aus rein stilistischen Gründen verwendet: zur Betonung usw.

102 Ilting 1976, 20f.

103 Zur 'Explikation' des Terminus 'Explication' vgl. Hanna 1968.

104 Für eine Darstellung (und Interpretation) dieser Kontroverse nehme man Apel 1979.

105 Dummett 1973, 92.

106 Dies meint von Wright (1974, 123f.) von den meisten 'Erklärungen' der Historiker und Sozialwissenschaftler.

107 Die Schwäche dieser sog. Gebrauchstheorie der Bedeutung braucht gar nicht verschleiert zu werden, da schon der Ausdruck 'Gebrauch' oder 'Regel' alles andere als klar ist. (Übrigens meint Wittgenstein gar nicht, daß sie für jedes Wort gilt, vgl. PU § 43.)

108 "So sagst du also, daß die Übereinstimmung der Menschen entscheide, was richtig oder was falsch ist? - Richtig und falsch ist, was Menschen sagen: und in der Sprache stimmen die Menschen überein. Dies ist keine Übereinstimmung der Meinungen, sondern der Lebensform" (Wittgenstein PU § 241).

109 Black 1948, 106.

110 Frege zieht daraus die Konsequenz, daß 'wahr' überhaupt nicht definierbar sei (vgl. dazu besonders Dummett 1973, 442ff.), so wie auch

G. E. Moore (1905, 7) eine selbstevidente Intuition für 'wahr' annimmt.

111 Im folgenden wird unspezifisch von 'Korrespondenz' oder 'Adäquation' gesprochen, obwohl man bei der Interpretation der 'klassischen' Wahrheitsauffassung zwischen einer 'Korrespondenz-', 'Adäquations-' oder 'Abbildtheorie' unterscheiden müßte. Mit diesen Ausdrücken ist dann keine bestimmte Theorie gemeint, sondern ganz allgemein die alltags- und bildungssprachliche Korrespondenzvorstellung der Wahrheit als Relation von 'Erkenntnis' und 'Sein', 'Theorie' und 'Realität'.

112 Tarski 1935, 264.

113 Etwas vereinfacht, wenn auch widersprüchlich - worauf Tarski selber hinweist (1935, 268ff.) - lautet diese Konvention: "x ist eine wahre Aussage dann und nur dann, wenn p", oder als Beispiel: "es schneit" ist eine wahre Aussage dann und nur dann, wenn es schneit. Die vollständige Definition von 'wahre Aussage' wäre also das "unendliche logische Produkt" aller Sätze, die sich ergeben, wenn man anstelle der Variablen die entsprechenden Werte in die Konvention einsetzt (1935, 377). Man könnte sagen, es handelt sich um eine 'extensionale' Definition von 'wahr'.

114 Eine korrekte Definition von 'wahr' ist wegen der "semantischen Geschlossenheit" der natürlichen Sprachen nicht möglich: Diese Sprachen enthalten auch die semantischen Ausdrücke 'wahr', 'bedeutet' usw. Davidson unternimmt den Versuch, Tarskis Formel auch für natürliche Sprachen brauchbar zu machen, indem er sie auf Sprecher und Zeitpunkte relativiert (1969a, 756).

115 Die Frage, ob Tarski selbst eine 'realistische' Korrespondenzauffassung vertreten habe, läßt sich nicht leicht entscheiden: Davidson ist dafür (1969a, 758), Putnam dagegen (1975, 71). Allerdings wäre nach Davidsons Interpre-

tation das 'objektive' Korrelat dieser Korrespondenz weder Tatsachen noch die Wirklichkeit als ganze (wie z.B. für Quine), sondern Individuen, die eine Satzvariable erfüllen (1969a, 758).

116 Etwa bei Black, der den Mangel an philosophischer Relevanz gerade in der von Tarski behaupteten Neutralität gegenüber allen erkenntnistheoretischen Positionen erblickt (1948, 107). Strawson meint gar, "eine an Tarski orientierte Konzeption der Wahrheit" laufe "auf eine Weigerung hinaus, sich der allgemeinen philosophischen Frage überhaupt zu stellen", da dieses Dictum eben nicht das "Ende, sondern vielmehr der Anfang unserer Aufgabe" sei (1974, 43, 54).

117 Man nehme die ironische Bemerkung von Black: "There is a constant temptation in the formal study of semantics to relegate important questions to a 'language' whose structure has not been studied" (1948, 104).

118 Tarski 1949, 72.

119 Vgl. Wittgenstein 'Tractatus' 4.024.

120 Schon allein deshalb nicht, weil gar nicht klar sei, was dort als 'Satz' oder 'Aussage' anzusehen sei (Tarski 1949, 58ff.).

121 Tarski 1949, 82.

122 Dummett 1973, 451f.

123 Dieses Begriffspaar findet sich erst bei Searle, geht aber sinngemäß auf Frege, Wittgenstein und vor allem auf Austin zurück (besonders die Vorlesung XI in 'How to Do Things with Words', die die anfängliche Unterscheidung zwischen 'performativ' und 'konstativ' auf eine andere Ebene hob, indem alle Sprechhandlungen, also nicht nur die eigentlichen Performativa (wie 'versprechen'), sondern auch Konstative (wie 'behaupten') zu der Kennzeichnung als "locutionary acts" eine "illocutionary force" (und einige sogar noch einen "perlocutionary" Effekt erhielten).

124 Vgl. Schlieben-Lange 1975; Ballmer 1979; Wunderlich 1979.

125 Diesen Gehalt dürfte man genaugenommen nicht als Satz oder Proposition formulieren, sondern als "nominalisierten Ausdruck": "daß p" (Tugendhat 1976, 61).

126 Gegen diese Ansicht, die praktisch wörtlich bei Tugendhat steht (1976, 253), wendet sich Franzen: Der 'truth talk' sei nur ein Sonderfall des Behauptens, eben derjenige, in dem auf Behauptetes Bezug genommen wird (1981, 212). Daher bezeichnet er seine eigene Auffassung von Wahrheit als 'resential'.

127 Man könnte auch sagen, Freges 'Urteilsstrich', der z.B. vom Wittgenstein des 'Tractatus' als "logisch ganz bedeutungslos" angesehen wurde, da er nur die psychologische Überzeugung des Sprechers zum Ausdruck bringe (4.442), wird rehabilitiert. Für Frege ist ein 'Urteil' mehr als der 'Sinn des Satzes' (den er 'Gedanken' nennt): "Ein Urteil ist mir nicht das bloße Fassen eines Gedankens, sondern die Anerkennung seiner Wahrheit" (1966b, 49), weshalb ein Satz erst durch diese Stellungnahme einen Wahrheitswert erhält (und damit 'Bedeutung' im Sinne Freges). Zu Freges Wahrheitskonzeption, die eigentlich eine Vorläuferin der 'Redundanztheorie' ist - "Die Form des Behauptungssatzes ist also eigentlich das, womit wir die Wahrheit aussagen, und wir bedürfen dazu des Wortes 'wahr' nicht" (1971, 39) -, nehme man Franzen (1981, 88ff.).

128 Popper 1973, 347.

129 Dieser Ausdruck hat sich in der angelsächsischen Diskussion eingebürgert. Wenn im folgenden 'Aussage' und 'Behauptung' praktisch gleichgesetzt werden, soll keineswegs der Unterschied zwischen 'Satz' (sentence), 'Aussage' (statement) und 'Äußerung' (utterance) verwischt werden. Es soll nur dem angeblichen Paradox Rechnung getragen werden, daß mit demselben 'Satz' verschiedene 'Aussagen'

gemacht werden können.

130 Insofern bemängelt Bar-Hillel (1973/74, 7) mit Recht die mehr als unglückliche Formulierung bei Habermas, ein Sprechakt sei aus dem performativen Satz und dem propositionalen Gehalt "zusammengesetzt" (1971a, 104).

131 "In making a statement, one does not do two things: uttering certain words and then making a statement. . . . A statement is . . simply the utterance one makes in certain circumstances" (Stroll 1963, 223).

132 Höffe wirft Habermas eine wenn nicht zirkuläre, dann zumindest triviale Bestimmung des 'Wahrheitsanspruchs' vor; wo er jedoch "über diese Trivialität hinausgeht (Aussagenwahrheit ist die Prätention von Aussagen, wahr zu sein)", komme Habermas "nicht ohne Formulierungen aus, die die Adäquationsformel anerkennen" (1976, 316) - obwohl er diese doch ablehne!

133 So Freundlieb (1975, 87f.).

134 Nach Strawson hat die 'Redundanztheorie' insofern recht, als man tatsächlich keine neue oder zusätzliche Aussage mache, wenn man sage, eine Aussage sei wahr, aber man tue doch etwas Zusätzliches, über die gemachte Aussage Hinausgehendes. Deshalb sei der Ausdruck 'wahr' einem 'ja' oder 'dito' vergleichbar: "Beim Gebrauch solcher Ausdrücke ganz allgemein bestätigen wir also, unterschreiben, geben zu oder stimmen überein mit dem, was jemand gesagt hat" (1949, 110). Zur Kritik an Strawson: vgl. Stegmüller 1957, 228ff.

135 Franzen (1981, 127ff.) diskutiert ausführlich, inwieweit Searle mit diesem Vorwurf des Sprechakt-Fehlschlusses (1971, 209ff.), richtig liegt und wo er selbst Mißverständnisse produziert.

136 Dagegen wehrt sich Habermas ausdrücklich (1973c, 212).

137 Schnelle ist in diesem Punkt anderer Ansicht: Eine Behauptung ist auch dann eine echte Behauptung, wenn die Verpflichtung zum Nachweis ihrer Richtigkeit vom Sprecher nicht übernommen wird. Diese Verpflichtung gehöre daher nicht zur "Bedeutung" von 'Behauptung', d.h. nicht zur illokutionären Rolle, sondern ergebe sich aus den "Konversationspostulaten" (1973, 42).

138 Tugendhat spricht daher von einer "Garantiehandlung" (1976, 255).

139 Habermas will wohl mit diesem Wort (1976a, 252f.) die "essential rule" (Searle 1971, 97) für Behauptungen kennzeichnen.

140 Auch Quine, Sellars oder Davidson könnten diese 'Definition' unterschreiben.

141 Frege 1966a, 34.

142 Man erinnere nur an Kant: "Die alte und berühmte Frage, womit man die Logiker in die Enge zu treiben vermeinte, . . . ist diese: Was ist Wahrheit? Die Namenerklärung der Wahrheit, daß sie nämlich die Übereinstimmung der Erkenntnis mit ihrem Gegenstande sei, wird hier geschenkt und vorausgesetzt; man verlangt aber zu wissen, welches das allgemeine und sichere Kriterium der Wahrheit einer jeden Erkenntnis sei. Es ist schon ein großer und nötiger Beweis der Klugheit oder Einsicht, zu wissen, was man vernünftigerweise fragen sollte" (KrV B 82).

143 Strawson 1949, 116.

144 So auch ausdrücklich Tugendhat (1976, 258f.).

145 Vergleichbar dem "Bejahungsgefühl", das Russell mit 'wahr' assoziiert (1966, 195).

146 Das Paar "audience-direction" (für die 'illocutionary force') und "topic-direction" (für den 'propositional content') findet sich bei Furberg (1963, 269), geht aber sinngemäß auf Strawson zurück (1974, 44f.).

147 Der Ausdruck 'Begründung' kann für die fol-

gende Argumentation in dem ganz vagen Sinn des 'Gründe-anführens' genommen werden. Es muß weder zwischen 'Begründung', 'Rechtfertigung' usw. unterschieden noch müssen verschiedene Arten von 'Begründung' berücksichtigt werden.

148 Mit ein Hauptgrund für die Entwicklung einer 'Theorie der Argumentation' ist für Toulmin die Überzeugung, daß 'Rationalität' eben nicht mit rein logischem Folgern gleichgesetzt werden darf. Damit muß natürlich der Verdacht aufkeimen, daß die 'Konsensustheorie' in ihrem Beharren auf der Argumentation als dem "archimedischen Punkt" jeder Begründung (Apel) die 'Familienähnlichkeit' (Wittgenstein) dieses Begriffes überspielt und so tut, als handle es sich um einen univoken Begriff (so u.a. auch Schnelle 1976, 434).

149 "Es gibt vielerlei Augen. Auch die Sphinx hat Augen: und folglich gibt es vielerlei 'Wahrheiten' und folglich gibt es keine Wahrheit" (Nietzsche 1920, 369).

150 Habermas 1971a, 137; Kambartel 1974, 66.

151 Ausgenommen die 'Erlanger Schule' mit ihrer 'finitistischen' Logik die die Geltung des 'tertium non datur' einschränkt und die Disjunktion 'entweder wahr oder falsch' nur für die entscheidbaren, aber nicht für alle Aussagen gelten läßt. Mit einer gewissen Verspätung scheint Habermas die Konsequenz zu ziehen, wenn er den "emphatischen" Wahrheitsbegriff der philosophischen Tradition immerhin auf der Ebene der Theorieentwürfe "verabschiedet": "theoretische Wahrheiten gibt es tatsächlich nur noch in der Form von Plausibilitäten" (1981c, 155).

152 Austin 1958, 151ff.

153 Dies nimmt Frankena für die meisten normativen Ausdrücke wie 'gut', 'richtig', 'wahr' an (1964, 23).

154 Tugendhat 1976, 258ff.

155 Ilting 1979, 115.

156 Die analytischen Logiker von ihrem Vorurteil zu kurieren, die 'Pragmatik' könne nur eine empirische Disziplin sein, die für die Fragen der 'reinen Semantik' keine Rolle spiele, ist mittlerweise kein so aussichtsloses Unterfangen mehr, wenn man Rorty (1980) aufmerksam liest.

157 Dies wäre Wittgensteins Antwort (PU §§ 109, 116). Daß Apel und Habermas diese Auffassung von Philosophie nicht teilen, sei nur der Vollständigkeit halber erwähnt.

158 Puntel 1978, 162f.

159 In: Pitcher 1964, 84.

160 Met. 1051b 7.

161 Ein Hauptargument von Beckermann und Höffe.

162 In: Erkenntnis 2 (1931) 396f.

163 Patzig 1964, 189. Ähnlicher Meinung ist Dummett: "Although we no longer accept the correspondence theory, we remain realists au fond: we retain in our thinking a fundamentally realistic conception of truth" (1964, 106f.).

164 Dies meint nicht nur Austin (1975, 160f.). Auch Tugendhat führt ihn an zentraler Stelle (1976, 510) wieder ein, obwohl er die 'Übereinstimmung' vorher noch als "uneinlösbare Vorstellung" qualifiziert (1976, 251).

165 Es geht um die Auseinandersetzung zwischen Austin, Strawson und Warnock, die sich im Sammelband von Pitcher (1964) findet. Eine ausführliche Analyse dieser Kontroverse versucht Franzen (1981, 96ff.).

166 Vgl. Habermas 1973c, 235f. oder Apel 1974, 317ff. Dieser Einwand gilt für alle Wahrheitsauffassungen, die irgendwelche unmittelbaren Evidenzen als die Instanzen anführen, die die Wahrheit von Aussagen verbürgen sollen.

167 Etwa Russell: ". . . as to facts: they are not to be conceived as 'that grass is green' or 'that all men are mortal', they are to be conceived as occurences" (1940, 284).

168 Martin (1972, 98) macht deutlich, daß für Carnap 'Tatsachen' und 'Propositionen' logische Konstrukte, um nicht zu sagen: 'logische Fiktionen', sind.

169 Vgl. 4.1272, wo "Tatsache" ausdrücklich als ein "formaler" Begriff hingestellt wird, als ein Begriff der Metasprache, der nicht in einem ontologischen, sondern in einem metalinguistischen Sinn zu nehmen ist.

170 Mit pragmatischen, ja konsenstheoretischen Elementen, wie die Darstellung bei Puntel (1978, 176ff.) zeigt: "The practice of life . . . quickly reduces ambiguity, moreover the opinions of neighbours influence us" (Hempels Antwort).

171 Dies läßt sich eindeutig an der 'Theoriebeladenheit' auch der empirischen Begriffe ablesen, an seiner Kritik am Induktionismus, an der Betonung der Selektivität der Erfahrung, die immer 'theoretische' Annahmen voraussetze usw.

172 Es geht hier nicht um Tarski selbst, da seine Rekonstruktion als solche wohl in der Tat 'metaphysisch' neutral ist, wie er selbst behauptet (1949, 362); es geht um deren realistische Interpretation, wie sie z.B. Popper vornimmt (Conjectures and Refutations, London 1963, 223ff.).

173 Ähnlich Wellmer, für den die abgebrochene transzendentale Reflexion "vielleicht die Grundfigur des Popperschen Denkens" ist (1967, 65). Auch für Bubner hält Popper "mit der Vorstellung absoluter Wahrheit im Sinne der Korrespondenz" am "Positivismus" fest (1973, 150).

174 Mit einigem Recht! Man nehme nur die 'Logik der Forschung', S. 61ff. Außerdem entgeht der

Kritische Rationalismus den fragwürdigen Konsequenzen der Korrespondenztheorie durch die Trennung des Begriffes der Wahrheit von den Kriterien und den Feststellungsmethoden - allerding nur vorläufig, da ein nicht anwendbarer Begriff letztlich sinnlos ist, und auch die 'Annäherung an die Wahrheit' ist ohne brauchbare Kriterien keine besonders sinnvolle Konzeption.

175 Wäre nicht Popper als Beispiel gewählt worden, könnte man sagen: eine verifikationistische Auffassung, d.h. Wahrheit wird als das erklärt, was unter idealen Forschungsbedingungen verifiziert wird.

176 Es handelt sich natürlich um idealtypische Abstraktionen. Die Trennungslinie könnte man fast nach den Sparten ziehen: Mathematik und Geisteswissenschaften auf der einen, die Naturwissenschaften auf der anderen Seite.

177 Eine gute Illustration ist Austin: "Wenn eine Aussage wahr ist, so gibt es natürlich einen Sachverhalt, der sie wahr macht und etwas ganz und gar anderes ist als die wahre Aussage über ihn. Es ist aber ebenso natürlich, daß wir diesen Sachverhalt nur durch Wörter beschreiben (entweder durch dieselben oder, wenn wir Glück haben, andere). Ich kann die Situation, in der es wahr ist zu sagen, daß mir schlecht ist, nur beschreiben, indem ich sage, daß es eine Situation ist, in der mir schlecht ist (bzw. in der ich einen Brechreiz empfinde); doch zwischen der Feststellung, daß mir schlecht ist, wie wahr sie auch sein mag, und dem Gefühl des Brechreizes klafft ein tiefer Abgrund" (1950, 43).

178 Rorty 1972, 185ff. Daher der Titel dieses Aufsatzes: The World Well Lost.

179 In Wirklichkeit wäre der die Korrespondenzauffassung beherrschende "metaphysische Realismus" (Putnam 1978, 123) subjektiv-idealistisch, da aus der Trennung von 'Wirklichkeit' und 'conceptual scheme' (als der Repräsenta-

tion der Wirklichkeit) rein logisch folgt, daß _jede_ derartige Repräsentation falsch sein _könnte_.

180 Tugendhat sieht daher in der "formalen Semantik" die "legitime Nachfolgerin" der Ontologie und versucht ihre Überlegenheit über die klassische Lehre nachzuweisen (_1976_, 47ff.).

181 Rorty _1972_, 188.

182 Man nehme als sozusagen empirische Bestätigung die soziologischen Theorien der Ethnomethodologie und des symbolischen Interaktionismus, die die Wirklichkeit der Alltagswelt und das Alltagwissen zu ihrem Untersuchungsgegenstand machen (z.B. Berger/Luckmann _1969_; Arbeitsgruppe Bielefelder Soziologen _1973_).

183 Insofern ist es verständlich, wenn Apel die Negation des Kommunikationsaprioris in der "Geisteskrankheit" (oder im Selbstmord) enden läßt (_1973b_, 414).

184 Wittgenstein, Philosophische Grammatik, Anhang, Frankfurt 1969, 201.

185 Vgl. Tugendhat _1976_, 20. Vorlesung.

186 "Das Wort 'Sprach_spiel_' soll hier hervorheben, daß das Sprechen der Sprache ein Teil ist einer Tätigkeit, oder einer Lebensform" (Wittgenstein PU § 23).

187 Freundlieb _1975_, 83.

188 In Anspielung an den Titel der Wissenssoziologie von Berger/Luckmann 'Die gesellschaftliche Konstruktion der Wirklichkeit'.

189 Dies gilt bei dem angeblich positivistischen Quine sogar für die logischen Wahrheiten, da die Kluft zwischen 'analytisch' und 'synthetisch' von ihm als stetiger Übergang aufgefaßt wird(vgl. hierzu Rorty _1980_, 175ff.).

190 Dies stellt auch Puntel fest (_1978_, 163f.).

191 Man könnte deshalb von einer "Protosoziologie" (W. Schulz) oder "Protokommunikation" (Th. McCarthy) sprechen.

192 Schnädelbach 1977, 128. Man erinnere sich der peirceschen Unterscheidung von 'Zweitheit' (Indices) und 'Drittheit' (Symbole), wobei nur die Drittheiten einen echten Bedeutungsgehalt besitzen.

193 'Subjektiv' hat natürlich eine Vielzahl von Bedeutungen. Wenn es um die (transzendentale) 'Konstitution' von Gegenständen geht, meint es nur: die Subjektseite betreffend.

194 Es wäre sozusagen eine schwächere Variante der Korrespondenzauffassung, die nicht notwendigerweise Wahrheit als 'Relation' versteht. Auch Franzen unterscheidet eine schwächere von einer starken Auffassung (1981, 34ff.).

195 Dies war schon im Artikel 'Wahrheitstheorien' seine Überlegung: "Vielleicht sollte ich besser von einer Diskurs- statt von einer Konsensutheorie der Wahrheit sprechen, um Mißverständnissen vorzubeugen" (1973c, 264).

196 Eine drastische Konsequenz wäre dann diejenige, die Russell aus Neuraths empiristischer Kohärenztheorie zieht: "in other words, empirical truth can be determined by the police" (1940, 148).

197 So Williams (1973, 123) für die Erklärung der Korrespondenz als 'Relation'.

198 Stegmüller 1969, 284f.

199 Beckermann 1972, 64.

200 Gemäß dem von Tugendhat als "Grundsatz" der sprachanalytischen Philosophie bezeichneten Satz Wittgensteins: "Die Bedeutung des Wortes ist das, was die Erklärung der Bedeutung erklärt" (PU § 560).

201 Vgl. Scheff 1964.

202 Zum Ursprung der Logik bei den Griechen in diesem 'agón' s. Lorenzen/Lorenz 1978, 1-8.

203 Im Sinne der heideggerschen 'Destruktion' der Metaphysik (Sein und Zeit, 22f.).

204 So Habermas (1964, 249f.).

205 Mans betrachtet die 'Intersubjektivitätstheorie der Wahrheit' nicht als Konkurrentin für die anderen Wahrheitstheorien, da sie nicht frage, was eine wahre Aussage wahr mache; sie wolle "nur" die notwendigen und hinreichenden Bedingungen angeben für die Möglichkeit wahrer Aussagen, ohne sich darum zu kümmern, welche Voraussetzungen erfüllt sein müssen, damit diese Möglichkeit auch realisiert werden könne (bes. S. 134f.).

206 Habermas bevorzugt den Ausdruck 'universalpragmatisch', weil ihm die Bezeichnung 'transzendental' wegen der Konnotationen eines ungeschichtlichen Bewußtseinsaprioris eines sozusagen einsamen Subjekts vorbelastet erscheint (vgl. 1976a, 201ff.), während Apel unbeirrt am Attribut 'transzendental' festhält: Nur so könne der (philosophische) Anspruch einer 'Letztbegründung' aufrechterhalten werden.

207 Damit ist auch die Antwort darauf gegeben, warum die vorhergehenden Erörterungen den Standpunkt der 'Konsensustheorie' einem (erkenntnistheoretischen) 'Realisten' plausibel machen wollten: Die Wahrheitstheorie ist eine Domäne der formalen Semantik, und diese Theoretiker hingen bis vor kurzem der realistischen Korrespondenzauffassung an. Daß sich diese erkenntnistheoretische Auffassung verändert hat, zeichnet Rorty (1980) an Quine, Davidson, Sellars und Putnam nach.

208 Puntel rügt zurecht die undifferenzierte Verwendung der "metatheoretischen Begriffe" (wie Sinn, Kriterium oder Bedingung der Wahrheit) durch Habermas (1978, 158).

209 Sie wäre dann eine Wahrheitstheorie im weiten Sinn.

210 Es ginge also nicht mehr um die stärkere These, die McCarthy (1972, 149) als "the identity version" bezeichnet (und für nicht plausibel hält), sondern um die schwächere (und

plausible) "necessary condition version". Damit würde auch dem ganz am Anfang erwähnten 'open-question'-Argument Rechnung getragen.

211 Die Bezeichnung 'Diskurs' wird in den folgenden Ausführungen immer im technischen Sinn der 'Konsensustheorie' verwendet, auch wenn Apel den Ausdruck 'Argumentation' und die Konstruktivisten den Terminus 'Beratung' (für 'praktische Diskurse') vorziehen.

212 Deshalb könnte Luhmanns systemtheoretische Rekonstruktion des Diskurses als soziales System 'Diskussion' (in: Habermas/Luhmann 1971a, 316ff.) nicht a limine verworfen werden.

213 Die "kritische Diskussion" läßt z.B. Th. Kuhn nur für die 'vorparadigmatische' Philosophie und einige Sozialwissenschaften gelten: "Charakteristisch für den Übergang zur Wissenschaft ist eben die Tatsache, daß man die kritische Diskussion verabschiedet." Sie kehrt dann nur "in den Perioden der Krise" zurück, wenn "die Grundlagen wieder in Gefahr sind" (in: Lakatos 1974, 7).

214 Nach Apels Ansicht (1979, 74) schließt sich Habermas dieser Trennung der "Konstitutions-" von der "Geltungsproblematik" erst seit der Ausarbeitung der 'Konsensustheorie' an, während er vorher noch eine "Architektonik" der Erkenntnisinteressen vertreten habe.

215 Freundlieb 1975, 83. Etwas abgeschwächt Puntel (1978, 154).

216 "Was Habermas anvisiert, erscheint widersinnig: die Beratung von Problemen, Forderungen, Konflikten 'an sich', d.h. ohne Einbeziehung ihrer pragmatischen Dimension. . . . Habermas' Disputanten finden so ihre Sprache immer erst dort, wo es nichts mehr zu sagen gibt" (Fach 1973, 224).

217 So Albert (in: Hübner u.a. 1976, 154).

218 'Finalisierung der Wissenschaft' besagt nach dieser These, daß wissenschaftsexterne Zwecke

(wie z.B. ökonomische oder politische) zum Leitfaden der Entwicklung einer Theorie werden (können), wenn sie den Zustand 'theoretischer Reife' erreicht hat (Böhme u.a. 1974, 276). Allerdings lehnt Böhme den 'Konsensusbegriff der Wahrheit ausdrücklich ab (1975, 252).

219 Böhme 1974, 309.

220 Beide Begriffe werden oft nicht unterschieden, so daß man die 'Konsensustheorie' so lesen kann, als ginge es ihr um die 'faktische' (oder 'soziale') Geltung.

221 Albert 1975, 83.

222 Erfahrungen "stützen" den Wahrheitsanspruch von Behauptungen, aber sie "begründen" ihn nicht, weshalb ein Wahrheitsanspruch nur "erfahrungsfundiert" sei (Habermas 1973c, 218f.).

223 Was gerade der 'kommunikativen Rationalität' mit ihrer "dezentrierten Welt" widerspräche (vgl. Habermas 1981a, 72ff.).

224 Schlieben-Lange 1975, 193.

225 Luhmann (in: Habermas/Luhmann 1971a, 306).

226 Nicht aber wie Habermas, der eine kategorische und nicht ein hypothetische Formulierung wählt. Oder man interpretiert die Aussage, daß der Konsens als Wahrheitskriterium gilt, als (normative) Definition, denn als empirische Aussage ist sie einfach falsch (so auch Freundlieb 1975, 97).

227 Vgl. Mans 1974.

228 Lorenz (1972, 115) macht darauf aufmerksam, daß ein Konsens, "der die Wahrheit der in Frage stehenden Aussagen verbürgen" soll, unter Bedingungen stehen müsse, "deren Erfüllung nicht ihrerseits wieder an einem Konsensus orientiert sein kann". Berk meint dagegen (1979, 66f.), daß "ein genereller Zirkelverdacht gegen die Vorschläge einer Konsenstheorie der Wahrheit" nicht sehr ernst zu nehmen sei, denn irgendwann müsse man sich

auf einen faktischen Konsens verlassen, aber man dürfe dies auch, wenn er in der 'Beratung' nicht problematisiert werde.

229 Auch Ilting fragt sich, ob Habermas "nach normalem Verständnis" überhaupt eine "Konsensustheorie" vertrete (1976, 33f.).

230 Vor allem Mans legt Wert darauf, daß der Konsens "reproduzierbar" sein müsse (1974, 186).

231 Man nehme nur Apel 1973b, 425ff. und Habermas 1973b, 383ff.; 1983, 101f.

232 Alexy 1978, 34ff.

233 Albert 1975, 62.

234 Diese nur scheinbar wohlwollende Erklärungshilfe führt nicht allzu weit: Man wird wieder in den Zirkel des Konsenses zurückgeworfen, aus dem die ideale Sprechsituation gerade herausführen soll, denn Regeln sind ihrer logischen Natur nach normativ, d.h. sie verlangen eine Zustimmung, sollen sie gelten.

235 Man könnte zwar "die absichtliche Obstruktion des Diskurses durch einen Böswilligen, nicht jedoch die Frustrierung aller übrigen durch ein paar Gutwillige" unterbinden, meint Ilting (1976, 28). In dasselbe Horn stoßen Mans (1974, 193), Höffe (1976, 330) oder Naschold, für den eine unstrukturierte, symmetrische und simultane Diskussion "nicht zur Aufklärung, sondern zur Konfusion" führe (1969, 30). Ganz ironisch sagt es Weinrich, für den die Regeln des Diskurses ein "Dauer-Räsonnement" erzeugen müssen und deshalb in der Tat den Diskurs nur ein "Spiel" sein lassen können: "Es ist daher zu befürchten, daß der Diskurs nicht zu einem Konsens in der Wahrheit (was immer das sein mag) führt, sondern einzig und allein zu einem Konsens im Weiterreden: Diktatur des Sitzfleisches" (1973, 155f.). Auch für Lübbe ist die pragmatische "Diskursbegrenzung" nicht "Abstrich von einem Ideal", sondern die "transzendentale Bedingung von Diskursen" (1979, 199f.).

236 Ilting 1976, 24.

237 Vgl. Luhmann (in: Habermas/Luhmann 1971a, 328ff.

238 Dies versucht ausführlich Alexy für den praktischen Diskurs (1978, 233ff.). Habermas übernimmt dann diesen Katalog teilweise (1983, 97ff.).

239 "Statt neuer Einsichten" werde lediglich "etwas Altbekanntes" als "Lösung" angeboten: einerseits das Hempel-Oppenheim-Modell der wissenschaftlichen Erklärung "verbunden mit dem Problem der induktiven Generalisierung" und "andererseits die . . . Universalisierungsidee Kants" (Gölz 1978, 94f.).

240 Luhmann (in: Habermas 1971a, 343).

241 Dies ist die von Apel vorgeführte immanente Kritik des Kritischen Rationalismus (1976, 63ff.). Austin hat wohl recht: "If you say 'That's not enough', then you have in mind some more or less definite lack. . . . If there is no definite lack, which you are at least prepared to specify on being pressed, then it's silly (outrageous) just to go on saying 'That's not enough'" (1970, 84).

242 Auch Toulmins Argumentationsschema hilft nichts, weil dort keine Kriterien angegeben werden, wie zu verfahren sei, wenn die bisher akzeptierten Schlußregeln versagen sollten.

243 Winch 1979, 57ff.

244 "Die Antizipation einer idealen Sprechsituation ist . . . leichter als die Antizipation eines inhaltlichen Konsenses. Auch wenn jene per Unterstellung fungiert (und so Komplexität reduziert), ist damit noch keineswegs gesichert, daß auch Konsens antizipierbar ist" (Luhmann, in: Habermas 1971a, 342f.)

245 Schon Quine (1964, 23) und dann auch Hesse (1981, 382) wenden gegen Peirces "ideal limit" der empirischen Forschung ein (und damit auch gegen Popper), daß es keine Regeln gäbe,

die beweisen könnten, daß empirische Theorien sich asymptotisch der Wahrheit annähern.

246 "'Der Stoff wird immer mehr!', das ist die natürliche Klage jeder Wissenschaft. Läßt man daher den Wissenschaften völlig freien Lauf, so geben sie ihrem Hang zur Komplexitätssteigerung ungehemmt nach, und man kann sich sicher sein, daß selbst die Byzantinistik noch den Impuls entwickeln wird, sich nach Alt-, Mittel- und Neubyzantinistik zu differenzieren" (Weinrich 1973, 152f.).

247 Genau dies tut Weinrich unter Berufung auf Lübbe und Luhmann (1973, 161f.).

248 Schon Wittgenstein, für den laut Apel der Begriff des Befolgens einer Regel zentral sein solle, betont, daß es selbst bei Spielen nicht nur Regeln einer einzigen Art gebe. Neben den formellen Regeln finden sich informelle und für bestimmte Angelegenheiten überhaupt keine (PU §§ 68, 83f.).

249 Mans 1974, 218.

250 Kuhn (in: Lakatos 1974, 6).

251 So mit Recht Mans (1974, 207ff.).

252 Wiederum Thomas Kuhn (in: Lakatos 1974, 7).

253 Mans nennt solche Diskurse daher "regelkonstitutiv" im Unterschied zu den "regelkonstituierten" (1974, 218ff.).

254 "Charakteristisch für den Übergang zur Wissenschaft ist eben die Tatsache, daß man die kritische Diskussion verabschiedet" (Th. Kuhn, in: Lakatos 1974, 7).

255 Außer man formuliert eine glatte Tautologie: "die konsenserzielende Kraft des Argumentes beruht darauf, daß wir zwischen den verschiedenen Ebenen des Diskurses so oft hin und hergehen können, bis ein Konsens entsteht" (Habermas 1973c, 254f.).

256 Habermas in einem Brief an Alexy (in: Alexy 1978, 177).

257 So formuliert Apel (1973b, 416ff.) in Anlehnung an Kants "Faktum der Vernunft" als der Begründung des Kategorischen Imperativs. Der Vorwurf eines Naturalismus wird des öfteren gegen Habermas geäußert (z.B. Eickelpasch, Eckert).

258 Diese alte Argumentationsfigur zur Widerlegung des Skeptizismus und Relativismus faßt die Scholastik als den Widerspruch zwischen dem actus exercitus und dem actus signatus. Nicht nur Apel verwendet sie, um so eine transzendentalpragmatische Letztbegründung als möglich nachzuweisen (besonders - in 1976 - gegen das 'Münchhausen-Trilemma' von Albert), aber auch Habermas macht davon Gebrauch, um die kognitivistische Diskursethik gegen einen Wertskeptiker zu verteidigen (1983, 108ff.).

259 Mit dieser Verschärfung will Habermas (1973a, 152ff.) die angebliche "dezisionistische Restproblematik" bei Lorenzen und auch bei Apel austreiben, was vielleicht gegenüber Lorenzen gelten mag - obwohl der Briefwechsel zwischen Lorenzen und Kambartel (Kambartel 1974, 225ff.) eher dagegen spricht -, aber bei Apel sicherlich nicht stimmt (vgl. 1973b, 400; 1976, 81).

260 "If someone need die unvermeidliche Fiktion des reinen kommunikativen Handelns for the Humanität des Umgangs unter Menschen I wish him best of luck. I, for one, get along reasonably well without this fiction and don't really believe that my Humanität is thereby seriously affected" (Bar-Hillel 1973/74, 9).

261 Man nehme hierzu die schon erwähnte Einschränkung von Habermas (gegen Bubner), daß es nicht fair sei, ihn auf diese überzogene Formulierung festzulegen (in: Held/Thompson 1982, 233).

262 Searle 1971, 261ff.

263 Dies gibt Apel selbst zu (1976, 76f.).

264 Dies gilt nach Apel auch für das 'Sprachspiel' der Lüge, was natürlich prinzipiell stimmt, denn sonst hätte eine Lüge überhaupt keinen Sinn. Aber für die einzelnen Sätze und deren Wahrheit folgt daraus gar nichts, so daß diese Grundnorm als Kriterium nichts taugt.

265 Hervorhebung von mir, H.S.

266 "Verständigung ist ein normativer Begriff. Jede Verständigung bewährt sich an einem wahren Konsensus, oder sie ist keine wirkliche Verständigung" (Habermas 1971a, 123). Max Weber ist da etwas anderer Ansicht: Man könne ebenso zu der Einsicht kommen, "daß, warum und worüber man sich nicht einigen könne" (1973, 503).

267 Daß dieses "Einverständnis" (im emphatischen Sinn) die Ausnahme ist, sieht Habermas auch selbst (z.B. 1976a, 176f.).

268 Albert 1975, 139.

269 "The choice of the concept 'person' becomes 'transcendentally necessary' only after an option is taken for practical discursive rationality and individual humanity" (Hesse 1982, 387).

270 Der schon erwähnte Grund, warum Habermas den Ausdruck 'Universalpragmatik' vorzieht. Vgl. hierzu auch Habermas 1976a, 63ff., 92ff.

271 Mans hat gar nicht so unrecht, wenn er meint: "Wissen wir erst einmal, was wahr ist, dann wissen wir auch, wer vernünftig ist. Denn unvernünftig sind diejenigen, die nicht das als wahr anerkennen, was von den (selbst-) legitimierten gesellschaftlichen Gruppen als wahr anerkannt wird." Die Gruppe der Vernünftigen definiert also sich selbst implizit als 'vernünftig' (1974, 127).

272 Willms (in: Oelmüller 1978b, 241). Dasselbe mit anderen Worten behaupten auch Jäger, Narr und Kunstmann.

273 Habermas' historisch-rekonstruktive Versuche

zur Logik der "Evolution der Weltbilder" (bes. 1976b, 63ff., 92ff.) und seine Interpretation Kohlbergs zur Entwicklung des Moralbewußtseins (bes. 1983, 127ff.) zeigen dies ganz deutlich.

274 Dies ergibt sich z.B. aus dem Vergleich des 'mythischen' und des 'modernen Weltverständnisses' (Habermas 1981a, 72ff.).

275 'Vorurteil' im ganz neutralen Sinn der Hermeneutik verstanden, die auf die 'Vor-Struktur' des Verstehens aufmerksam machen will, wie sie Heidegger in 'Sein und Zeit' angedeutet, Gadamer dann in 'Wahrheit und Methode' systematisch ausgebaut hat.

276 "Ich brauche die ideale Sprechsituation zunächst einmal, um die normativen Grundlagen einer Kritischen Theorie zu rekonstruieren" (Habermas 1981d, 529).

277 Vor allem Heideggers Auffassung der Wahrheit als 'alétheia', als die "Ent-bergung des Seins". Daß Heidegger hier 'Sinn' und 'Wahrheit' verwechselt, zeigt Tugendhat (vgl. Apel 1973a, 43; Puntel 1978, 18f.).

278 Ein Staat oder ein Kunstwerk ist für Hegel "wahr", wenn sie das sind, was sie sein sollen, d.h. wenn ihre Realität ihrem "Begriff" entspricht (8, 424). Da für Hegel das "Reich der Logik" die "Wahrheit, wie sie ohne Hülle an und für sich ist", ist (4, 46), braucht es nicht zu verwundern, daß dann die Sprache der Ort der Wahrheit, das "Haus des Seins" (Heidegger) ist - zumal für Habermas, der den Bildungsprozeß des "Geistes" (im Sinne Hegels) sich in den Kategorien der Sprache, der Arbeit und der Interaktion abspielen läßt (1967, 9ff.).

279 Genauer gesagt: die Psychoanalyse in einer besimmten linguistischen Asulegung, die auf A. Lorenzer zurückgeht. Zur Kritik Lorenzers an Habermas vgl. Kunstmann (1977, 70ff.).

280 Die formale Semantik will daher auch nicht

'wahr schlechthin' definieren, sondern immer 'wahr-in-S', d.h. relativ auf ein <u>bestimmtes Sprachsystem</u>.

281 Dies ist die vereinfachte Interpretation des Versuches von Luhmann, "Wahrheit" als das "Kommunikationsmedium" des sozialen Systems "Wissenschaft" zu begreifen (<u>1972</u>, 232ff.).

282 Mans <u>1974</u>, 183.

283 Schnelle <u>1976</u>, 409.

284 Daher hält z.B. Schnelle (<u>1973</u>, 45) die Maxime des carnapschen "Toleranzprinzips" - jedermann ist frei, diejenige Sprache zu benutzen, die seinen Zwecken am ehesten genügt - für "humaner" als die Maxime des Prinzips der unbegrenzten Kommunikationsgemeinschaft.

285 Der common sense hätte freilich seine Probleme, wenn dann daraus gefolgert wird, daß "der normative Geltungsanspruch" als solcher in der "Unterstellung" bestehe, "daß er diskursiv eingelöst, also in einem argumentativ erzielten Konsensus der Beteiligten begründet werden könnte" (Habermas <u>1973a</u>, 144).

286 Deshalb ist für Kriele die 'Konsensustheorie' nur eine Variante dieser utilitaristischen Vertragstheorien (<u>1979</u>, 55ff.) und allein als "Sozialethik" und "Rechtsphilosophie" brauchbar (30f.), nicht aber dafür, "Sittlichkeit" und "Gerechtigkeit" zu begründen (<u>1979</u>, 57).

287 Außer man definiert die Ethik <u>als solche</u> schon 'sozial', wie es die Konstruktivisten allem Anschein nach tun (trotz der gegenteiligen Behauptung in Lorenzen/Schwemmer <u>1973</u>, 109).

288 Die bekanntesten Namen solcher nicht-kognitivistischen 'emotivistischen' Ethikauffassungen sind Hume und die analytischen Philosophen Ayer, Stevenson und auch Hare.

289 Dies ist eindeutig das Anliegen des 'frühen' Habermas. Daß dieses 'praktische' Programm

sich dann immer theoretischer ausrichtete, zeigt McCarthy (1980, 297ff.).

290 Dies ist eines der zentralen Themen in Habermas 1981a, b.

291 So der Vorwurf von Ilting (1979, 135f.), für den jede kognitivistische Ethik die Fragen der praktischen Vernunft analog denen der theoretischen behandelt.

292 Munition für dieses Argument böte ihnen Habermas jetzt, wenn er in einem Interview äußert: "theoretische Wahrheiten gibt es tatsächlich nur noch in der Form von Plausibilitäten. Ich habe, jedenfalls für mich selber, den emphatischen philosophischen Wahrheitsbegriff verabschiedet" (1981c, 155).

293 Der sog. 'good-reasons-approach' der analytischen Metaethik ist in der Wortwahl weniger zimperlich. Für Toulmin sind Wert- und Verpflichtungsurteile "true", wenn die Gründe, die solche Aussagen stützen, Tatsachenbehauptungen sind (1950, 74ff.); für Baier sind sie "true if they can be seen to be required or acceptable from the moral point of view" (1958, 183f.).

294 Eine knappe Zusammenfassung der 'emotive theory of ethics' von Stevenson (1944) findet sich bei Alexy (1978, 60ff.).

295 Man nehme die starke Aussage: "Denn der naive Geltungsanspruch von Handlungsnormen verweist (mindestens implizit) in jedem Fall auf diskursive Begründbarkeit" (Habermas 1973a, 139, Hervorhebung von mir, H.S.).

296 Habermas weist in einer Anmerkung (1983, 123) darauf hin, daß sich "eine etwas andere Formulierung desselben Grundsatzes" bei Kambartel finde.

297 So Habermas (1970a, 128). Apel verwendet in diesem Zusammenhang den Begriff der Wahrheit überhaupt nicht, obwohl nach seiner Meinung die Suche nach einer 'Letztbegründung' ethischer Normen genau dies anstrebe, was der

Begriff der Wahrheit im Bereich der theoretischen Erkenntnis leistet (vgl. 1973b, 393).

298 Lübbe 1979, 180f. "Nicht evidente Misere öffentlicher Normenbegründungspraxis provoziert die aktuellen Bemühungen zur methodischen Rekonstruktion dieser Praxis, sondern die tatsächlichen oder vermeintlichen Behauptungen von Philosophen oder sonstigen Intellektuellen, Normen seien einer methodischen Begründung nicht fähig" (182f.).

299 Lübbe 1978, 138f.

300 Die "faktische", "soziale" Geltung einer Norm wird dagegen durch das "Normendurchsetzungs- oder Normeninkraftsetzungsverfahren" begründet (Lübbe 1979, 185).

301 Habermas (1983, 173) unterscheidet dann ausdrücklich zwischen "faktisch anerkannten", d.h. "sozial geltenden" und "anerkennungswürdigen", d.h. "gültigen", "richtigen" Normen.

302 Dadurch werden Zwecke miteinander "verträglich" gemacht, ohne daß man sie verändern müsse (Lorenzen/Schwemmer 1973, 118ff.). Daß dies nicht immer funktioniert, versucht Kambartel zu zeigen (1974, 14f.).

303 Dieser Ausdruck stammt von Marquard. Er meint damit, daß die Frage: Warum gilt überhaupt etwas und nicht vielmehr nichts? zur "Nachfolgefrage der eigentlichen Totalfrage und Schöpfungsfrage" in der Gegenwart geworden sei (in: Oelmüller 1978b, 199).

304 Im politisch-rechtlichen Bereich der Normgeltung geht es zwar primär um die Normendurchsetzung, aber auch hier kann die Frage der sachlichen Gültigkeit eines Gesetzes nicht so ohne weiteres vom Tisch gewischt werden, da die bloße Legalität ohne die Legitimität nicht von Dauer sein kann (so Habermas, in: Oelmüller 1978a, 130). Dies gilt vor allem dann, wenn man in der Nachfolge von Max Weber die Legitimität mit der Motivation für den

Gesetzesgehorsam, d.h. dem Legitimitätsglauben in Verbindung bringt.

305 Vgl. Habermas 1973a, 144: "Das angemessene Modell ist nicht das Modell vertragsschließender Parteien . . . vielmehr die Kommunikationsgemeinschaft der Betroffenen, die als Beteiligte an einem praktischen Diskurs den Geltungsanspruch von Normen prüfen."

306 In etwa nach der Art der methodischen Präzisierung von Beratungsmodellen und Beratungstechniken der konstruktivistischen Ethikbegründung.

307 "Ich habe bisher keinen irgendwie systematischen Beitrag zur philosophischen Ethik oder zur praktischen Philosophie geleistet" (Habermas, in: Oelmüller 1978a, 123). Ähnlich Apel, wenn er (in: Oelmüller 1978a, 169) die Teile A (die transzendentalpragmatische Begründung einer Ethik des praktischen Diskurses) und B (die konkrete Normenbegründung in praktischen Diskursen) unterscheidet und sozusagen schuldbewußt feststellt, daß er selbst für den Teil B (noch?) nichts geleistet habe, obwohl dies dringlicher denn je sei.

308 Alexy nennt solche Diskurse "diskurstheoretische Diskurse", Schnädelbach spricht von "philosophischen Diskursen". Der sich anbietende Terminus 'Metadiskurs' verbietet sich, da solche "Diskurse über Diskurse" selber Diskurse sind (vgl. Habermas 1971a, 135),

309 Eine Reihe von sechs Argumenten zählt Höffe auf (1979, 245ff.).

310 Vgl. schon 1971b, 44f.; 1973a, 158.

311 So der Vorschlag von Krings (in: Oelmüller 1978b, 217ff.). Auch Taylor (1973, 74ff.) hält es für notwendig, bei der Begründung von Normen verschiedene Stufen zu unterscheiden: 1. "verification", die rein empirisch ist, da es um die Tatsachenfrage geht, ob das "evaluatum" die Standardbedingungen erfüllt, um als

Norm gelten zu können; 2. "validation": die Begründung von Normen durch Verweisen auf höhere Normen (Prinzipien); 3. "vindication", bei der es darum geht, diese höheren Normen, also das ganze Wertsystem zu rechtfertigen, was nur pragmatisch, d.h. mit dem Hinweis auf die 'Lebensform' geschehen könne. Allerdings sei dies keine blinde Entscheidung für irgendeine Lebensform, weil man sie - und dies ist die Vollendung der "vindication" - mit guten Gründen rechtfertigen könne: Es handelt sich also um eine "rationale Wahl". (Übrigens ist auch für Hare die letzte Begründung einer Ethik der Verweis auf die 'Lebensform', wohl im Anschluß an Wittgenstein: "Habe ich die Begründungen erschöpft, so bin ich auf dem harten Felsen angelangt, und mein Spaten biegt sich nun zurück. Ich bin dann geneigt zu sagen: 'So handle ich eben.'" (PU § 217).)

312 Ein ähnliches Problem stellt sich für die experimentierenden Naturwissenschaftler der 'normal science'. Auch sie können mit den Normen der Wissenschaftstheoretiker nicht viel anfangen, obwohl gerade deren Beachtung unabdingbar sein solle, um tatsächlich empirische Wissenschaft betreiben zu können.

313 Vgl. Habermas 1971b, 37, wo drei Funktionen unterschieden werden: "die Bildung und Fortbildung kritischer Theoreme", "die Organisation von Aufklärungsprozessen" und "die Wahl angemessener Strategien, die Lösung taktischer Fragen, die Führung des politischen Kampfes". In ähnlicher Weise unterscheidet er (1973b, 382) bei der Realisierbarkeit von Diskursen drei Frageebenen: ob es prinzipiell möglich sei; ob es historisch der Fall ist oder ob es politisch möglich ist. Auch Apel setzt die philosophische Herausarbeitung der transzendentalen Argumentationsvoraussetzungen deutlich von ihrer Verwirklichung in den Zuständen einer konkreten Gesellschaft ab (1973b, 426ff.).

314 Vgl. Wimmer 1980.

315 Habermas würde auf den Ausdruck 'Letztbegründung' verzichten, weil er zu sehr mit einem ungeschichtlichen Apriori assoziiert wird.

316 Habermas will, wie schon erwähnt, mit dieser Radikalisierung die angebliche "dezisionistische Restproblematik" bei Apel und Lorenzen austreiben.

317 Eine Konsequenz, die Hans Albert aus seinem 'Münchhausen-Trilemma' zieht (vgl. 1980, 8ff.).

318 Ziff 1962, 233. Pitkin (1972, 233f.) verweist in diesem Zusammenhang auf die Analyse des Geschmacksurteils durch Kant in der 'Kritik der Urteilskraft' (vor allem §§ 7 und 8).

319 Vgl. Schnädelbach 1984.

320 Die ausführlichste Darstellung ist wohl das Einleitungskapitel in Habermas' 'Theorie des kommunikativen Handelns'.

321 Trotz Apel, der mit seiner transzendentalen Vorgehensweise zwingende Beweise zu haben meint (vgl. in: Oelmüller 1978a, 197).

322 Nikom. Eth. 1094b 25ff. Pitkin (1972, 145ff.) belegt, daß diese gut wittgensteinsche Sicht der Rationalität moralischer Diskurse auch Waismann, Cavell oder Oakeshott vertreten.

323 So z.B. Girndt (1976, 63ff.), Krings (in: Oelmüller 1978b, 71), Höffe (1979, 248f.). Habermas gibt dies auch unumwunden zu: Die ideale Sprechsituation muß die Sprecher und Hörer schon "vorgängig" verbinden; "über dieses 'letzte' tragende und keineswegs erst herzustellende kontrafaktische Einverständnis" darf "eine Verständigung nicht erforderlich sein . . ., wenn anders Argumenten überhaupt konsenserzielende Kraft soll zukommen können" (1973c, 258). Kriele (1979, 65) geht noch weiter, wenn er "den demokratischen Verfassungsstaat" als eine notwendige Grundlage der ethischen Diskurstheorie hinstellt, ohne daß sie selbst in der Lage wäre, "diese Be-

dingungen selbst herstellen zu können".

324 Was Habermas unter einer 'rekonstruktiven' Wissenschaft versteht, findet man in 1976a, 190ff.

325 So Wellmer (1979, 173f.), aber auch Habermas' Überlegungen zu einer 'Logik der Weltbilder' (in 1976b) weisen in diese Richtung. Deshalb braucht es nicht zu verwundern, daß Habermas zwischen der idealen Sprechsituation und der 'original position' bei Rawls "gewisse Parallelen" entdeckt.

326 Die berühmte Formulierung in § 209 seiner 'Rechtsphilosophie': "Der Mensch gilt so, weil er Mensch ist, nicht weil Jude, Katholik, Protestant, Deutscher, Italiener u.s.f ist."

327 Diese Anspielung auf den für Gehlens Institutionenlehre zentralen Begriff will keineswegs eine heimliche Verwandtschaft beider unterstellen, obwohl sich Habermas ausführlich mit Gehlens Anthropologie beschäftigt hat.

328 Habermas bezeichnet dies als eine seiner Grundintentionen (1981c, 150f.).

329 Aus seiner Antrittsvorlesung 'Erkenntnis und Interesse' (1965, 163; Hervorhebung von mir).

330 Mit dieser Ansicht stimmen weder die 'reinen' Transzendentalphilosophen (wie z.B. Krings oder Girndt) überein, die entweder einen letzten Akt der Freiheit oder die praktische Vernunftnorm der Anerkennung auch als Voraussetzung des Diskurses fordern, noch ist z.B. Ilting dieser Meinung, für den jede Ethik einen Akt der Zustimmung voraussetzt.

331 Niekerk (1982, 185f.) sieht in dieser Entgegensetzung wieder ein Beispiel für die grundlegende Dichotomie, die Habermas' gesamtes Denken durchziehe. Wenn er dann Habermas gegen Habermas ausspielt, hat er nicht ganz unrecht, denn in 'Zur Logik der Sozialwissenschaften" hieß es noch: "Die beiden Ansätze

zu Theorien des sozialen Handelns verhalten sich komplementär: die Ebene adaptiven Verhaltens ist zu tief, die des kommunikativen Handelns zu hoch angesetzt. Soziales Handeln ist, soweit unsere historische Erfahrung reicht, stets beides gewesen - das gilt es zu begreifen" (1970, 182).

332 Zu dieser sozusagen empirischen Bestätigung der 'Diskursethik' durch Kohlbergs Theorie der Entwicklung des moralischen Bewußtseins nehme man jetzt Habermas 1983, 127ff.

333 Habermas diskutiert diese Probleme (1983, 182ff.).

334 "The option for ideal discourse is not then ungrounded, but its grounds are not transcendentally conclusive. . . . it seems that there might in principle be other such arguable options, and there certainly are other options in practice in our pluralist society" (Hesse 1981, 390).

335 Dieser Vorwurf biete sich nicht nur für Kant, sondern auch für die Rekonstruktion der kantischen Moralphilosophie auf sprachphilosophischer und handlungstheoretischer Basis an, also auch für die 'Konsensustheorie', so daß die Folgerung wäre: "Die moralische Intersubjektivität" kann sich "keineswegs zu einer Lebensform im Diesseits gestalten" (Bubner 1984, 201).

336 Vgl. dazu Hübner u.a. 1976.

337 Dazu ausführlich Schelsky 1975.

338 Für Habermas sind "die kontrafaktischen Bedingungen der idealen Sprechsituation" nichts anderes als "sprachtheoretische Bestimmungen für das, was wir herkömmlicherweise mit den Ideen der Wahrheit, der Freiheit und der Gerechtigkeit zu fassen suchen" (1971a, 139).

339 So Adorno (in: 1972, 36).

340 Mit der von Apel daraus gezogenen Folgerung, daß es für einen a-moralischen Menschen, so-

zusagen für einen Teufel, (transzendental-) logisch unmöglich sei, die Wahrheit zu sagen, ginge ein Wissenschaftstheoretiker der analytischen Richtung nicht so einfach konform.

341 "Ihre Transzendentalphilosophie ist politisch, aber Sie bezahlen das damit, daß Ihre Politik transzendentalphilosophisch wird" (Spaemann 1977, 141). Nur nebenbei bemerkt: Daß sich die Umgangsformen der Wissenschaftler kaum von denen der Politiker unterscheiden, kann jeder Universitätsangehörige aus eigener Erfahrung bestätigen.

342 W. Becker (in: Hübner u.a. 1976, 180).

343 Gemeint sind die Interviews mit Habermas in: Theory and Society 1 (1974) 57 und in: 1981d, 515ff.: "Heute lege ich Wert darauf, als Marxist zu gelten" (S. 516).

344 Vgl. Apel 1973b, 377, 432.

345 Hennis 1976, 25. Man findet eine ähnliche Ansicht auch bei Sontheimer (1976, 196ff.).

346 Exemplarisch Schelsky (1975, 300).

347 Sein Aufsatz: 'Die Scheinrevolution und ihre Kinder' (in: Die Linke antwortet Jürgen Habermas, Frankfurt 1968, 5-15). Ein weiteres Beispiel wäre, daß er jeden "Aktionismus" ablehnt, der sich zu seiner Legitimation auf die Kritische Theorie berufen will (1971a, 37; 1973a, 194f.).

348 In Anlehnung an Marx' Kennzeichnung der deutschen politischen Zustände (MEW 1, 380).

349 Schulz (1972, 171f.) wendet dies schon gegen die systemtheoretische Rekonstruktion durch Luhmann ein. Habermas macht dies deutlich: "Man darf sich die ideale Sprechsituation nicht als ein utopisches Muster für eine emanzipierte Gesellschaft vorstellen" (1981d, 529).

350 "Reine Legalität" wird sich auf die Dauer nicht "Anerkennung" sichern können, "wenn das Herrschaftssystem nicht unabhängig von

der rechtsförmigen Ausübung der Herrschaft legitimiert werden kann" (Habermas 1973a, 138), oder Apel (1973b, 375f.): "formaliter" haben "die für jede Demokratie fundamentale Konventionen (Staatsverträge, Verfassungen, Gesetze usw.) keine moralische Verbindlichkeit", "wenn es kein ethisches Prinzip gibt, das sowohl normativ verbindlich als auch intersubjektiv ist".

351 Der Titel der Dissertation von M. Zöller (Opladen 1975).

352 "Anarchy works. It fails to work when and if individuals refuse to accept the minimal rule for mutual tolerance" (Buchanan 1975, 4f.).

353 Spaemann 1977, 122.

354 Mit am härtesten formuliert diese Grundüberzeugung liberaler politischer Theorie Kant: "der Mensch ist ein Tier, das, wenn es unter andern seiner Gattung lebt, einen Herrn nötig hat" (Werkausgabe XI, Frankfurt 1964, 40).

355 Das Umschlagen von "Gesinnung" in "Gewalt" fürchtet nicht nur Max Weber (1971, 553); der locus classicus ist Hegels 'Phänomenologie des Geistes', in der die Tugendherrschaft Robespierres unter dem Titel "Die absolute Freiheit und der Schrecken" läuft.

356 Eckert 1971, 24.

357 "Die 'Herrschaft' der Öffentlichkeit ist ihrer eigenen Idee zufolge eine Ordnung, in der sich Herrschaft überhaupt auflöst" (Habermas 1962, 95), oder schon ganz in der späteren Wortwahl: ". . . die Idee der Auflösung der Herrschaft in jenen leichtfüßigen Zwang, der nurmehr in der zwingenden Einsicht einer öffentlichen Meinung sich durchsetzt" (101).

358 Sein Aufsatz 'Freiheit und Terror' (in: Oelmüller 1978b, 126-139).

359 Aristoteles, Politik 1317b 10ff. Nach Platon lebt man in dieser "anmutigen", "regierungs-

losen", "buntscheckigen" Verfassung ohne irgendeine "Ordnung oder Notwendigkeit" (Politeia 557f.).

360 So Spaemann (1977, 123).

361 Es wäre dann die berühmte Stelle des 'Anti-Dühring' gemeint, wo die "Verwaltung von Sachen" an die Stelle der "Regierung über Personen" treten soll (MEW 20, 262). Noch besser paßte Lenin, wenn er schreibt, daß in der kommunistischen Gesellschaft die "Menschen sich nach und nach gewöhnen werden, die elementaren, von alters her bekannten und seit Jahrtausenden in allen Vorschriften gepredigten Regeln des gesellschaftlichen Zusammenlebens einzuhalten, sie ohne Gewalt, ohne Zwang, ohne Unterordnung, ohne den besonderen Zwangsapparat, der sich Staat nennt, einzuhalten" ('Staat und Revolution', V. Kapitel 2. Absatz).

362 Habermas' Replik (in: Fach 1978, 131).

363 Kriele 1980, passim.

364 Kriele 1979, 30.

365 Und auch 'rechter' Kritiker! Vgl. Jäger 1975; Sontheimer u.a. 1970.

366 Eine Zusammenfassung der Argumente bringt Scharpf (1970, 54ff.).

367 Trotz der Bemerkung, daß die bürgerliche Demokratietheorie "von Anbeginn in einer radikalen und in einer zum Liberalismus führenden Fassung vertreten worden ist" (Habermas 1973a, 169).

368 Macpherson schließt sich dieser Formulierung von Carol Pateman an (1983, 101). Für Dahl ist es sowieso klar: "there is no democratic theory - there are only democratic theories" (1956, 1).

369 Hennis (1976, 24) fragt sich in diesem Zusammenhang zurecht, warum etwas (von Fraenkel und Schumpeter) als 'klassisch' bezeichnet wird, das dann fast im selben Atemzug als un-

sinnige, unrealisierbare Phantasterei und Vulgärideologie abgetan wird. Im übrigen ist es auch Habermas nicht verborgen geblieben, daß es nach Rousseaus Ansicht niemals eine wahrhafte Demokratie unter den Menschen gegeben habe und wohl auch nie geben wird (1976b, 280).

370 Stevensons 'emotive theory of ethics' bietet sich hier an, da er davon ausgeht, daß ethische Prädikate gar nicht zur Wiedergabe von Sachverhalten benutzt werden, sondern primär, um positive oder negative 'Einstellungen' zu erzeugen oder zu bestärken. Daher ist nicht der deskriptive Gehalt ("belief") solcher Ausdrücke, sondern der emotive ("attitude") entscheidend.

371 "Today the term democracy is like an ancient kitchen midden packed with assorted leftovers from twenty-five hundred years of nearly continuous usage" (Dahl 1982, 5).

372 Als Illustration kann die Kontroverse zwischen Naschold und Luhmann über den systemtheoretischen Demokratiebegriff dienen (in der 'Politischen Vierteljahresschrift' der Jahre 1968/69).

373 Dahrendorf 1966, 177. Dies ist auch das Gemeingut der amerikanischen Publizistik ("the methods of science are those of democracy", Lührsen 1951, 34).

374 Vgl. Dahrendorf 1972.

375 Man denke nur an Habermas' Entwicklung des "Interesses an Vernunft" im Anschluß an Fichte (1968a, 253ff.).

376 Schumpeter 1950, 383f. Die Quintessenz ist: "Die Demokratie ist eine politische Methode, das heißt: eine gewisse Art institutioneller Ordnung, um zu politischen . . . Entscheidungen zu gelangen, und daher unfähig, selbst ein Ziel zu sein."

377 Außer man hat semantische Vorbehalte, da ein 'Interesse' per definitionem partikular zu

sein scheint (so Niekerk 1982, 90 oder auch Hirsch-Weber (1969, 98ff.), der den bloß formelhaften und deshalb eher unbrauchbaren Charakter der ähnlich gelagerten Begriffe des objektiven oder Allgemeininteresses diskutiert).

378 Daß Habermas dieser nur ein einziges Mal verwendete Ausdruck selbst nicht ganz behagt, verrät seine Korrektur in: Politische Vierteljahresschrift, Sonderheft 7 (1976) 76ff.).

379 Lübbe 1979, 201.

380 Narr/Runze argumentieren eher von einem orthodox-marxistischen Standpunkt aus: Weder der Produktions- und Reproduktionsprozeß würden einbezogen, noch "die substanzgeladenen Begriffe der Aufklärung", die in der herrschaftsfreien Kommunikation impliziert sein sollen, einer "Soziogenese" unterworfen. Willms führt eine "Systemvernunft" ins Feld, die (wie Hegel) Vernunft nicht als subjektiv-abstrakte Autonomie, sondern als objektive, in konkreten Institutionen verwirklichte versteht, während Gadamer in der herrschaftsfreien Diskussion ein "falsches ontologisches Selbstverständnis" von "erschreckender Irrealität" erkennt, das der condition humaine nicht angemessen sei.

381 Willms lanciert immer wieder diesen Vorwurf, wenn er Kant-Fichte mit Habermas, Hegel-Marx mit Luhmann parallelisiert (z.B. 1973, 204). Nicht viel anders ist es bei Kunstmann (1977, 27ff., 94f.), Jäger (1975, 54f.) und Narr/Runze (1974, 71f.).

382 Narr/Runze 1974, 71.

383 'Rechtsphilosophie' § 135 - womit auch der Bezugspunkt für Lübbes Terrorismusverdacht gegeben ist: Das Diskursprinzip der Normgeltung ist ein "terroristischer Imperativ", der "exakt" die "Grundstrukturen totalitärer Herrschaft" wiedergibt (in: Oelmüller 1978b, 193f.)

384 Apel 1973b, 430f. Marquard spricht einem aus der Seele, wenn er nicht sieht, was daran eine Lösung sein solle: "Was mehr Schwierigkeiten bringt als beseitigt, scheint mir keine Lösung zu sein. . . . Würde Apel nicht zweckmäßigerweise als Aporie fordern, was er als Lösung angibt, aus der man eine Zielstrategie entwickeln kann" (in: Oelmüller 1978a, 193f.).

385 Dieser Ansicht ist auch Wellmer (1979, 169f.) - ein Befürworter des Diskursprinzips! Die mageren Andeutungen bei Apel (1973b, 427 mit Bezug auf M. Weber) sind zu wenig, und auch Habermas' Berufung auf die praktische Klugheit für eine situationsbezogene Anwendung der Regeln der 'Diskursethik', "die der diskursethisch ausgelegten praktischen Vernunft vorgeordnet ist" (1983, 114), ist zu dürftig.

386 Wie es Wellmer tut (1979, 161).

387 Vgl. Habermas 1981a, 110ff.; 1983, 117ff. Erst hier wird dann deutlich, daß Lebensformen "stets im Plural auftreten" und als "Totalitäten" nicht "im ganzen moralischen Gesichtspunkten unterworfen" werden dürfen, da diese sich "nur auf eine Dimension innerhalb einer Lebenswelt" beziehen (1984b, 233).

388 "Die unversehens vorgenommene Transposition eines Begriffes von einer Ebene auf eine andere", also die Behandlung des normativen Begriffes des Diskurses unmittelbar als einen Begriff der praktischen Philosophie, erzielt "einen unerwarteten Effekt - in der Regel einen komischen, wie der witzige Beitrag von Harald Weinrich zeigt" (Habermas 1973b, 382).

389 Diese Unterscheidung geht auf Carl Schmitt zurück. Habermas erwähnt sie bereits in seiner Habilitationsschrift (z.B. 1962, 198), aber einen systematischen Stellenwert erhält sie erst in den 'Legitimationsproblemen' (1973a, 155).

390 Es muß "ein Machtgleichgewicht der beteilig-

ten Parteien und die Nicht-Verallgemeinerungsfähigkeit der verhandelten Interessen" gegeben sein (1973a, 155).

391 "Die neomarxistischen Aufklärer halten sich die Hände sauber; sie wollen nur 'aufklären' und allenfalls helfen, Aufklärung zu 'organisieren' - den strategischen Kampf führen die anderen" (Kriele 1980, 166).

392 Auch Apel ist sich vollkommen klar darüber, daß "die philosophische Ethik" das "konkrete Situationsengagement" nicht "deduzieren" kann (1973b, 433).

393 Auf diese Idee könnte man kommen, wenn man den für die erste Stufe der 'Theorie des praktischen Wissens' verwendeten Begriff der 'Kulturdeutung' im Auge hat (Lorenzen/Schwemmer 1973, 190ff.).

394 So der Vorwurf von Spaemann (1977, 124), was Habermas (S. 134) mit vollem Recht energisch bestreitet.

395 Dies unterstreicht Habermas ausdrücklich (1979, 298) gegen den 'kommunikativen' Machtbegriff von Hannah Arendt.

396 "Der Versuch, ein Äquivalent für das anzugeben, was einmal mit der Idee des guten Lebens gemeint war, darf nicht dazu verleiten, aus dem prozeduralen Begriff der Rationalität, mit dem uns das dezentrierte Weltverständnis der Moderne zurückgelassen hat, eine Idee des guten Lebens abzuleiten" (Habermas 1981a, 112). Ob für diese etwas verspätet kommende Erkenntnis der an dieser Stelle zitierte Wellmer Hilfestellung geleistet hat?

397 Kriele 1979, 61.

398 Willms 1973, 204.

399 Dies gilt sowohl für Apel, der den systemtheoretischen Überlegungen für die "Überlebensstrategie" eine durchaus positive und auch wichtige Rolle zuweist (1973b, 431), als auch für Habermas, der seine 'Theorie des kommuni-

kativen Handelns' auch als eine "Theorie der Moderne" versteht, in der ein Gesellschaftsbegriff entwickelt werden soll, der "System- und Handlungstheorie zusammenführt" (1981c, 135).

400 Allerdings glaubt Habermas "nicht mehr so recht" daran, daß 'Sozialismus' "wirklich noch eine totale demokratische Umstrukturierung des Wirtschaftssystems von oben nach unten bedeuten kann, d.h. eine Transformation der kapitalistischen Wirtschaft nach Modellen der Selbstverwaltung oder der Rätedemokratie" (1981d, 503f.).

401 "Principles provide an orientation, not a path; a compass, not a map" (Dahl 1970, 104).

402 Dahl ist der durchaus plausiblen Überzeugung, daß dieser scheinbar bloß quantitative Unterschied für eine Theorie der Demokratie tiefgreifende Folgen haben muß (1982, 4ff.).

403 In diesem Punkt sieht Bubner einen wesentlichen Fortschritt bei Habermas: "jedenfalls ist der oft geforderte Schritt vollzogen, der die Kommunikationstheorie von ihrer zwanghaften Gegenstellung gegen alles Bestehende erlöst" (1982, 345).

404 Dies unterstellt Spinner, wenn er 'Konsensustheorie' und Kritischen Rationalismus in friedlicher Eintracht auf die gern verwendete Metapher der 'Gelehrtenrepublik' festnagelt. So benutzen z.B. auch Polanyi und Merton das Bild der 'republic of science' dazu, die 'scientific community' als den Mikrokosmos der Gesellschaft anzusehen und so das Verständnis der Gesellschaft und die Einrichtung ihrer Institutionen überhaupt nach dem Muster der wissenschaftlichen Problemlösungspraxis zu strukturieren (1978, 73ff., 541ff.).

405 Schelsky meint, daß schon der "Tugendterrorist" Fichte die Universität, Kirche, Schule usw. als "Gegengesellschaft" oder als "Modell der neuen Gesellschaft" verkündet habe und dies nicht nur eine Spezialität der modernen

"Sinnproduzenten" sei (1975, 245).

406 Dahl 1976, 1.

407 "So ist es z.B. dem Politiker - und nicht nur ihm - mit Rücksicht auf die zu verantwortenden Konsequenzen oft nicht möglich, das fundamentale Gebot jeder Kommunikationsethik . . . einzuhalten, das die Lüge verbietet. Das gleiche gilt für das Verbot, einen Menschen bloß als Mittel, und nicht auch als Selbstzweck zu behandeln" (Apel 1973b, 428). Ähnlich der schon erwähnte Einwand von Habermas gegen H. Arendt, der sich so zusammenfassen läßt: "Politik kann nicht, wie bei Hannah Arendt, mit der Praxis derer, die miteinander reden, um gemeinschaftlich zu handeln, identisch sein" (1979, 301).

408 Zu dieser für die Systemtheorie zentralen Unterscheidung von Bezugsgesichtspunkten konsultiere man die Aufsätze von Luhmann (1972, bes. 9ff., 31ff.). Infolgedessen wird auch der Begriff der Rationalität relativiert: ob etwas "rational" ist, kann nur "im Rahmen und nach Maßgabe von Systemreferenzen" bestimmt werden (1972, 47).

409 Das Problem der "Vermittlung", wie "die in ihre Momente auseinandergetretene Vernunft innerhalb der kulturellen Bereiche ihre Einheit wahren" kann (Habermas 1983, 25), ist eines der Leitmotive seiner 'Theorie des kommunikativen Handelns'.

410 Vgl. Luhmann 1972, 188f..

411 Diesen Gedanken entwickelt u.a. Wellmer in seiner Adornointerpretation (1985, 48ff., 135ff.); er setzt sich freilich gegen die 'postmodernistische' Philosophie eines Lyotard ab, die man in gewisser Weise durchaus so kennzeichnen könnte, daß in die Einheit der Vernunft - sozusagen das Erbe der 'Moderne' - in disparate Bereiche oder 'Sprachspiele' auseinanderfällt.

412 Habermas 1971a, 139f., wo "die Bedingungen

einer idealen Lebensform" (im Singular!) hingestellt werden und vom idealisierten Gespräch "als einer in Zukunft zu realisierenden Lebensform" (wiederum im Singular!) gesprochen wird. In ähnlich mißverständlicher Weise postuliert Apel eine "geschichtliche Auflösung" des (dialektischen) "Widerspruchs" von "realer" und "idealer Kommunikationsgemeinschaft" (1973b, 431, Hervorhebung von mir, H.S.).

Literaturverzeichnis

Es werden nur solche Titel angeführt, die in dieser Arbeit erwähnt und zitiert worden sind.

Adorno, Th. W. u.a.: Der Positivismusstreit in der deutschen Soziologie, Neuwied/Berlin 1972.

Albert, H. (1975): Transzendentale Träumereien. Karl-Otto Apels Sprachspiele und sein hermeneutischer Gott, Hamburg 1975.

-- (1980): Traktat über kritische Vernunft, Tübingen ^{4}1980.

Alexy, R. (1978a): Theorie der juristischen Argumentation. Die Theorie des rationalen Diskurses als Theorie der juristischen Begründung, Frankfurt 1978.

-- (1978b): Eine Theorie des praktischen Diskurses, in: Oelmüller 1978b, 22-58.

Apel, K.-O. (1973a, b): Transformation der Philosophie, 2 Bände, Frankfurt 1973.

-- (1973c): Programmatische Bemerkungen zur Idee einer 'transzendentalen Sprachpragmatik', in: Studia Philosohica in honorem Sven Krohn, hrsg. v. Timo Airaksinen/Risto Hilpinen, Turku 1973, 11-35.

-- (1974): Zur Idee einer transzendentalen Sprach-Pragmatik, in: J. Simon (Hrsg.): Aspekte und Probleme der Sprachphilosophie, Freiburg/München 1974, 283-326.

-- (1976a): Sprechakttheorie und transzendentale Sprachpragmatik zur Frage ethischer Normen, in: K.-O. Apel (Hrsg.): Sprachpragmatik und Philosophie, Frankfurt 1976, 10-173.

-- (1976b): Das Problem der philosophischen Letztbegründung im Lichte einer transzendentalen Sprachpragmatik, in: B. Kanitscheider (Hrsg.): Sprache und Erkenntnis. Festschrift für G. Frey zum 60. Geburtstag, Innsbruck 1976, 55-82.

-- (1978): Der Ansatz von Apel, in: Oelmüller 1978a, 166-203.

-- (1979a): Types of Social Science in the Light of Human Cognitive Interests, in: S.C. Brown (ed.): Philosophical Disputes in the Social Sciences, Brighton 1979, 3-50.

-- (1979b): Die Erklären:Verstehen-Kontroverse in transzendentalpragmatischer Sicht, Frankfurt 1979.

-- (1984): Das Problem einer philosophischen Theorie der Rationalitätstypen, in: Schnädelbach 1984, 15-31.

Arbeitsgruppe Bielefelder Soziologen: Alltagwissen, Interaktion und gesellschaftliche Wirklichkeit 1, Reinbek 1973.

Austin, J. L. (1950): Wahrheit, in: J.L. Austin: Wort und Bedeutung. Philosophische Aufsätze, München 1975, 37-54 (engl. 1950).

-- (1955): How to Do Things with Words, Oxford 1962 (entst. 1955).

-- (1958): Performative und konstatierende Äußerung, in: R. Bubner (Hrsg.): Sprache und Analysis, Göttingen 1968, 140-153 (engl. 1958).

-- (1970): Philosophical Papers, Oxford 1970.

Ayer, A.J.: The Origins of Pragmatism, London u.a. 1968.

Baier, K.: The Moral Point of View. A Rational Basis of Ethics, New York [2]1965.

Ballmer, Th.: Probleme der Klassifikation von Sprechakten, in: Grewendorf 1979, 247-274.

Bar-Hillel, Y.: On Habermas' Hermeneutic Philosophy of Language, in: Synthese 26 (1973/74) 1-11.

Berger, P./Luckmann, Th.: Die gesellschaftliche Konstruktion der Wirklichkeit, Stuttgart 1969.

Berk, U.: Konstruktive Argumentationstheorie, Stuttgart/Bad Cannstatt 1979.

Black, M.: The Semantic Definition of Truth, in: M. Black: Language and Philosophy, Ithaca, N. Y. 1949, 91-107.

Böhme, G.: Die Ausdifferenzierung wissenschaftlicher Diskurse, in: Wissenschaftssoziologie, Sonderheft der Kölner Zeitschrift für Soziologie und Sozialphilosophie, Opladen 1975, 231-235.

Böhme, G./van den Daele, W./Krohn, W.: Die Finalisierung der Wissenschaft, in: W. Diederich (Hrsg.): Theorien der Wissenschaftsgeschichte, Frankfurt 1974, 276-311.

Bubner, R. (1973): Dialektik und Wissenschaft, Frankfurt 1973.

-- (1982): Rationalität als Lebensform, in: Merkur 406 (1982) 341-355.

-- (1984): Rationalität, Lebensform und Geschichte, in: Schnädelbach 1984, 198-217.

Buchanan, J.: The Limits of Liberty, Chicago/London 1975.

Bühler, K.: Sprachtheorie. Die Darstellungsfunktion der Sprache, Stuttgart 1965 (1934).

Bunge, M.: Treatise on Basic Philosophy. Vol. 2: Semantics II, Interpretation and Truth, Dordrecht/Boston 1974.

Carnap, R.: Truth and Confirmation, in: H. Feigl/ W. Sellars (eds.): Readings in Philosophical Analysis, New York 1949, 119-127.

Dahl, R. (1970): After the Revolution, New Haven, 1970.

-- (1976): Vorstufen zur Demokratie-Theorie, Tübingen 1976.

-- (1982): Dilemmas of Pluralist Democracy, New Haven 1982.

Dahrendorf, R. (1966): Gesellschaft und Demokratie in Deutschland, München 1966.

-- (1972): Ungewißheit, Wissenschaft und Demokratie, in: ders.: Konflikt und Freiheit, München 1972.

Davidson, D. (1969a): True to the Facts, in: The Journal of Philosophy 66 (1969) 748-764.

-- (1969b): Truth and Meaning, in: J.W. Davis/ J.D. Hockney/W.K. Wilson (eds.): Philosophical Logic, Dordrecht 1969, 1-20.

Dummett, M.: Frege - Philosophy of Language, London 1973.

-- (1976): What is a Theory of Meaning? in: G. Evans/J. McDowell (eds.): Truth and Meaning, Oxford 1976, 67-137.

Eckert, R.: Wissenschaft und Demokratie, Tübingen 1971.

Eickelpasch, R.: Arbeit - Interaktion - Diskurs. Zur anthropologischen Begründung der Gesellschaftskritik bei Jürgen Habermas, in: Zeitschrift für Soziologie 3 (1974) 201-214.

Fach, W.: Diskurs und Herrschaft - Überlegungen zu Habermas' Legitimationslogik, in: Zeitschrift für Soziologie 3 (1974) 221-228.

Fach, W./Habermas, J.: Kontroverse über 'Herrschaft und Legitimität', in: W. Fach/U. Degen (Hrsg.): Politische Legitimität, Frankfurt/ New York 1978, 117-134.

Feuerbach, L.: Das Wesen des Christentums, in: Ludwig Feuerbach. Werke in sechs Bänden, hrsg. v. E. Thies, Band V, Frankfurt 1976 (1841).

Fraenkel, E.: Demokratie und öffentliche Meinung, in: E. Fraenkel: Deutschland und die westlichen Demokratien, Stuttgart u.a. [4]1968, 141-164.

Frankena, W.K.: Analytische Ethik, München 1975.

Franzen, W.: Die Bedeutung von 'wahr' und 'Wahrheit', Freiburg/München 1982.

Frege, G. (1966a): Funktion, Begriff und Bedeutung. Fünf logische Studien, Göttingen 1966.

-- (1966b): Logische Untersuchungen, Göttingen 1966.

Freundlieb, D.: Zur Problematik einer Diskurstheorie der Wahrheit, in: Zeitschrift für allgemeine Wissenschaftstheorie 6 (1975) 82-107.

Furberg, M.: Saying and Meaning. A Main Theme in J.L. Austin's Philosophy, Oxford [2]1971.

Geach, P.: Assertion, in: P. Geach: Logic Matters, Oxford 1972, 254-269.

Girndt, H.: Zum Problem der Legitimation politischen Handelns. Eine Auseinandersetzung mit Jürgen Habermas, in: Legitimationsprobleme politischer Systeme, Sonderheft 7 (1976) der Politischen Vierteljahresschrift, 62-71.

Gölz, W.: Begründungsprobleme der praktischen Philosophie, Stuttgart/Bad Cannstatt 1978.

Grewendorf, G. (1972): Sprache ohne Kontext. Zur Kritik der performativen Analyse, in: D. Wunderlich (Hrsg.): Linguistische Pragmatik, Frankfurt 1972, 144-182.

-- (1979) (Hrsg.): Sprechakttheorie und Semantik, Frankfurt 1979.

Habermas, J. (1958): Zum Begriff der politischen Beteiligung, in: Habermas 1973b, 9-60.

-- (1962): Strukturwandel der Öffentlichkeit, Neuwied/Berlin 1962.

-- (1963): Dogmatismus, Vernunft und Entscheidung, in: Habermas 1971b, 307-335.

-- (1964): Gegen einen positivistisch halbierten Rationalismus, in: Adorno u.a. 1972, 235-266.

-- (1965): Erkenntnis und Interesse, in: Habermas 1968b, 146-158.

-- (1967): Arbeit und Interaktion, in: Habermas 1968b, 9-47.

-- (1968a): Erkenntnis und Interesse, Frankfurt 1973.

-- (1968b): Technik und Wissenschaft als 'Ideologie', Frankfurt 1968.

-- (1969): Protestbewegung und Hochschulreform, Frankfurt 1969.

-- (1970a): Der Universalitätsanspruch der Hermeneutik, in: Hermeneutik und Ideologiekritik, Frankfurt 1971, 120-159.

-- (1970b): Zur Logik der Sozialwissenschaften, Frankfurt 1970.

-- (1971a) J. Habermas/N. Luhmann, Theorie der Gesellschaft oder Sozialtechnologie - Was leistet die Systemforschung? Frankfurt 1971.

-- (1971b): Theorie und Praxis, Frankfurt [4]1971.

-- (1971c): Philosophisch-politische Profile, Frankfurt 1971.

-- (1973a): Legitimationsprobleme im Spätkapitalismus, Frankfurt 1973.

-- (1973b): Kultur und Kritik, Frankfurt 1973.

-- (1973c): Wahrheitstheorien, in: Wirklichkeit und Reflexion. Walter Schulz zum 60. Geburtstag, Pfullingen 1973, 211-265.

-- (1973d): Nachwort zu 'Erkenntnis und Interesse', Frankfurt 1973, 367-417.

-- (1976a): Was heißt Universalpragmatik? in: K.-O. Apel (Hrsg.): Sprachpragmatik und Philosophie, Frankfurt 1976, 174-272.

-- (1976b): Zur Rekonstruktion des Historischen Materialismus, Frankfurt 1976.

-- (1979): Hannah Arendts Begriff der Macht, in: A. Reif (Hrsg.): Hannah Arendt. Materialien zu ihrem Werk, Wien u.a. 1979, 287-305.

-- (1981a, b): Theorie des kommunikativen Handelns, Band 1 u. 2, Frankfurt 1981.

-- (1981c): Dialektik der Rationalisierung. Jürgen Habermas im Gespräch, in: Ästhetik und Kommunikation 45/46 (1981) 126-155.

-- (1981d): Kleine Politische Schriften (I-IV),

Frankfurt 1981.

-- (1983): Moralbewußtsein und kommunikatives Handeln, Frankfurt 1983.

-- (1984a): Vorstudien und Ergänzungen zur Theorie des kommunikativen Handelns, Frankfurt 1984.

-- (1984b): Über Moralität und Sittlichkeit - Was macht eine Lebensform 'rational'? in: Schnädelbach 1984, 218-235.

Hanna, J.F.: An Explication of 'Explication', in: Philosophy of Science 35 (1968) 28-44.

Hennis, W.: Legitimität, in: Merkur 30 (1976) 17-36.

Hentig, H.: Konsenstheorie. Über die Schwierigkeit, gemeinsam nützlichen Wahrheiten näherzukommen, in: Neue Sammlung 13 (1973) 265-283.

Hesse, M.: Habermas' Consensus Theory of Truth, in: P.D. Asquith/I. Hacking (eds.): PSA 1978 (Proceedings of the 1978 Biennial Meeting of the Philosophy of Science Association) vol. 2, East Lansing, Mich. 1981, 373-396.

Höffe, O. (1976): Kritische Überlegungen zur Konsensustheorie der Wahrheit (Habermas), in: Phil. Jahrbuch 83 (1976) 313-332.

-- (1979): Ethik und Politik, Frankfurt 1979.

Hübner, K./Lobkowicz, N./Lübbe, H./Radnitzky, G. (Hrsg.): Die politische Herausforderung der Wissenschaft, Hamburg 1976.

Ilting, K.-H. (1972): Anerkennung, in: G.-G. Grau (Hrsg.): Probleme der Ethik, Freiburg/ München 1972, 83-107.

-- (1976): Geltung als Konsens, in: neue hefte für philosophie 10 (1976) 20-50.

-- (1979): Wahrheit und Verbindlichkeit, in: K. Lorenz (Hrsg.): Konstruktionen versus Positionen, Band 2, Berlin/New York 1979, 115-145.

Jäger, W.: Öffentlichkeit und Parlamentarismus. Eine Kritik an Jürgen Habermas, Stuttgart 1973.

-- (1975): Repräsentative Demokratie oder Gelehrtenrepublik? in: D.Oberndörfer/W.Jäger (Hrsg.): Die neue Elite, Freiburg 1975, 45-58.

James, W.: The Meaning of Truth, New York 1909.

Janich, P./Kambartel, F./Mittelstraß, J.: Wissenschaftstheorie als Wissenschaftskritik, Frankfurt 1974.

Kambartel, F. (Hrsg.): Praktische Philosophie und konstruktive Wissenschaftstheorie, Frankfurt 1974.

Kamlah, W.: Der moderne Wahrheitsbegriff, in: Einsichten. Festschrift für G. Krüger, Frankfurt 1962, 107-130.

Kamlah, W./Lorenzen, P. (1967): Logische Propädeutik, Mannheim u.a. 21973.

Kriele, M. (1979): Recht und praktische Vernunft, Göttingen 1979.

-- (1980): Befreiung und politische Aufklärung, Freiburg u.a. 1980.

Kunstmann, W.: Gesellschaft, Emanzipation, Diskurs, München 1977.

Lakatos, I./Musgrave, A. (Hrsg.): Kritik und Erkenntnisfortschritt, Braunschweig 1974.

Lehrer, K.: When Rational Disagreement Is Impossible, in: Nous 10 (1976) 327-332.

Lewis, D.: Konventionen, New York/Berlin 1975.

Lorenz, K. (1968): Dialogspiele als semantische Grundlage von Logikkalkülen, in: Archiv für mathematische Logik und Grundlagenforschung 11 (1968).

-- (1972): Der dialogische Wahrheitsbegriff, in: neue hefte für philosophie 2/3 (1972) 111-123.

Lorenz, K./Lorenzen, P.: Dialogische Logik, Darmstadt 1978.

Lorenzen, P. (1958): Formale Logik, Berlin 1958.

-- (1962): Metamathematik, Mannheim 1962.

Lorenzen, P./Schwemmer, O.: Konstruktive Logik, Ethik und Wissenschaftstheorie, Mannheim 1973.

Lübbe, H. (1978a): Pragmatismus oder die Kunst der Diskursbegrenzung, in: Oelmüller 1978b, 118-125.

-- (1978b): Freiheit und Terror, in: Oelmüller 1978b, 126-139.

-- (1979): Die Begründbarkeit von Normen und die sogenannte Wertfreiheit der Wissenschaften, in: A. Paus (Hrsg.): Werte, Rechte, Normen, Kevelaer 1979, 171-202.

Lührsen, H. D.: Die Diskussion als ein Element der Demokratie, Diss. Jur. Köln 1951.

Luhmann, N.: Soziologische Aufklärung 1, Opladen 1972.

Macpherson, C.B.: Nachruf auf die liberale Demokratie, Frankfurt 1983.

Mans, D.: Intersubjektivitätstheorien der Wahrheit, Diss. Phil. Frankfurt 1974.

Martin, R.: Truth and Its Illicit Surrogates, in: neue hefte für philosophie 2/3 (1972) 95-110.

McCarthy, Th.: A Theory of Communicative Competence, in: Philosophy of the Social Sciences 2 (1972) 135-156.

--: Kritik der Verständigungsverhältnisse, Frankfurt 1980.

Mittelstraß, J.: Die Möglichkeit von Wissenschaft, Frankfurt 1974.

Moore, G.E.: Principia Ethica, Cambridge 1903.

Morris, Ch. W.: Grundlagen der Zeichentheorie (1938). Ästhetik und Zeichentheorie (1939), München 1972.

Murphey, M. G.: The Development of Peirce's Philosophy, Cambridge, Mass. 1961.

Naess, A.: 'Truth' as Conceived by Those Who Are Not Professional Philosophers, Oslo 1938.

Narr, W.-D./Runze, D.: Zur Kritik der politischen Soziologie, in: F. Maciejewski (Hrsg.): Theorie der Gesellschaft oder Sozialtechnologie, Supplement 2, Frankfurt 1974, 7-91.

Naschold, F.: Organisation und Demokratie, Stuttgart 1969.

van Niekerk, P.J.: Demokratie und Mündigkeit - Eine kritische Auseinandersetzung mit der politischen Philosophie von Jürgen Habermas, Diss. Phil. Frankfurt 1982.

Nietzsche, F.: Der Wille zur Macht, Leipzig 1920.

Oehler, K.: Der Consensus omnium als Kriterium der Wahrheit in der antiken Philosophie und Patristik, in: K. Oehler: Antike Philosophie und byzantinisches Mittelalter, München 1969, 234-271.

Oelmüller, W. (1978a) (Hrsg.): Materialien zur Normendiskussion, Band 1: Transzendentalphilosophische Normenbegründungen, Paderborn 1978.

-- (1978b) (Hrsg.): Normenbegründung, Normendurchsetzung, Paderborn 1978.

-- (1979) (Hrsg.): Band 3: Normen und Geschichte, Paderborn 1979.

Peirce, Ch. S.: Collected Papers, Vol I - VI, ed. Ch. Hartshorne/P. Weiss, Cambridge, Mass. [2]1960; Vol. VII - VIII, ed. A. Burks, Cambridge, Mass. 1958.

--: Schriften I. Zur Entstehung des Pragmatismus, mit einer Einführung von Karl-Otto Apel,Frankfurt 1967.

--: Schriften II. Vom Pragmatismus zum Pragmatizismus, mit einer Einführung von Karl-Otto Apel, Frankfurt 1970.

Pitcher, G. (ed.): Truth, Englewood Cliffs, N.J. 1964.

Pitkin, H. F.: Wittgenstein and Justice, Berkeley 1972.

Popper, K. R.: Philosophische Bemerkungen zu

Tarskis Theorie der Wahrheit, in: K.R. Popper: Objektive Erkenntnis, Hamburg 1973, 347-368.

Puntel, L.B.: Wahrheitstheorien in der neueren Philosophie, Darmstadt 1978.

Putnam, H. (1975): Do True Assertions Correspond to Reality? in: H. Putnam: Mind, Language and Reality, Vol. 2, Cambridge 1975, 70-84.

-- (1978): Meaning and the Moral Sciences, Boston 1978.

Quine, W.V.O.: Word and Object, Cambridge, Mass. 1964.

Ramsey, F.P.: Facts and Propositions (1927), in: F.P. Ramsey: The Foundations of Mathematics and Other Logical Essays, London 1931.

Rescher, N.: The Coherence Theory of Truth, Oxford 1973.

Ritsert, J./Rolshausen, C.: Der Konservatismus der kritischen Theorie, Frankfurt 1971.

Rorty, R. (1976): Die glücklich abhanden gekommene Welt, in: Sukale 1976, 175-189.

-- (1980): Philosophy and the Mirror of Nature, Oxford 1980.

Russell, B.: An Inquiry into Meaning and Truth, London ^{7}1966 (1940).

Ryle, G.: Dilemmas, Cambridge 1964.

Scharpf, F.: Demokratietheorie zwischen Utopie und Anpassung, Konstanz 1970.

Scheff, Th.: Toward a Sociological Model of Consensus, in: American Sociological Review 32 (1967) 32-64.

Schelsky, H.: Die Arbeit tun die anderen, Opladen ^{2}1975.

Schian, R.: Untersuchungen über das 'argumentum e consensu omnium', Hildesheim/New York 1973.

Schlieben-Lange, B.: Linguistische Pragmatik, Stuttgart 1975.

Schmitt, C. (1923): Die geistesgeschichtliche

Lage des heutigen Parlamentarismus, Berlin 41969.

-- (1928): Verfassungslehre, Berlin 31957.

Schnädelbach, H.: Reflexion und Diskurs, Frankfurt 1977.

-- (1984) (Hrsg.): Rationalität, Frankfurt 1984.

Schneider, H.J.: Pragmatik als Basis von Semantik und Syntax, Frankfurt 1975.

Schnelle, H. (1973): Sprachphilosophie und Linguistik, Reinbek 1973.

-- (1976): Empirische und transzendentale Sprachgemeinschaften, in: K.-O. Apel (Hrsg.):Sprachpragmatik und Philosophie, Frankfurt 1976, 394-440.

Schumpeter, J.A.: Kapitalismus, Sozialismus und Demokratie, München 31950.

Searle, J.: Sprechakte, Frankfurt 1971.

Sellars, W.: Truth and 'Correspondence', in: W. Sellars: Science, Perception and Reality, London 21966, 197-224.

Sontheimer, K. u.a. (1970): Der Überdruß an der Demokratie, Köln 1970.

-- (1976): Das Elend unserer Intellektuellen, Hamburg 1976.

Spaemann, R.: Zur Kritik der politischen Utopie, Stuttgart 1977.

Spinner, H.: Popper und die Politik I, Berlin/ Bonn 1978.

Stegmüller, W.(1957):Das Wahrheitsproblem und die Idee der Semantik, Wien/New York 21968.

Strawson, P.F. (1949): Wahrheit, in: R. Bubner (Hrsg.): Sprache und Analysis, Göttingen 1968, 96-116.

-- (1971): Logico-Linguistic Papers, London 1971.

-- (1974): Logik und Linguistic, München 1974.

Stroll, A.: The Paradox of the First Person Singular Pronoun, in: Inquiry 6 (1963) 217-233.

Sukale, M. (Hrsg.): Moderne Sprachphilosophie, Hamburg 1976.

Tarski, A. (1935): Der Wahrheitsbegriff in den formalisierten Sprachen, in: Studia Philosophica 1 (1935) 261-405.

-- (1949): The Semantic Conception of Truth and the Foundation of Semantics, in: H. Feigl/ W. Sellars (eds.): Readings in Philosophical Analysis, New York 1949, 52-84.

Taylor, P.W.: Normative Discourse, Westport, Conn. 1973.

Thompson, J.B./Held, D. (eds.): Habermas. Critical Debates, London 1982.

Toulmin, St. (1964a): The Uses of Argument, Cambridge 1964.

-- (1964b): An Examination of the Place of Reason in Ethics, Cambridge 1964.

Tugendhat, E. (1960): Tarskis semantische Definition der Wahrheit und ihre Stellung innerhalb der Geschichte des Wahrheitsproblems im logischen Positivismus, in: Philosophische Rundschau 8 (1960) 131-159.

-- (1976): Vorlesungen zur Einführung in die sprachanalytische Philosophie, Frankfurt 1976.

Waismann, F.: Language Strata, in: A. Flew (ed.): Logic and Language (Second Series), Oxford 1959, 11-31.

Wartenberg, G.: Logischer Sozialismus. Die Transformation der Kantschen Transzendentalphilosophie durch Charles S. Peirce, Frankfurt 1971.

Weber, M. (1971): Gesammelte politische Schriften, Tübingen 1971.

-- (1973): Gesammelte Aufsätze zur Wissenschaftslehre, Tübingen 1973.

Weil, E.: Die Rolle der Logik innerhalb des aristotelischen Denkens, in: F.-P. Hager (Hrsg.): Logik und Erkenntnislehre des Aristoteles,

Darmstadt 1972, 134-174.

Weinrich, H.: System, Diskurs, Didaktik und die Diktatur des Sitzfleisches, in: Beiträge zur Habermas-Luhmann-Diskussion 1, Frankfurt 1973, 145-161.

Wellmer, A. (1967): Methodologie als Erkenntnistheorie, Frankfurt 1967.

-- (1979): Philosophie und Theorie der Gesellschaft, in: Oelmüller 1979, 140-174.

-- (1985): Zur Dialektik von Moderne und Postmoderne. Vernunftkritik nach Adorno, Frankfurt 1985.

Williams, C.J.F.: Truth - or Bristol Revisited, in: Proceedings of the Aristotelian Society, Suppl. Vol. 47 (1973) 121-133.

Willms, B.: Kritik und Politik. Jürgen Habermas oder das politische Defizit der "Kritischen Theorie", Frankfurt 1973.

Wimmer, R.: Universalisierung in der Ethik,Frankfurt 1980.

Winch, P. (1966): Die Idee der Sozialwissenschaften und ihr Verhältnis zur Philosophie, Frankfurt 1966.

-- (1979): Apel's 'Transcendental Pragmatics', in: S.C. Brown (ed.): Philosophical Disputes in the Social Sciences, Brighton 1979, 51-73.

Wittgenstein, L. (1960): Schriften Band 1, Frankfurt 1960.

-- (1967): Philosophische Untersuchungen, Frankfurt 1967.

-- (1969): Philosophische Grammatik, Frankfurt 1969.

Wright, G.H.v.: Erklären und Verstehen, Frankfurt 1974.

Wunderlich, D.: Studien zur Sprechakttheorie, Frankfurt 1976.

Ziff, P.: Semantic Analysis, Ithaca 1962.

Personenregister

Sachregister